民世安在鴻選集 6

民世安在鴻選集 6

초판 1쇄 인쇄 2005. 8. 5.
초판 1쇄 발행 2005. 8. 15.

엮은이   고려대학교박물관
펴낸이   김경희
펴낸곳   (주)지식산업사
주소   서울시 종로구 통의동 35-18
전화   (02)734-1978(대)
팩스   (02)720-7900

인터넷한글문패 지식산업사
인터넷영문문패 www.jisik.co.kr
전자우편 jsp@jisik.co.kr

등록번호 1-363
등록날짜 1969. 5. 8.

ⓒ 고려대학교박물관, 2005
ISBN 89-423-2054-6 04910
ISBN 89-423-0001-4 (세트)

책값은 뒤표지에 있습니다.

이 책을 읽고 문의하고자 하는 이는 지식산업사 전자우편으로 연락 바랍니다.

* 이 책은 민세안재홍기념사업회, 경기문화재단, 평택시의 지원을 받아 출간되었습니다.

民世安在鴻選集 6

高麗大學校博物館 編

지식산업사

와세다대학 정경학부 시절(1911년 11월 20일, 오른쪽이 민세)

동경 유학시절(1911~1914년 사이)

민세 생가(경기도 평택시 고덕면 두릉리 646, 경기도 향토문화재)

백두산 천지에서(1930년 7~8월 사이, 가운데가 민세)

해방 전 아산 현충사에서(왼쪽은 벽초 홍명희)

차 례

제1부 조선일보 논설 외

제2부 잡 지

제3부　기 타

기행

일러두기

1. 국한문 혼용으로 쓰인 원문을 되도록 지금의 맞춤법에 따라 고치되 저자 특유의 글투는 그대로 두었다.
2. 원문의 한자는 뜻을 알기에 지장이 없는 한도 안에서 한글로 고치고 나머지는 모두 괄호 안에 넣었다.
3. 외래어 표기는 필자의 원표기를 대부분 그대로 살리는 대신 필요한 경우 편자가 〔 〕 안에 로마자를 밝혀주었다.
3. ( ) 또는 〔 〕안에 들어간 주는 원문의 발표 당시 또는 발표 뒤에 필자가 덧붙인 것으로 모두 살려 실었다.
4. 편자의 주는 두 가지로, 이해를 돕기 위해 본문 안에 넣는 경우는 필자의 것과 혼동을 피하기 위해 〔 〕 안에 '編'자를 넣어 표시하였고, 따로 설명이 필요한 경우는 본문 끝의 【편자 주】에 서술하였다.

제1부
조선일보 논설 외

불행한 국면
— 해결책이 전무호(全無乎)? —

《조선일보》 논설, 1924. 11. 22.

1. 종족적 또 계급적임을 물론하고 수 개의 집단이 대립한 곳에는 오직 지위의 대등과 세력의 평형이 있은 후에 비로소 진정한 이해와 동정과 신뢰가 있는 것이요, 이 이해와 동정·신뢰가 아울러 있는 곳에 비로소 진정한 융화와 각자의 영원한 강복(康福)과 평화가 있는 것이다. 그러나 대립한 수 개의 집단이 있는 곳에는 왕왕(往往)이 이 대등과 평형을 잃게 되고, 따라서 그들의 사이에는 항상 무리한 압박에 인한 무용(無用)한 반목과 갈등으로써 하여 필경은 다만 각자의 동정과 신뢰를 저해함으로써 그들의 진정 영원한 강복과 평화를 파괴하게 되는 바이다. 그러므로 융화와 압박과는 영원히 병행되지 못할 절대의 모순성일 뿐이다.

2. 빅토리아 여왕(女王)이나 글라드스톤[W. E. Gladstone] 재상과 같은 명군(明君)과 현상(賢相)이 묘당(廟堂)의 위에 앉아 가만히 국가의 백년대책을 생각하고 냉정한 인도(人道)적 양심에 비추어 볼 때, 그의 애란(愛蘭)이나 인도(印度)에 대한 감상은 반드시 꼭 압박과 주구(誅求)로써 싫음이 없는 학욕(壑慾)을 채우고야 비로소 쾌심할 바는 아니었겠지마는, 그들의 주위의 사정은 반드시 또 인도적 양심을 지고(至高) 명령으로 말하지 못하게 되었을 것이요, 하물며 기외(其外)의 백집사(百執事)와 더구나 또 애란·인도에 직접 관계자 및 그 이주한 영인(英人)들

의 태도는 이미 또 그들에게 비할 수 없을 것이다. 그러므로 정의와 자유의 부르짖음은 그들에게 매우 높았지마는 영(英)·애(愛)의 관계는 항상 무한한 원한과 혈루(血淚)로써 한 바이요, 인도인에 대한 그들의 태도는 또한 무자비한 폭군과 약탈자의 태도로써 한 바이다. 철사에 얽매이고 채찍에 매 맞으며 부모형제가 우마(牛馬)와 같이 사방으로 팔려가는 흑인의 참상을 보고 누백년래(累百年來) 쌓이고 쌓인 구미인(歐米人)의 죄악을 분노하여, 일념(一念)으로써 흑노(黑奴) 해방의 실현을 꾀하며 국가의 홍폐(興廢)를 내기하는 대내란(大內亂)을 겪은 후에, 필경은 정적(政敵)의 독수(毒手)에 거꾸러진 아브라함 링컨 씨와 같은 이는 그 인도적 성곤(誠悃)이 자못 만인의 흠패(欽佩)할 만한 바이지마는, 주위에서 그를 조성(助成)한 자는 혹은 경제적 이해의 타산도 있었을 것이요, 또는 정쟁상(政爭上)의 책략도 의식하였을 것이며, 하물며 남북 각지에서 차별·폭학(暴虐)·사형(私刑) 등의 온갖 무도(無道)한 것을 의연히 사행(肆行)하는 그의 인민들에게는 이미 경건(敬虔)한 인도(人道)의 양심조차 없는 바일 것이다.

3. 현하 조선 각지에서 일어나는 조직적인 종족적 충돌에 관하여는 오인(吾人)은 잠깐 별문(別問)으로 하리라. 그러나 시시각각으로 생겨나는 허다한 사태는 또 무엇을 오인에게 암시하는가. 정미소에서 공장에서 욕장(浴場)에서 농장(農庄)·어장·산림·도로·역참(驛站)에서 극장과 다점(茶店)과 집회소와 경기장에서 우월을 표현하는 폭만(暴慢)의 짓과 무리(無理)를 반항하는 분만(憤懣)의 불꽃은 천태만상의 살풍경으로써 하여, 드디어 일점(一點)의 평화와 일각(一刻)의 안강(安康)을 발견할 수 없는 바 아닌가. 만일 또 각지에서 속발(續發)하는 모든 이료배(吏僚輩)의 횡폭(橫暴)한 거조(擧措)와 일래(日來) 전(全) 조선 물의(物議)와 민원(民怨)의 초점이 되는 동척(東拓) 등의 태도 같은 것은, 그의 또 대표

적인 자이라, 오인은 다시 또 열거코자 않는 바거니와, 평화와 강복을 그의 근본 의의(意義)로써 한다는 조선인 및 일본인의 관계가 매양 이러한 상태로써 표현되는 것은 가장 통심(痛心)할 불행이다.

4. 오인은 이제 일본의 위정(爲政) 수뇌자들 중에 글라드스톤이나 링컨 등의 인물을 발견코자 하는 심사는 호말(毫末)도 없다. 그러나 가장 무용한 정복자의 태도를 잠시도 버리지 못하는 일본인의 행동은 먼저 유심(有心)한 일본인으로부터 그 가부(可否)와 화복(禍福)의 소재(所在)를 반성하여야 할 바이다. 방금 천하의 풍운(風雲)이 동아(東亞)로만 집중하여 태평양의 서안(西岸)에는 다만 무한한 화인(禍因)을 축성하는 이때, 격심한 알력과 갈등을 지속하는 온갖 전통을 달리한 양개(兩個)의 집단을 그의 가장 부자연 또 불합리한 현상대로 놓아두고, 그 소위 융화와 동정, 평화와 강복을 첩첩(喋喋)히 말하고 있는 것은 과연 경건(敬虔) 또 중대한 책임감을 가진 자의 태연히 할 바인가. 라틴계의 제(諸) 국민이 어떻게 신대륙에서 패퇴한 것을 예증(例證)하는 것은 너무나 진부한 말이다. 그러나 현하 세계의 대세는 이미 또 전고(前古)에 그 예가 없는 비상한 변국(變局)이 아닌가. 빈곤과 억압에 넘어지게 되는 조선 2천만 중(衆)의 운명으로써, 오인은 온정적 연민(憐憫)을 빌고자 함도 아니다. 동양평화이니 정의와 인도를 말하는 것은 또한 우유(迂儒)의 잠꼬대에 불과함임을 안다. 그러나 이것이 다만 조선인의 화인(禍因)만이 아니요, 문득 일본인의 절대(絶大)한 화인인 것을 생각할진대, 일본인 된 자 또한 심사맹성(深思猛省)할 필요가 없는가. 아아, 그러나 이해와 신뢰가 없는 곳에는 압박과 항쟁이 있을 뿐이요, 대등과 평형이 없는 곳에는 또한 진정한 이해와 신뢰가 없을 것이니, 조선의 문제는 다만 이 우열(愚劣)하고 무기력한 범용(凡庸)한 위정자들과 천박하고 교사(驕肆)한 횡포군(橫暴群)들로 인한 영구한 화인을 조성할 뿐 아닌가.

무사국(武士國)의 흉포성

《조선일보》 시평, 1925. 2. 1.

꽃은 '사쿠라' 사람은 '무사(武士)'. '사쿠라'와 '무사'는 일본의 자랑이라 한다. 한꺼번에 와짝 피었다가 삽시에 와시시 헤터지는 향이 없으므로 유명한 '사쿠라'가 얼마큼이나 그들의 자랑거리가 되는지는 모르겠지마는, '충용의열(忠勇義烈)'을 그의 생명으로 한다는 그의 무사들이 건듯하면 흉포 잔인한 야만성을 송두리째 쏟아내는 것은 남에게도 반갑지 않거니와 물론 자기들에게도 반갑지 않을 것이다.

이 세계무비(世界無比), 고금독보(古今獨步)인 동해의 무사국의 근간 세력을 짓는 일대의 향용(鄕勇)들이 승평무사(昇平無事)한 편시(片時)의 연월(烟月)에도 자못 비육(肥肉)의 탄(嘆)이 간절하였던 모양이어서, 마치 진승(陳勝)·오광(吳廣)의 고지(古智)를 배운 듯이 참죽위병(斬竹爲兵)·명금진군(鳴金進軍)의 참신한 전법으로 그의 패여(敗餘)의 잔생(殘生)인 수평사원(水平社員)의 촌락을 습격하니, 그의 맹한(猛悍)함은 응준(鷹隼)의 격(擊)과 같고 그의 준예(峻銳)함은 돌을 천인(千仞)의 단애(斷崖)에 굴림과 같은지라. 상해·약탈·파괴·방화! 오! 마치 그들의 국난래(國難來)의 대표적 공포관념(恐怖觀念)을 짓는 '원구(元寇)'의 거조(擧措)와 똑같지 아니한가?

【편자 주】 압수기사. 당시 일본 군마현(群馬縣)에서 국수회(國粹會)

지부와 백정들의 조직인 수평사(水平社) 사이에 일대 난투극이 일어
나 많은 중경상자가 발생하고 상점문을 닫는 사태가 일어났다. 이 사
건을 빗대어 일본의 흉포·야만성을 지적한 것이다.

간과할 수 없는 동척(東拓)의 횡포
― 기괴한 사회상(社會相)의 일면 ―

《조선일보》 논설, 1925. 2. 5.

1. 현하 조선과 같이 온갖 불합리와 부자연의 집합상태에 있는 기괴한 사회상(社會相)은 현대에서도 다른 곳에 다시 그 유례를 볼 수 없을 것이다. 대중의 의사와 배치되고 시대의 진운(進運)을 정돈(停頓)케 하는 특수한 권력의 주체가 거침없이 그의 세위(勢威)를 발휘하게 되어, 사회의 주인공된 무수한 백의대중(白衣大衆)은 그의 현실의 지배권에 있어서 너무 무세력(無勢力) 또 몰교섭(沒交涉)한 처지에 있는 고로, 그들의 의사와 욕구가 어떠함을 물론하고 또는 그들의 당하는바 곤액(困厄)과 생존상의 협위(脅威)가 어떠함을 물론하고 항상 굴종과 패배를 반복할 밖에 없는 것은 누구나 부인할 수 없고, 또는 누구나 항상 통렬히 체험하는 바일 것이다.

2. 대중의 권위가 능히 현실의 사회를 지배하고 그의 의사가 능히 그 불합리한 바를 제척(除斥)할 수 있다 하면 대중의 의사를 항거하는 자는 곧 그의 분노에 의하여 소멸될 것이요, 때때로 정리되는 사회상은 항상 생신(生新)한 개선과 창조의 예찬할 국면을 전개케 할 것이요, 따라서 모든 혐기(嫌忌)할 죄악이 그를 가장 원치 않는 대중과 병재(並在)할 수 없는 것이다. 그러나 현하 조선의 사회상을 보면 그 모든 유형에 속한 종종(種種)의 기현상이 여지없이 전 국면에 전개(展開) 또 속발(續發)함

을 개탄할 밖에 없는 것이다. 혹은 종족 대 종족의 관계로, 계급 대 계급의 관계로, 종족계급 대 종족계급의 관계로, 그리고 또 종족적 예속상태에서 그의 권력자에게 기생하려는 무절조(無節操)·무성의(無誠意)한 주구배(走狗輩)의 준동(蠢動)이 있는가 하면, 일면에는 다시 경제적 예속상태에 있어 그의 특권벌(特權閥)에게 영합하여 천박하고 또 누열(陋劣)한 방간(幫間)을 짓는 자의 횡행함도 어지간히 많아 보인다. 그것이 모두 대중의 의사와 배치되고 그의 생활과 몰교섭한 특수한 권력주체가 불합리한 세위(勢威)를 발휘하는 데 원인한 바이다. 이는 물론 오인의 편견·독단에서 나옴이 아니요, 종종(種種)의 사회상이 곧 그를 반증하는 바이다.

3. 오인은 이제 상술한 각종의 유형에 속한 각양(各樣)의 대립관계 및 발전의 과정 또는 그의 귀추와 오인의 견해·의욕 등을 일일이 열거 또는 서술할 수 없는 바이다. 그러나 만근(挽近)에 속출한 사회의 제 사건에 관하여서도 진해(鎭海)와 평양(平壤)의 군용지(軍用地) 문제 같은 것은 순연(純然)한 종족적 대립의 관계로서 일 종족의 이권이 일 종족의 우월한 권력에 의하여 무시됨을 의미함이요, 암태도(岩泰島)의 반복하는 소작쟁의 같은 것은 순연한 계급적 대립의 형식으로 대중의 열망하는 바가 특수권력의 보호하에 일 개의 특권자의 부당한 승리로 인하여 유린됨을 의미함이며, 진도(珍島)의 소작쟁의에는 동척(東拓)과 흥업회사(興業會社)와 조선인의 지주들이 혹은 종족적 우월과 또는 계급적 우월에 의하여 그의 동일한 우월성에 의한 공통의 부당이익을 옹호하기 위하여 합종(合從)의 형식으로 그에 대립한 열약(劣弱)계급에게 공세(攻勢)의 방어전(防禦戰)을 도발함으로써 양양(揚揚)한 승리를 자랑케 됨이니, 그는 종족의 계선(界線)을 초월한 특권계급의 연맹이 대중의 분노함을 불계(不計)하고 고립(孤立)한 일 계급을 정복함을 의미하는 것이다.

4. 만일 종족적 예속상태에 있어서 그의 권력자에게 기생하려는 주구배에 관하여는 오인 이미 따로 논평 또는 규탄한 바 있었는지라 이제 번잡을 피하여 논외로 하고, 종족적 및 계급적 예속의 상태에 있어서 그의 횡포가 자못 유례에 뛰어나게 특심(特甚)한 자를 들려 하면 그는 곧 동척의 대(對) 조선인 소작자의 태도가 그것이요, 그중에도 다시 대표적인 사건을 들자 하면 그는 곧 봉산(鳳山)·재령(載寧) 양지(兩地)에서 장시일간 세인시청(世人視聽)의 초점을 짓던 소작쟁의사건이 그것이며, 거기에 있어 누열(陋劣)한 종족적 계급적 기생(寄生)을 탐내고자 하는 자는 곧 동지(同地) 일대에서 향상회(向上會)의 명칭으로 동포요 동계급인 소작인의 이익을 장해(戕害)하는 천박자류(淺薄者流)의 일이다. 이러한 것은 모두 현하 조선인의 특수사정에 기인(基因)한 대중의 의사와 배치되는 기괴한 사회현상을 말하는 바거니와, 그도 또한 오인은 여기에 번설(煩說)코자 아니한다.

5. 그러나 이제 오인은 동척의 고집하는바 태도가 그의 횡포 정도를 지나 자못 패려(悖戾)의 심한 바 있음을 보고, 일언(一言)으로써 그 불가함과 그 개오(改悟)함이 있기를 경고하려 한다. 그는 오인의 번쇄(煩碎)한 열거를 기다리지 않고, 작일 석간(夕刊)에 보도함과 같이 봉출군(鳳出郡) 사인면(舍人面) 일대의 소작인에 대한 동척의 냉혹무도한 강제집행에 인하여 수백인의 생명이 자못 사멸의 위협 중에 빠지게 된 사건이다. 그들이 소유의 권(權)과 사법권의 발동을 빌어서 냉혹과 무도한 처치를 사행(肆行)하는 곳에 당면한 피해자의 운명은 이미 재론할 바 없는 바이거니와, 일세(一世)의 대중들로 그를 시청(視聽)하는 자의 불만과 경악(驚愕)은 정치적으로나 사회적으로나 매우 용이치 않은 암류(暗流)를 조성하여 장래에 불측(不測)할 화인(禍因)을 양출(釀出)하는 것이니, 그는 다만 오인의 분노만 격발함으로 일시에 종결될 바 아니요, 도리어

조선 현하의 위정자 및 모든 유심(有心)한 일본인의 심심(深甚)한 주의와 대책을 요할 바이라 한다. 이제 신우회(信友會)와 무산청년회(無産靑年會)의 분기(奮起)가 있다 하니, 우리의 백의대중의 사이에 있어서 흥감(興感)과 항쟁의 기세 및 책전(策戰)에 대하여는 오인이 비록 간과할 수 없으나, 특히 번설(煩說)할 요(要)를 인(認)치 않는 바이다. 대중은 오인보다 둔감이요 또 무력하다고는 생각되지 않는 까닭이다.

빈발하는 일(日) 학생의 폭행
― 이면에 잠재한 과대망상병 ―

《조선일보》 사설, 1925. 6. 12.

1. 근자 학생의 풍기문제가 자못 사회적으로 물의를 일으키어 식자를 빈축케 하는 바 있으니, 일반적으로 내외인(內外人) 학생을 통하여 남녀 간의 조행(操行)에 관한 문제도 적지 않거니와, 더욱 일본인 학생의 속행(續行)하는 폭행사건은 가장 시청자의 이목을 놀라게 하는 바 있다. 최근 순일(旬日)간에 발생한 자만 지적할지라도 향자(向者) 한강의 선유장(船遊場)에서 선린상업학교(善隣商業學校)의 소림(小林) 모(某) 외 수인이 조선인 선부(船夫)를 난타 치상케 함을 비롯하여, 경성대학(京城大學) 예과생 등이 전차의 승무원에게 폭행을 가한 사(事)와 경성중학(京城中學)의 학생 등이 집단적으로 대도상(大道上)에서 통행인에게 폭행을 가하여 4, 5인의 부상자를 내인 것 같은 것은 아직도 노상인(路上人)의 화제에 오르는 바요, 작일에도 동일한 경성중학생의 전차 승무원에 대한 폭행이 있어서 언제나 모두 경찰관서의 직권의 행사를 빌게 되었으니, 이것은 식자의 간과할 수 없는 불상(不祥)한 현상이라 할 것이다.

2. 활발진취의 기상(氣像)에 부(富)하고, 사회적 무책임한 처지에 있어서 능히 방담호유(放膽豪遊)할 수 있는 청년학생들로서 전후를 사려고기(思慮顧忌)함이 없이 행동하는 곳에 때로 상궤(常軌)를 일(逸)함이 있는 것이 아무 경괴(驚怪)할 바 없는 심상한 사(事)이다. 그러나 그것이

일시에 우발한 사소한 과실로서가 아니요, 자못 상습적으로 전후에 반복하여 마치 양양자득(揚揚自得)하는 태도에 나옴임을 볼 때에는 애오라지 우려와 염기(厭忌)의 정을 일으키지 아니할 수 없다. 하물며 피등(彼等)이 모두 일본인이라는 민족적 우월감을 가지고 유혈을 겁내지 않는 호전적 습성을 발휘하여, 조선인인 대수자(對手者)에게 용이치 않은 모욕을 가함을 능사와 같이 생각하는 것은 사회적 정치적으로 매우 미묘하게 인종적 악감을 도발하는 결과를 유치(誘致)하게 되는 바이라. 이것이 단순한 학생의 풍기문제를 떠나서 그 사회의 공안(公安)을 방해함이 매우 얕지 않음을 단언(斷言)하는 바이다.

3. 오인이 일본인을 대할 때에 우수한 정치가·교육가·학자·종교가 또는 오인과 동지되는 자를 제한 외에 일반으로 형언치 못할 불쾌와 분만(憤懣)을 일으키게 하는 것은 곧 그들의 선입(先入)적인 차별감에 인한 바이다. 이것은 천하에 만인(萬人) 한가지로 체험하는 매우 진부한 사실이니 오인이 새로이 지적할 요(要)도 없거니와, 조선에 이주하는 일본인이 그의 남녀·관민을 물론하고 부지중에 속화(俗化)·악화(惡化)하여 점차 천진(天眞)의 인간미를 상실하고 자못 황막(荒漠)한 경모(輕侮)의 습벽(習癖)을 소지하게 되며, 우미유량(優美柔良)함을 본색으로 하는 일본의 여성들과 온량친절(溫良親切)함을 특질로써 하는 그들의 소아(小兒)들까지도 그 순결한 천진을 마멸하고, 대부(大部)가 횡폭한 강자적 태도로서 전화(轉化)하는 것은 다만 양 민족의 이해(利害)적 상대관 뿐 아니라 그의 존귀한 인류애의 견지로 본다 할지라도 매우 타기(唾棄)할 타락임을 의미하는 것이라. 오인은 가장 냉정한 이성적 견지로서 그의 불가함을 규탄하는 바이다.

4. 가두에서, 상점에서, 차중에서, 집회장에서 온갖 계급의 일본인들이

모두 교오(驕傲) 불순(不遜)한 태도를 가지는 바는 이에 중복 열거할 요가 없거니와, 그의 근본적 병폐는 대부(大部) 위정자들의 착오된 정견과 그 일반 교육방침의 실당(失當)함에 기인한 바이다. 제일로 피등은 일본인의 역사적 인종적인 선천적 우월감을 조장 혹은 파지(把持)케 하기에 항상 급급할 뿐 아니라, 그로써 조선인에게 강대한 인상을 주어 절대로 그에 항쟁함을 단념케 하고자 함과 같은 경향이 있는 바요, 그의 상관 및 교육자들이 항상 이러한 암시와 설명으로써 하료(下僚)와 후생(後生)들을 고취하는 바 있으니, 피등이 황당무계한 '삼한(三韓) 정벌'이나 임나(任那)에 '일본부(日本府)' 설치설과 혹은 고의로 과장된 풍신수길(豊臣秀吉)의 조선 침입의 사적(事蹟), 또는 윤색된 서향융성(西鄕隆盛) 등의 소위 정한론(征韓論)의 사상과 기분 등에 지배되어 선입(先入)적 존대성(尊大性)과 적개심이 때와 곳을 따라 발로되게 되는 바이니, 근일에 빈발하는 염기할 일(日) 학생의 폭행은 오로지 이러한 사실에 원인하는 바이다. 고로 오인은 이로써 단순한 학생의 풍기문제라 하기보다도 차라리 대립한 양 민족 사이에 넘지 못할 구거(溝渠)에 인함이라 함이다.

5. 요컨대 인종적 편견과 계급적 반감은 현대의 인류가 해결치 못한 양대 문제이라, 홀로 조선에 한(限)한 바 아니거니와, 그중에도 장래를 지배할 진보적 처지에 있는 청년의 학생 등이 한층 혹렬(酷烈)한 편견악벽(偏見惡癖)을 가지는 것은 양 민족의 전도(前途)를 더욱 암담한 요운(妖雲)으로써 가리게 하는 바요, 더욱이 그 소위 원만해결의 숙어(熟語)가 민족적 갈등과 같은 중대한 현실문제에는 하등 적용의 가능성이 없는 몽환적 개념임을 새로이 통감할 것이다. 오인은 일본인 위정자·교육자 및 일반 식자의 태도가 어떻게 개선됨이 있을까를 의아의 눈으로 주시하려 한다.

노마(駑馬)가 연잔두(戀棧豆)

《조선일보》 시평, 1926. 1. 15.

분해(分解)·정리(整理)·정전(征戰)! 이는 금(今) 1년 동안 조선의 운동선상(運動線上)에서 진행되기를 바라는 온통이다. 오인은 분해를 역설한다. 매우 기괴한 것 같지마는 순정(純正)한 주의(主義)를 위한 진정한 결합이 아니요, 정실(情實)적인 전통관계에 의하여 구차스러운 결합의 체계를 지속하여 가는 것은 도리어 운동선을 혼란케 하고, 또는 전투력을 위축하는 위험이 동무하는 까닭이다. 그런 고로 분해하라고 역설한다.

민족운동자이나 사회운동자이나 또는 참우(僭遇)하게 지사의 반열에서 우유(優遊)하는 자이나 모두 색채선명·태도정확하게 분해하라. 분해할 터인데 분해치 않는 것은 오직 노마(駑馬)가 잔두(棧豆)를 그리워하는 것같이 타성(惰性)적인 허예(虛譽)에 못 믿어 할 일뿐인 까닭이다. 그는 도리어 죄악이다.

과연 단합이냐?

분해를 역설한다. 그러나 그는 곧 재정리를 위한 분해를 역설함이다. 분해를 위한 분해는 물론 아무 의미가 없는 바이다. 그는 오직 정리, 즉 진정한 단합을 재현하여 그의 투력(鬪力)을 강대케 하기 위함으로서 비로소 의의 및 그 가치가 있는 것이다. 그리고 비상한 난경(難境)에 처하여 다시 우경파(右傾派)에 인한 전선의 일대 분개(分開)를 보게 된 오늘날에 있어서는 더욱이 주의에 인한 진정한 신단합(新團合)이 하루라도 바쁘게 출현하기를 고조(高調)치 아니할 수 없다.

재경(在京) 사상(思想) 각 단체가 진정한 주의를 위한 신년부터의 단합을 위하여 새로이 발기함이 있다 하니, 매우 시의에 적합한 운동선상에서 없어서 아니 될 긴절한 문제이다. 단합을 위해서는 오직 각자가 품은 바 주의와 현하에 다닥친 공동한 목표만을 직시함을 요한다. 그리고 이 진정한 신단합을 위해서는 혹은 정실적인 전통의 관계를 희생에 부침도, 또한 어찌할 수 없는 경유(境遊)도 있을 것이다. 선구자로 자임하는 제군! 과연 단합하느냐? 오늘날의 단합은 곧 시급한 진전(陣前) 단합을 의미하는 바이다.

이 결심 있느냐?

노마가 잔두를 그립게 생각하여 오직 주저준순(躊躇逡巡)하고 석일(昔日)의 저렴한 성예(聲譽)에 못 믿어하는 바 있는 것은 매우 남성적 진골두(眞骨頭)를 몰각하는 자일 뿐이다. 그는 자못 비겁한 또 무기력한 짓이다. 차라리 적나라하게 그 본색을 드러내고 천하의 민중으로 더불어 일대 시련(試鍊)을 하는 곳에 도리어 통쾌미(痛快味)는 있지 아니한가? 이 결심도 없이 그 획책은 매우 부족함이 많구나.

신단합을 논의하는 자는 또 무슨 결심이 있는가? 금후의 운동이 매우 활기를 띠는 자 있을는지? 혹은 자못 고심참담 다만 그 실적을 후일에 기하는 방책에 나와야 할는지? 아직 속단할 수 없는 바이다. 그러나 그는 오직 도시에서 국한된 일부의 식자계급을 대상으로 허다한 구애(拘碍) 많은 명목으로써 스스로 난관을 봉착하는 것보다는 차라리 농촌의 문맹들에게 산병(散兵)적의 개별적인 계몽운동을 시(試)함이 가할 것이

다. 이러한 산병적인 분투(奮鬪)일수록 그 배후에서 투력의 원천되는 일
대 진정한 단합을 요함은 물론이다. 누구나 모두 일대 결심을 요한다. 과
연 이 결심이 있느냐?

【민세 후기】 이 시평이 사회단체 방면에서 문제되어서 한참 성이 가
시었다.

노농로국(勞農露國)의 동진정책
─ 이와노프 장관의 음모설을 듣고 ─

《조선일보》 사설, 1926. 2. 12.~15.

1. 향자(向者) 1월의 하순에 있어서 노농로국(勞農露國)과 일본의 후원 하에 섰는 장작림(張作霖) 씨의 봉천파(奉天派)와의 사이에 동중철도(東中鐵道) 문제를 중심으로 연출되었던 충돌의 서막을 서술한 바 있었다. 그리고 금후 노(露)·봉(奉)의 충돌과 그로 인한 일(日)·노(露)의 충돌은 더욱 심각 또 확대됨이 있을 것을 논단하고, 이 노농로국의 동진운동이 남아 있는 최대의 역사적 현기(玄機)를 짓고 있는 것을 부언하였다. 이래 반(半) 개월에 노·봉의 충돌은 비록 표면의 소강을 유지하였으나 그 내부에 얽혀 있는 복잡한 사태는 심상하게 귀결될 수 없는 문제이다. 그는 노농로국이 그 사상적 동진(東進)을 단념하거나, 또는 봉천파의 군벌이 노국과 협치(協致)함이냐를 전제로 하지 않고서는 도저히 예기할 수 없는 문제인 까닭이다. 그러나 이 양자 간 모두 불가능에 속한 자이라 할진대 노·봉의 충돌은 드디어 평범하게 귀결할 수 없을 것이다.

2. 노농로국의 동진운동에 관하여는 오인의 논한 바를 요해(了解)치 못한 자 있다 하거니와, 그는 오인 심외(心外)의 일이다. 전시공산주의(戰時共産主義)에 있어서 그 구세력의 파괴와 무산자 독재권의 확립을 위하여 여가가 없었던 노국인은 그의 국내에 있어서 신경제정책의 채용으로 무산정권의 경제적 지배하에 농공업 등 산업의 성장을 역도(力圖)

하고, 일면으로는 그의 사회변개의 세계적 전개를 일념으로 노력하기로 하였다. 피등(彼等)은 대전란 후 근본적 대동요를 일으킨 중구(中歐) 및 서구(西歐)의 자본주의 경제조직의 기초가 다시 안정하는 지경에 돌아가고 정치적 형세 또한 소강한 시기에 들어감을 볼 때에, 곧 그 발길을 돌이키어 동방으로의 진출을 여행(勵行)키로 한 것이다. 구주인(歐洲人)이 소위 동방의 반역(叛逆)을 일컫도록 정치적 불안의 상태에 빠져 있는 동방의 피압박 제(諸) 국민은, 그의 경제적 조건에 있어서도 아직 완전한 자본주의 조직에까지 진보되지 못하였고 따라서 그 사상적 동요도 일단(一段)의 격심한 바 있으니, 피등의 이상적인 견지로서 우선 그 동방으로의 진로를 선택한 것은 당연함에 지극한 자이다. 이는 용의(容疑)할 바도 아니요, 또 용의함을 요치 않는 바이다. 이는 세계적 일대 사실(事實)이요, 또 인류의 장래를 위하여 최대한 역사적 현기(玄機)를 품은 자이다.

3. 일체 조약의 폐지, 국채(國債)의 파기 등 소위 전통적 국제 신의의 근본적 타파를 결행하며, 중국에 대하여서도 또한 비침략·비병토(非倂土)의 견지로서 1920년 카라한[L. M. Karakhan] 씨의 명의로서의 선언 및 그 단행을 보이던 것에 비하여, 노국이 이래 일단(一段)의 개신(改新)한 방책을 채용하게 된 것은 명백한 사실이요, 또한 아무 용의할 바 없는 바이다. 피등 동중철도의 관리(管理)로써 그의 일대에 반거(蟠據)하였던 반혁명분자의 소탕을 실현하였다. 그리고 그의 일면에는 외몽(外蒙)의 일대에 그 혁명분자를 진출케 함으로써 연래 누차 독립을 선포하던 몽고인들에게 소비에트류의 사회의 변개를 단행하였다. 이젠 또 10년을 1기로써 백만의 구로인(歐露人)을 동부 서백리아(西伯利亞)에 이주케 하고자 하니, 이는 오인 소위 적색 슬라브인의 도도(滔滔) 동진하는 계책이 자못 단순치 아니한 바 있음을 지적 또 제성(提醒)한 바이다. 즉 갈

수록 적극적인 그의 구체안을 의미하는 자이다.

4. 오인은 자기의 입지를 엄정히 견해(見解)할 이지(理智)를 요한다. 또 세계의 현세를 여실히 정관(正觀)함을 요한다. 더욱이 노농로국의 동진운동이 역사적 전환의 일대 현기를 감춘 바이라 할진대, 그는 더욱 정확한 또 명백한 관찰 및 서술을 요한다. 노농로국의 세계혁명운동은 다만 기분적이 아니라 이지(理智)에 돌아왔다. 피등은 동방으로의 진출이 가장 가능한 장책(長策)인 것을 결정하였다. 그리고 다만 관념운동으로서가 아니요, 그의 본진에서 강고한 독재정권을 파지(把持)함과 같이 그의 전진한 진지에서도 또한 확고한 역적(力的) 운동만이 확고한 현실성이 있는 것을 경험한 피등은, 이제 외몽고와 동중철도에서 실험함과 같이 그의 동부 서백리아에서도 그를 실현코자 한다. 구로(歐露)로부터 백□□인 □□□시키는 것은, 즉 등량(等量)의 혁명분자로 하여금 희박한 극동의 공기를 지배 및 풍동(風動)케 하고자 하는 계획에서 나옴이다. 그리고 이러한 구체적인 계획이 다만 기다변설(幾多辯舌)의 사(士)의 첩첩(喋喋)한 선전보다도, 보다 이상의 거대한 세력을 짓는 것은 필연한 일이다. 오인은 이를 정관 또 정평(正評)함을 요한다.

5. 지난 10일의 봉천전(奉天電)은 향일(向日) 봉천파에 의하여 체포되었던 동중철도장관 이와노프[Ivanov] 씨가 어떠한 복수적 음모를 획책하고 있는 것을 전하였다. 그리고 일신(一信)이 있어 적군(赤軍)의 오소리(烏蘇里)[Ussuriisk] 부근 집중은 일시에 그 대규모인 것을 전하였으나, 그는 또한 시위(示威)적 술책에서 나옴인 것을 지적한 바 있었다. 작년 상해사건(上海事件)[5·30사건―編] 이래 더욱 고조된 반제국주의운동의 이면에는 노국의 적화(赤化) 자금이 아낌없이 사용된 증적(證跡)이 판명된 것을 발표하였다. 이는 오인 소위 '적의 측(側)의 선전'으로서 보

도 그대로를 신빙코자 함은 아니거니와 이로써 족히 노농로국인의 게으름 없는 운동이 자못 괄목할 바 있음을 추단할 것이다. 오인은 □□의 평자(評者)와 같이 '자본주의국가의 □□' 그대로를 인용코자함은 아니다. 오인은 '사회혁명□□의 □□' 혹은 '소비에트 노국의 구가(謳歌)'라는 명목으로 자□ 가혹한 직권의 행사됨을 받아 가면 □이 신□ 노국인의 운동 및 그 역사적 □□를 될 수 있는 대로 객관적인 □□을 □코자 함일 뿐이다.

6. 중구 및 서구의 정치적 및 경제적 현상은 소강 또는 안정의 상태에 들어간 것을 지적하였다. 도쓰안(案)[Dawes Plan]의 성립 및 안전보장약(安全保障約)[로카르노조약—編]의 체결 같은 것은 곧 그를 표증(表證)하는 대표적인 사건이다. 국수당(國粹黨)의 천하를 지은 이태리와 보수당의 치하에 돌아간 영제국(英帝國)의 정치적 제 현상은 그것이 곧 제2의 시기를 초래한 일시적 반동이라 할지라도, 이것이 현하의 일대 사실인 것은 어찌할 수 없는 것이다. 그리고 반동기에 처한 일반의 선구자들은 이 반동의 사태를 은폐하고 스스로 염가(廉價)의 낙관을 지속하느니보다는, 차라리 그 여실한 사태를 일반에게 지적하고 그 다음의 시기에 처할 바 선량(善良)한 방책을 제시함이 가장 적당한 의무일 것이다. "반동의 물결은 높았다. 동무여 다음의 시기를 위하여 준비하라"고 절규한 것은 지노뷔에프[G. Y. Zinovyev]의 비장한 심사를 말함이었었다. 그리고 중구 및 서구 방면의 반동의 기세가 노농로국으로 하여금 그 급속한 진취(進取)를 완화할 수밖에 없는 것은 필연한 일이다.

7. 제정(帝政) 당시 침략을 일삼던 노국의 지배계급의 사람들은 가장 강고한 세력을 삼고 있는 중서구(中西歐) 제국(諸國)의 예봉을 당할 길이 없어서 그의 마수(馬首)를 발칸으로 돌렸고, 이곳에서 다시 독(獨)·

오(墺)·영(英) 제국(諸國)의 제국주의와 충돌됨이 있음에, 드디어 다시 그 선봉을 돌이키어 극동의 방면으로 도도히 진출하였다. 이는 만인이 주지하는 통속화한 사실이다. 그리고 오인의 견해에 의하건대, 그의 인구·물자·조직 등 물질적 제 조건과 거대한 생물적 기백이 침략주의의 시대에 있어서 능히 세계를 뒤흔들 만한 세력을 지었음이 아니고서는, 그의 방향을 전환한 혁명의 시기에 있어서도 또한 인류의 전 생활을 근본적으로 전도(顚倒)케 할 만한 결정적 대세력을 지을 수는 없다는 그것이다. 그러므로 1917년 11월 혁명이 만일 노서아제국(露西亞帝國)의 근간 민족인 대(大)로서아인을 주축으로 하여 생긴 일이 아니요, 정말(丁抹)·희랍(希臘)·포도아(葡萄牙) 등 3, 4류의 소약(小弱) 민족에 의하여 단행되었던들 그것이 세계적 일대 사변이 될 것도 없었을 뿐 아니라 세계의 피압박 제 민중으로 궐연(蹶然)히 흥기하는 바도 없었을 것이요, 동시에 세계의 자본주의 열국의 지배계급들로 하여금 쉴 새 없는 악몽에 질급을 하고 있을 이유도 없었을 것이다. 그러나 오직 제정시대(帝政時代)에 있어서 세계를 호시(虎視)하던 강대한 세력이요, 또 그것이 거의 숙명적으로, 또 역사적으로 동방으로의 진출을 지속하는 것이므로, 이 동방의 피압박 민중 및 자본적 지배계급들에게 절대한 충동을 일으키지 아니치 못하는 바이다.

8. "소비에트 노국인의 동진운동이 마치 제정(帝政) 당시 기정(旣定)한 역침(力針)[方針?-編]과 그 범주를 한가지로 하는 것은 식자의 공인하는 바이다"라고, 이는 오인이 상단의 사실에 의거하여 때때로 지적하는 바이다. 오인은 세계혁명의 기치를 들고 모든 피압박 민중의 해방을 조성(助成)코자 하는 노농로국인의 운동 그것으로 쓰아[tsar]를 핵심으로 귀족, 군인 및 승려의 일단(一團)으로써 지배되던 제정 당시의 침략운동의 그것과 그 도덕적 범주를 한가지로 하는 것을 믿고자 함은 아니

다. 오직 그 중·서 구주(歐洲)로도 아니요, 발칸으로도가 아니요, 정치
적 및 경제적 제 조건이 불안 및 동요에 빠진 그리고 피등 해방운동의
세계적 원동력을 짓고자 하는 노농로국인의 진출을 자못 '동무'의 이름
으로써 환영코자 하는 수다한 열약(劣弱) 국민 그의 피압박 민중의 사이
로 호호분방(浩浩奔放)코자 하는 기세를, 보다 더 명백하고 보다 더 웅
맹(雄孟)하게 소개코자 함일 뿐이다. 다만 오인의 정직한 고백으로서는
피등 세계혁명의 운동이 다만 피압박 민중의 해방의 원조라는 순일한
견해보다도, 일면으로 다시 자본주의 열강의 수다(數多)한 적진 중에 있
어서 그 동지 및 전우들을 보다 더 많이 집합코자 하는 계급적 자존책
(自存策)의 발동의 병존함이 있음을 지적함일 뿐이다.

 9. 그렇다. 그의 인구·물자·조직 등 물질적 제 조건이 인류의 전 생
활을 근본적으로 전도케 할 만한 웅대한 노력을 가진 노서아인이 거의
숙명적으로 또 역사적으로 동방으로의 진출을 지속하는 고로, 그는 곧
오인 소위 남아 있는 최대의 역사적 현기가 되는 것이다. 그리고 최근에
추이되는 세계의 국제정국은 적거나 많거나 모두 각각 노농로국의 존재
및 그 활동에 관련된 바 있는 것은 식자의 매우 유의할 일이다. 그리하여
현하의 세계 정국은 노농연합을 핵심으로 항쟁하는 공산주의의 체계와
국제연맹을 중심으로 책동하는 자본주의의 체계가 은연 혹은 현연(顯然)
하게 대치하고 있는 것이 자못 일목요연하게 구별되는 바 있다. 수삼년
래 매우 빈번하게 되풀이하는 구주 열국의 정쟁(政爭)은 거의 다 공산주
의의 발흥에 대한 자본주의의 반동적 부흥 그것이었다. 그리고 '자본주의
의 안정'을 보고한 것은 작년 5월 모스크바에서 개최된 국제공산당대회
에서 특별히 그의 전우들을 경성(警醒)시키기 위해서의 침통(沈痛)한 절
규이었다. 다만 자본주의 반동적 부흥을 초래할 만큼 공산주의의 발흥이
세계적 일대 경이(驚異)를 짓는 것은 곧 역사 전환의 구원(久遠)한 장래

를 위하여 아무 비관을 요(要)치 아니할 바인 것을 유의할 점이다.

10. "세계열강의 사이에 배치되는 이해관계는 이제 다시 동양 식민지에서의 전전(戰前)의 전통적 진부(陣腐)정책의 적용으로 되어 새로이 장래의 충돌을 준비하고 있다"고 도파(道破)한 바 있다. 이는 루이코프[A. Rykov] 씨가 작년 5월에 모스크바에서 시(試)한바 연설의 일단이다. 노농로국의 동진운동은 그 독자의 사상적 선전으로써만이 아니라, 이러한 자본주의 열강의 배치되는 이해관계에 의한 각축적인 제국주의와 서로 교착되고 충돌되면서 침침연(駸駸然)히 진출하고 있는 것이다. 그리고 그들의 역적(力的) 운동의 방책은 더욱이 주밀(周密)과 강대(强大)의 도를 증진하여 오게 되는 것이다. 그들은 방금 54만여의 적위군(赤衛軍)을 가졌다. 그는 전시공산주의 당시에 비하여 자못 축소된 바 있으나 그의 질로 본 세력은 오히려 강고한 바 있다. 발틱 해 방면에 영제국의 해군이 위협하는 바 있고, 에게 해의 방면에 제 소국(小國)의 해군이 유익(遊弋)코자 하는 바 있음을 볼 때에, 그들은 자못 대규모인 해군의 건설을 기획하고 있다. 항공대의 편성도 또한 필요를 인(認)하는 바 있음을 전하는 바 있었다. 이러한 제종(諸種)의 사실은 곧 자본주의 열강에게 포위되어 있는 노농로국인이 그의 자존책 또는 진취책을 위하여 가지는바 필연한 방책일 것이다. 그들의 운동이 각 개인의 윤리적 반성에 하소하려는 전도자(傳道者)의 생활로써가 아니요, 무산자의 독재정권을 기축(機軸)으로 세계의 혁명이라는 절대한 변동을 일으키고자 하는 기획인 것을 생각할 때에, 누구나 경괴(驚怪)함을 요치 아니할 바일 것이다.

11. 도쓰안의 성립과 로카르노조약의 체결 등이 피등 관계국 각자의 이익을 위함임은 물론이거니와, 일면으로 노농로국에 의한 적색의 공포가 항상 피등에게 적지 않은 반향을 준 것은 너무 명백한 일이었다. 그

리고 피등의 동방의 열약한 제 국민에 대한 각종의 정책이 또한 각각 적색 공포를 염두에 두고서의 구속 또는 회유에서 나옴임은 오인의 명언(明言)을 기다릴 바가 아닐 것이다. 치유법안(治維法案)의 실시와 함께 소위 '조선통치의 근본 문제'이나 '건전한 발달을 조성'할 것을 운위하고 있는 일본의 통치군(統治群)들의 심사도 또한 그 대부(大部)의 동기가 이에서 촉성된 것인 것은 식자의 이미 간파한 바 있다. 그리고 실제의 사태에 있어서 신흥세력의 급속한 발전은 다만 그 자체의 의식적 노력보다도 계급적(階級敵)들의 강렬한 경쟁 혹은 대규모의 충돌을 기다리어 비로소 그 웅대한 발전을 오게 하는 것이니, 이는 자본주의 열국의 제국주의적 각축과 교착 또는 충돌하여가며 침침(駸駸)히 진출하려는 노농로국인의 만근(輓近)의 운동이 더욱 큰 역사적 변동을 기대할 수 있게 하는 것이다. 이러한 견지로 보아서 적위군의 동방진출과 함께 외몽고의 좌경과 동중철도의 적색 지배와 백만의 구로인의 동방이주 등은 그들의 필연한 책전(策戰)일 것이다. 이는 곧 그들의 세계혁명의 역적(力的) 운동을 의미함이다. 그리고 이러한 역적 운동이 가장 확고한 실현성을 그들의 운동의 장래에 기대할 수 있음을 지적함으로써 오인의 임무는 다함이 될 뿐이다. 장곽전(張郭戰)[張作霖과 郭松齡의 쟁패—編]의 당시에 있어서의 일본의 만주출병이 영·미 등 열국으로 아무 훤소(喧騷)한 비의(非議)를 일으킴이 거의 적연(寂然)한 방관을 계속하게 하는 것은, 곧 이 역적 운동의 확고한 실현성이 일·영·미 등 자본주의 열국의 공통한 불안을 느끼게 함임을 표증함이다. 다만 노농로국인의 동진운동이 오직 동방 피압박 민중의 해방을 위한 지고한 정의감 외에 다시 그 계급적 자존책의 발동에 인함임은 작일에 부언함과 같다. "압박되는 민족이 제국주의에 대하여 승리를 얻는 것은 노동계급의 해방을 용이케 하는 것이라"고 그들은 부르짖었다.

12. 오인은 때때로 구주의 안정을 설한 바 있었다. 곧 일래(日來)로 거듭하여 서술한 그들의 정치적 및 경제적 소강상태를 이름이다. 오인은 또 화란(禍亂)의 동점(東漸)을 역설하는 바 있었다. 그는 곧 구주에서 소강(小康)을 보게 된 국제정국은 도리어 동방을 향하여 그 각축의 기세를 높이려 함이 있기 때문이었다. 구주에서 상호의 안전을 보장코자 하는 것은 일면으로 곧 동방의 열약한 제 국민의 사이에 높아지는 반역의 기세를 제압함으로써 그 착취의 영속을 확보코자 함에서 나옴이다. 모로코와 시리아에서 침략의 곤전(困戰)을 계속하고 있는 불국(佛國)의 지배자들이 독일과의 타협을 단행한 것은 그의 명백한 자이다. 대전란 후 그의 세계적 대제국의 기초가 근본적으로 동요하기 시작한 줄을 발견한 영제국의 근간 계급들이 무엇보다도 동방의 제 국민으로부터 풍부한 물자와 그 이윤을 착취함으로써 과도의 소모된 그의 경제적 기능을 부양하고, 인하여 그의 국제적 자본벌(資本閥)의 안락한 지위를 독천(獨擅)코자 함에 급급한 것은 보수당 내각의 성립 이후 애급(埃及)의 강압과 자치의 향이(香餌)로써 인도(印度) 3억여의 대중을 회유코자 하는 등, 실제의 정책으로써 명백히 입증되는 바이다.

13. 전채(戰債)의 보상을 비롯하여 심대한 재정난에 빠진 불국(佛國)이 근자 때때로 안남(安南)의 매각설을 전하게 되니, 불국의 침략적 예봉이 소아세아의 일각으로부터 멀리 극동의 대지까지 미칠는지는 큰 의문이다. 그러나 영제국의 동진은 난령(蘭領) 인도의 모든 섬들로부터 중국의 대륙에까지 미친 지 오래고, 미합중국의 경제적 제국주의가 그의 무진(無盡)한 금력을 중추로서 또한 중국의 대륙으로 맹진코자 하는 것은 가두의 군중들도 오히려 그 일반(一斑)을 요해하는 바이다. 그리고 이러한 제국주의의 전위가 모두 극동의 제 국민을 향하여 돌진코자 하는 바 있는 이때, 노농로국인의 혁명운동이 또한 그들과 교착되고 충돌

되면서 침침(駸駸)히 진출하는 것이 오인 소위 화란(禍亂)의 동점(東漸)을 대부(大部)이나 결정하는 조건이 되는 것이다. 그는 배일영(排日英) 시위동란으로서 표현된 작년 중의 중국민의 반제국주의운동이 무엇보다도 가장 잘 그 소식을 전해주는 바이다. 그리고 이러한 제국주의의 신(新)운동의 와중에 처한 노농로국인의 혁명운동이 오직 견실한 역적(力的) 표현으로만 비로소 그 예정한 성과를 기대할 수 있는 것은 오인이 작일에 약술한 바와 같다.

14. 노(露)·봉(奉)의 충돌은 곧 일(日)·노(露) 충돌의 간접적인 자이다. 동중철도 문제를 중심으로 노·봉 간의 충돌이 있는 것은 일면으로 중국민의 사이에 침점(浸漸)하는 이권회수운동의 일 반영인 것을 설한 바 있었거니와, 장작림의 봉천파가 일본의 제국주의 전선의 일단(一團)의 용병으로서 책동하는 것임은 이제 거듭하여 지적치 않는다. 다만 노국인의 혁명운동이 구주에서만 반동의 성벽(城壁)에 당면한 것이 아니라, 이 극동의 제국(諸國), 그중에는 좌경의 기세가 자못 급속한 중국에 있어서도 적지 않은 반동의 세력에 조우한 것이 현하의 사실이다. 오패부(吳佩孚)·이경림(李景林) 제인이 장작림과 호응하여 국민군(國民軍) 일파에 대항코자 함은 다만 심상한 정쟁의 수단으로 보기보다는 급속하게 파급하려는 좌경적 혁명사조에 대한 국민주의(國民主義)적 일 반항으로 볼 것이요, 상해(上海)에서 성립된 14개국의 '입헌연맹'의 운동 같은 것도 비록 공막(空漠)하나마 사회혁명의 사조에 대한 일 반동인 자이다. 그러나 세계의 모든 혁명운동이 다만 일로(一路) 평순(平順)하게 피안까지 직진함이 아니요, 항상 이러한 반동의 시련기를 통과하는 것을 생각할 때, 이것이 아무 비관의 이유가 되지 않는 것은 물론이다.

15. '노서아사회주의연방소비에트공화국'이라는 명칭으로부터 '사회주

의소비에트공화국연합'이라고 개칭한 것은 1923년 하계(夏季)의 일이었다. 그는 곧 노서아의 국가적 입지를 떠나서 전 세계의 무산대중을 그의 산하에 집합코자 하는 의상(意想)을 표시함일 것이다. 그리고 작년 세말(歲末)로부터 금춘(今春)에 걸쳐서의 노국의 공산당대회에서는 '소비에트연방공산당'의 명칭으로써 '노서아공산당'의 명칭을 받고 있다. 이것이 전자와 그 범주를 같이 한 것은 물론이다. 그러나 자본주의의 안정에 당면한 피등이 전시공산주의 당시에 비하여 일로 직진하는 세계혁명의 실현을 급속히 기대치 않게 된 것만은 드디어 부인할 수 없는 사실이다. 그리고 피등의 제종(諸種) 계획이 오직 동방을 향하여 그 역적 운동의 세력을 집중코자 하게 된 것은 누누(累累) 서술한 바와 같다. 일반의 선구자들은 이 반동의 기세를 직시하면서 이에 대한 각오, 준비 및 격려가 필요할 것이다. 이에 대한 엄폐 및 과대한 낙관은 도리어 대중의 운동으로 하여금 그 견실한 발전을 저해케 되는 바 있을 것이다.

【민세 후기】 소련이 동철(東鐵) 문제를 중심으로 동방에 진출하려는 정세를 지적 논평한 것으로 사회주의단체 편에서 적지 않게 문제를 삼았다.

만주로 가기 전에
— 유리(流離)하는 동포를 보내며 —

《조선일보》 논설, 1926. 12. 2.

1. 표류 또 표류하는 조선인의 상황에 관하여 한두 번만 말한 바가 아니다. 유리산망(流離散亡)이란 것은 꼬부라진 사람의 트레바리 소리가 아니요, 조선인이 현실로 당하고 있는 엄숙한 사실이다. 근일 조선의 통치군(統治群)들은 일본인 이민을 문제 삼지 않는다. 피등(彼等)은 문제 삼고 있을 시간으로 한 명이라도 더 끌어오고 있는 것이 퍽 실용적인 것을 깨닫고 있다. 문제되는 동척이민(東拓移民)의 경향으로 볼지라도 성적의 양호함을 속살거리면서 현해탄을 건너오는 자가 날마다 끊임이 없어 수량은 작년보다 곱절이나 된다 한다. 전남[전북의 오기―編]의 옥구군(沃溝郡)으로만 말하여도 불이흥업회사(不二興業會社)의 제2차 이민은 명년부터 2개년 간에 일거 2백 호(戶)를 이주시킬 계획이라 하니 전표(全豹)의 □일으로 보더라도 그 대체를 짐작할 것이다.

2. 이 사이에 있어서 조선인의 이동상태를 보건대, 11월 말까지 금년 중에 간섭과 저지(阻止)를 받은 도일(渡日)을 기획하던 동포가 1만여 명이요, 북조선을 지나서 만주 방면으로 간 자가 자못 거대한 숫자에 달할 모양이다. 11월 중에만 원산항을 거쳐서 간도 방면에 간 자가 947호 2,083인이요, 육로와 혹은 의주선(義州線)을 지나서 간 자도 적지 않게 있을 것을 추단(推斷)한다. 그리하여 금년 동안 일본인의 조선 이주자가

약 3만 인이요, 조선인의 밀려나가는 자는 거의 곱절되려는 형세이다.
이것은 결코 과대함이 없는 엄숙한 사실이다. 그리고 이에 관하여는 아
무 고려함을 요치 않고 조선인의 민족적 일대 환난(患難)인 것을 누구든
지 직각(直覺)할 수 있는 것이다.

3. 피등 통치군들이 일본인을 불러오기에 바빠함이 있는 것은 더 말할
필요가 없다. 그리고 조선인을 보내기에도 자못 주저함이 없는 것은 변
명키 어려운 일일 것이다. 근일 북만(北滿) 목단강(牧丹江)의 유역을 시
찰한 피등 통치군의 요인들은 일본인의 조선 이주의 준비를 위한 심모
원려(深謀遠慮)에 나온 것이 또 분명한 사실이다. 이리하여 표랑(漂浪)
의 실마리를 열어놓은 조선인은 금후에도 한정 없이 밀려가게 될 것으
로 볼 수 있다. 피등 토지개량을 기획하고, 산림(山林)의 조식(造植)을
기획하고, 잠견(蠶繭)의 증식을 기획하고, 수산(水産)의 진흥을 기획하면
농업자금을 융통하고 혹은 자작농의 창정(創定)도 운위(云爲)함이 있어
서, 천하 민생의 이용후생을 생각함이 있음을 표명하고 있다. 그러나 이
와 같이 조선인으로 하여금 외래 이주민을 뒤로 두고 멀리 표랑의 길을
떠나가게 하는 것은 엄숙한 사실인 바에야 어찌하랴. 피등은 한편으로
조선인의 방랑지(放浪地)를 물색하고 있음은 아닌가.

4. 통치군들에게 대하여 항의함이나 수소(愁訴)함이 모두가 의미도 없
고, 또 효과도 없는 일인 것을 안다. 그러나 그들 표랑하는 동포들로 영
쇄(零瑣)한 자금을 지니고 정처 없이 몰려가는 것을 오인은 찾아 볼 수
없는 바이다. 그들은 살기 위하여서 가는 것이다. 결국은 죽기를 피하려
고 가는 것이다. 그들은 미지의 나라에 가서 살기를 구하느니보다는, 고
향의 땅에서 최후적으로 살기를 다투지는 않는가? 오인 일찍 구직동맹
(求職同盟)과 구식동맹(求食同盟)의 필요를 설(說)한 바 있었다. 그들은

만주로 가기 전에 먼저 피등 통치군을 향하여 직(職)을 구하고, 또 식(食)을 구할 것이다. 향토의 주민으로써 향토에 대한 주거와 경작의 우선권을 주장함이 매우 합리적 일인 것을 믿는다. 통치군에게로 가거라. 일거리를 달라고 하거라. 밥을 달라고 하거라. 이것은 확실히 현실의 일 방책일 것을 믿으려 한다.

본사 주최 여류명사 가정문제합평회[*]
— 의복·주택·음식(飮食)·결혼·연애· 육아 문제를 여하(如何)히 할가? —

《조선일보》, 1927. 1. 1.

출석 여류명사(無順)

김미리사(金美理士) 근화여학교장

신(申) 알벳터 조선여자청년회장

유영준(劉英俊) 이화학당 교의(校醫)

김활란(金活蘭) 이화여자전문 교수

김애식(金愛息) 상동(上同)

유각경(兪珏卿) 여자기독교청년회 총무

손정규(孫貞圭) 경성여자고보 교유(敎諭)

임순분(林順分) 상동

성의경(成義敬) 숙명여자고보 교유

조경희(趙慶姬) 상동

김순영(金順英) 동덕여자고보 교유

박성환(朴聖煥) 상동

김영순(金英順) 정신여학교 사감

방신영(方信榮) 정신여학교 교원

박흥순(朴興順) 상동

---

* 이 글은 원문의 대화체를 살려서 그대로 적되, 다만 띄어쓰기와 구두점만 손 보았다―編.

전지자(全智子) 진명여자고보 교유

김 선(金 善)

이현경(李賢卿) 조선여성동우회

길정희(吉貞姬) 동대문부인병원 의사

현덕신(玄德信) 상동

안수경(安壽敬) 상동

김순복(金順福) 상동 약제사

이덕요(李德耀) 총독부병원 의사

박경식(朴敬植)

김원주(金元周)

홍(洪) 에스더 협성여신교 교사

안재홍(安在鴻) 본사

한기악(韓基岳) 본사

김준연(金俊淵) 본사

이익상(李益相) 본사

최은희(崔恩喜) 본사

가정문데는 과도시긔의 조선에 잇서서 중요한 문데 중의 한 가지가 되엇다. 가뎡문데에도 가지가지 잇스니, 일반뎍으로 보아서는 의식주(衣食住)를 어떠케 하겟느냐 하는 것이 한 문데이오, 현대의 특수한 현상을 보아서는 결혼(結婚)문데 밧고아 말하자면 련애(戀愛)문데를 어떠케 하겟느냐 하는 것이 또 한 가지 문데이다. 지금까지는 남자인 지식계급의 사람들의 입과 붓으로만 이러한 문데를 비평하여 왓엇고, 녀류들로서는 이것을 평론한 바가 적엇으며, 평론한 이가 적지 안타 하더라도 자긔집 책상 우에서 혼자 쓰거나 혹은 공개하더라도 자기 단독의 의견으로서 발표한 바는 잇엇스나, 일즉 한자리에서 합평(合評)을 해본 적은 업섯다.

본사에서는 이 현하에 가장 필요하고 또 흥미 잇는 가뎡문뎨에 관하야,
평시에 몸소 격거보고 마음 잇게 생각함이 만흔 조선 내 각 방면의 녀류
명사를 일전에 초청하야 가뎡문뎨합평회를 개최하야, 거릿김이 업시 이
에 대한 의견을 발표하게 되엇다. 말이 바야흐로 어울리매 가지각색의
특성과 때때마다 늣기윗든 바를 잇는 그대로 발표하는 광경은 이러한
합평회가 아니고서는 도뎌히 다시 볼 수 업는 자미가 용소숨하는 회합
이 되엇다. 새침하고도 똑똑한 말슴, 덜렁하고도 꼭 □한 말슴, 시침을
뚝 따고 텬연시러운 말슴, 얌잔하고도 알뜰하신 분, 무지게가티 긔염을
토하시는 분, 사부랑사부랑 조리를 차즈시는 분, 걸걸한 중에도 식견이
넉넉하신 분, 이따금 한번식 콱 내지르는 분, 그야말로 혀끄테 꼿도 피고
입술에서 바람도 일어, 어느덧 시간이 가고 밤이 드는 줄 몰럿다. 말슴마
다 유리하고 마듸마듸 흥미가 소삿다. 다만 초청한 분이 다수 적치 못한
것은 유감이엇다. 이에 그 합평회록을 소개한다(一記者).

음식문제

안재홍 에 ― 조선 가정에서는 밥을 먹을 때에 한때에 모여서 가티 먹
  지 안코 어룬 따로 알에사람 따로 먹어서, 하로에도 몟 차례식 밥 먹
  는 시중을 들게 되니까 부인들이 퍽 불편할 뿐 아니라 시간이 넘우 들
  어서 다른 일 볼 틈이 적습니다. 이런 것부터 개량하여야 하겟지요.
김영순 남자들이 시간을 직혀 잡수어주어야 됩니다.
김 선 현 가족제도로는 도뎌히 될 수 업습니다.
이덕요 그럿습니다. 한가족이 한자리에서 식사를 하기는 어려웁니다.
안재홍 한가족이 한자리에서 식사를 하랴면 엇더한 방식을 취하여야
  되겟습닛가?
방신영 제가 일전에 어느 집을 방문하엿더니 그 집에서 크다란 식탁

가운데에 제물화로를 만드러서 그 우에 찌개남비를 올려노코 온 집안 식구가 둘러안저 제각기 떠먹는 것을 보앗는대, 그러한 간단한 방식을 취하면 한집안 식구가 한자리에서 먹을 수 있다고 생각합니다.

신알베트 그러한 살림을 시작한다는 것도 조선 사람으로는 역시 경제 문데가 될 줄 압니다.

김 선 그것은 경제문데뿐이 아니요, 거긔에는 역시 녀자의 지식문데가 잇슬 줄 압니다.

이익상 경제문데나 교양문데 가튼 것은 근본문데인 줄 압니다. 우리들의 현실생활에서 허락하는 범위 내에서 될 수 잇슬 줄 밋습니다.

안재홍 김 선생, 미국 사람의 가뎡생활로 말하면 모든 것이 규측뎍이 되야서 매우 자미잇갯지요?

김활란 그들의 생활은 부부 중심이 되여서 모든 것이 간편하게 개량할 수도 잇고, 어린이들까지라도 한자리에 모혀 먹게 되니까 퍽 자미가 잇서요.

김애식 부부 중심 생활이 되여야만 마음대로 될 줄 압니다. 저의 가뎡은 부부가 다 시간상활을 하고 시부모도 안 계시니까, 제절로 음식시간이 가티 되고 모든 것이 간편하게 되어요. 이후에 자녀가 잇스면 엇더케 될는지 알 수 업스나, 지금 가태서는 저의 가뎡에는 시간문데 가튼 것은 업습니다.

안재홍 지금 우리 조선에서는 장유나 김치 가튼 것을 집집에서 만들게 되니까 부인네들의 향상될 시간이 더 업는 듯한데, 엇더케 공동으로 만들게 되면 좋겟습니다.

김영순 그러기에 장유나 김치 가튼 것은 회사 가튼 데서 만들어서 공급하게 되면 조흘 줄 알어요.

성의경 그것이 리상으로는 조흔 말이지만 실디로는 어려울 것이요.

김원주 장유나 김치 가튼 것뿐만 아니라 우리가 평소에 먹는 음식을

모다 자긔집에서만 만드러 먹지 말고 음식점에서 사다 먹든지 공중식
당 가튼 데 가서 먹는 것이 조흘 듯해요.

최은희 평소에 먹는 음식을 사다 먹어요? 내 남편이나 내 자식을 내 손
으로 정성을 들여 해 먹여야 그 가뎡에 따뜻한 맛이 돌지요.

성의경 오라잇, 가뎡은 참말 주부의 정성이 잇서야 잘될 줄 알어요. 그
리고 우리가 손님으로 초대를 바더서 가도 주부가 친히 만드러 그 가
뎡의 독특한 료리로 대접을 해주어야 더 깃부지 안혀요. 공중식당 가
튼 데는 가정생활을 하지 안는 이나 또는 잇다금은 가족이 함끠 취미
로 나가서 먹을 데라고 생각합니다.

길정희 조선 사람은 음식의 가지 수가 너무 만코 분량이 너무 만허요.
조선 가뎡에서 손님 다섯을 대접하랴고 만든 음식은 일본 사람 가트
면 스물도 더 대접을 할 것이요. 그리고 아츰 저녁을 가튼 음식만 먹
어서 안 되엿서요.

최은희 참 그래요. 서양 사람들처럼 아츰에는 간단히 우유·차에 빵이
나 먹고, 점심에는 순 조선 음식으로 잘 만드러 먹고, 저녁에는 무슨
별식을 만들어 먹고 …… 한 주일의 음식 순서를 미리 짜노코요.

박홍순 날마다 가족들에게 물어보아 가지고 해 먹는 것도 조치요. 저는
족하들을 다리고 잇는데, 아츰에 식탁에 모혀 안저서 오늘 저녁에는
무엇을 해먹고 내일 아츰에는 무엇을 해먹자는 의향을 미리 들어가지
고 합니다.

김애식 최은희 씨 말슴대로 우리 집에서는 양식과 조선식을 석거가지
고 영양에만 주의하야 간단히 하여 먹습니다.

조경희 그런 것도 다 생활정도 문뎨예요. 무에니 무에니 하야도 첫재
조선 사람은 돈이 잇서야지요.

안재홍 위생뎍 견디로 보아서 음식에 대한 의견이 업스십닛가?

유영준 첫재, 한그릇 음식을 여럿이 함께 먹는 것이 납부지요. 일본에서

도 병균을 만히 매개하는 것은 '소바'집 가튼 음식집입니다. 이것은 소
독이 충분치 못한 까닭임니다. 그리고 서울 사람들의 먹는 숙룽을 보
면 그 온도가 '미균'이 번식하기에 가장 덕당한 것을 그대로 먹습니다.

성의경 이새에는 찬물을 먹으라고 의학 대가들도 장려를 하는데, 류 의
사는 반대구려. 찬물 먹는 것이 그러케 납불까요?

유영준 그것은 수돗물을 말하는 것이지요. 내가 진찰하러 경성 안을 두
루 다녀보아도 아즉도 우물물 쓰는 집이 만흔데요. 더구나 싀골서야
수돗물 쓰는 집이 몇치나 되여서요. 또한 병자의 먹고 난 그릇을 소독
을 하지 안코 그대로 싯츠닛가 전염이 더 잘되는 것입니다. 먹고 난
그릇은 뜨거운 물이나 비누물로 반드시 소독을 하여야 됩니다.

김애식 그럼은요. 저의 집에서는 늘 비누물로 소독을 한답니다.

안수경 비누보다 '소-다'가 더 조치요.

손정규 참 조선 사람들이 뜨물로 그릇을 씻는 것이 일례가 잇서요. 금
년 여름에 석왕사에서 그 비릿내 나고 누릿내 나는 날마다 여러 손님
치룬 그릇을 엇더케 그러케 깨끗하게 하나 하고 자세히 주의하여 보
앗더니, 다 시어진 김치 국물을 타서 씨서요. 참으로 그럴듯해요. 그들
은 순전한 경험으로만 그런 묘안을 어든 듯하지만 학리상으로 생각해
보아도 발효(醱酵)한 산(酸)이 자연히 소독재료가 되는 것이야요. 저
는 참말 감심햇서요.

이현경 이것이고 저것이고 해도, 말하고 보면 모다 경제문뎨지요. 경제
문뎨가 해결되지 못하는 날은 결국 마찬가지예요.

주택문제

안재홍 조선 주택은 살림하는 데 덕당치 못한 듯합니다. 엇더케 개량할
필요가 업슬까요?

방신영 우리 주택은 쓸모가 적어요. 집안에서 방과 방의 교통도 조티 못할 뿐 아니라 부엌에만 나려가려도 신을 신어야 가게 되고, 더구나 변소는 훨신 떠러저 잇서 여러 가지로 불편한 점이 만습니다. 시간 불경제도 되고요.

김준연 독일서는 주부가 특별히 밧게 나가지 아니하고, 음식이나 빨내를 한곳에서 하게 되는 까닭에 시간이 퍽 경제가 되고 편리합니다.

이덕요 주택문뎨는 경제문뎨이야요. 집제도 몬저 고처야 될 터이니까요.

이익상 서양의 부엌이나 일본의 부엌에 조선 부엌을 비교하면 부인네의 능률이 얼마나 틀릴까요?

방신영 아마 삼 배 이상 틀릴 줄 압니다.

한기악 조선 가옥은 대문간에 행랑이 잇서서 들어가자마자 그 지저분한 것을 보는 것이 안되엿서요.

방신영 행랑은 둘 수도 업고 안 둘 수도 업는 것이야요. 그러나 할 수 잇는 대로는 안잠자기를 두고 행랑은 폐지하는 것이 조흘 듯합니다. 만약 폐지할 수 업다면 행랑을 대문간에 짓지 말고 뜰알에방으로 짓는 것이 낫겟지요.

김애식 온돌방을 업새는 것이 엇덜까요? 온돌은 아모리 완전하게 만든다 할지라도 방으로 연긔가 들어오기 쉽고, 바람이 불면 불이 내어 위생에 퍽 해롭습니다. 저의 집에서는 응접실은 화덕을 피우고 침실에는 침대 우에서 물주머니만 끼고 그대로 자는데 관계치 안어요.

최은희 그것은 조선서는 실행하기 어려울 듯합니다.

김활란 굴둑을 고치면 연긔는 덜하지요.

박흥순 온돌은 아모래도 폐할 수 업서요. 더구나 침실은 집을 양제로 짓고 '스팀'을 피고 사는 생활의 여유가 잇는 집 외에는 반드시 온돌이라야 하지요.

김애식 또한 집집마다 반드시 목욕탕이 하나식 잇서야겟서요. 공동목

욕탕에서 병이 얼마나 전염되는지 모릅니다. 아무것을 못해 노아도 집 안 식구가 목욕할 곳은 만드러야 될 줄 압니다.

김활란 그것이야 물론 조치요마는 역시 경제문데이닛가요.

김애식 그리고 조선 사람은 농이니 장이나 하고 세간을 너무 만히 버려노코 살어서 이사할 때 큰 곤난을 당합니다. 찬장 가튼 것까지라도 모다 붓백이로 만들고, 다락·벽장·골방 가튼 것을 만히 만드러서 무슨 물건이든지 그대로 집어너코 쓰면 여러 가지 점으로 보아 대단히 편리할 것입니다. 우리 집에서는 그만 것은 다 실행합니다.

최은희 그럿습니다. 집안을 장식할 세간 이외에 모다 들여노코 쓰도록 만드는 것이 첫재 집안이 깨끗할 줄 압니다.

전지자 부억하고 닛대여서 바로 식당을 만들고, 부억과 식당 사이로 통하는 적은 문이 잇서 그리로 음식을 가지고 드나들게 만드는 것이 아마 시간경제가 될 걸이요. 나 아는 엇던 집에서는 식당을 그러케 만들고, 식탁 밋헤 제물찬장을 만드러 수저·밥공긔·찬그릇 가튼 것을 집어너헛든데, 퍽 편리하여 보혀요.

최은희 그것도 조흔 의견이외다.

유각경 그리고 서양 집이나 일본 집처럼 온 집안을 안으로 잠그고 문 하나만 밧게서나 안에서 맘대로 잠글 수 잇도록 만드러서, 집 보는 이가 업드래도 넘려 업시 채이고 단기도록 하여야겟서요. 열쇠는 식구들이 하나식 가지고 단이고요. 더구나 우리 가튼 직업부인이 사는 집에서는.

홍에스더 나는 무엇보다도 조선 주택에 변소 개량이 더 급한 줄 압니다. 상뎜 가튼 데도 눈치 빠른 손님은 얼른 알어보기 쉬울 만한 곳에 만드러 손님의 편리를 도아주고요. 거리에 나갓다가 녀자들이 데일 곤난을 당하는 것은 그것인 줄 압니다. 가뎡의 변소도 방에서 갓갑게 만드러 밤에 자다가 니러 나가기에 불편함이 업게 되며, 자연히 방안에

요강 가튼 것도 들여노치 안케 되고요.

김애식 우리 집에는 응접실과 침실에서 딴 방을 거치지 아니하고 각각 바로 통할 수 잇는 갓가운 곳에 변소·목욕탕·세수간을 연달어 짓고, 변소는 땅으로 열 길 이상 깁히 파고 우에는 뚝겅을 만드러 꼭 덥게 만드럿습니다.

신알벳트 모다 경제문데에요. 몰라서 못하는 것도 잇지마는 알어도 돈이 잇서야 하지요.

한기악 벽도 흰 조희로만 바르는 것이 얼는 더럽고 눈에도 해롭지 안을까요?

유영준 위생에도 해롭습니다. 장마통에 바르게 되면 풀이 얼는 말르지 아니하고 고라서, 그 속에서 미균이 발생됩니다. 또 좀 습한 집에는 건듯하면 곰팡이가 나지요.

최은희 근래에 '가세인 도료(塗料)'라는 것을 사용하는 집이 잇는데, 그것은 가지각색의 빗이 잇고 밀가로처럼 물에 개여서 풀 바르듯 벽에 바르기만 하면 됩니다. 취미상으로 보아도 색채를 쓰는 것이 조코 더구나 연한 연두빗이 나 연옥색 가튼 빗은 정신상 위안을 줍니다. 독신자의 침실에는 그런 빗을 사용하는 것이 퍽 덕당할 줄 생각합니다.

이익상 참 그래요. 저 잇는 방을 푸른 빗으로 발럿는데, 요새처럼 치운 날 다다미방에서 떨면서도 그 색에 취하야 그 방을 떠나 더운 곳을 차저가고 십지 아녀요. 은연중에 무슨 암시를 주는 것 갓고, 아조 다정한 위안을 밧게 됩니다.

의복문제

안재홍 조선 의복에 대하야는 개량할 점이 업슬까요? 제도문데나 염색문데나 재료문데에 대하여서요.

성의경 조선 녀자의 의복은 참으로 리상뎍이지요. 세계 어느 나라 여자
  의복에 비교하여도 조곰도 손색이 업지요.

유영준 남자 의복은 반드시 개량할 필요가 잇습니다. 남자의 바지통은
  두 사람이나 들어가게 되니, 그런 것은 속히 고처야지 얼마나 불경제
  가 됩닛가. 보기도 실코요.

김영순 그리고 자조 빨지 안토록 물을 들여 해 닙어야지요.

유영준 것혜 닙는 옷은 염색할 필요가 잇지마는 속옷은 위생뎍 견지로
  염색한 것을 사용하는 것이 대단히 불가합니다. 색소가 몸에 다으면
  픽 해롭습니다.

김영순 것옷만이라도 자조 빨지 안코, 다듬지 안코, 겨울에도 솜 두지
  안코 닙도록 고처야 하겟습니다. 될 수 잇는 대로는 솔기를 재봉침에
  박어서 겹옷으로 지어 여러 벌 닙는 것이 조켓습니다.

박흥순 겹옷을 여러 벌 닙을 것이 업시, 살에 닷는 옷 이외에는 털실로
  짜서 닙으면 가지 수도 적고 방풍도 상당히 됩니다.

성의경 털실 편물 옷은 여러 개 입어도 바람이 솔솔 들어갑듸다.

김영순 세탁법도 어렵지요. 잘못하면 주러들고 느러나고 하구요.

박흥순 아니요. '넉스'로 빨든지 '마두세루' 비누로 빨어서 잘 말리면 관
  계치 안습니다.

안재홍 그런데 싀골서는 의복에 물감을 들여 닙으랴 하야도 물감을 이
  루 당하기가 크게 곤난하다 합듸다. 들여만히 드닛가, 첫재 물감 사기
  가 어렵고, 한번 빨면 또 물을 들여야 하는 고로 도로혀 귀치 안타 합
  니다. 가뎡 기술상으로는 도뎌히 완전한 염색을 할 수 업는 게지요.

김선 서울서야 집에서 하기 어려우면 염색집에 가서 들여와도 돈이 얼
  마 먹지 안습니다.

김영순 무명치마 한 감에 35전만 주면 염색집에서 엇더한 물감이든지
  다 들여줍니다.

박경식 염색집에서 들여오는 것이 편리는 하지마는 가뎡에서도 완전한 염색을 도저히 할 수는 업다고는 못합니다. 우리는 엇더한 감에 엇더한 물감을 들이든지 다 집에서 하는데요.

성의경 조선서는 경험상으로 염색법이 매우 발달되엇습니다. 리론보다 경험이 더 중요합니다.

김영순 뎡신녀학교에서는 무명에 염색을 하야 치마던지 저고리던지 발버서 안으로 다려서만 해 입습니다. 그런데 그것이 세루 이상으로 보기 조흡니다. 그래서 다드미돌을 폐지하엿습니다.

박성환 죠선감에다 다드미를 하지 안흐면 무엇이 되여요. 얼는 국이고 더럼도 쉬 타고 윤채도 업구요. 조선 옷감은 답답이 잘 다듬어야 오래 입게 됩니다.

신알벳트 과연 그래요. 그러닛가 먼저 옷감을 개량해야겟습니다. 양속으로요.

유영준 양속을 쓸 것 업시 조선감을 그대로 사용하고 다드미긔계를 발명하면 되지요. 남자들이 어서 다드미긔계를 발명하여 주어야겟소.

최은희 여자는 웨 못 발명합닛가? 그러치만 다듬는 것이 옷감도 쉬 상하고 시간도 불경제가 된다는 말이지요.

김 선 다듬는 것도 방법이 잇습니다. 살올늘 만큼만 다드머가지고 다리면 만히 다드믄 것보다 더 좃습니다. 나는 그러케 실행합니다.

유영준 실상은 다듬는 때뿐 아니라 빨래할 때에 옷감이 더 만히 상하지요.

김원주 세탁집에서 빨어오면 옷이 해여지지 아니하고 편리합니다.

현덕신 양복은 세탁집에서 빨어온다기로 조선 옷까지야 엇지 일일이 맛겨 빨겟소. 그런데 참말이지 남자들이 양복을 닙든지 조선 옷을 닙든지 한 가지만 닙어야지 이중생활을 하닛가 여러 가지 점으로도 불편한 점이 만허요.

김　선　그러게 말이예요. 조선복으로만도 넉넉할 터인데요.

성의경　아이, 그 조선 두루막이를 거츠장스러워서 엇더케들 닙어요. 안
　선생님 불편하지 안으세요.

안재홍　네. 과히 불편치 안습니다.

신알벳트　가뎡에서는 관계치 안치마는 사무복으로야 엇지 불편하지 안
　을 리가 잇습닛가.

유영준　일할 때는 버서부치고 하지요.

이현경　그런 용기가 잇나요.

안재홍　개인으로는 조선 바지저고리만 닙은 것이 엇제 어색해보이지마
　는 그것도 단톄로 누구나 다 그러케 한다면 관계치 안켓지요.

성의경　꽁지 빠진 새 갓지요. 무어…….

최은희　일할 때는 두루막이를 벗는다 할지라도 길에 단일 때는 엇더케
　하여요? 뎐차나 긔차에 오르고 나릴 때 두루마기 자락이 펄렁펄렁하
　는 것이 퍽 거북하지 안어요? 아모러튼지 조선 남자 의복은 전부를
　다 개량할 필요가 잇서요.

신알벳트　개량하다뿐이예요. 남자들이 잠시만 두루막이를 벗고 일을
　하여보세요. 저무도록 괴침을 추기고 잇지요.

중인(衆人)　바지는 밀방을 해 메게 하지요.

유영준　그런데 양복은 대톄 무슨 리유로 잇습닛가?

이익상　그는 두 가지가 잇는데, 실용뎍과 사치뎍이 잇습니다.

유영준　실용뎍으로 보아서 조선복이 엇지 편리치 안습닛가?

이익상　양복은 한 벌이면 막우 닙어도 한겨울을 날 수가 잇지마는 조
　선복은 멋칠을 못 닙고 벗게 되지 안읍닛가?

최은희　그것이야 옷감을 고치면 되지요.

한기악　위생상 견디로는 양복과 조선복이 엇덧습니까?

현덕신　물론 조선복이 대단 좃습니다.

유영준 양복에 '칼라'라는 것이 퍽 해가 됩니다. '칼라' 때문에 목에 종기 나는 이가 퍽 만습니다.

김 선 양복을 폐지하고 조선복만 입는 것이 경제상으로도 유리함니다. 만일 양복이라면 '쏘푸트 칼라'를 사용하는 것이 조켓습니다.

손정규 정말 그럿습니다.

이덕요 그러나 조선 사람의 처디로 양복은 폐지할 수 업슨즉, 필경 의복상의 이중생활은 면치 못할 것입니다.

현덕신 그럿습니다. 자연히 그러케 됩니다. 그는 조선 가옥제도 때문에 집에 와서는 불가불 조선 옷을 입게 됩니다.

한기악 어린아이들의 의복은 엇더케 하는 것이 조흘가요?

길정희 털실로 짜서 입히는 것이 발육상에 퍽 유익하지요. 녀름에는 송고직 가튼 것으로도 알에 우에 달어 지어 입히고, 속옷만 힌 것으로 하면 되겟습니다.

임순분 속바지는 '사루마다'처럼 밋이 막히게 하고, 세루 가튼 것으로 치마 두 개를 지어 속치마는 짤게 만들어 밀방을 메게 하고, 것치마는 허리만 달고 거긔 속으로 채이는 단추를 달어주면, 집에서 조선 버선을 신을 때는 것치마를 나려 입고, 구두를 신을 때는 올리켜 입고, 일할 때나 운동할 때는 것치마를 버서노케 하고, 저고리는 물론 털실로 길게 짜서 입으면 아조 편리합니다.

이익상 의복은 조화를 생각하지 안흐면 안 될 것입니다. 조선 두루막이에 구두와 모자를 사용하는 것은 퍽 우수운 일이올시다. 서양 사람의 눈으로 보면 참 요설할 노릇일 걸이요.

유영준 조선 옷에는 조선 버선을 신지요.

성의경 남자들의 버선 안 신는 것이 부인들의 수고를 얼마나 덜게 하는데요. 일건 긔를 좀 펴게 되닛가……. 가뎡 부인들한테 미움을 바들 소리 그만두어요.

김준연 독일 사람들은 구두를 아침에 한번 신으면 잠잘 때에나 벗게 됩니다. 그럼으로 양말 다섯 켜레만 가지면 일년을 지냅니다.

유영준 그런 문데는 암만 여긔서 끄내도 소용이 업스니. 자- 이제는 어서 다른 문데를 끄냅시다. 양복 닙고 물산장려 연설 단이는 격이지.

이하 명일 계속.

【편자 주】 다음 호에 후속기사가 나오지 않아 1월 1일자 합평회 기사만 실었다.

전환기의 조선

《조선일보》 논설, 1927. 1. 5.

1. 전환기에 들어간 현하의 조선에 관하여 다시 범론(汎論)적 서술을 요치 않는다. 이것은 만인이 의식한 바이요, 더욱이 논객 및 선구자들의 토의가 왕성하던 바인 까닭이다. 그러나 조선의 문제가 현안으로 된 지 오랜 분수로는 통치계급의 사람들은 아직도 퍽 조선에 관하여 등한하고, 따라서 천박한 지식밖에는 가지지 않은 모양이다. 피등(彼等)이 조선문제에 관하여 용이히 손을 대지 않는 것은, 즉 그만큼 중대시하는 증좌(證左)라는 것을 오인이 일찍 지적하였거니와, 그러나 피등의 사이에는 조선에 관하여 등한하고 무지식한 자가 의연히 많다 할 것이다. 지금까지도 오히려 '내지연장주의(內池延長主義)'식의 동화정책을 꿈꾸고, 적더라도 조선인의 '선량한 일본인'화의 지지(遲遲)함을 기괴시(奇怪視)하며, 따라서 그를 개탄함을 보는 것이라든지, 혹은 조선인의 민족적 해방의 요구를 전혀 영원한 몽상같이 보고 있는 것 같은 것은 모두 명백한 실례로 손가락을 꼽을 바이다. 이러한 조건하에서 결정되는 조선의 정치적 및 사회적 전환은 저절로 독특한 시대상을 가질 것이 너무 분명한 바이다.

2. 오인은 일찍 조선 금후의 정치적 추세를 논한 바 있었다. 그것은 세속의 이른바 대언장담(大言壯談)을 시(試)코자 함은 아니다. 이미 사회

진화의 필연성을 믿을진대, 조선의 정치적 형세가 저절로 소위 타협적 및 우경적 세력의 출현이 조만(早晩)에 있을 것이요, 하물며 통치계급의 사람들의 힘들여 준비하는 어떠한 희곡(戲曲)이 이에 호응하는 일부 사녀(士女)들을 끌어내는 바 있다 할진대, 금후 조선의 정치적 추세는 다만 혼란하다는 것보다는 도리어 분계(分界)가 선명하여질 미래를 가지고 있다 할 것이니, 오인은 그의 선악을 고조하는 이보다는 차라리 그 승패에 주력함이 보다 시대적 요구에 타당한 것을 믿는다. 다만 승리를 요하는 것은 곧 악에 대한 선의 옹호를 의미함인 것은 명백한 바이다.

3. 흠정헌법(欽定憲法)은 투쟁의 결과로 획득한 그것과는 퍽 다르다는 주장을 오인은 많이 들어서 안다. 조선 금후의 타협적 운동이 또한 흠정적 혹은 관조(官造)적의 일(一) 운동으로 될 운명하에 있는 것을 식자는 간과하여서는 아니 된다. 여기에 관하여서는 오인이 세미(細微)한 비평을 그만둔다. 그러나 장래할 조선의 타협운동이란 자가 소위 민중의 자연생장성(自然生長性)에 의한 양보적인 태도로서의 필연한 산물로서보다는, 통치계급의 사람들의 장래에 대한 심모원려(深謀遠慮)에 인한 독특한 희곡인 것을 생각하면 그것의 정치적 가치가 자못 멸여(蔑如)할 뿐 아니라, 대중을 타락에 끌어넣을 위험성이 일층 크다고 할밖에 없고, 그에 대한 선구자적 투쟁이 또한 절실하게 요구됨을 단언하지 아니할 수 없다.

4. 오인은 현명한 고찰을 요한다. 물질적 고압(高壓)의 정책을 금성철벽(金城鐵壁)처럼 믿고 조선인의 민족적 일대 고망(顧望)을 너무 경시하는 피등의 견해는 근본적으로 틀렸다. 이는 물질정책을 구지(拘持)한 자의 물질정책에 포로됨인 것을 깨달음을 요한다. 그리고 만일 통치계급의 준비하는 희곡에 응하여 춤추기를 결심하는 사람들이 있다 하면, 그것이

곧 대중의 부르짖음과는 매우 격리된 기형적 사생아 될 것을 믿어야 한
다. 더욱이 이에 대한 좌익 각파로서의 임무는 다만 공리적 방관의 태도
로서 그의 점진적 수익을 상량(商量)함으로써 족한 것이 아니다. 더욱더
욱 그 계급적 입장에서 출발한 좌익적 임무를 다하여 통치계급의 사람
들에게 쉴 새 없는 충격을 줄 뿐 아니라, 대중들의 타락 또는 부패를 방
지하고, 인하여 그의 반발적 전진을 지속하도록 하여야 할 것이다. 무엇
보다도 필요한 것은 조직적인 일정한 운동이 대중으로 하여금 항상 목
표의식에 의하여 움직이고, 또 훈련될 수 있도록 하는 것이다. 이로써 전
환기의 조선은 비로소 의미가 있는 것이다.

학생 제군

《조선일보》 논설, 1927. 2. 21.

1. 졸업기가 되었고 입학기가 되었다. 보통학교는 말할 것도 없거니와, 고등보통학교의 졸업생이 무려 6, 7백 인에 달하고, 전문학교 졸업생도 내외의 유학생까지 합하면 또한 수백을 산(算)하는 형편이다. 그런데 조선의 청년학생들은 겹겹으로 고난을 받고 있으니, 입학을 요하는 자는 입학난이요, 학교에서 나오는 자는 취직난이다. 입학난·취직난 하는 것보다 생활난이 전체로 문제되고, 생활난을 말하느니보다 민중적으로 온통 생존난에 빠진 것이 조선인의 처지이지마는, 청년학생 제군을 위하여 생각할 때에는 우선 입학난·취직난이 문제이다. 조선 땅에서 조선의 돈을 모아 경영하여가는 각종 고등학교와 전문학교인데, 이 나라 이 시골의 주인인 조선인의 청년학생들은 학교에 마음대로, 아니 자격대로 갈 기회와 자유도 주지 않고 일본인으로 우선적 독점권을 차지하게 하는 것은 도리에 어그러진 일이요, 조선인의 생존권을 빼앗는 것이라고 주장할 것이다. 이것을 이론으로 다투고 단결로써 싸워야 할 것이다.

2. 툭하면 내세우는 것이 아니지만, 경성제대에도 조선인 학생은 총수의 2할 내외, 고등공업에는 조선인 학생이 3할 이하, 의학전문 본과에는 매년 2할 이하에 제한되고, 고등농림에도 3할 이하이요, 기타 고상(高商)과 사범과 법학전문까지도 이렇게 되었고 또 되어가며, 학생모집 수단을

보면 일부러 일본 각 도시에 가서 학생모집의 선전광고 등으로써 어찌하여서든지 일본인으로 절대다수를 제(制)하도록 하려 한다. 이 행위의 내면에는 피등(彼等) 조선통치의 근본책이라는 것이 숨겨있는지는 별문제로 하고, 그것이 용인할 수 없는 것과 또 절대 반대하여야 하겠다는 것은 어떠한 사람이든지 지극 동감일 것이다. 취직상태를 보더라도 일본인은 졸업하기 무섭게 관사설(官私設) 각종 기관에서 은이야 금이야 데려가고, 조선인 청년은 뒤채여 다니고 곯아 자빠지고 있다. 조선인이 모두 그 지식과 기술을 연마할 수 없고 인격을 향상할 수 없고, 그리하여 행복의 기회를 놓치고 진취의 길이 막히고 안정의 날이 망연하게 되고, 따라서 생존할 방책이 없어져 간다. 유민(遊民)·태타자(怠惰者)·무취업자·'바보'의 조소! 모멸! 그리고 감시, 검속은 그들의 뒤를 노리고 있다. 청년학생들은 단결하여야 한다. 요구하여야 한다. 소리쳐야 할 것이다. 내 나라이다. 내 시골이다. 우리들이 먼저 배우고, 일 붙들고, 연구하고, 단련 받고, 향상하고, 진보하고 그리고 생존하고 번영하여야 하겠다고 할 것이다.

3. 조선이 일본의 조선이 되었다. 그렇다고 일본 사람만 더 잘 살리기 위하여 조선 사람을 못살 구덩이에 빠뜨리는 것은 용서할 수 없다고 할 것이다. 마찬가지 사람이라고 할 것이요, 내 목숨과 내 낙예(樂譽)도 근중하지 아니한 것이 아니라고 할 것이다. 우리들의 생명의 불꽃이 꺼지지 않는 동안에, 눈 뻔히 뜨고 쇠망의 길로 쫓겨 갈 수는 없노라고 아우성칠 것이다. 조선 관리의 인건비만 하여도 6,300만 원인데, 일본인이 가져다 먹는 것이 4,500만 원이다. 이것을 먹고 있는 일본인만 하여도 수만여가 넘는다. 조선의 청년들은 그 대신으로 유민·태타자·무직업자·유랑자 그리고 참패자(慘敗者) 되고 있다. 아무리 생각하여도 그저 가만히는 있을 수 없노라고 억세게 주장할 것이다. 살아야 하겠노라, 쇠망을

면하여야 하겠노라 하는 것이 매우 합리한 일이요, 또 지극 온당한 일이
라고 크게 외치면서 단결하여서 나갈 일이다.

조선과 동아(東亞)

— 우원(宇垣) 총독의 성명서 —

《조선일보》 논설, 1927. 5. 20.

1. 우원[宇垣一成 — 編] 육군대장이 조선대리총독으로서 일본으로부터 취임함에 임하여 일개의 성명서를 발표하였다. 이는 자못 구문(舊聞)에 속한 자이요, 또는 대관(大官)의 진퇴함에 의례로 성명서를 발표하는 것이라 따로 문제 잡을 것이 없으며, 하물며 제등[齊藤實 — 編] 씨와 우원 씨의 사이에 아무 정치적 상이한 입각지(立脚地)를 구할 바 없으니, 이것을 평설(評說)함이 거의 무용한 일이지마는, 근일 침체한 중에 도리어 변동의 기세를 많이 가지고 있는 조선의 통치의 수뇌자로서의 그의 성명(聲明)은, 전혀 불문에 부칠 바가 아니다. 우원 씨에 대하여 개인으로서 또 정치가로서 오인은 아무 선적(先的)인 고정된 감정 및 관념을 가진 바 없고, 소위 말쑥한 백지로써 대하는 바이다.

2. "세계의 대세, 더군다나 동아(東亞)의 정세(情勢)에 임하여, 2천만 동포의 복리를 증진하여, 생활의 안정을 꾀하고"를 모두(冒頭)처럼 내어 놓았고, "적당한 국책(國策)의 수행에 맹진할 때"인 것을 설하였다. 세계의 대세와 '동아의 정세'는 지금으로써 새로이 설명하는 바 아니요, 허구한 동안에 항상 입버릇처럼 되풀이하는 바이지마는, 현하에 있어서 다난(多難)한 '동아의 정세'를 쳐드는 것은 다만 진부한 투어(套語)로만 볼 수 없다. 중국의 혁명, 노국(露國)과 영제국(英帝國)의 서로 양립치 못할

동방정책 등에 의하여 '동아의 정세'가 다만 20년 이전 제정로국(帝政露國)의 맹진시대(猛進時代)에 비한 바 아닌 것은 이목이 있는 자의 한가지로 견해하는 바이요, 이에 인한 장래의 변동은 스스로 석일(昔日) 보수적인 견지로써 '독단'할 바 아니다. 이에 대하여 다만 '적당한 국책'을 수행키에 맹진할 것을 말함에 그치고 아무 명백한 표시가 없는 것은, 의연 함호(含糊)한 구문(口吻)으로 당면을 만과(瞞過)하자 하는 현대식 정치가의 상태(常態)인 것이 명백하다.

3. "지성(至誠)과 열정을 가져서 2천만 동포에 접하여 그 심리와 감정과 관습을 속히 이해하여, 공정하고 합리적인 요구이면 될 수 있는 대로 달성케 할 것"이라고 하였다. 양 민족의 알력과 갈등이 '심리와 감정과 관습' 등 단순한 도덕적 혹은 유심(唯心)적 이유에 의함이 많은 것은 부인할 수 없다. 따라서 이에 대한 사교(社交)적 주밀(周密)로써 양 민족의 알력 및 갈등을 경감 또는 해제하겠다고 하는 것이 일리 있는 기획이다. 그러나 권력, 금력 및 지력(智力)의 우월로써 계획적, 조직적인 국민적 대진출(大進出)의 앞에 그의 생존의 이해가 서로 양립치 못하는 관계에 미쳐서는 감정과 관습 문제로써 어찌할 수 없는 문제이다. 이것을 개괄적으로 보더라도 토지·산림·광물·수산·교통·운수 및 일반 상공업 등 각종 산업과 이민·교육·취직·작업·연찬(研鑽)·이용(利用) 등 각반(各般)의 문제를 합하여 양립치 못할, 도태되지 아니할 수 없는 냉혹한 처지에 대하여 어떠한 정도의 '지성과 열정'을 가질 수 있을는지는, 우원 씨 자신으로도 솔직히 단언할 수 없을 것이다.

4. "조선의 통치란 자는 제국의 존립과 2천만 동포의 휴척(休戚)과에 관계되는 중대사이라"고 하였다. 조선문제가 그들의 제국(帝國)적 존립에 중대한 관계가 되는 것은 익히 잘 아는 바이다. 더욱이 소위 현하 '동

아의 정세'에 비추어 보다 매우 중대한 것을 자타가 아울러 부인하지 않는 바이다. 그런 고로 "독단과 공상(空想)으로 경경(輕輕)하게 집어치울 수는 없는 것"이다. 그런 고로 군비(軍備)를 증설하고, 교통망을 완비하고, 산업적 지배를 더욱 엄고(嚴固)히 하고, 일본화 본위의 교육을 가지록 풍성히 하면서 합리적 또 조직적 지배의 근반(根盤)을 굳히려 하는 것은 그의 공포(恐怖)할 만할 심모원려(深謀遠慮)에서 나온 것이다. 그러나 이러한 일본인 본위의 제반의 정책이 결국은 조선인의 생존을 가속적으로 위협하게 되어서, 그들의 소위 '안정(安定)'과 '복리(福利)'로써 순치(馴致)되어야 할 '동정(同情)'과 '일체(一體)'가 전연히 '독단'과 '공상'의 환영(幻影)에 돌아가고 말 것인 것을 '속히 이해'하여야 할 것이다.

5. "내선인(內鮮人)의 정신적, 경제적 제휴"를 역설하여 '균열(龜裂)'이 생기지 아니하게 할 것을 역설하였다. '일선융화(日鮮融化)'가 '물질결합'으로 전화(轉化)하였고, 다시 또 '정신적, 경제적 제휴'에까지 도달한 것은 '적당한 정책'을 수립하기 전에 먼저 '적당한 숙어(熟語)'를 안출(案出)한 고심을 알려니와, '지성과 열정'을 고조(高調)함에 불계(不計)하고 조선문제에 관하여 어떠한 광명 있는 신생면(新生面)을 열 수 없을 것은 거의 명백한 일이다. 오인은 필경 '조선' 자체와 '조선인' 자체의 비켜설 수 없는 생존의 요구에 의하여 그 주위의 정세에 순응할 것이다. 만연히 '동아의 정세'를 고조하여 '2천만 동포의 휴척'을 논하는 자에 수긍할 수 있으랴.

【편자 주】 이 글 압수됨. 이때 제네바에서 열린 미·영·일 해군군축 회의의 일본 대표로 조선총독 사이토 마코토(齊藤實)가 참석하게 되어 이해 4월부터 8월까지 4개월 반 동안 우가키 가즈시게(宇垣一成)가 임시 대리총독으로 재임하였다.

맹휴(盟休) 학생 제군

《조선일보》 시평, 1927. 7. 2.

근자 학교 맹휴(盟休)사건이 경향 각처에서 속발하는 경향이 있다. 고등보통·실업·보통학교 등과 여학교까지 합하여 동서남북에서 전후 거의 십수 교를 산(算)하게 되었다. 요구조건으로서는 다 각각 자기들에 상당한 이유가 있겠지마는, 이다지 학기시험을 앞에 두고 맹휴가 속출하는 것은 결코 간과할 수 없는 사태이다. 학교 당국에 각각 얼마쯤의 과실이 있는지 검토하지 아니하였으나, 학생 제군은 전체로서 찬성치 않는다.

맹휴는 불상사이다. 마치 전란과 같은 것이다. 전(戰)은 흉사(凶事)라 마구 일으킬 수 없다. 만약 부득이하여서 일으키는 것이요, 일으키기로 하면 어디로서든지 회피할 길 없는 정당한 이유가 있어야 한다. 다소의 불만이 있는 고로 곧 맹휴를 한다 하면, 맹휴함으로 반드시 가(可)하다는 것은 아니다. 하물며 이로써 일종의 유행병과 같이 하는 것은, 불가함이 심한 폐풍(弊風)이 된다. 깊은 또 만부득이한 이유가 없이 맹휴를 하는 자 있다 하면, 그는 천박한 행위에 지나지 않는다. 이것은 학생 제군이 자기의 당한바 사태에 대하여 새로이 허심(虛心)한 반성을 하여야 한다. 만일 어떠한 맹휴이고 곡(曲)이 교(校) 당국에 있다고만 해석하는 줄 알아서는 아니 된다.

숙명여고보(淑明女高普)에 맹휴사건이 나매 학부형들은 그 생도 측의 요구가 통상의 것과 성질이 다른 것을 발견하였다. 그들은 생도들과 별

문제로 그 문제를 해결하려 하였다. 학교 당국이 다만 일편(一片) 교권(敎權)의 논(論)으로써 자기의 지위를 옹호하고자 하는 자 있으매, 그것을 불가타 하였다. 피배(彼輩) 이것으로써 사상문제와 같이 중상하는 자 있었으나, 그는 순전히 사생(師生) 간의 불신임문제로서, 다만 사(師)된 자가 민족적 견지로서 혐기(嫌忌)할 실책을 지은 것이 그 중의 일인(一因)됨이 있을 뿐이다. 숙명교의 맹휴사건이 아무 정치적 의미를 섞어가지고 나온 것이 아닌 한편으로, 또 생도 측의 요구가 인간적으로 정당한 일이요, 하물며 적년(積年)의 폐습이 드디어 어찌할 수 없었음을 잘 알았으므로 학부형이 이를 지지하고 여론이 또한 당국의 태도를 비난하는 바이며, 하물며 식언(食言)사건을 비롯하여 교(校) 당국의 완퇴(頑頹)한 태도가 도리어 교육자의 정신과 배치됨이 있음을 임하여 물의(物議)가 더욱 높아지는 것이다. 모든 맹휴사건을 반드시 일률(一律)로 표준(表準)할 수 없다. 맹휴 학생 제군은 마땅히 맹성(猛省)할 것이다.

어떠한 평론자라 하는 자 있어, 일본인 교직원인 까닭에 조선인 생도가 배척한다고 남다른 우분(憂憤)을 하는 바 있었으나, 이런 것은 마치 퇴령(頹齡)한 노승이 금상(金像)의 앞에서 목어(木魚)를 치며 정식의 염불을 하는 것 같아서 별로 비판적인 언론으로도 볼 수 없다. 오늘날의 조선의 처지(處地)를 이해하는 이상, 일본인 교원인 고로 덮어놓고 배척할 생도들도 없고 이를 지지할 자도 없는 것이요, 오직 인간적 요구로서 그리고 또 교육적 견지로서 간과할 수 없고 용인할 수 없는 때에 최후적인 일계(一計)로써 맹휴가 되고 또 그를 지지하는 것이다. 학생 제군, 어찌 맹휴를 용이히 할 자이냐?

【편자 주】 이 글 압수됨.

농민노동도(農民勞動道)의 수립
— 생존 노력과 도덕적 일(一) 훈련 —

《조선일보》 사설, 1927. 10. 8.

1. 오인은 일찍 농민도(農民道)의 고조(高調)를 주장하였다. 조선이 농업국이요, 조선인이 농업민이요, 그의 경제적 제 조건이 농업국·농업민으로서 존립 발전할 대부(大部)의 필연성을 가진 것을 아는 고로써, 그를 주장함이었다. 농민도의 구성 요소에는 여러 가지 과목이 있을 것이니, 농업에 관한 지식·기술 등은 가장 중요한 자이다. 그러나 이외에 다시 필요한 것은 수많은 조선 인민으로 농업민으로, 농업자로, 농업노동자로서 스스로 맨발에 땅을 밟고, 땅을 파 흙을 주무르면서 질박굴강(質樸倔强)한 역작가(力作家) 되는 정신을 가지는 것이다. 이것은 마치 초등학교의 수신(修身)을 말함과 같아서 극히 평범한 바이지만, 오늘날 조선 인민의 생존 노력의 한각(閑却)된 일면은 확실히 이곳에 있다. 이것은 조선인 식자(識者)가 철학적으로 추출한 일(一) 관념론이 아니요, 피와 땀을 섞은 분투의 마당에서 체험 통감한 실증에 의하여 주장하는 바이어야 한다.

2. 자본주의의 진격 밑에 석권(席捲)되는바 경제현상은, 오늘날 다시 말하지 않는다. 그러나 역사적 필연성이 어떻게 과정(過程)함을 별론으로 하고, 조선의 청년 특히 대부인 농촌 청년들이 우선 자주적인 일 노작자(勞作者)로써 그 직(職)을 삼고, 그 생활을 개척하여 볼 각오를 가져

야할 것이 무엇보다 긴요한 일 문제이다. 오인이 평석(平昔) 지적한 바와 같이, 서생(書生) 지배의 전통적 습상(習尙)을 가진 조선에서는 학업을 마친 청년들에게 지금도 의연히 노동 천시의 양반도(兩班道)의 발호(跋扈)를 보게 되어서, 청운을 꿈꾸는 과유(科儒)식의 관념으로써 결국은 관공리 및 회사, 은행 등에 봉급인으로서의 취직을 유일의 목표로써 하고, 즐기어 스스로 노동력작(勞動力作)하는 길에 나아가고자 하지 아니하니, 이는 일반적인 병폐거니와, 더욱이 농업학교 출신자의 상황에 돌아보아 가장 현저하다 할 것이다. 최근 조선에는 각종 농업학교를 통하여 매년 600명의 졸업자가 나오거니와, 지금까지 집정(執定)된 취직처와 같이 되었던, 도(道)·군청(郡廳)과 부(府)·면(面) 등 관공리로서의 농업지도자와 군농회(郡農會)의 기술원 되는 길이 차차로 두절되게 됨에 따라, 점점 특종의 실직자로 되어버리되, 그러나 스스로 농촌에 돌아가 농민과 섞이어 신진한 농업자, 농업노동자로서의 생활을 하는 자는 극히 적고, 뿐만 아니라 그것을 당연한 사명시하는 의식조차 결핍한 모양이니, 이는 비록 편들어볼지라도 매우 반갑지 아니한 도덕적 현상인 것을 단언하지 아니할 수 없다.

3. 여기에 있어서 긴 이론(理論)을 요치 않는다. 어떠한 시대에든지 노작(勞作)을 꺼리는 자의 번영할 땅을 남겨두지 아니하였다. 어떠한 신사회(新社會)에서든지 노작하지 않는 자가 예찬되고 존중되는 도리는 만무한 것이다. 실직, 무직 및 탈직(奪職)의 비애를 하소하기에는 오인도 남에게 떨어지지 않지마는, 그러나 이중에 있어서 오히려 천일(天日)을 쏘여가면서, 토양을 헤쳐가면서 노작자가 됨으로써, 자기의 인간으로서의 할 수 있는 최선의 길을 밟아 나아가야할 것만은, 드디어 칭탁(稱托)함으로써 회피할 수 없는 바이다. 스스로 노작하고, 한혈(汗血)을 흘리되 오히려 의식(衣食)하지 못하고, 생존을 보장할 수 없는 곳에, 그들은 대

지(大地)에 굳게 뿌리박은 생활의 웅웅(雄雄)한 노력에서 귀납하는, 묵근한 또 빽빽한 노농(勞農) 대중의 반발력을 그들의 생존투쟁상에 발휘하게 될 것이다. 농민도(農民道), 농민노동도의 수립을 고조한다. 평시에 있어서는 견실한 사회 파지(把持)의 힘이 되고, 비상기에 있어서는 가장 위대한 견강미(堅强味)를 가진 대중적 위력으로써 구현될 것이다. 조선은 지금 이것을 요한다.

4. 근자 조선의 통치당국은 바야흐로 실업교육(實業敎育) 장려를 계획하여 1군(郡) 1실업교(實業校)의 실현설(實現說)을 듣게 된다. 이것의 정략적 의미를 지금 지적 비평코자 아니한다. 그러나 현실을 타파키를 갈망하는 자일지라도, 현실의 포태(胞胎) 속에서 생장할 수 있는 최대한도까지 생장하기를 꾀하는 것이, 뛰어넘어갈 수 없는 과정이라 할진대, 조선인의 청년들은 그의 수학(修學)할 수 있는 각 학교에서 실업적인 각종의 지식·기술을 얻고, 그리하여 향토를 배경으로 그 취업의 권(權)을 다투며, 그리하여 안 되는 때에 자주적인 노작의 인(人)을 지으며, 그리하여 오히려 생존이 보장되지 않는 곳에 비로소 최대한도를 넘어서서 파열의 과정에 끌려들어가는 것인 것을 의식할 것이다. 요컨대는 조선인 대중의 농업노동도의 수립 및 고조는 현하에 가장 필요한 생존의식의 일 표현이어야 할 것이다.

1927년의 세계 대세 (1)

《조선일보》, 1928. 1. 1.

1917년은 노서아(露西亞)의 혁명이 성취되던 해이다. 주의·사상의 공명(共鳴) 혹은 배치(背馳)되는 여하를 묻지 아니하고 그것은 세계사상 일(一) 중대사항이다. 지금 우리가 보내는 1927년은 1917년 이래 반듯한 10주년에 상당하였다. 1918년은 세계의 대전란이 그 전고(前古) 미증유의 대참화를 끝맺은 해이었다. 이 세계의 대전란이 인류 생존의 운동사상 또 획시기적인 신기원을 만들게 한 점으로 보아서 퍽 중대한 사건인 것은 노노(呶呶)함을 요치 않는다. 그리고 지금 우리가 맞이하는 1928년은 또 전란 종식 후 10주년이 되는 것이다. 오늘날의 사회적 정세에 있어서 10주년의 세월은 짧지 아니한 과정이 되는 것이요, 따라서 변동되는 세계의 정세는 또 명백한 역사적 특징을 가지게 되는 것을 일반의 구안자(具眼者)는 체시(諦視)하게 되는 것이니, 1927년의 세계 대세는 이러한 의미에서 자못 가치와 흥미를 가지는 것이다.

1928년 직후에 있어 이러한 비평을 시(試)한 자가 있다. "니콜라이 레닌은 파괴세력의 본존(本尊)이요, 로이드 쪼지는 건설세력의 총수이라"고 한 것이니, 여기에는 일부의 진리가 있었다. 즉 레닌으로써 대표 또 상징되는 쏘벳트 노국(露國)은 전 세계 신흥 계급을 그의 동지로서 현상 타파, 사회 변혁의 역적(力的) 원천이 되려는 것에 대하여 로이드 쪼지[D. L. George]로써 대표되는 영제국(英帝國)은 항상 보수적 세력을 대표하여 현상 유지, 자본주의 옹호의 호방책(護方策)을 파지(把持)하는 본진이 되던 것이다. 이 형세는 오늘날에 와서 일층 명백하고 또 위험성을 증대케 되었다. 즉 자본주의의 안정 및 강고를 추구 또 구가하는 열국은 뽈드윈[S. Boldwin]과 쳄발렌[A. Chamberlain]의 영국 보수당의 영국, 아니 소위 '완강파(頑强派)'의 책동조차 움직이는 자연적 붕괴의 과정에서 헐떡이면서 발악하는 — 영제국을 중심으로 자못 광란적 약진을 하려함에 대하여 내홍(內訌)과 역전(逆轉)의 보(報)가 때때로 '적의 측'의 경희(驚喜)를 돕게 됨에 불계(不計)하고, 그의 경제적 정치적 제 조건에서 자못 강고한 기초를 쌓아올리게 된 쏘베트 노국은 또한 10년 이래 일찍이 없는 공포의 주체로서 중첩(重疊)한 적진의 속에 흘립(屹立)하게 되었다. 그리하여 강고하여진 자본주의 국가와 강고하여진 무산계급의 국가의 대립상태의 첨예화, 이것이 현하 국제정세의 본질적 특징을 짓고 있는 것은 논자의 정견(定見)이 있는 바로서, 이미 독자(獨自)의 견해를 부칠 바가 아니다.

자본주의 국가의 전 체계와 무산계급 국가의 대립의 관계는 거의 전 세계적으로 모든 방면에서 그 갈등의 현상을 나타내니, 구주(歐洲)의 대륙에서와 영(英) 본국에서와 기타 전 동방 피압박 민족의 나라에서 온갖 형태로서 발로됨을 열거할 수 있다. 그리고 이러한 주체적인 방면을 떠나서 자본주의 국가 자체 내의 충돌 및 갈등이 또 심상치 아니한 역사적 작업을 인간계에 가져오려 하고 있다. '아르코스하우스'의 침입 및 영(英)·노(露)의 단교는 그의 가장 선명한 예이요, 북경에서 노(露) 대사관을 수색한 사건을 책두(策頭)로서 최근 광동(廣東)의 공산당 소탕사건 같은 것은 그의 간접적 발로인 자이다. 요컨대 전 동방 피압박 민족의 반제국주의적 운동을 통하여서 자본주의 국가와 무산계급 국가와의 대립형태는 모든 순간에서 파열의 위협을 보지(保持)하고 있는 바이거니와, 중국의 국민혁명운동에 대한 열국의 무력간섭의 기세가 농후함과 한

가지 무거운 국제적 분위기는 항상 부동(浮動)적인 불안의 염(念)을 품게 하는 것이다. 즉 첨예화한 양대 세력의 관계로 하여금 각각(刻刻)으로 구차한 평강을 깨트리는 시기(時機)에 접근케 하는 것이다. 그리고 반항 제국주의의 피압박 민족의 동맹의 성립 같은 것은 이에 관한 일단의 광망(光芒)을 더하게 되었다. 이외에 국제경제회의, 해군군축회의를 중심으로 추이 및 전개된 열강 간의 정세와 남·북 미주(米洲)에서 강렬하게 발로되는 미합중국의 제국주의정책 또는 그의 동방에 대한 진출 및 책동이라든지, 정변 이후의 일본의 적극정책의 주장 같은 것은 모두 세계 대세를 지배하는 경위가 되는 것이다.

1927년의 세계 대세 (2)

《조선일보》, 1928. 1. 3.

강고하여진 자본주의 국가와 강고하여진 무산계급 국가의 대립 관계의 첨예화! 자연적 붕괴의 비탈을 가속적으로 쏠려가면서 감상적 회고와 한가지 최후적 발전을 하게 되는 영제국(英帝國)으로써 그 중심 기능을 짓게 된 전자와, 비상한 시기·증오 또는 계획적인 악선전의 속에서 그의 반대파에 인한 기우(杞憂)의 내홍조차 일으켜가면서 오히려 점차 강고하여진 경제적 정치적 기초를 쌓아올린 쏘베트 노국(露國)으로써 그 전위적 세력을 지은 후자의 대립관계의 첨예화가 1927년의 또는 만근(輓近) 세계정세의 본질적인 특징을 짓는 것을 오인은 공통으로 목격하고 또 체득하는 바이다. 그리고 양대 세력의 성패·부침을 조건 짓는 결정적인 무대로 되어 있는 모든 식민지·반식민지 등의 소위 피압박 민족의 각종의 운동이 피동적인 듯, 기실은 중대한 역사적 기능을 전 세계 정세상에 주고 있는 것이다. 이 피압박 민족의 운동이 중국인의 국민해방운동에 의하여 대표되는 것인 만큼, 세계정세의 저기압이 끊일 사이 없이 중국대륙에서 저미(低迷)하여서 때 없이 대소의 풍운을 일으키고 있는 것을 오인은 한 번 더 명념(銘念)하여둘 필요가 있다. 그리고 또 각개의 세력이 무엇이나 모두 결정적인 지위를 파악하지 못한 곳에서 오늘날의 세계화란(世界禍亂)의 촉진성이 있는 것이다. 이제 우선 이 양대 세력의 직접 및 간접 충돌의 기록의 시간적 배열을 일별하건대,

1. 남경(南京) 포격사건, 3월 25일
2. 북경(北京) 노서아 대사관 □입(□入)사건, 4월 6일
3. 아코스 하우스(英京 露國商務官) 침입사건, 5월 12일
4. 영(英) 수상의 영(英)·노(露) 국교 단절 성명, 5월 24일
5. 파란(波蘭) 주재 노국 공사 암살사건, 6월 7일
7. 영(英)·노(露) 노동조합위원회의 결렬, 6월 17·18일 전후
8. 광동(廣東)의 공산당 '소탕' 및 노(露) 영사 체포사건, 12월 하순

전기한 8사건만 가지고 보아도 영·노 양국의 관계가 얼마나 위급한 상태에 있는 것을 수긍할 것이요, 더욱 중국의 국민해방운동을 사이에 놓고 매우 첨예한 대립을 지속함을 또 입증하게 되는 것이다.

3월 25일로써 연출된 남경 포격사건은 장개석(蔣介石)의 총사령하에 있는 정잠(程潛)의 제7군이 직접 간여한 일이지만, 이로 인하여 영·일 제국의 남경 포격이 단행되었고, 한구(漢口)의 영(英) 조계(租界) 점령 이래 자못 2만이 넘는 대병의 군□(軍□)을 보게 되어 다시 북청사변(北淸事變)의 제2막을 볼 것 같이 되었고, 전쟁래(戰爭來)의 소리는 일시 자못 가두인(街頭人)의 심담(心膽)을 놀라게 한 바 있거니와, 이 남경사건이 어느 점으로는 피압박 민족을 사이에 놓고 각각으로 촉진되는 양대 세력의 갈등의 □도(□度)를 가장 잘 체현한 일로 볼 수 있다. 그는 동방 반역(東方反逆)에 의하여 가장 결정적인 붕괴의 공포에 빠지게 된 영제국이 먼저 중국인의 혁명적 역량을 파쇄하고, 그리하여 그 역량의 배후의 원천인 노국의 봉예(鋒銳)를 부러트리고, 그리하여 중국에서의 80년래의 축조(築造)인 제국주의의 자원의 창고를 확보할 뿐 아니라, 그로써 인도·애급(埃及) 등 전 동방 제 민족을 위압코자 하는 영맹(獰猛)한 심법에서 나온 것이었다. "아니 전쟁이야 아니 되겠지만 장강(長江) 봉쇄쯤은 될는지도 모르지!" 식자는 다소의 의혹을 품었던 것이다. 그러나 이

것이 필경 영제국으로 하여금 예기(豫期)한 전공(全功)을 거두지 못하게
하였다. 그것이 북방으로 옮겨서 장작림(蔣作霖)으로 하여금 북경의 노
(露) 대사관을 포위 및 침입하여서 서류의 압수 및 공산당원의 체포로
노국과의 포화(砲火)의 어울림을 촉성코자 하였다. 노국의 이지(理智)적
정책적 냉정이 이 대담하게 준비된 제국주의 국가의 '독배'를 마시지 안
함에서 아코스 하우스의 □입사건은 또 제3차로 개막된 것이다. 이 연속
하는 사건이 명명백백 도전적 행위인 것은 지자(智者) 기다려서 비로소
알 바가 아니다. 그러나 노국인의 견식 및 자재(自裁)의 힘은 그다지 유
치하지 아니한가 보아서, 이 영제국의 보자 보자 하는 거조(擧措)로 번
번이 무위에 돌아가고 말았다. 영로 국교 단절 그리고 영로위원회의 파
열 같은 것은 이에 의한 필연의 귀결로서 도리어 경이할 바 없다. 그러
나 6월 7일로써 발생된 파란 주재 노 공사의 암살사건과 12월 중순으로
부터 개시된 광동에서의 공산당 '소탕'사건이란 것은 끈덕진 앙글로인의
흑수(黑手)의 발동이라고 사계(斯界)의 소식통들은 모두 회심의 미고소
(微苦笑)를 하는 것이다. 이러한 대소 사건을 핵심으로 확대경적 시찰을
하는 데에 세계의 대세는 착실하게 그 내막이 폭로되는 것이다.

1927년의 세계 대세 (3)

《조선일보》, 1928. 1. 4.

거의 완전히 세계화한 국제정국의 율□(律□)의 □구(□構)에 있어서 이 대소(大小)의 8개 사건이 항상 세계대(世界大)의 정치적 기견(氣見)을 통(通)하고 있는 것은 이제 다시 표출할 필요가 없을 줄 안다. 그리고 이 대소 사건을 핵심으로 확대경적 관찰을 함으로써 그 사위(四圍)에 방사(放射)된 세계사의 기견을 발로케 된다.

남경 포격사건은 영국의 제국주의가 미합중국과 일본제국과 불(佛)·이(伊) 제국(諸國)까지를 유혹하여 반성할 것도 없이 신전쟁의 와중에 몰려 들어가서, 객관적으로 대영제국의 안정을 위해서의 응견(鷹犬) 노릇을 하게 하려한 데 있던 것이다. 워싱턴회의 이후에 있어서는 오히려 중국의 무력간섭, □□ 공영(共營)을 제창하던 □제국은 무엇보다도 미국의 협동을 얻어서 중국혁명운동에 대한 무력적 탄압을 실행코자 하였고, 또 일본이 그의 자랑인 무력간섭의 진□(眞□)를 내뱉어서 당년(當年)의 영국 추□자(追□者)적 본령을 발휘하여주기를 바랐었다. 남경 점령군으로 하여금 일반적 배외(排外)의 광태를 발로하여서 미·일 제국으로 '□□의 사(師)'를 출동치 아니할 수 없이 만들었더라면, 영제국은 앞아서 '동방반역'의 중추기능을 분쇄하고 일기(一氣)에 소벳트노국의 세계혁명운동까지 좌절케 하려 하였을 것이다. 그러나 중국에 있어서 영제국과 아무 이해의 합치가 없고, 도리어 다량의 배치점을 가진 미합중국의 자본주의 정치가들은 여기에서 상리(商利)적 국제정의를 의연히 고조하는 성명을 가졌었다. 하물며 일영동맹 폐기 이래 남중국과 싱가파의 군항과 기타의 각 방면에서 많은 배제 □□을 당하고 있는 일본으로서는 근자 자못 진□미(眞□味)를 가하여 오던 일지친선(日支親善)을 깨트려가면서까지 영제국의 충복 노릇을 할 이유가 없었다. 미·일 □□으로부터 걷어채여버린 영제국은 비록 뭇소리니의 이태리로부터 다소의 지지를 받음이 있을지라도 독력으로 4억의 중국민을 탄압하기에는 너무 무모한 만용인 것을 알 만큼 되었다. 그는 2만에 넘는 동□(東□)한 군대까지도 철퇴하면서 국면을 흐지부지하고 장강봉쇄까지도 □념(□念)하고 말게 되었다. 그는 반항하는 4억의 중국민은커녕 독려되는 3억의 인도인의 기세에까지도 아모 당년의 위엄을 보일 수 없이 다만 붕□(崩□)의 웅대한 비애를 체감하면서, 오즉 감상적인 고무(鼓舞)를 그의 혁명방지의 책동에 하게 되었다. 북경에서 노(露) 대사관 난입사건을 저지를 때에는 이미 장작림으로 노(露)를 □출(□出)하여 □□의 벌려서 가장 중대한 이해관계를 가진 일본으로 '적화방지'의 □사(□師)를 □□케 하고, 미합중국으로도 또한 '적화방지'의 공통한 이해의 □□ 대로개전(對露開戰)의 합리화를 승인케 하게 되었던 것이다.

그리하여 그의 고심의 성안(成案)인 소벳트 노국 세계적 포위망으로서 급격히 또 유유히 그의 질식을 오게 하려고 한 것이었다. 아코스 하우스 침입, 영·노 단교(斷交) 등이 모두 이 정책의 특징인 것은 더 말할 것이 없다. 그리고 파란에서의 노 공사 암살사건은 곧 발틱 제국으로부터 파란·첵코슬로바키아 등을 지나서 발칸 제국에까지 뻗힌 '인간적 만리장성'의 위의 □□한 폭열(爆裂)에 의하여 노국과의 □□을 유발코자 하는 것이다.

영·불 제국(諸國)의 제국주의의 괴뢰인 파란에서 일어난 암살사건 및 이에 유사한 제 사건의 배후에 영제국의 흑수가 움직이고 있는 것은 식자가 모두 아는 바이었다. 그러나 이 모든 사건에 관하여 이미 □ 측의 음모를 통찰한 소벳트 노국의 지도자들은 □밀히 그 대책을 그르침이 없었고, 영제국은 또 단독으로 그 정책을 단행할 아무 위력이 없었다. 이리하여 □□□□ 양대 세력의 □□ 그의 □렬□ □□는 아슬아슬한 듯 오히려 소강(小康)을 □□하게 되었다. 이 □□한 그 되고 또 노쇠한 영제국의 지배자계급은 벨기에를 통과하려는 융커의 독일에 향하여 낯 뜨거운 '의전(義戰)'을 일으켜가면서 □루(□陋) '□□'의 책임을 전가할 이편(利便) 및 실력을 갖지 못하였다. 대전란의 당시 독일인의 무력에 의하여 걸핏하면 대영제국 몰락의 웅대한 비□(悲□)을 볼 뻔하던 앵글로인의 신사들은 지금 도리어 각각으로 □□하는 □□ 붕괴의 비탈에서 하염없이 헐떡이고 있다. 소벳트 노국과의 근본적 갈등을 종축(縱軸)으로 영·미, 영·불의 대립의 발전을 또 수탄(愁嘆)하지 아니할 수 없는 것은 아니다. 제네바에서의 해군군축회의에서 …… [이하 11행 판독 불능－編].

【편자 주】 본문의 내용 가운데 일부 글자는 1월 5일자 정정(訂正) 기사에 맞추어 고쳤다.

1927년의 세계 대세 (4)

《조선일보》, 1928. 1. 5.

1789년으로써 폭발 및 성립된 불란서의 민권혁명은 그간 그 자국 내의 구세력의 반동과 열국 제왕정부의 간섭에 의하여 거듭하는 파란을 겪어가면서 제1, 제2, 제3의 공화정부 수립을 보게 되었고, 1871년 보불전역 당시 제3차 공화정부 수립과 아울러 소위 파리 컴뮨의 소동까지를 겪었으되 오히려 제정(帝政) 복고의 음모는 묵크마혼[M. MacMahon] 일파를 중심으로 상당히 계속하였다. 1917년으로써 성립한 노서아의 사회주의혁명에 관하여서도 보수주의세력의 파지자(把持者) 및 그 대변적인 소위 어용학자들은 이러한 역사의 되풀이를 환상(幻想)하고 있고, 또 그의 계획적인 악선전을 하던 일이다. 그러나 쏘베트 노국의 발표에 의하고, 또 정직한 시찰자의 보고에 의하건대, 쏘베트 노국의 경제가 반대파의 비관적 '예언'과는 반대로 전체로서 향상의 방향에, 즉 국유산업화의 방향에, 자본주의의 극복과 사회주의의 실현과의 방향에 점점 전진하고 있다고 한다. 그리하여 그의 기초의 위에 건설한 정치적 권력은 더욱 무산계급 국가로서 강고의 도가 올라가게 되었다 한다. 작(昨) 1년 동안에 혁명군사위원회를 중심으로 적의 측의 포위 및 □격(□擊)에 준비하고자 '방위능력의 확보'를 위해서의 국방적인 제 체계를 완성하고, 또 완성하는 도정 중에 있는 것은 오인 또한 이를 추정할 수 있다. 뿐만 아니라 작년 8월 중앙통제위원회의 경제적 지령과 동(同) 9월 계획경제위원회의 발표한 '통제숫자' 등은 즉 쏘베트 노국의 전체적 강력화를 입증할 만하고, 그것이 소위 '다음의 계단의 전략적 계획'을 과학적으로 확실케 하는 것을 수긍케 한다. 이에 대하여 경제의 안정 회복(恢復)과 동시에 더욱 그 내부의 모순을 생산하고 있는 제국주의 열국이 그 상호 간의 갈등을 초월하여서의 쏘베트 노국에 대한 '자본가적 포위'를 하게 되는 것은 지금까지 서술한 사실에 의하여서도 대부(大部)가 판명되는 것이다. 그리하여 1819년대에 있어서 불란서혁명에 대한 탄압의 세력으로써 결성되었던 신성동맹은 지금 국제연맹으로 혹은 대소의 협상·협약 등의 형식으로 탄압 및 포위의 임무를 행하고 있다. 그리하여 영제국의 국가적 정세를 잘 구현하는 쳄발렌[J. A. Chamberlain]은 메털리히[K. Metternich]의 유업을 벗고 포앙카레[R. Poincaré]의 불국과 뭇소리니[B. Mussolini]의 이태리와 쉬트레제만[G. Stresemann]·힌덴부르히[P. Hindenburg]의 독일까지가 모두 많거나 적거나 신성동맹적 응분의 임무를 하고 있다. 이러는 동안에 갈수록 명백하여지는 것은 각국을 통해서 소부르주아적 중간파의 사람들이 모두 각각 그 불철저한 정책의 실패와 한가지, 몰락 혹은 패배하게 됨을 따라 반동적으로 부활한 극단적인 대부르주아의 사람들이 모두 각각 응분의 완강한 태도를 발산하고 있는 것이다. 이와 같은 극과 극의 대립이 갈수록 첨예의 도를 올리고, 따라서 신전쟁(新戰爭)의 위기를 절박케 하는 것이다. 그리하여 작 1년으로써 표현된 사실로만 보더라도 외교적 알력의 강렬, 군사 준비의 방대, 그리고 정치적 합종연횡(合從連衡)의 왕성 등은 모두 각각 1914년 이전의 국제 형세에 비하여 일층 심각한 전쟁래(戰爭來)의 불안한 예감을 가지게 하는 것이다. 작술(昨述)한 영·노 갈등의 제 사건의 외에 7월로써 윈 시(市)에 일어난 공산소란(共産騷亂)을 중심으로 한 이태리 및 소협상(小協商) 제국(諸國)의 정치적 항분(亢奮), 알바니아·유꼬슬라비아의 갈등을 중심으로 불(佛)·이(伊) 양국 및 기타 열국의 국교의 빈위(瀕危) 상태, 파란·

리스아니아 양국의 충돌로 인한 영·노 양국 중심의 암투의 확대 같은 것은 실로 식전(息戰) 10주년을 넘어가는 세계의 정국이 얼마큼이나 주기적 대위기에 빠진 것을 경악케 한다. 이러는 동안에 국제경제회의, 동(同) 노동회의, 일·영·미 삼국 군축회의, 제8회 국제연맹 총회 같은 것이 대부가 모두 실패에 돌아가서 지배적 자본가 제국(諸國)의 사이의 정치적 현상이 공동의 적을 포위 및 위압하는 듯, 필경은 또 상호 간의 갈등과 암투의 진도표(進度表)를 전개하고 있게 되었다. 자본주의 열국의 총연합적 노력과 그 상호 모순에 의한 국제적 무통재(無統裁)의 경향, 그리고 또 그 자본주의 국가 각개의 내재적 모순의 강대화, 무산계급 국가의 강고 및 전 세계 피압박 민족의 제 운동의 앙양이 시사가지(時事可知)의 호탄(浩嘆)을 발하게 하는 것은 당연하다.

1927년의 세계 대세 (5)

《조선일보》, 1928. 1. 6.

영·불 양국은 대전 이후 그의 긴밀한 동맹관계가 대체로 파기되어서 방금에는 전연 대립관계로 되었다. 발칸과 근동에 있어서는 적지 않게 갈등의 상태를 지속하고 있다. 제네바의 해군군축회의에서는 불국(佛國) 보조함(補助艦) 계획이 영국으로 하여금 그 보조함 축소를 불가능케 하는 중요한 일인(一因)으로 되었다. 대(對)독일 문제에서도 영제국은 항상 독일을 어느 정도로 부활케 하여 불국의 발호를 견제케 하는 역량으로 두려하였다. 로카르노 안전보장조약이 성립된 것은 안정을 구하는 자본주의 열국의 이지적 타산에서 나온 것이지만, 동시에 영제국의 독특히 심절(深切)한 요구가 많이 그 소인(素因)을 지은 것이다. 그러나 영·불의 대립이 있을 뿐 아니라 기술적 향상과 노동통제의 개신과 기업의 집중 노동시간의 연장 등 제 방침에 의하여 어느 정도까지 회복된 독일의 자본주의는 영제국에 대하여 또다시 새로운 위혁(危嚇)이 된다. 1926년 탄갱부 파업과 노동 총파업의 틈을 타서 독일의 석탄 및 기타의 수출품은 영제국의 시장을 대부를 침식하게 되었다. 그리고 불·이 양국의 대립도 발칸을 중심으로 심상치 아니한 정도에 있다. 이외의 발틱 제국, 소협상 제국 외의 발칸 제국의 상호 간의 충돌과 그를 중심으로 한 관계 각국 간의 암류(暗流) 및 대립에 관하여는 평상시의 보도를 통하여서도 그 대체를 짐작하게 되는 것이다. 그러나 자본주의 열국의 상호 모순의 가장 큰 자는 즉 영·미의 대립이다. 윤돈(倫敦)[London]으로부터 뉴욕에! 이동된 세계 금융시장의 중심은 즉 정치적 경제적 기타 온갖 세계적 패권이 영제국으로부터 미합중국에 옮길 것을 의미함이다. 아세아와 아불리가(阿弗利加)의 각국, 더욱이 영제국의 자유식민지와의 무역액은 미국의 그것이 침침연(駸駸然)히 영의 그것을 압도하고 있고, 구주의 열국에까지도 미국은 공격적 태도를 가지게 되는 것이다. 미국의 약진적인 해군 확장이 상해(上海)의 여왕인 영제국으로 하여금 태평양과 대서양의 해상까지 절대한 위협을 당하고 있는 것은 이에 명언함을 요치 않는다. 이것은 개괄적인 국제정세의 일반(一斑)이거니와 열국 자본계급의 카데르[Kartell], 트러스트 및 기타의 기업의 집중, 그에 의한 덤핑—투매정책 같은 것은 상호 간의 시장(市場) 관계로서 모순·충돌을 가지고 있고, 뿐만 아니라 노동시간의 연장, 임은(賃銀)의 저하, 또 공산품의 가격앙등 등은 노동·농민의 대중으로 하여금 기아선에서 방황하게 되어서 일반적으로 구매력의 감퇴를 오게 하고, 이것은 필연히 계급의식 및 그 대립관계의 첨예화를 촉성한다. 국제적으로 기업 집중이 각국의 보호관세 정책과 대립하고, 신기술과 신편성에 인한 생산품의 증진은 이 구매력이 없는 근로 대중과 대립한다. 국제경제회의가 아무 근소한 성과도 없이 막을 닫고, 해군군축회의가 군확회의(軍擴會議)로 역용(逆用)되고, 국제연맹이 고급의 유희화하는 외에 결정적 성과를 서기(庶幾)할 수 없고, 그리고 쏘베트 노국과 각개의 피압박 민족의 운동은 갈수록 이 자체와 자체의 상호 모순으로써 고민하는 자본주의 열국을 향하여 그 붕괴를 촉성하고 있는 것이다. 이제 자본주의 열국의 안정 회복에 대한 근본적 위협의 3개의 결정적 요건을 열거하면, 즉 전술한 바에 의하여 쏘베트 노국의 강고화, 영제국의 자체 붕괴의 촉진 및 피압박 민족 특히 중국민의 반제국주의적 혁명운동이 그것이다. 영제국의 자체 붕괴의 근본 원인은 이제 다시 열거할 겨를이 없지마는 그의 본국의 공업의 쇠퇴, 자유식민지의 경제의 발달 및 그에 인한 정치적 원심의 경향, 중국 및 기타 동방의 식민지·반(反)식민의 반항, 그로 인한 이윤의 저하 및 무역의 쇠퇴 등이요, 미합중국의 적극적 공세는 또 그 중대한 원인이 되는 것이다. 그러나 그의 쏘베트 노국과 미합중국과 중국의 혁명운동에 대하여 가지는 최후적인 발악이 대체로 모두 허지(虛地)에 돌아가는 것은 면할 수 없다. 이로써 세계의 대세는 도도하게 다만 신전쟁의 위기, 사회적 기초 재(再)동요의 길로 매진하고 있는 것이다.

1927년의 세계 대세 (6)

《조선일보》, 1928. 1. 7.

1818년 9월 엑슬라샤펠[Aix-la-Chapelle]에서 열렸던 연합국 회의에서 영국의 웰링톤[A. W. Wellington] 후(侯)는 불국(佛國)에서의 평화 극복의 상황을 보고한 후, 연합국 주둔군의 철퇴 및 불국 배상금의 대감액을 제의 및 단행하여서 대(大)나폴레옹전쟁 이래 불국의 국력의 회복을 조성키로 되었다. 그러나 1927년으로써 제네바에 열린 국제경제회의, 제8회 국제연맹 총회 등은 열국 약탈의 기록이요, 구주의 경제적 평형 파□(破□)의 중요한 일(一) 암초인 독일 배상금의 경감과 국민적 적개심의 화원(禍源)인 열국의 독일 주둔군 군사감독 등에 관하여 완전한 철회는 커녕 하등 개신의 책(策)조차 없었다. 이것은 자본주의 열국의 자체 간의 모순 및 그 번민을 가장 잘 설명하는 또 한 가지의 현상이다.

연합 열국 간의 전채(戰債)의 탕감 문제 같은 것도 거의 동일한 자이다. 전채 문제에 관하여는 열국 재계의 거두 및 재정의 책임자들이 미국을 통하여 전채의 탕감 혹은 그의 장기의 연부(年賦) 상환 등을 소원 또는 요구하는 바 있으나, 이것이 용이히 되지 않기는커녕 미국의 경제적 공세가 그의 확장되는 군비와 평행하여서, 특히 연합 측이던 열국을 침식하고 있는 것은 가장 주목할 일이다. 그리고 미국의 최근 금 보유액은 45억 불의 거액에 달하여 세계 총액의 5할 5푼에 상당하고, 전전(戰前) 구주(歐洲)에 대하여 다액의 부채가 있던 미국은 1924년도에 있어서

132억 6,400만 불의 채권을 가졌고, 해마다 또 거대한 신투자를 각국에 하게 된다. 이러한 현상이 동반구의 열국 특히 영제국의 영토 및 그 제국적 운명에 대하여 막대한 위혁(威嚇)이 되는 것은 증술(曾述)한 바 있지만은, 묵서가(墨西哥)[Mexico]·파나마(巴奈馬)·니카라과 등 카리비안해(海)의 제국(諸國)과 남미 제국에 대하여서도 제국주의적 공세는 자못 노골화되고 있다. 그리고 이것이 극동에 진출함에 당하여, 신흥한 생장발전의 도정에 있는 일본의 자본주의와 자못 중대한 갈등이 지속되는 것은 의연한 일이다.

가주(加洲)[캘리포니아 주—編]에서 결정적으로 된 배일안(排日案)은 이미 지엽적인 소충돌로 인한 표면적인 적개심을 고동(鼓動)하는 바 없지마는, 태평양의 해상에서 실전의 연습으로써 서로 힐항(頡頏)하는 양 개국의 사람들의 파랑 눈, 까망 눈의 인형의 교환쯤으로 졸연히 '평화'를 완성할 수 없는 것은 너무 골계(滑稽)적인 일이다. 다만 피등이 서로 합치되는 바 있다 하면, 그는 극동의 적화 문제를 놓고 부분적 일시적인 부로크[블록—編]가 있을 뿐이다. 이와 같이 혼란 착종한 상호 간의 이해관계로써 대립하게 되는 자본주의 열국이 강고하여진 무산계급 국가와 앙양하는 피압박 제 민족의 운동과 교착 충격되어서, 필경은 일대 화란(禍亂)을 재연케 할 것은 호사자의 과대하는 말이 아닌 것을 단정할 만하다.

지금은 아직도 발전기에 있는 일본의 자본주의에 관하여 일별할 필요가 있다. 극동의 일 도국(島國)으로서 수천 년 잠축(潛蓄)한, 마손되지 아니한 민족적 정력으로써 발흥한 자본주의 문명에 책응(策應)하여서, 자못 고난의 순조(順調)를 지내온 일본의 국정에 관하여 평자는 물론 적본(敵本)적인 과소시(過小視)를 피하여야 할 것이다. 그러나 명치유신 이래 강고한 전제 정권 — 봉건 무사를 번병(藩屏)으로 한 궁정 중심의 전제적인 정권이 노동력의 구사(驅使)·착취를 지속함에 의하여 급속하게 발전하여온 그의 자본주의는 스스로 그의 자체 내에 막대한 모순을 생장하고 있다. 그들은 노동임금의 극도인 저렴, 농민의 착취— 소작료, 과중한 조세 등으로— 에 의하여 급속한 발전을 하였지만, 그는 도리어 국민 다수의 빈궁화, 구매력의 저열 및 그로 인한 국내 시장의 빈약화를 오게 하였고, 중국·인도 등 용이하던 판로도 지금 그 자체들의 경제적 발전 및 대립 국가의 침식 등에 의하여 또 차제(次第)로 위기에 접근하며, 전술한 제일의 조건은, 즉 무산 농민·노동계급의 수량적 확대 및 그 의식적 강고화를 오게 하여서, 그의 대내 및 대외 문제에 있어서 심대한 갈등 및 충돌을 생기게 한다.

치안유지법 등 제 법령을 방패로 무산대중의 탄압에 초려(焦慮)하는 일면에, 만몽(滿蒙) 적극정책으로써 그 독점적인 본령을 발휘하려 하고, 중국의 혁명운동을 대면하여서 영·미와 쌍행(雙行)하여 그를 압박할는지? 노(露)와 제휴하여서 영·미를 견제할는지? 자못 용이치 아니한 고민 중에 있다.

1927년의 세계 대세 (7)

《조선일보》, 1928. 1. 8.

자본주의 안정을 파□(破□)하고 신화란(新禍亂)을 촉성케 하는 3대 원인에 관하여 이미 논자의 정평(定評)에 의한 서술이 있었다. 그러나 이러한 세계 대세의 전(全) 장면에 있어서, 특히 극동 정국에 심절한 관계를 가지고 있는 일본의 자본적 제국주의가 또 상당한 역사적 작업을 현 과정에서 하고 있다. 그는 아직도 생장 발전하는 도정에 있으면서 벌써 또 몰락을 재촉하는 자체 모순의 속에서 번민하고 있는 것이다. 이는 작일에 이미 그 개략을 설한 바 있지마는, 이러한 모순은 자본주의 자체 발전과 평행하여서 오히려 일층 급속한 생장을 보게 된다. 즉 농민·노동 대중의 무산화(無産化)의 급속, 그로 인한 계급적 결성의 촉진 및 확대, 중국·인도 등 후진국들의 경제적 발전 및 제삼국의 침식에 의한 판로의 축소 등은 그들로 또한 최후적인 극도의 방책을 가지게 된다. 그러나 국내에 있어서 무산대중 백화(白化)의 노력이 어느 정도까지 주효할는지는 큰 의문이요, 그들의 좌경적 앙양상태는 그의 질적으로 보아서 도리어 전란 직후 세계적 수동(受動) 반영의 시기보다 왕성 활발한 바 있다.

그리고 중국과 인도네시아 방면에 대한 경제적 진출도 그의 비율에 있어서는 줄어드는 현상을 멀리 벗지 못하게 되며, 하물며 만몽(滿蒙) 적극정책이란 자가 과연 얼마쯤의 예기한 성과를 거둘는지 매우 큰 의문이라 아니할 수 없다. 영제국은 장강(長江) 유역을 중심으로 대소 30

억 원의 투자가 있고, 그의 흡취(吸取)하는 이윤이 거대하니 만큼, 만일 중국에서 패배하면 절대한 타격이 될 뿐 아니라, 그는 곧 제2착으로 인도에서 철퇴하여야 할 것을 조만에 각오하여야 하게 되는 것이거니와, 일본으로서도 남중국에서 패배하고 직노(直魯)에서 퇴영(退嬰)하고 또 만일 만몽에서 퇴각하지 아니할 수 없이 된다 하면, 대마해협(對馬海峽)의 이서(以西)에는 드디어 석일의 근거를 보유하기 곤란하게 될 것이니, 만몽 정책이 최후적으로 역쟁(力爭)할 목표되는 것은 너무 명백하다. 그러나 남방에서 부르조아적 민주주의 혁명가를 회유 혹 조종하고, 북방에서 봉건적 군벌파의 거두와 결탁하는 바 있다 할지라도, 이로써 영구한 진출 및 점유의 보장이 될 수 없는 것은 물론, 그들 중국인의 관용(慣用)하는 역이용의 수법은 만일의 경우에 일본으로 하여금 해망구실(蟹網俱失)의 탄(嘆)을 적면(覿面)하게 될 것이니, 금차 양우정(楊宇霆)을 대수(對手)로서 진행하던 만몽문제 교섭의 예로 본다하더라도 거의 명백하다. 하물며 작년 3월 양파(兩派) 분열의 뒤를 이어서, 방금 자못 지리멸렬 우경타락(右傾墮落)의 상태에 있는 중국의 혁명운동일지라도, 북진운동의 성공 이래 그의 농민·노동자 등의 혁명적 결성, 일반민중의 정치적 앙양 등은 비록 일시적 침체가 있음에 불계하고 필경은 반제국주의의 운동으로 일층 맹렬함에 미치고 말 것이니, 일·영 양국이 혹은 서로 조만(早晚)함은 있을지라도 드디어 필연적인 퇴각을 멀지 않은 장래에 하게 될 것을 단정할 만하다.

 뿐만 아니라 현하 조선에 향하여 산미·잡곡·잠견·면화·축산·산림·수산 및 수전(水電), 기타 각종 대규모의 공업 생산에 관하여 모두 획시기(劃時期)적 발전을 기하고 있지마는, 그의 내국(內國)에서 행하는 바, 농민·노동자 등의 무산화 및 구매력의 저열, 그로 인한 시장으로서의 빈약화 또는 필연의 요구에 의한 계급의식의 앙양 및 그 결성의 확대 등은 종종 잡다한 자체의 모순을 동일한 이유로써 조선에서도 생장케 하고 있다. 이것이 세계의 대세와 극동의 현세 및 일본에서 변환되는 사회적 정세와 서로 감응하여서 어떠한 신형세를 촉성 및 결정하게 될 것은 애오라지 주관적 공상으로 볼 수 없다. 뿐만 아니라 조선과 조선인 문제에 있어서 그들은 막대한 모순의 속에 들어 있으니, 조선 내의 인구가 이미 조밀하고 그의 도도 진출하여 벌써 수백만을 넘은 만몽의 조선인은 지금 바야흐로 그 압박·구축(驅逐)의 제1기에 당면하여 있다. 조선의 인민이 가지 아니하면 일본인의 이민이 진출키에 곤란하고, 조선인이 이주하려 하매 만몽의 배조선인(排朝鮮人)은 자못 금후 철저하려 하니, 어시호(於是乎) 만몽 정책과 조선통치를 겹쳐서의 일대 고민이 생장되는 것이다. 이는 중국민의 혁명운동이 발전하면 할수록 이중으로 더욱 고통을 더하게 될 것이요, 쏘베트 노국과의 절충은 비록 일시적 보로크를 현출(現出)함이 있더라도 또 그의 영구한 배치(背馳)를 도제(度濟)할 수 없을 것이다.

영·미를 연(聯)하여 적화방지의 전위부가 될까? 노(露)를 제휴하여 영·미를 견제할까? 중국의 혁명운동을 교란하고서 피압박 민족의 대두를 탄압함이 있을까? 만일 이 모든 것이 모두 결정적인 해답을 얻을 수 없다 하면, 그는 결국 세계 대세의 회전됨에 딸려감을 면치 못할 것이다. 설자(說者)가 있어 1928년은 세계 대전란이 재발되는 해라고는 망단(妄斷)할 수 없다. 그러나 조만에 있다 하면, 그는 곧 태평양의 방면 피압박 국민을 그의 중요한 요소로서 되겠지! (끝)

생존운동의 구원(久遠)한 도정(途程)

《조선일보》 사설, 1928. 3. 1.

1. 인류는 그의 천성으로서 정치적 동물이라고 도파(道破)한 바는 만세(萬世)에 바뀌지 않는 격언이지마는, 정치란 그것이 결국 지배권의 장악문제라 한 것이요, 지배의 문제는 다만 인류 생애의 고급의 유희로 볼 것이 아니라 인류 존재의 근본적 본능인 생존의 의욕에서 요구되는 바이다. 그런 고로 광의로 보아서 정치문제를 중심으로 한 인류의 역사—흥망존폐의 자취를 연장하여온 구원(久遠)한 운동의 도정(途程)에 돌아보아, 피지배자와 지배자들은 비록 각각 다른 처지에 설지라도 항상 생신(生新)한 교훈을 반성하여 얻는 것이다. 이에 의하여서, 무릇 자기의 욕구에 열중하거나 혹은 그의 세위(勢威)에 마취되어 편견의 초조(焦燥)를 하는 자들에게, 냉정한 정해(正解)에 돌아가게 하는 것이다.

2. 생존운동을 논하는 자, 두 가지 체계를 들을 수 있으니, 하나는 민족운동의 이름으로 되는 자요, 하나는 사회운동의 이름으로 되는 자이다. 인류 역사는 계급대립의 역사라고 단(斷)하는 자 있으나, □□□□□□ 계급대립의 형태가 비로소 명백하여지는 최근대의 일이었고, 민족운동이란 오히려 그 구원한 경로를 찾을 수 있다. 조선인이 만선(滿鮮)의 경상(境上)에 처하고 서남으로 황하(黃河)의 유역에 진출하기로부터 이래 반만년에, 허다한 화란(禍亂)의 자취를 거듭한 것은 더 말할 것도 없

고, 이(夷)·적(狄)·만(蠻)·융(戎) 등 새외(塞外) 민족이 화하(華夏)에 교침(交侵)하므로, 존화양이(尊華攘夷)의 배타적 자위(自衛)의 사상을 고취한 것은 공구(孔丘) 씨를 중심으로 한 중국 선진(先秦) 정치사상의 기축(機軸)을 지은 자이었다. 기타 역대의 제 민족이 소위 '난화(亂華), 입주(入主)'의 제 사변을 일으킨 것은 중국의 역사란 자가 항상 민족문제로써 변환된 자이다. 만일 또 훈스[Huns]의 운동이 게르만인의 대활동을 자극하고, 그리하여 구주(歐洲) 중세기의 소위 민족대이동으로 인한 4, 5세기간의 참화를 계속케 한 것 등은, 인류 역사에 있어서 아직도 모두 다 춘몽과 같이 잊어버릴 수는 없는 일이다. 카이제릭[Gaiseric], 아라릭[Alaric] 등에 의하여 진행된 로마시의 대약탈은 '불멸(不滅)의 서울'의 경악할 몰락으로서, 당시 세계의 패제(覇制)를 장악한 라마인(羅馬人)으로 그야말로 웅대한 참극을 영원히 운 것이었고, 1453년 5월 29일로써 단락(段落)된 오트만 토르코[Osman Turk]에 의한 동라마제국(東羅馬帝國)의 멸망 같은 것도 모두 국민과 국민, 민족과 민족의 사이의 관계에 있어서 항상 문제되는 바이다.

3. 사상(史上)에 있어서 국민적 갈등을 계속한 자 있으니, 고대에 있어서 파사인(波斯人)과 희랍인, 라마인과 카르타고인의 관계가 현저한 자이요, 영(英)·불(佛) 백 년간의 전쟁, 20세기 처음까지의 노(露)·토(土)의 관계, 최근까지의 독(獨)·불(佛) 관계도 모두 동일한 예에 속한 자이다. 그러나 이러한 것은 모두 역론(歷論)할 수 없지마는, 불란서의 1789년의 사변이 구주를 중심으로 민족운동의 획시기(劃時期)적 형세를 유치하였고, 나폴레옹의 실패 이후 더욱 웅대한 발전을 이루었다. 아세아와 아불리가(阿弗利加) 등 소위 동방의 제 민족의 사이에는 선진 제국(諸國)에 비할 수 없도록 모든 방면에 낙오된 바이었지마는, 1917년 및 1918년의 대전(大戰) 종식기를 신기원으로 인류 생존운동이 또 일대 진

경(進境)에 들어가서, 반동의 급조(急潮)에 직면한 오늘까지도 의연히 그 대세에 격동되어 있다. 어느 의미로는 오늘날의 반동의 급조는 곧 역사 전환의 비상기(非常期)가 질적으로 매우 첨예화한 것을 반증하는 바이다.

4. 자기 민족의 특질, 그에 처한바 객관적 특수성, 그에 인하여 번역되지 않는 역사적 일도성(一度性)의 파악 같은 것을, 그르치고 건듯하면 선의의 편견을 가지는 것이 지배되는 자의 빠지기 쉬운 병점(病點)이라 하면, 목전에 표현되는 역(力)의 수량에만 마취되어 최대의 억압과 최대의 주구(誅求)로써 교오(驕傲)한 안심을 하는 것도, 지배하는 자의 병점이라 할 것이다. 무릇 역사의 위에 남겨논 허다한 전례(前例)는, 오직 약자의 실패사에 한하지 않고 강자로서의 실책사(失策史)가 또 자못 많은 것이다. 현대 과학의 진보 및 그로 인한 교통의 발달은 역사적 제 조건에 일대 혁명을 일으킨 것은 사실이다. 그러나 구원한 도정에서 경험한 바와 같이 민족과 민족의 대립적인 이해의 관계는 드디어 소멸됨을 볼 수 없다. 하물며 [이하 스물여섯 글자 결락─編] 있음에랴?

【편자 주】 3·1운동 9주년을 맞이하면서 쓴 글이다.

보통교육과 기회균등 문제
─ 그들은 무슨 포부가 있는가 ─

《조선일보》 사설, 1928. 3. 25.

1. 교육문제 특히 보통교육문제에 관하여 자못 번설(煩設)에 가깝도록 논(論)을 거듭하였다. 교육문제가 일반적으로 중대한 바는 다시 논함을 요치 않는 것이요, 조선의 현실정치의 밑에서도 우선 정당한 해결을 요하는 중대한 문제 중의 하나로서, 잠시도 홀제(忽諸)에 부(附)할 자 아니다. 조선 본위의 또 조선인 본위의 교육을 실현하도록 함이 일대 안목이요, 그리고 그의 민중화 ─ 기회균등이 일대 안목이요, 교육과 실생활이 어떻게 잘 연결 합치되겠느냐가 또 일대 안목이다. 이제 조선의 통치당로(統治當路)는 이 교육의 기회균등에 관하여 일정한 포부가 있다 하니, 그의 내용은 어떠하며, 그 실제의 효과가 어떠할 것인가? 근자 화전민(火田民)의 정리문제에 관하여 이미 구체안을 얻었다는 그것과 아울러 오인의 알고 싶은 일이다.

2. 교육문제는 전반에 긍(亘)하는 것이요, 대학·전문·고등·보통 등을 합하여 일률로 그 체계를 지은 것으로서 거의 상호 불가분의 관계를 가진 것이므로 그의 부분만을 운위(云爲)할 바 아니지마는, 지금 논의되는 바는 보통교육에 집중되는 것이요, 6년제 보통학교의 보급보다도 4년제의 보통학교를 보급케 하므로 그 허다한 입학난을 완화하고 미취학 아동으로 되도록 기회를 균등케 하자 함이라 한다. 이것은 첫째 재정난

의 견지로서 입론한 바로서 다만 경괴(驚怪)를 요할 바 아니지마는, 문화정치의 소리와 한가지 왕년에 개정되었던 6학년제 보통교육을 전연 철폐함은 아닐지라도, 대체로서 4학년제 본위(本位)에 무조건으로 뒷걸음치는 것은 비록 현실 존숭의 자류(者流)일지라도 수긍할 수 없는 바이요, 너무 소극적인 교육정책이라는 데에 누구든지 일치할 것이다. 보통교육의 기회균등은 원래 가(可)하지마는 그의 실질에 관하여 가장 고려할 바이다.

3. 근자 통치당로는 보통교육의 교과서를 개정한다 하거니와, 이에 관하여는 별론(別論)을 요하는 바이라 이제 상술할 수 없다. 그러나 조선 본위의, 또 조선인 본위의 교육을 위한 견지로서 심심(深甚)한 고려에 의한 재료의 채택 및 안배를 요하는 바이요, 교과서의 개정이 이러하여야 할 것은 물론이거니와 교원(敎員)의 양성 및 임용에 관하여서도 대체로 조선인을 본위로서 할 것이요, 다만 급조한 정략 본위에서 나온 일본인 본위 혹은 군용(軍用)의 책(策)을 버릴 것이다. 이것은 인건비의 경감 및 조선인 실직자의 구제 및 그에 인한 제 병폐의 방지 등, 소위 일거양득의 효과가 있을 것이다.

4. 4년제 본위에 관련하여 오인은 일찍 주장한 바 있었다. 6년제의 교육을 마칠지라도 전반(全般)이 상급학교에 취학함이 아니요, 그의 대부(大部)는 다소의 급료를 구하여 취직을 원하고, 기타는 또 가업에 종사하나, 오히려 농(農)·상(商)·공(工) 등 필요한 노작(勞作)에 익지 못한 경향으로서 왕왕이 폐해가 생기는 바이니, 이에 관하여는 근본적으로 보통교육제도를 개선하여 오직 상급학교 취학의 확실성이 있는 자로 6학년을 수료케 하고, 기타 일반은 4년제의 수료와 동시에 곧 실업보습화(實業補習化)한 5, 6학년에 취학케 하여 그 제도와 시설을 연결 합치케

할 것이다. 그리할 뿐 아니라, 이러한 상급교 불취학의 아동들을 위하여 취직, 취업 및 자영(自營)의 길을 열도록 하여야 할 것은 물론이다.

　5. 현하 조선에는 허다한 학생들이 시험의 귀문관(鬼門關)을 앞에 두고 처연히 사방으로 표랑(漂浪)하는 참상을 보게 된다. 이는 허다한 국외 유출의 생활군(生活群)과 한가지로, 조선 현실이 나은 필연의 대참상이라고 할 것이다. 여기에 관하여는 물론 부분적으로 광정(匡正)하기 곤란한 바이지마는, 보통교육에 있어서 이미 개정함이 있고, 소위 1군(郡) 1실업교(實業校) 안(案)을 실현함이 있고, 그리고 그들로 취직·취업의 길을 열기에 노력함이 있다 할진대, 그는 현하에 비하여 우선 일 진보인 것을 인(認)할 것이다. 그러나 고보(高普)와 전문(專門)과 대학과 기타 공학제(共學制)로 된 각종 학교가 모두 일본인 본위로 되고, 그의 졸업 후의 상황까지도 전혀 일본인 본위로 되는 상황으로서는 이러한 부분적 개혁론이 결국 소위 연목구어(緣木求魚)의 탄(嘆)을 면치 못할 것인가?

일주일별(一週一瞥) (1)

《조선일보》, 1928. 4. 2.

쏘베트 노국(露國)의 강국화와 자본주의의 안정, 그리하여 이 쏘베트 노국과 자본주의 제국(諸國)과의 대립의 관계가 만근(輓近) 국제정세의 중추적 기구가 되는 것이요, 자본주의 제국의 상호간의 모순에 의한 암투적 갈등이 또 대소의 파란을 국제정국의 위에 발현하는 것은 구안자(具眼者)가 한가지 목도하고 있는 바이다. 3월 15일로써 개회되어 동 24일로써 폐회된 제네바 국제연맹의 군축위원회는 종막을 닫은 지 일순(一旬)이 가까우니만치, 벌써 과거의 일이지만 노국의 군축안이 열국(列國)의 반대로써 예상과 같이 배척되고, 영국의 주력함 제한의 제안도 또 조소 섞인 숙고(熟考)의 중에 파묻히고 말았다. 전자에 대하여는 자본주의 열국의 총반대가 있었고, 후자에 관하여는 일(日)·미(米) 제국(諸國)이 각각 서로 불만의 뜻을 표하여서 그도 또한 예와 같이 흐지부지 하였다.

노국의 군축안이란 자는 20만 이상의 육·해군 병원(兵員)을 가진 자는 그 5할의 삭감, 군함의 1만 톤 이상 금지 및 확장의 금지 등이 그 주요 안목(眼目)이요, 영국의 제안한 바는 1921년 화성돈(華盛頓)조약에 의한 주력함 제한 3만 3천 톤을 개정하여 금후에는 3만 톤 이하로, 동비(同備) 포구경 16인치를 13인치 반으로, 주력함령(主力艦齡) 20년이던 것을 26년으로 연장케 하자 함이요, 이 외에도 잠수함 전폐(全廢) 문제에 관하여는 언제든지 응할 준비가 있는 것을 발표한 것이었다. 노국의 제안은 말하자면 세계적 폭로전이요, 또는 거기에 곧 자기들로서의 전술이 있는 것이지만, 영제국의 제한안도 또한 아전인수식인 것은 첩첩(喋喋)할 필요가 없다. 영국은 이미 피폐를 느끼는데, 미국은 바야흐로 약진적 군확(軍擴)을 단행하기에 작작(綽綽)하여서 제국주의적 적극 진출을 도(圖)하고 있으니, 71척의 각종 군함을 20년 계획으로 건조한다는 '윌버[C. D. Wilbur] 해상안(海相案)'이 참패하였더라도, 오히려 1만 톤급 순양함 15척 건조안에 적이 본회(本懷)를 붙이고 있는 미국에 향하여 그의 무진(無盡)한 대함거포주의(大艦巨砲主義)를 제한하고, 또 함령(艦齡)의 연장으로서 어찌하든지 현재의 우세를 유지코자 버둥이 치는 데에 작추(昨秋) 부리치만[W. C. Bridgeman] 씨 이래의 최후적인 고심의 빛이 보인다. 그리고 대전란 당시 독일의 잠항정(潛航艇) 습격에 의하여 영제국이 해상의 패권도 까닥했더라면 날아갈 뻔하던 생각을 하면, 잠수함 폐지를 운위(云爲)하고 김칫국부터 마시려는 심사가 볼 만하다. 영제국의 이러한 고투에는 웅대한 비애(悲哀)가 세계사의 넘어가는 페이지 속에 움직이고 있는 것을 보게 된다.

그리고 부전조약(不戰條約)의 제안자로서, 니카라과와 파나마(巴拿馬) 따위 약소한 국민에 대하여는 일고할 여지도 아니 두고 군력(軍力)으로 집어 세우려는 평화주의의 미국에서 뭇소리니 종(宗)의 전중[田中義一編] 씨 정권의 일본과 한가지, 슬쩍슬쩍 힘 아니 들이고 동안(同案)을 소살(笑殺)하려 하는 것은 당연의 당연이다. 정말의 뭇소리니는 근자 이태리(伊太利) 전국을 들어서 자기의 완전한 지배하에 두려고 신선거법(新選擧法)을 제정하여 파시스타[Fascista] 이외의 의원 당선을 금지코자 하고, 법황계(法皇系)의 소년단체까지도 해산키로 하여, 그의 에마누엘[V. Emanuele III] 황제에게는 전기(前記) 법안을 부재가(不裁可)를 할까, 그렇지 않으면 스스로 퇴위할까의 문제가 된다 한다. 전자 부라티아

노[Ion. I. C. Bratianu] 씨와의 충돌로 루마니아의 왕실에서도 파란이 있었고, 이태리에서도 이 소식이 있다. 구주가 아니면 볼 수 없는 정세이다. 군축 문제를 중심으로 한 외에는 미국에는 큰 일이 없고 일미친선설(日米親善說)조차 웬만치 않게 높을 쯤이다.

  일본 정국은 따로 말한 바 있으려니와 북벌의 소리가 높은 중국의 남경정부를 중심으로 한 군사운동도 근자에는 혁명적 기백이 흠씬 빠졌고 풍옥상(馮玉祥)·염석산(閻錫山)과 호응하여 대거 북진한다는 것도 지금까지는 그다지 놀랄 만한 사실이 없다. 일본의 만유(漫遊)로부터 급거히 돌아간 장개석이 서산파(西山派)와는 분리되고 신무한파(新武漢派)와는 대립되고 광동의 이제침(李濟琛)과도 간신히 미봉할 쯤이며 풍(馮)·염(閻) 2인이 얼마쯤 위력을 내일는지, 최근 이제침(李濟琛)은 장(蔣) 씨와 제휴하고 신무한파가 또한 북벌을 협동한다 하니 적이 기(奇)하다 할 터이나 하회(下回)를 보지 않고서는 판단키 어렵다. (4월 1일 오후 2시)

일주일별(一週一瞥) (2)

《조선일보》, 1928. 4. 9.

지속(持續)으로부터 추이(趨移)에 그 역사적 도정을 밟고 있는 최근 일주간의 국제사정은 일본의 정국의 불안 및 재해산(再解散) 기세의 농후, 중국 남북전국(南北戰局)의 발전 및 대외교섭의 변동, 영국의 동방 제 민족과 갈등관계의 확대 등이 가장 중요한 현상이 될 것이요, 이 외에 쏘베트 노국(露國)을 관련으로 또 다소의 고려를 요하는 바가 있다 하겠다. 7일의 동경전(東京電)은 정부로서 재해산의 피할 수 없는 것을 결의하고 내밀(內密)로는 선거준비에 착수한 바 있다 하니, 이는 즉 정부당(政府黨) 승산의 결여함을 말함이다. 해산의 공포가 민정당(民政黨) 과 중립을 위협하여 다소 동요의 기미가 있고 민정 측에서는 당원의 결속을 위하여 유루(遺漏) 없는 준비를 하고 있다 하니, 만일 야당이 잘 싸워서 임시 의회로 하여금 불신임안 상정에까지 가고 부득이 재해산 단행에까지 간다 하면 일본 정국의 추세를 위하여는 가장 주목할 사태로 되겠다.

정부 양당의 제1당 다툼은 화성(花城)·충도(冲島) 양 씨를 분획(分獲) 하였음에 불계(不計)하고 전자 218, 후자 217로 의연 백중의 사이이요, 무산당(無産黨)의 진출은 재해산의 기회를 타면 더욱 활발하다 할 것이니 지배벌(支配閥)의 사람들로서는 가장 번민거리가 될 것이다. 영국 보수당의 지노비에푸[G. Y. Zinovyev] 적서(赤書)사건의 고지(故智)가 얼마큼이나 전중(田中) 씨의 내각에 의하여 조술(祖述)하게 될 수 있는지는 알 수 없으나, 재해산으로써 확호(確乎)한 성산(成算)이 없는 일본의 정부당은 자못 곤란한 자일 것이다. 일본의 정국은 불안한 중에 오히려 십수 일의 암중대□(暗中對□)을 하고 있으려니와, 중국의 남북전은 춘난(春暖)을 당하여서 바야흐로 용무(用武)의 경(境)에 드는 것이다. 북경 7일 전(電)은 봉천군이 총공격 작전을 시작하여 5일 이래 대활동을 개시한 것을 보(報)한다. 장작상(張作相) 등이 안문벌(鴈門閥)의 측면으로 나아가고, 정태선(正太線)에서는 정□(井□)을 확실 점령하였으며, 하남(河南)에서는 장하(漳河)의 북안(北岸)을 완전히 봉천군의 손에 잡고 있으며, 산동 방면에서도 손전방(孫傳芳)·장종창(張宗昌)·저옥박(褚玉璞) 제군(諸軍)이 장개석군(蔣介石軍)의 북상을 영적(迎敵)하고 있다 한다. 풍옥상군(馮玉祥軍)은 황하 이북의 웅주(雄州)인 신향(新鄕)에 진영을 두어 위하(衛河)에 연(沿)하여 주력을 모았고, 장학량·양우정(楊宇霆) 등 봉파(奉派)의 중추는 직예(直隷)의 남단인 한□(邯□)에 본영을 두고 멀리 장하(漳河)를 계선(界線)으로 서로 수영(輸贏)을 다투게 되었으니, 지금 형세로는 산서와 산동에 향하여는 수세(守勢)를 가지고 경한선(京漢線)인 풍옥상에 대하여는 적극적 진출로써 그 자웅을 결(決)하려는 것 같다.

그들의 승패는 보도가 구구(區區)하여서 경단(輕斷)할 수 없으나 소위 내선(內線) 작전의 묘(妙)를 발휘할 가능성은 있을 것이요, 장(蔣)·풍(馮)·염(閻) 3인의 결속 및 책응(策應)이 어떠한 정도까지 철저한지는 의연한 의문이다. 산동 방면에는 태안(泰安) 연주(兗州)로 제령(濟寧)을 중심하여 독산호(獨山湖)의 동서를 끼고 방전(防戰)에 노력코자 하는데, 재기한 이후 다시 석일의 위력이 없는 장개석은 근일 어찌되었든 광동파와 무한(武漢)에 웅거한 광서파(廣西派)와도 제휴한 바 있고 따로 부하병을 편제하여 그 세력의 만회에 초응(焦應)하고 있는 모양인데, 남방파로 지목되는 3인자에게 당년에 의미하던 생신(生新)한 혁명의 기백을 기

(期)할 수 없는 것은 전회(前回)에도 말하였다. 이와 같이 전국(戰局)이 발전됨에 의하여 그들 속에 선전되던 관세회의(關稅會議)는 저절로 유야무야 간에 돌아가고 남북 외교의 통일문제도 또 환상에 그치고 마는 것 같다. 향자(向者) 영(英) 공사 람손[M. Lampson] 씨가 남경으로 광동까지 순력(巡歷)하여 사면춘풍(四面春風)에 추파를 흘린 바가 있었고, 그러나 성공치 못한 뒤를 노리고 있던 미(米) 공사 맥마레 씨가 돌연 남경의 국민정부와 절충하여 남경사건의 단독 해결을 발표하여, 영국도 영국이거니와 만몽(滿蒙) 적극정책이라면 남의 추수(追隨)를 허치 아니한다 할 일본으로서도 거기에는 고만 뒷전에서 머쓱하니 쳐다보게 되었다. 이는 구체적인 내용 발표가 있기까지 상세를 보류한다. 트란스 쪼다니아가 독립을 하느니, 애급(埃及)이 완전한 독립을 요구하느니, 인도와 중국의 혁명운동에 말할 수 없이 골병이 드는 영제국은 이와 같이 전 동방 제 민족의 이반, 항쟁에 의하여 갈수록 심원(深遠)한 우수(憂愁)의 속에 번뇌하게 된다. 애급의 주장은 영국 주둔군의 철퇴 이외 모든 임감(臨監) 정치의 배제를 주장함이요, 영국은 소위 1922년의 선언 유지를 주장함이니, 즉 수에즈운하 방비권의 보류, 외적의 애급 침입의 방비, 애급에 있는 외인 생명·재산의 보호, 스단[Sudan]의 지배권의 규정 등이다.

애급은 이 모든 조건에 반대하고 겸하여 스단 지배권을 다투게 되어 항쟁하여 서로 나리지 않고, 영국은 노동당까지를 아울러 애급의 해방을 반대하고 국제연맹에 위임키를 주장하니, 국제연맹이 이를 해결할 힘이 없는 것은 물론 애급인의 희망을 고려할 여부조차 전연 의문이다. 그러나 중국과 인도에서 곤뇌(困惱)한 경험을 가지는 영제국은 그야말로 최후발악적 고압책을 가지게 되는 것이니, 애급문제는 커다란 분규의 씨가 되는 것이다. 방금 세계 1억 5천만을 산(算)하는 회교도는 결속하여 구주(歐洲)에 반항하거니와, 영(英) 치하에 있는 인도, 애급 및 기타 아세아와 아불리가(阿弗利加)의 8, 9천만을 산하는 회교도는 갈수록 단결하

여 영제국에 반항코자 하니 이는 또 영제국의 중대한 암(癌)이 될 것이
다. (4월 8일 오후 1시)

일주일별(一週一瞥) (3)

《조선일보》, 1928. 4. 16.

— 좌경 억압이 일본 —
— 병난(兵難) 외난(外難)의 중국 —
— 애급·인도의 배영(排英) —

정국의 불안과 재해산 기세의 농후로써 저기압이 뚜렷하게 저미(低迷)하고 있는 일본 정계에는, 1천 수백 인의 대검거로 내외의 이목을 놀래인 공산당사건의 발표와 동시에 노동농민당(勞動農民黨)의 해산 및 동당(同黨) 소속 2대의사(代議士)의 제명설(除名說)로써 야당 위혁(威嚇)의 비책을 발휘하고, 정우회(政友會)의 '파시스트'적 진출을 위하여 온갖 수단을 병용(並用)하는 최중(最中)에 있다 하겠다. 노농당(勞農黨) 이외 무산(無産) 2단체의 해산뿐 아니라 노농당의 재해산을 금압하고 각 대학의 소위 좌경 교수·학생 등에게까지 강압의 손을 펴서, 일찍 건국회(建國會) 궐자(厥者)들의 주장하던 바가 고대로 실현되어 가려는 형편이다. 용설(冗說)은 생략하고, 그러나 적화의 선풍 구대륙(歐大陸)을 일과(一過)한 후 영(英)·불(佛) 제국(諸國)의 반동정책과 중구(中歐) 제국의 분열 약소한 틈을 타서 백색독재의 정권을 수립하고, 지금 에마누엘 황제와 맞걸어서 세계 시청(視聽)의 초점을 짓다시피 하는 이태리의 뭇소리니를 그대로 일본에서 기대하기는 여러 가지 정세가 허(許)치 않는 것이다. 영(英)·미(米) 열강의 백색 지지, 중국 국민혁명의 돈좌(頓挫) 및 아직도 발전 계단에 있는 일본의 자본주의 등은 이 반동정치로 하여금 얼마큼 장래가 있는 것은 수긍할 터이나, 그것이 또한 자체 모순의 첨예화인 것을 표명하는 것을 일본의 위정가는 고려할 냉정이 있어야 할 것이다.

최근 바야흐로 춘난(春暖) 전쟁의 계절에 들어간 중국의 남북전쟁은 산서(山西)·경한(京漢)·진포(津浦) 각 선(線)에 모두 활기를 일으키게 되어 군기(軍器)·군수품부(軍需品負)의 수송, 상병(傷兵)의 후송 등으로 자못 격전상태에 들어간 것을 알게 하거니와, 경한선에서는 봉군(奉軍)이 장하(漳河)를 건너서 풍옥상군(馮玉祥軍)을 위휘(衛輝) 방면에 압박함을 전(傳)하였으나 지금까지 확보(確報)가 없었고, 장개석군(蔣介石軍)은 서주(徐州)의 전선(前線)으로부터 진출하여 13일 불효(拂曉)에 완전히 임성(臨城)을 점령하였다 하니 이는 상해전(上海電)인 만큼 아직도 단정키 어려우나, 임성(臨城)·역현(嶧縣) 일대의 산악부를 진점(進占)하고 우익은 소주(泝州)로 일조(日照)에까지 위협하며 그 주력부는 서서히 제밀(濟密)·태안(泰安)을 공략하려는 것 같다. 장(蔣) 씨가 지금 어느 정도까지 북벌을 관철할 힘이 있는지는 의문이라 할 것이요, 산동(山東)에 진출한 후 장작림(張作霖)과 타협하려는 복안을 가졌다는 것도 음미할 만하다.

이러는 동안에 남에는 남경정부와 미(米) 공사 사이에 남경 포격사건에 관한 미중(米中)협정이 끝나서, 미국 측은 발포의 부득이함을 변명(辯明)하여 면강(勉强)하여 유감의 뜻을 표하고 중국 측의 요구인 불평등조약 개정에 관하여는 "국민을 대표하는 정부가 성립만 하면" 언제든지 그 교섭에 응하겠다는 일편의 성명을 발표하는 정도에 그쳤다. 단독 해결한 미국 측의 성공으로 □□되는 퀘데랄 무선전신 안(案)도 미국 측에 유리하게 해결된 것 같으니 남(南)에서 패한 분풀이라고 할는지, 만주에 있어서는 조앙선(洮昻線) 문제를 중심으로 일(日)·중(中)의 관계가 적지 않게 분두(紛紏)하여 일시에는 무력 억압의 눈치까지 보이게 되었다. 무력 억압 등은 그들 상습적 일인지라 경탄(輕嘆)할 바 없으나, 근자 일본의 만몽(滿蒙) 적극정책과 대항하여 봉천파의 배일(排日) 혹은 항일(抗日)의 기세가 용이히 완화될 듯도 싶지 않고, 그 얼품에 들어서 편벽되이 이중의 화(禍)를 받는 것은 재만(在滿) 수백만의 조선 동포이다. 작금 조선의 위정 수뇌들은 구수응의(鳩首凝議)한 결과, 생전(生田)·천리(淺利) 양 씨자(氏者)의 급거 동행(東行)을 보게 되었으니, 무엇인지 만주 문제와 관련되는 것이라고 다소의 주목을 끄는 듯하다. 조앙선 문제는 지금도 속보(續報)되는 중이다.

전주(前週) 중에서 한참 문제되던 영(英)·애(埃)의 관계는 애급인의 영국 통치권의 부인, 서사(誓死)적 독립의 요구 등으로서 의연 미해결의 상태인데, 인도의 최대 부원지(富源地)요 또 반영(反英)운동의 책원지(策源地)로 되어 있는 항하(恒河) 유역의 벵갈 지방에서는 영국제 면포에 대한 비매동맹(非買同盟)을 결정하여, 그들의 경제적 총동원이란 자의 일단을 발로하고 있다. 이러한 단편적인 사실에도 동방 제 민족의 만근(輓近)의 경향이 역연(歷然)하게 드러난다 하겠다. 그러한데 낭자(曩者) 제네바의 군축회의에서 군폐(軍廢) 및 군축안을 제창한 노농노국(勞農露國)의 수뇌자들은 부르주아 국가로서 군폐를 단행치 않는 이상 그의 포위 공격에는 항상 완전한 방비가 있어야 하겠다고 언명하고 또는 조만에 전쟁이 있을 것을 지적하여, 명년 10억 류(留)[루블－編]의 국방비를 예산할 것을 발표한 바 있다. 열강의 군확(軍擴) 경쟁, 노농노국의 혁명군사(革命軍事) 준비의 확대가 역사적 중대 현상인 것을 또 명념(銘念)할 필요가 있다. (4월 15일 오후 2시)

일주일별(一週一瞥) (4)

《조선일보》, 1928. 5. 1.

― 전 세계 반동의 절정 ―
― 일(日) 정부의 도행역시(倒行逆施) ―
― 풍군(馮軍) 황하(黃河) 우안(右岸) 점탈(占奪) ―
― 장군(蔣軍) 제남(濟南) 동측(東側) 진핍(進逼) ―

독일에서도 공산당 억압, 흉아리(匈牙利)에서도 공산당 수령 체포! 좌익 억압은 새로이 거의 전 세계적 파동을 일으키어 반동의 기세가 자못 절정을 넘어가려고 꼭지까지 올라가는데, 뭇소리니와 에마누엘 황제의 통과하는 길목에 전기 장치의 폭약을 터트려서 전랑사(傳浪沙)의 철추(鐵椎) 본으로 적지 않게 천하의 이목을 놀랜 것은 이 세계상(世界相)이 제법 평범을 깨트리는 듯 의연 침체한 중인데, 그중에서 오직 활기를 보이는 것이 일본의 정전(政戰)과 중국의 병전(兵戰)이다.

한편에는 현대식의 자본주의적 민주주의가 거의 그 형태를 완성한 법치의 국가인 고로 국민의 선량(選良)이란 자가 1두(頭) 10만을 호가(呼價)하도록 좌우에 끌리어 정전(政戰)의 승패를 다투려 하고, 한편은 급진적 사상으로 날뛰는 좌익파의 책동이 왕성한 반면(半面)으로 의연히 봉건의 잔재 형식인 군권(軍權)의 할거상태를 벗지 못한 고로, 일사수사(一師數師) 혹은 일군수군(一軍數軍)을 거느린 장령(將領)들의 진퇴로서 또 그 전국(戰局)의 소장(消長)을 결(決)하게 되는 것이 전자는 투표의 수, 후자는 조창자(操槍者)의 수로서 그 역량을 표현하는 차(差)가 있는 데에 퍽 흥미를 일으키는 것이다. 실동(實同)의 농락, 좌당(左黨)의 억압, 중립의 □취(□取), 민정당원(民正黨員)의 유인·매수로써 광란적 노력을 계속하며 재해산의 흑수(黑手)로 위혁(危嚇)함 등도 그다지 신묘한 효능이 아직은 없어서, 28일 오후 4시에는 제1차 수법인 3일 정회(停會)가 단행되었으며 5월 1일로써 개회될 때까지 전기(前記)한 유인·매수의 술책으로 야당 진용을 교란케 하고, 그리하되 승산이 없는 때에는 총사직을 결행하거나 재해산의 단행일 것이라 한다.

그러나 오인은 재해산으로서 과연 승산이 있을까 의연 의문인 자이요, 따라서 그 전도(前途) 혼란이라고 아니 할 수 없다. 그런데 전중(田中)씨의 정우회(政友會)는 소위 일모도궁(日暮途窮) 도행역시(倒行逆施)의 지경까지 전연 절망적 상상(狀想)에 갔는지는 오배(吾輩)로서 체험하지 못할 바이나, 민정당 대의사(代議士)에 향하여 폭한(暴漢)들로 습격 및 인치(引致)케 함은 근자에 못 보던 희활극(喜活劇)이요, 하물며 정부 측에서는 폭력취체법안(暴力取締法案)을 상정하는 날이었고, 폭한 등은 이것으로 발재(發財)의 최상 수단으로 기뻐한다는 것이 어쩐지 일대 해학미를 깨닫게 한다. 좌우간에 야당의 결속이 끝까지 굳을는지, 정부는 결국 재해산을 단행할는지 오인의 뇌(腦)가 건전하다면 속단할 수 없는 것이 작금(昨今) 일본 정정(政情)의 특색이다.

한편으로 전주(前週) 이래 산동(山東)의 북군(北軍) 대패의 전국(戰局)을 계속하는 중국의 남북전은 22, 23일 이래로 적이 돈좌(頓挫)된 기세가 있었으니, 그는 제령(濟寧) 방면에서 동평(東平)·영양(寧陽)을 거쳐서 비성(肥城)·장청(長淸)을 향하는 풍옥상군(馮玉祥軍)은 다소 군기(軍器)의 불비(不備)가 있을 뿐 아니라 연장되는 후방의 진용을 정리할 필요가 있었고, 계하(界河)·곡부(曲阜) 일경(一境)을 지나 북상하는 장개석군은 태안(泰安) 부근 태산산맥(泰山山脈)의 험준한 지세에 저해되어 일시 점령하였던 태안까지도 탈환되고 자못 곤전(困戰) 중에 있었으나, 이래(伊來) 풍옥상군은 적로인(赤露人)을 섞은 몽고의 기병대를 선봉으로 장청·비성을 확실히 점령하고 황하의 우안을 연(沿)하여 제남(濟南) 서측에 우회하여 29일까지 만덕점(萬德店)을 탈취하였다 하며, 장개석군은 28일로써 다시 태안을 점령하고 태산(泰山)의 고악(高岳)을 동으로 돌아 내무(萊蕪)로부터 박산(博山) 부근을 통과하여 보집(普集)·명수(明水) 등 교제철도(膠濟鐵道)의 인접 요지를 장중(掌中)에 넣었고, 29일 이후에는 필경 곽점(郭店)을 점령하여 제남의 동측 5리(哩)의 지점에 핍박하였다 하니, 이로써 만일 사실이라 하면 장(蔣)·풍(馮) 양군(兩軍)은 거의 서로 다투어 제남을 공략하려는 기색이 가장 명백하다 하겠다.

이와 같이 양군이 모두 태안 방면으로부터 진포선(津浦線)에 연하여 일직(一直) 북상하기를 피하는 것은 제남의 정남(正南)인 역산산맥(歷山山脈)의 험애가 진격군에게 불리함에 인함이요, 교제철도 방면에서는 명수(明水)의 함락과 한가지 일본 파견군은 직시(直時) 전투의 준비를 마치고 점령지에 일 지병(枝兵)이 급행하였다 하니, 남북군에 대하여 전연 중립을 성명한 그들의 장래가 주목할 만하다. 한편으로 봉천파는 경한선(京漢線)에서는 대명부(大名府)의 중지(重地)를 고수하여 움직이지 않고, 산동에 대하여는 덕주(德州) 방면에 봉천군을 증파하여 천진의 방비를 굳게 하려 하는 것 같으나, 현재의 사정으로는 후비병의 부족으로 여의치 못한 것 같다. 좌우간에 제남이 만일 함락되면 산동은 대체로 풍미(風靡)될 것이요, 봉천군은 대명(大名)·덕주(德州)의 선에서 경진(京津) 방호(防護)의 최후전을 하리라고 관측된다. (4월 30일 오후 2시 반)

일주일별(一週一瞥) (5)

《조선일보》, 1928. 5. 7.

― 돌(咄)! 애급(埃及) 필경 양보 ―
― 불국(佛國) 우당(右黨) 승리 지속 ―
― 일본 내상(內相) 단독 사직 ―
― 제남사변(濟南事變) 분규 착종 ―

세계 정국(政局)은 대체로 모두 평온하니 전란 이후 10년 창이(瘡痍)가 아직 회복되지 못하고 차기에 충돌은 그 기(機)가 오히려 성숙치 못하여, 그 질(質)로서는 제2의 화인(禍因)을 자못 심각하게 양성(釀成)하고 있는 전 세계적인 정세임에 불계(不計)하고, 양(量)으로서는 심대한 파동을 일으키는 바 없이 머지않아 하기(夏期) 한산한 계절에 들어가려 하는 것이 금춘 세계 정정(政情)의 특색으로 되었다. 이 중에 있어서 영제국에 대하여 반항하고 '철저한 독립'을 부르짖던 애급은 영국 주둔군 철퇴, 스단[Sudan]의 지배 등 제 조건으로 된 국민의회의 배영안(排英案)이 영국의 무력사용의 통첩에 의하여 필경 양보의 태도를 가지게 되었고, 영(英)·애(埃) 간의 위기도 우선 일단락을 짓게 되었다.

이것은 오늘날의 세계정세를 아는 자로서는 누구든지 예기(預期)하였던 바로서 도리어 경괴(驚怪)할 바 아니다. 애급의 양보는, 즉 세계 반동 정치의 연원을 이룬 영제국의 승리의 지속을 의미함이거니와, 금년 구미

(歐米) 선거전의 제1진을 맡은 불란서는 또 포앙카레[R. Poincaré]를 중심으로 한 우당(右黨) 승리로 되어서 민주공화연맹(民主共和聯盟)이 149명(前 103)으로 일대 발전을 이루었고, 공화좌당(共和左黨) 106(前 36), 보수당 15(前 14)로서 우익 각파는 모두 상당한 증가를 얻었고, 사회를 급진당 126(前 140), 공산당 14(前 26), 사회당 101(前 105)로서 좌익 각파는 모두 적지 않게 감소되었으며, 이 외에 독립급진당 55, 사회공화당 47, 공산사회당 2로서 포 씨 등 우익파를 지지하는 자가 적어서 370, 380인 많게 잡아 460인을 산(算)하게 된다 하므로, 포앙카레 씨의 정권은 아직도 상당히 지속하리라고 볼 것이요, 세계적 반동의 기세의 장래를 점(占)함에 주목할 현상이 되겠다.

그러한데 재해산 단행을 호호(呼號)하며 정쟁 중에 몰두한 전중(田中) 씨 병정(秉政)의 일본은 그간 명정(明政)·무산(無産)·혁신·중립 각파와 민정당(民政黨)의 연합에 의한 야당의 책전(策戰)이 거의 예기 이상의 성적을 나타내어, 정부로 하여금 필경 문제의 초점되는 영목(鈴木) 내상(內相)을 사직케 하고 야당의 보조(步調)를 교란케 하여 당면을 통과코자 자못 누열(陋劣)과 초조를 아울러 발하는 관(觀)이 있는데, 내상(內相)의 사직으로 인하여 얼마큼 □의(□意)는 이완되었으나 야당은 5표의 다수로 제1항을 수정한 내상 불신안(不信案)을 통과하였고, 총괄적 불신임안에 관하여는 명정회(明政會) 및 중립파의 태도가 확정치 못함에 의하여 자못 불명한 상태에 있으나, 정부 측에서는 총괄적 불신안이 통과되거나 혹은 산동 출병비(出兵費)가 부결되는 때에는 단연 재해산 키로 결정하기까지 되었다. 지금까지 일련탁생주의(一連托生主義)를 표명하던 전중 씨의 내각이 일(一) 영목 씨의 희생으로 국면을 도호(塗糊)하려는 것은 누열한 비(非)입헌의 태도라고 각 방면의 비난 공격이 한참 성(盛)한 이때이니 오인은 사족을 가하지 않는다. 다만 전중 씨의 3직(職)을 신겸(身兼)함이 뭇소리니에 비하여는 아직도 상당한 거리가 있고,

또는 내상 전임(專任)을 요할 때에 자임(自任) 내상의 군웅(群雄)의 반목이라든지 하물며 은연 중추를 이루었던 영목 일파와의 관계가 어떻게 귀결이 될는지, 오인은 전(前) 원경(原敬) 씨 몰후(沒後)의 개조·비개조의 알력을 새삼스럽게 회상케 된다.

일본의 정국이 이처럼 곤란한 때에 그것을 자극하고 혹은 전환시키기에 유용할 만한 외난(外難) 문제가 조성 또는 촉성(促成)되는 바 있으니, 그는 즉 소위 제남사건(濟南事件)으로서 전중(田中) 내각을 위하여는 자못 기화조(奇貨措)할 것이라고 하는 감이 있게 하는 자이다. 5월 1일로써 장개석군이 산동(山東)의 수부(首府)인 제남에 입성하여 황하의 거류(巨流)를 건너서 덕주(德州) 방면으로 북상하는 것도 1주(週) 내외의 일이라고 관측하는 자가 많은 때에, 3일 오전부터 제남 동서(東西) 상부지(商埠地) 일대를 중심으로 일(日)·중(中) 병(兵)의 충돌이 생겨서 금일까지 풍성학려(風聲鶴唳)로 전하는 바가 응수(應酬)할 사이 없고, 일본군의 출동은 자못 호대(浩大)한 바 있어 산동을 평탄(平呑)하고 국민운동의 근저도 둘러엎을 듯한 기세조차 없지 아니하니, 이는 정치면을 통하여 그 상세가 보도되므로 이에 거듭하지 않는다.

그러나 일본 측의 주장과 남군(南軍) 측의 발표는 전혀 모순되는 것이 하나, 남군 질서정연의 보도와 약탈능학(掠奪凌虐)의 보도가 모순되는 것이 둘, 이것은 후일을 기다리지 않고서는 지금 단언함을 허치 않는 사정이다. 이와 같은 의외의 기회를 얻어서 장작림 씨는 퇴의(退意)를 번복하고, 장종창(張宗昌)은 반격을 준비하며, 일본의 조야(朝野)는 까딱하면 우국우민(憂國憂民)의 분노를 발할 가능성이 있게 된 것만은 분명하다. 그리고 황부(黃郛) 씨의 대일(對日) 항의의 전문(全文) 같은 것은 더욱이 제남사건에 대한 정치적 흥미를 충동이는 바이다. (5월 6일 오후 2시 반)

경남 도의(道議)의 제2성명서

《조선일보》 사설, 1929. 4. 7.

1. "제도 결함의 표본적 희생"이다. 해임된 경남의 14명 도(道) 평의원(評議員)들의 부르짖음은 자못 비장하다. 1면(面) 1교(校) 실현의 완급의 다툼으로 필경은 예산안의 반상(返上)을 보게 되고, 그것이 화인(禍因)으로 수일 뒤에 수등(須藤) 지사로부터 돌연 해임의 거조(擧措)에 다닥친 동(同) 14인의 도 평의원에 관한 사건은 현실 조선의 정치적 원야(原野)에서 발생된 일 중요사인 것을 각 방면의, 각층의 사람들이 한가지로 감촉 또 승인하는 바이다. 그들의 처지로 보아서 중대하고 전 조선적 견지로도 중요성을 잃지 않는다.

2. 1면 1교의 시설은 현 위정 당국의 중요 정책의 하나이다. 기정(旣定)한 중요 정책의 실시의 방편에 관하여 14명이나 되는 그들의 이른바 '민의창달(民意暢達)'의 직능을 맡긴 도 평의원들은 일고의 여지도 없이 해임이라는 괵수(馘首)로써 한 것은 그다지 간단한 이유서(理由書)로써 치여질 문제가 아니다. 해임의 이유가 조선지방비령(朝鮮地方費令) 제14조에 의함이라 하거니와, 개회한 지 7일간에 차라리 긴장하게 평의(評議)에 종사하였은즉 "직무를 태(怠)하고"의 문구에 해당치 않는다. 그들의 질문 또는 예산 반상의 결의가 "체면을 오손(汚損)하는 행위"가 될 바도 아니다. 수등 지사의 이유서는 "예산 반상의 결의는 지사의 자문에

응치 않는 의사표시"라고 가장 중요하게 지적하였으나, 적더라도 평의원의 다수가 예산안의 토의를 거부하였거나, 그로 인하여 참석을 거절하였거나, 또는 소집에 응치 아니한 등 동령(同令) 제11조에 해당한 행위가 없는 이상 "자문에 응치 않는 의사"라고 부회(附會)할 수 없는 것은 법리적 견해가 명료하다.

3. 1면 1교 문제에 관하여 평의원 측은 소화(昭和) 6년도까지 실현할 것을 공약한 전임자인 송정(松井) 내무(內務)의 언질을 방패로 조속 실현을 재촉함이었고, 도(道) 당국 측은 재정상태에 돌아보아 급속한 실현의 곤란을 이유로 하는 바이니, 이 점에 관하여는 가부를 즉단(卽斷)코저 않는다. 편중편경(偏重偏輕)하는 그들의 태도가 기정 방침인 조선인 교육의 시설에 대하여 무성의하다는 비난은 아니한다 할지라도, 그의 해임 단행의 경로에는 불순한 감정 및 심사가 움직이고 있던 것을 볼 수 있다. 도 평의원회가 이른바 일개의 자문기관으로 결정적 결의권이 없다 하더라도 그의 의사는 당연 존중하여야 할 것이니, 그의 반대에 인하여 예산의 개편 및 재(再)자문을 행한 것은 그 전례도 없지 않거니와, 그야말로 맹찬순종(盲贊順從)의 하잘것없는 태도를 벗어났다고 당장에 해임의 흑수를 내두른 것은 아무리 보아도 존대심(尊大心)에서 나온 폭거라고 아니 할 수 없다.

4. "결코 불신임안이 아니라"고 재편성 제출을 요구하며, 혹은 예산 이외의 의안(議案)의 심의 속행을 희망한 의원들의 태도에는 결코 "자문에 응치 않는 의사"가 보이지 않았었다. 도리어 "…… 1호안의 심의에 …… 명백히 지사 불신임을 표명 ……" 운운의 노기·분기를 토한 수등 지사의 태도에 관권을 자(藉)하는 존대적 곡해가 보이는 것이다. 동령(同令) 제11조의 해석은 부결된 예산안에 대하여서도 "그의 자문할 사건을 처

리함을 득(得)함"의 적용됨이 당연할 것이다. 14인의 돌연 해임은 결국 그의 권력의 오용 및 악용이다. 하물며 전후의 이유서로서 자기들의 처지만 어디까지 곡의(曲議)하려 한 것은 그의 승벽(勝癖)을 만족하려 하는 공명치 못한 태도이다.

5. 도지사는 도 평의원회의 의장을 겸한다. 지방비령(地方費令) 시행규칙 제12조에 의하여 의장은 회의의 개폐, 의원에 대한 발언의 금지·취소 또는 장외 퇴출을 명할 수 있는 중대 권리를 가졌다. 수등 지사가 이 직권을 행사치 아니한 것은 어용 의원에 의하여 자기들의 계획이 무난히 성취될 것을 경신(輕信)하였음에 있었다 한다. 전에는 그의 당연한 직권도 아니 행사한 수등 지사가, 후에는 직권의 남용 및 오용에까지 간 것은 최저평정(最低評定)으로 하더라도 불근신(不謹愼)의 심한 자이요, 그를 승인 지지한 위정 수뇌도 그 책(責)이 동일케 되는 것이다. 근자의 조선에는 좌익의 탄압이 바야흐로 심하니 이는 오인이 이에 논(論)치 않는다. 그러나 모처럼 "민의창달"의 요구에 응하여 공직자로서 진출한 그들에게까지 이러한 고압적 태도로써 일관하는 것은 가장 해석할 수 없는 심외(心外)의 일인 자이다.

조선인 이주가 더 급하다
─ 일본인 이주의 신계획 ─

《조선일보》 사설, 1929. 4. 27.

1. 경제의 파탄, 농촌의 피폐, 그리하여 유리(流離) 또 유리하는 조선인의 생존 문제는 크고 깊고 또 넓다. 일반적인 이 문제가 이미 너무 크거늘, 다시 23만여 호, 146만 7천여 인의 화전민 문제가 덮쳐있다. 오인으로 하여금 근본적 문제를 번설(煩說)함을 두어두라 할지라도, 현실의 정치적 조건하에 있어서의 조선인 생존권의 옹호 문제는 가장 큰 합리한 문제로서 '이는 오인의 당연한 의무이요, 또 권리이어야 하겠다. 일작년래(一昨年來) 경기도 내에서만 4,325호, 2만 4,005인의 이주로 인한 감소가 있었으니, 일반적인 이촌(離村) 상태의 일례이었고, 금 3월에는 전남 1도(道)에서만 일본에 도항한 자 4천여 인이요, 영동(永同) 1군(郡)에서 금춘(今春) 이역자(離域者) 2천 인이니 한수재(旱水災)에 인한 기근민(飢饉民)의 유리 상태의 일반(一斑)을 말함이다. 만몽(滿蒙)에 가매 익심(益甚)하는 조선인 배척이 있고, 일본 도항(渡航)에는 또 저지(沮止)의 정책에 걸리는 것이다. 그러나 이러한 수난을 뻔히 알면서 대거 출경(出境)하려는 유리군(流離群)의 그것은 다만 소위 감상시인(感傷詩人)의 값싼 애조가 아니요, 시들 수 없는 동포애에 끓는 자들의 골수에 사무치는 우려를 격성(激成)하는 것이다. 이는 조선인의 인간으로서의 생존권을 위하여, 또 조선인을 중심으로 본 대국(大局)의 영향으로 보아서, 어떠한 위정자이고 결코 등한히 볼 수 없는 대문제이다.

2. 한수재에 인한 기근민 구제책을 위하여 위정 당국은 최근 120만 원을 지출하였다. 토목사업을 주로 하여 이재민의 노역(勞役) 수입으로써 구제의 실적을 얻으려는 당국의 방침이 얼마쯤 관철될는지는 속단키 어려우나, 오인은 원래 다만 보시(布施)적 구휼을 요함이 아니요, 그의 산업적 안정책을 구함이 당면의 급무인 것을 주장하는 것이다. 이를 위하여는 우선 조선의 부원(富源)을 조선인 본위로 개발케 함이니, 토지와 어구(漁區)와 삼림 등 조선의 자연을 마땅히 향토 주인인 조선인의 생활을 위하여 그 우선권을 주고, 이를 위하여는 일본인의 이민은 차라리 제한 혹은 중지함을 주장한 것이었다. 그러나 종래의 위정 당국의 태도는 항상 이에 배치되었으니, 금년의 예로써 볼지라도, 공공단체에 융자를 위한 식산은행(殖産銀行)을 통해서의 500만 원의 저리 자금은, 부(府)·면(面)의 금융조합·수리조합 등에 융통하는 외에 군산(群山)의 불이농장(不二農場), 평강(平康)의 산업조합, 웅기(雄基)의 두만농장(豆滿農場) 등을 필두로 각지에 일본인 농민·어민의 집단적 이주를 실행키에 급급한 형편이다. 전기(前記) 3자 중 선□(先□)하는 170호의 농민에게 매호 300원, 합계 5만 1천 원의 보조비를 주는 것은, 그 보호의 풍족함을 알려니와, 이것으로써 오히려 지지(遲遲)하다고 생각하는 동경 정부는 총독부로부터 필요한 토지자금을 지출케 하고, 대륙진출에 대한 호적지(好適地)로 보는 국경 부근의 광대한 토지를 개척케 하여 '일본인은 물론 조선 청년도'의 이민계획을 실행키로 한다고 한다. 근자 북조선의 교통의 발달과 아울러 그들의 대자본의 진출이 이 방면에 집중되는 것은 현저한 일이거니와, 이러한 국가적 사업으로서 적극 진출하는 밑에 더욱 그 급속한 동태가 있을 것을 예상케 한다. 그러나 북서(北西) 국경지대에 만일 인민 수용의 여지가 있다 하면, 먼저 조선인 본위 — 유리(流離)하는 조선인 이주를 조성(助成)하는 것이 더욱 급한 것이다.

3. 두만강의 우안 경원평야(慶源平野)의 일대가 이미 두만농장으로 되었다. 무산군(茂山郡)의 모(某) 지점에는 10만여 정(町)의 옥야(沃野)가 있다는 것을 기억한다. 그렇지 않더라도, 가장 광대한 지역에 가장 희소한 7만 760호, 45만 9,595인의 농업민으로서 1호 평균 경지면적 3정 8보(步)의 최대 면적에 달하는 함북(咸北)과 그 차위(次位)인 평북(平北) 일대에는 비록 중첩한 산악대(山岳帶)를 제하고서도, 오히려 농업민의 이주지가 되는 것이니, 화전민의 이전과 중남(中南) 조선의 잉여인구 및 한수재의 기근민으로써 토지개량의 거자(巨資)를 따라서 이 방면에 이주케 하는 것은 가장 당연한, 또 합리한 일일 것이다. 현재 홍원군(洪原郡)의 수재민 1천 호는 매호당 삼림 2정, 경지 2정으로 신흥군(新興郡) 안산면(安山面) 일대에 이전키로 하여 그 일부가 출발하였고, 신흥군의 수재민 359호는 삼수군(三水郡) 개운장리(開雲場里) 일대로 이전케 되어 착착 발정(發程) 중에 있거니와, 이는 다만 목전 천재(天災)에 당면한 수재민에 한할 바 아니요, 일반적인 유리군 및 화전민 등의 근본적 정리에 적용할 것이니, 조선토(朝鮮土)로 하여금 먼저 조선인의 생활을 옹호케 하는 것이 당연한 순서이다. 위정 당국은 어찌 반드시 비스마르크가 그의 포젠[Posen] 주(州)에서 실패한 콜로나 정책의 전철을 밟기만 급급하랴. 조선과 포젠 주가 다른 바 있다 하더라도, 경(卿) 등의 정책은 소위 선지선자(善之善者)가 아니다.

조선어철자법 개정문제
— 철저한 개정을 촉(促)함 —

《조선일보》 논설, 1929. 5. 28.

1. 일 민족의 언어의 발달된 상태 여하는 곧 그 민족의 문화상의 위치를 구현하는 정수(精髓)가 되고, 문자가 언어를 표현하는 방식의 발달형태 — 정려(精麗) 적부(適否) 여하는 또 그 민족의 문화민족으로서의 위치를 측정하는 척도로 될 수 있다. 그러므로 일 민족의 상용어에 관하여 가장 합리한 과학적인 문자의 표현방식을 건설하는 것이 필요한 것은 당연에 지난 당연이요, 문자의 표현방식이란 결국 철자법의 정리 세련을 의미함이다. 철자법의 완전한 정리를 기다려서 일 민족의 언어는 비로소 정상한 본질적 발달을 오게 하는 것이다. 작금 조선어철자법 개정 토의에 제(際)하여, 오인은 순연한 학구적 견지에서 오직 그 철저한 개정만을 역설하여 말지 않노니, 2,300만 인의 자연의 방언인 조선어의 철자법 개정은 누구에 의하여 앙장(鞅掌)됨은 별문제로 하고라도, 그의 민족문화상의 영향되는 작용이 결코 무관심을 허(許)치 않는 것인 까닭이다.

2. 항구히 지속되는 우주 생명의 체현자로서의 자아를 중심으로 하여, 철학적으론 인신합화(人神合和)의 신념과 예술적으론 물아협흡(物我協洽)의 정서를 계통적, 계단(階段)적으로 종관(縱貫)과 횡렬(橫列)의 묘치(妙致)를 다한 조선인의 존귀한 생활경험의 상아탑으로 되어 있는 조선어는 세계에 그 유례가 드문 문화적 가치를 함축한 바이요, 이 언어의

운율의 미와 체계의 정연함에 대응하여 가장 융통자재(融通自在)한 표현의 기교를 다한 언문(諺文)이란 자가 또 세계 자모문자계(字母文字界)의 추종을 허치 않는 최고적인 전형으로 되어 있다. 불행히 조선인의 국민적 성세(聲勢)가 그에게 웅대한 배경으로 되지 못하였고, 학술적 작업이 또 그 구원한 생명의 원천으로 지속하지 못하였음에 의하여, 조선어·조선문은 아울러 혼효잡박(混淆雜駁)한 존귀한 미성품(未成品)으로서 국제적 수준 면에서 떨어져 있게 된 것이다. 그 본질이 존귀한지라 저열시(低劣視)할 바 못 되고, 활용이 부잡(浮雜)한지라 광정(匡正)하지 아니하면 아니 된다. 이제 광정하려는 자 있으니 그 철저한 광정만을 주진(注進)하는 것이다.

3. 언어와 문자의 항구 광원(廣遠)한 가치는 그의 위대 심수(深邃)한 학적 가치를 포용함에 의하여 비로소 확립되는 것이니, 철자법 개정은 그의 시초적인 방편의 사업이다. 그러나 방편을 떠나서 본질을 논할 수 없으니, 철자법 개정이 목하에 필요하다. 오인 금월(今月) 처음에 있어 그 경개(梗槪)를 논하였거니와 이제 그 개정문제의 목표될 자를 보건대, (1) 종래 '된시옷'을 병서(並書)로 함의 가부(可否), (2) 초성(初聲) 전부를 종성(終聲)으로 사용함의 가부이니, 이에 관하여는 논의를 요(要)토록 의문될 바 없이 그 개정의 필요를 인(認)할 바이요, (3) 한자음의 역사적 기음(記音)을 표음적 기음으로 함에 대하여 역사적 기음을 보수(保守)키로 하는 논(論)과 표음적 기음으로 개정키로 하는 논이 분기(分岐) 대립할 수 있다. 이에 관하여는 역사적 기음 보수론이 일리 없을 것은 아니나, 그는 요컨대 한자 자학상(字學上)의 문제를 주로 할 바이요, 독본과 통상 용어상에서 고집할 바 아니다.

4. 언어는 일상에서 사용되는 언어상의 실제를 표준할 바이요, 이미

전고기(前古紀)에 속한 고(古)형태에 인위적으로 복귀케 함은 가장 곤란하고 또 무용한 일이니, 표음적 기음법을 채용함이 가장 조선인의 실제에 합당할 것이다. 이에 대하여 초성 전부를 종성으로 사용함과 '된시옷'을 병서로 함과 같은 것이 일견에 고형태로 복귀키를 주장함과 같이 착인(錯認)함이 있을 수 있으나, 요컨대 전체가 오직 현행하는 구두(口頭)의 음어(音語)를 표준으로 그 발음상에 정확한 철자를 충당하자 하는 것임에 비추어볼 때에, 누구나 석연 수긍할 바인 줄 생각한다. 이번의 철자 개정을 완성키 위하여 조선인 민간 측 전문가를 망라할 뿐 아니라, 일본인으로서 이에 대한 학적 권위를 가진 제씨가 또 그 노(路)에 당하였으니, 오인은 오직 학적 양심에 입각한 그들의 성의 있는 주장만이 이 사업에 필요한 것을 특히 이에 일언하고 그 성과를 체시(諦視)코자 한다.

소년 조선의 동요
— 학생맹휴에 대한 고찰 —

《조선일보》, 1929. 7. 10.

1. 작금 염열(炎熱)이 높아가는 성하(盛夏)의 절(節)에 방학기(放學期)를 앞에 둔 청소년의 학생들은, 시험을 인(因)한 공부에서 적지 않게 가슴을 죄고 있는 것이 보기에 딱한 점도 있다. 시험 폐지의 가부는 그 사회의 사정을 돌아보지 않고 일률로 논단할 바 아니나, 이중(二重) 방언(方言)에 의하여 그 외에도 대체로 이중적인 학습을 하지 아니하면 아니되는 두뇌의 부담이 과중한 데서 신음하는 그들 학생들의 정경이 슬며시 동정됨을 금치 못한다. 이러한 사정과 심리적 관련이 있는지 없는지 교육계의 불상사인 학생맹휴 사건은 금일까지 대소 28건에 달하였고, 그 중에도 보통학교만이 21건이라 하는 바, 조선 교육문제를 위하여 심상치 아니하고, 또 이 교육계를 통하여 보는 조선 전체의 문제로서도 심절(深切)한 주의를 요하는 자이다. 시험기(試驗期)에 임해서의 그들의 맹휴의 빈발은 통척(痛斥)할 바인 것을 단언한다. 그러나 그렇다고 또 현하의 일대 문제로서의 교육상의 제 결함을 간과할 수 없다.

2. 학생들이 일정한 요구조건을 제출하고 맹휴 단행에까지 가는 동안에는 왕왕이 찬성치 못할 동기에 인함도 있으니, 학생맹휴 그것에 대하여 찬의를 표할 수는 없다. 그러나 이제 맹휴되는 대부(大部)의 이유로서 생도의 대우 개선, 설비의 충실 등이 제출된다. 생도의 대우 개선은

언뜻 보아 평범한 듯하나 여기에는 민족적 편견·누습(陋習)에 인한 바 많으니, 일본인인 공보(公普) 교장 및 훈도, 기타 고등교육기관의 동(同) 교원들까지도 조선인 아동에 대하여 사생(師生)의 의(誼)를 떠나서 경모(輕侮)의 감정으로써 대하는 것이 그 주되는 자이요, 공학(共學)의 경우 및 특별히 많이 접촉되는 양 종족의 학생들의 사이에서 일어나는 경모의 언동으로 인함이 또 그 중요한 자이다. 전자의 예는 경향(京鄕)을 물론하고 자못 빈번하게 있는 일로서, 인자(人子)의 사(師)된 자로서 정의(情誼)가 앞서지 않고 자신으로 어떠한 정략의 도구화하는 과오가, 다수한 소년 자녀들에게까지 큰 악영향을 주는 것이다. 현하 조선 청소년이 대체로 사장(師長)에 대하여 만성적인 적의(敵意)의 경향을 품는 것은 보교(普校) 시대에 온양(醞釀)된 불행한 습벽에서 나옴이거니와, 남의 어린 자녀의 교육의 책(責)을 맡은 자들이 순진한 사장(師長)적 은정(恩情)을 가지기 전에 불순한 정략적 태도가 앞서는 것은 가르치는 자 배우는 자가 아울러 불행이요, 손실인 것을 부인할 수 없다.

3. 조선인 교육의 직업교육화는 오인 항상 역설하여 왔었다. 그러나 지방의 보교 책임자는 농예(農藝) 등 실습에 있어서, 너무 유년 학생들의 체질, 심성의 발육상황을 불고(不顧)하고 과도한 노역을 과(課)하는 자 있으니, 노작정신(勞作精神)의 고취는 매우 좋은 바이나 뿔을 고친다고 소를 죽이는 폐(弊)에 빠짐은 불가하다. 조선어문과 조선사는 조선 현대의 인문지리·자연상황과 아울러 후진(後進) 학생에게 정당하게 이해시킴이 필요한 일인데, 여기에 있어서도 너무 정략적 금알(禁遏)에 치우치고 있다 할지라도, 인위적으로 두찬개찬(杜撰改竄)을 가한 자로써 하여 조선인의 전(全) 역사에 뻗쳐 구욕(垢辱)적 태도로써 나오는 것이니, 현재 일본의 통치하에 있는 내외의 각 학교의 지리·역사의 교수시간은 조선사의 암흑면 적발, 조선인의 결점 고취의 기회로 되는 관(觀)

이 있고, 이는 조선인 학생은 말할 것도 없으니, 일본인 생도에게도 그 결과로써 불량한 경향에 빠지게 된다. 조선인으로서 이 점에 항의를 요하는 것은 고사하고, 일본의 식자·교육자 및 정치가들은 반성할 필요가 있지 아니한가. 조선인 본위의 교육은 온통 실행키 곤란하다는 것이 저들의 심사인 것은 확실하다.

4. 설비의 부족, 교원의 인격문제 등은 합하여서 전술한 중에 있는 것이니, 오인은 맹휴가 성행하는 한심한 사정에 관하여 그들 학생들을 책하기에 서슴지 않지만, 이러한 정책의 과오 및 그들에 원인(原因)하는 시대의 암영(暗影)이, 자못 우려할 결과를 자라가는 소년 조선에게 주는 것을 안다. 근자 학교의 동요에도 왕왕이 사법권의 발동을 보는 터이로되, 한 걸음 장래를 위하여 고려하는 자 없는 것이 개탄된다.

재외 조선인과 국제적 지위
― 허망한 의혹에 선처할 길 ―

《조선일보》 사설, 1929. 9. 10.

1. 재외 조선인은 왕왕이 중대한, 허망한 의혹으로 인하여 불우(不虞)의 재액(災厄)을 만나고 있다. 이것은 수난기에 있는 수난 인민으로서의 조선인의, 불시로 닥치는 설상가상적인 재액이다. 구주(歐洲)에 조선인은 매우 희소하고 미주(米洲)와 미(米) 영토에 있는 조선인은 오늘날에 있어 안전한 터이요, 오직 일본과 중(中)·노(露)의 영토에 있는 자가 이 불우의 재액을 만나는 대표적인 자이다. 일본에서 수난하는 것은 별문(別問)으로 하고, 중국과 중·노 국경 방면에 거주하는 조선인의 만나는 바 재액은 목하 당면한 문제이다. 이제 먼저 만주 방면의 조선인 수난의 소식을 일별할 필요가 있다.

2. 북간도 지방에서 조선인간민교육회(朝鮮人懇民敎育會)를 봉쇄하고 그들의 국가적 교육방침에 합치케 하고자 하는 바가 있어서, 조선인은 전간도교육자대회(全間島敎育者大會)를 열고 대책을 강구키로 되었다. 이것은 일견 무괴(無怪)한 일이나 집단적으로 거류하는 교민에게 그 자체의 교육을 간섭하는 것은 불가하다. 요녕성(遼寧省) 개원(開原)에서 향일 수재(水災)에 조선인 농민이 모두 파산케 된 것을 좋은 기회로 토지대여금지령을 발표 실시케 하고, 52호(戶)의 조선인을 구축하였다. 이 때문에는 관헌과 지주가 합력하여 들고 일어났다. 길림성의 송화강반

(松花江畔)인 농안현(農安縣) 고산둔(靠山屯)에서는 향일의 수재로 거산(去産)하게 된 조선인에게 일시 퇴거를 명령하여 모두 중도에 첩설(捷屑)하고 있는 사건이 있었다. 이런 것은 만근(輓近) 중국의 관민(官民)들이 (1) 조선인이 일본 정책의 전위부(前衛部) 노릇을 한다는 오해로, (2) 산동직예(山東直隷)로부터 오는 매년 수십만 내지 1백만의 중국인 이민을 접주(接住)시키기 위한 적본주의(敵本主義)로 인한 거의 영속성을 띤 배척운동의 편린으로 된 것이다. 여기에 관하여 오인은 비판하고 주장하고 요구한 바가 많이 있었다.

3. 요녕성 통요현(通遼縣)에서 조선인 남자들은 농작(農作)노동으로 출타하고 없는 중에 마적단이 출현하여 약탈 및 부녀의 능욕을 속행(續行)한 바 있었으니, 이는 더욱 탈선적인 돌발사건으로 그 사회질서가 정돈되지 못함에 인함이거니와, 평북의 대안(對岸)인 동변도(東邊道) 진수사(鎭守使)가 조선인 직접행동단체의 취체를 엄명하였고, 흥경현(興京縣)에서는 모 조선인 단체의 회의 중에 순경대(巡警隊)가 돌연 습격한 바 있었으며, 간도 방면에서는 조선인들의 일상행동의 감시, 왕복서신의 조사 및 압수, 소위 음모계획의 적발 및 처벌의 고조가 있었으니, 이는 조선인의 행동이 관계 국가의 항의에 만날 만큼 사단을 일으킬 근심이 된다는 점과, 또는 중국 자체의 질서에 관계될 것을 시의(猜疑)한 까닭일 것이다. 이보다 더한 바 있으니, 이번 중·노 양국의 충돌에 대하여 조선인이 노국 측에 가담한 자 있다는 것과, 조선인이 노군(露軍)의 정탐된 자 있다는 혐의 또는 구실로써 순경 등이 무시로 조선인 가옥의 침입, 신체의 수사 및 약탈, 침해 등을 하는 바 있고, 만주리(滿洲里) 일대에서 패퇴한 중국(中國兵)이 전기(前記)의 혐의 또는 구실로 200여 인의 조선인을 체포하여 그중 100여 인을 총살하였다는 것은 아직 확신키 어려우나, 만주리 부근에는 10만여의, 연해주 일대에는 50만의, 전(全) 만

주에는 개산(概算)하여 200만의 조선인 있는 터인데, 이러한 중대한 또 영속적인 불우(不虞)의 재액은 그의 생존을 위하여 편각(片刻)이라도 방심할 수 없는 문제이다.

4. 오인은 중국의 관민과 그 일부의 사람들이, 혹은 허망한 혐의로 또는 일편의 구실로 조선인 이주민에 대하여 왕왕이 불우의 박해를 가하는 바에 먼저 항의하고, 따라서 금후의 반성을 요구하는 바이다. 그는, 조선인은 결코 세계적 무보장자(無保障者)로 그 생존권을 전연 남의 손에 방임한 것이 아닌 까닭이다. 그리고 그보다도 더욱 간절히 말하지 아니하면 아니 되는 것은, 조선인 제씨들이 이 지난한 국제적 난국인 것을 돌아보아, 일층의 냉정 현명한 정치적 태도를 가지고, 아울러 그 배후에 따르고 있는 다수 인민을 지도 통제하여 이 허망한 화액(禍厄)을 줄이고 또는 그를 전연 벗어나게 하여야 할 것이다. 조선인은 실로 정치적으로 너무 단순하고 그의 태도도 솔직에 지나는 바 많다. 다난한 국제적 지위에는 솔직의 화액이 왕왕이 있는 것이다.

포목상의 염매(廉賣)

─ 자위적 노력은 극가(極可) ─

《조선일보》, 1930. 2. 15.

경성 종로를 중심으로 한 북촌(北村) 상인들은 대자본의 토대에 서서 대규모의 판매를 하는 본정(本町) 방면의 상인에게 자연으로 압박되는 것은 어찌할 수가 없는 목하의 사실이다. 그러나 본정의 번창과 북촌의 한산을 노리고 있는 것은 그것이 즉 일반 흥정꾼으로 북촌을 떼치고 본정으로 몰려가게 하는 심리적 유인을 만드는 것이다. 그러므로 북촌의 상인들은 마땅히 그 자위적인 대책을 수립, 실현하면서 흥정꾼의 마음이 북촌으로 켕기게 함이 있어야 할 뿐이다. 과연 종로 중심의 포목상들이 그 조합을 중심으로 미돌(米突)[미터─編] 척(尺)의 정규 시행과 상품을 싸게 파는 방침을 세워 규약을 정하고 위원을 뽑아 2주일 동안 이를 선전, 여행(勵行)키로 한다 하니 극히 좋은 일이다. 오게 하라. 온다고 하라. 그는 즉 자신의 번창을 오게 하는 자위적인 방침이다. 작년 구(舊) 종로서(鍾路署)의 건물이 보일 때에 오인은 종로의 상인들이 연합하여 그 건물을 매수하고 연쇄상점으로서의 일대(一大) 백화상점을 만들기를 충동이 있었다. 그러나 그것이 되지 않고 이제에는 남촌(南村)의 대(大) 백화상점의 밖에 또 본정 상인의 대규모의 연쇄상점이 진고개의 넓은 마당에 선다고 한다. 종로의 상인들은 그 할 길이 없는가?

'한글날'을 맞아서
― 온 겨레에 사뢰는 말씀 ―

《조선일보》 사설. 1930. 11. 19.

1. 오늘은 '한글날'이다. 사백여든네 돌째 돌아오는 '한글날'이다. 해마다 이날을 맞이하여 기념하는 터이지마는 맞으면 맞을수록 새로운 느낌과 뜻을 가지게 되는 이 '한글날'이다. '한글'이 우리말과 소리에 가장 잘 걸맞도록 우리의 자연스러운 핏줄과 뼛골에서 우러나온 민족문화의 갸륵한 보배인 것은 새삼스러이 들출 바 아니요, 오직 이제까지 길고 긴 동안 아득하게 겪어온 민족적 생활의 정신적 열매로서의 '한글'과 그의 그지없는 값을 생각하면서 이날을 모든 이들과 한가지 기뻐 맞이하게 될 뿐이다. 기념할 기쁜 날을 많이 가지지 못한 우리로서는 길이길이 예찬하는 정으로써 이날을 지키게 되는 것이다.

2. 오래고 오랜 옛적, 묵고 묵은 우리 조상들이 '그림'같이 그리고 돌과 나무에 '긁'어 새기던 엉성한 그대로의 '그림'문자와 상형문자로써 우리 '글'의 길라잡이 삼고 앞잡이 삼던 지나온 자취가 어떻게 되었는지는 문헌상으로 보아서는 자못 흐려서 똑똑히 찾아 낼 수 없는 터이요, 숙신(肅愼) 사람이 바윗돌에 남긴 것과 옥저(沃沮) 사람들이 죽은 이의 널[棺] 위에 긁적거렸었다는 따위의 잗다란 기록으로 그 모습을 알아차릴 밖에 없는 바이다. 설총(薛聰)으로써 대표되는 신라 적의 이두(吏讀)란 글이 한자를 빌려 쓰면서 실상은 소리를 내는 '글'의 앞잡이로 자모문자

(子母文字)의 생겨나야 할 터전을 닦아놓고 그 길을 열어놓은 바인 것은 우김을 기다려 깨달을 바 아니지만, 세종대왕께서 사백여든네 해 전에 오랫동안 애쓰고 공들이신 보람이 헛될 리가 없어, 이처럼 아름답고 귀여운 우리의 '한글'을 만들어서 그것이 곧 민족문화의 담기는 그릇이요, 지키는 담이요, 비추는 불이요, 자라가는 떡심으로 된 것은 어떻게나 기쁘고 고맙고 또 즐겨할 일이다. 이 글을 세상에 내어놓아 우리의 자랑이 되고 스스로 지니어 천만 년에 꺼지지 않는 환한 빛으로 되는 것이다. 우리는 내 나라 사람, 남의 나라 사람, 늙은이, 젊은이들을 통틀어서 지극히 공명한 자리에서 조선 문화의 또 세계 문화의 갸륵한 이 보배를 사랑하게 되는 것이다. 따라서 이날을 사랑하고 괴지 아니할 수 없다.

3. 조선 사람으로 이 글을 배워 알고 읽고 쓰기는 가장 쉬운 바이다. 그러므로 이 '한글'을 널리 퍼뜨리고 누구나 읽고 쓰도록 힘쓰는 것은, 조선을 사랑하고 조선 일을 함께 하는 어느 나라 사람이고 한가지로 좋게 여기고 옳다고 부추기는 바이다. 한글을 온갖 조선 사람에게 골고루 가르쳐 퍼뜨리는 것이 갸륵한 일이 되고, 이 일을 하는 것은 앞서가는 먼저 깨친 이들의 매우 소중한 '할 노릇(역할)'이 되는 것이다. 한글이 완성된 지 다섯 세기가 되면서도 그의 '붙임'과 '받침'하는 법은 바로 서지 못하였다. 이 사이 온갖 방면에서 힘을 모아 바로잡으려 하면서도 아직 그 힘 없고 티 없는 선미(善美)한 마지막을 이루지 못하였다. 우리 말과 글의 본이 되고 '붙임'과 '받침'의 거울이 되도록 우리말의 사전을 완성하는 것이 앞서 나아가는 학자들과 힘 있고 뜻 있는 이들의 매우 바쁜 '할 노릇'이 된다. 뿐 아니라 '한글날'은 사백여든네 해의 옛적 음력을 쓰던 때의 비롯한 일인 고로 오늘날 양력을 쓰는 시대에는 그날을 한결같게 생각하고 지키기 거북하다. 11월 어느 날이고 하루를 골라내어 해마다 꼭 같은 그날을 생각하고 지키는 새로운 '한글날'을 정하여야 하겠다. 올

해의 '한글날'을 이리하여 뜻 깊게 지냈으면 하는 생각이 간절하다. 즉, 한글 보급운동의 고조, 조선어사전의 편성의 촉진, 현대 통용력(通用曆)을 표준으로 '한글날'의 신획정은 퍽은 필요한 일이라고 생각된다.

검거 남발은 불가

《조선일보》 논설, 1930. 3. 5.

1. 최근 경성지방법원 검사국(檢事局)의 통계에 의하건대 작년 1년 동안 관하(管下) 각 경찰관서로부터 범죄 피의자를 검거 취조하고 일정한 기소의견을 첨부하여 검사국에 넘김에 의한 검사국 수리건수(受理件數) 1만 6,375, 인원 2만 3,717인인데, 이에 대하여 예심공판 혹은 약식처분을 가한 자 있고, 그 외에 불기소처분으로 된 자 건수 8,833건, 인수 1만 5,017인으로 그 건수에서 5할 4푼여와 인수에서 6할 2푼 5리 강(强)에 해당한 수가 전연 사실무근에 의한 불기소처분에 돌아간 것을 설명하게 되는 것이다. 인민의 편으로 보아 설설(絏紲)에 걸리는 것은 일생의 재액으로 되는 것이요, 위정자 측으로 보아 형옥(刑獄)이라는 것은 중대한 공법(公法)이어서 원래 남형독법(濫刑瀆法)의 경향을 가질 수 없는 것이다. 그러하되 이 숫자는 얼마나 검거를 남발한다는 것을 보이는 것일까? 그 견지의 다른 것은 각각 다른 대로 맡겨두고, 이 사실 그것만은 누구에게나 중대한 관심사가 아닐 수 없다.

2. 경찰관서에서 검사국에까지 기소의견을 붙여 넘기는 피의자 수를 내기에는 반드시 그 수 이상의 피의자의 검거와 소위 엄중한 취조를 치러야 하게 되는 것은 일반이 목도(目睹)하는 바이다. 그러므로 금일 지상(紙上)을 통하여 보이는 것처럼 불기소처분이 되기까지 가지 않고 먼

저 경찰관서에서 일정한 고초를 겪고 석방되는 자 반드시 상당한 수에 달하는 것을 단정하게 된다. 그리고 예심에 걸린 자 중에도 왕왕(往往)히 도연(徒然)한 고초를 겪게 되는 예가 없지 아니하니, 조선개척사(朝鮮開拓社) 사건이라고 하는 수원고농(水原高農) 학생 사건 같은 것은 각 방면에 많은 주의를 끄는 바이다. 공판에 부친 건의 결과와 그에 대한 일반적 견해·감상 등에 관하여는 오인이 이에 지적코자 아니하나, 전체를 통하여 이러한 현상은 매우 중대한 경향을 보이는 바이다.

3. 작금 경성에 발생한 2월 말의 인쇄격문 사건이란 자로 인하여 검거의 손은 의연 멈추지 않는다. 전후 약 70여 인을 수용한 종로서를 필두로 동대문·서대문·본정(本町) 등 각 서와 그의 사령(司令)의 지위에 있는 경찰부(警察部)까지를 합하여 각각 10여 인의 검거를 하고 있는 것은 각지에 보도 소개된 바이다. 이에 관하여는 최근 각 지방에 일어난 예비검속(豫備檢束)이란 자와 동일한 성질인 자를 합한 바도 있는 터이니, 이러한 예비검속에 관한 바는 이제 별론(別論)으로 하더라도, 대체의 주관적인 의혹에 따라서 그 검거·검속의 범위를 확대하는 것은 그들에게 편들어보는 자가 있더라도 찬성치 못할 바일 것이다. 최근의 우연과 같은 일례로서, 다년(多年) 구미(歐米)에 유학하다가 귀향 입경한 모(某) 지명(知名)하는 인사에게 대하여 돌연 검속 유치하고 그 해외에서의 행동을 취조함과 같은 것은 그 내용의 진상은 오인의 관지(關知)한 바 아니나, 그러나 이미 적년(積年)만에 귀향 입경한 자로서는 스스로 그 가정(家庭) 자산(資産)을 가진 자에게 그와 같은 조급한 처치로 하는 것은 최소하게 보아서 퍽은 속 좁은 태도이다. 그러한 건은 수삼 일 후 가족·친지 서화(叙話)할 여유를 두되 지장될 바 없지 아니할까? 이 일건이 비록 적으나 또한 조선문제의 생겨나는 이면을 볼 수 있다 하겠다.

결사 구속의 산물

《조선일보》, 1930. 3. 25.

언론·집회·결사의 자유를 획득하자는 것은 현하 조선의 큰 부르짖음이다. 그는 현하 조선의 정세가 이것을 요구하여 말할 수 없음에 인함이다. 언론·집회·결사의 자유는 원래 일정한 제한이 있는 것으로서, 국정(國情)의 여하를 물론하고 각각 그에 배치되는 자를 제한하는 형편이니, 그에 대한 절대의 자유를 요구하는 것은 오늘날의 조선에 있어 그 현실이 불가능할 것이다. 그러나 정미(丁未)·경술(庚戌)의 제(際)에 대국(大局)이 번복되는 때에 극도의 구속과 억압으로 이목을 싸매고 수족을 묶던 것과 같은 보안법과 집회취체령과, 따로 제령(制令) 제7호란 자와 치안유지의 법안 등이 적용되어, 결사·집회·언론 및 출판 등의 과도한 제한 아래 있게 되며, '초왕호고계(楚王好高髻) 성중고일척(城中高一尺)'류로 법규 적용의 한도가 한갓 방임의 경향을 가지며, 천견(淺見)한 이료(吏僚)들이 거기에 사견을 곁들여, 무수한 결사에 관한 사안이란 자가 꿈치를 맞대고 퉁겨지니, 무수한 청소년의 법정 수난은 대체로 이에 말미암음이 많은 것을 알겠다. 이에 만일 결사·집회·언론 및 출판의 범위를 넓히어 그 자유의 표현을 신장케 하고 사회의 의식이 분해 정련(精鍊)되는 데 미처서는, 시대의 진운(進運)이 또한 일단의 광명을 가져올 것이다. 작금 조선의 제 사건은 극단 구속으로 인하여 생산된 자 대부분이니라.

조선 연구의 충동
— 종횡으로 뒤지는 신구(新舊) 조선 —

《朝鮮日報》, 1931. 6. 13.

1. 조선에 돌아오라, 조선을 알라는 것은 식자(識者)가 한 가지 부르짖는 바이다. 그것은 공막(空漠)한 코스모폴리탄적인, 부동(浮動)적인 세계인의 몽환세계에서 엄정 확적(確的)한 자기의 현실 조선의 인식과 그 심각한 자기반성을 요하는 소리였다. 그것은 무슨 배타적인, 편소(偏小)한 민족적 주아관(主我觀)에 스스로가 치우치자 함이 아니요, 국제 생활의 권내(圈內)에서 명확한 자기 독자의 처지를 인식하자는 가장 진보적인 견지에서 필연으로 이 요구가 자아내임이다. 조선에 돌아와서 조선을 아는 데는 두 가지 방면이 있으니, 하나는 우리가 지금까지 지리적 또 역사적 인연 계기의 밑에 생존하여온 과거의 자취를 가장 진정하게 연구 및 인식하자 함이요, 또 하나는 현대 조선의 각 방면으로 생동하고 있는 숫자적, 통계적 사회상황을 검색 토구(討究)하자 함이다. 이 두 가지가 서로 결착(結着)하는 곳에 조선인은 비로소 조선 그것을 엄정하게 감성(感省) 인식하면서 현대 세계에서 국제적 일 민족으로서의 타당정경(妥當正經)한 생활을 할 수 있는 것이다.

2. 과거를 정당히 해석하는 것이 현재를 엄정히 인식하는 한 가지 중요한 소지(素地)로 되는 것인데, 과거를 해석하는 조선의 역사는 아직도 대부(大部)의 진황(陳荒)으로 남아있고, 외래의 학구(學究)들은 왕왕 곡

학적인 견지를 벗지 못하며, 혹은 조선인 신구(新舊)의 학자들이 열심히 이를 검색 토구하나 그 열정의 폐(弊)가 주아관의 편견에도 흐르고, 그 중에는 과학을 센다고 도리어 공막(空漠)과 허망(虛妄)에 빠지기도 하니, 모두 심상치 아니한 폐단이었다. 그러나 갑오경장(甲午更張) 이후 비로소 눈뜨기 시작한 조선사(朝鮮史)의 연구가 광무(光武)·융희(隆熙)의 연간인 구한(舊韓)의 말년으로 최고를 이루었던 듯, 실상은 작금에 와서야 바야흐로 그 개화(開花) 결실의 계절에 들어가려는 것은 주목되는 현상이다. 최근에 있어서도 혹은 《조선역사》·《조선최근세사》 따위와 《조선사》의 공표 같은 것은 그 중요한 사실이라 하겠다. 이에 한하지 않고 조선사의 진정한 연구 및 그 애착의 생각은 이때로써 그 왕성함을 보게 된 것이다. 이는 필연 또 당연한 경향이다.

3. 현대 조선의 그리고 현실 조선의 엄정한 인식 때문에 숫자적, 통계적 검색·토구의 필요는 누구나 그 시급한 사업인 것을 깨닫고 있다. 이 때문에는 지금까지 각 단체와 기관에서 전후하여 관심 및 기획한 바 있다. 그러나 이것은 국가적 재력 및 그 기구가 아니고서는 그 구전(具全)적인 성과를 드러내기 어려운 것이니, 이러한 기획 시설이 민간에서 일어났다가 얼마 안 되어 넘어지고 중단되어 간헐적인 작용밖에는 큰 업적을 나타내지 못함이 필연이라면 또 통석할 필연이다. 그러나 그러한 관심·기획만으로도 우선 각 개인과 사회를 과학적으로, 합리적으로, 또 정책적으로 세련의 한 걸음씩을 나아가게 하는 것이다. 일반 식자, 선구자는 아무렴이요, 기타 학생 제군도 이러한 관심의 밑에 그 수학(修學) 답사의 길을 쉴 새 없이 행진하여야 할 것이다. 돌아보아 조선사의 열독(閱讀) 탐구(耽求) 및 그 애착과 조선 그것의 견학·답사 및 조사·연구 등이 퍽은 긴절한 일로 될 것이다. 현대 청년, 남녀 학생들은 그의 학교에서 조선사와 조선 지식의 수업을 퍽은 요구하면서 그 기회도 얻지 못

하고, 또는 자신조차 열(熱)과 흥미를 가지지 아니하는 편도 간과할 수 없는 터이니, 이것은 청소년 제군 중에서 국제적 사상·감정에 매진하기에 너무 바빠서 도리어 그 필요한 과정을 고도(高跳)적으로 비켜 넘어가는 일종의 폐습으로 되는 자일 것이다. 오인은 지금 모처럼 발흥하는 조선 연구의 충동에 향하여 가장 구전(具全)적인 진행 도정을 밟아 나아감이 있도록 제성추장(提醒推獎)의 일필을 더한다.

기괴한 처치
― 대구서(大邱署) 권력 남용 ―

《조선일보》 사설, 1931. 6. 22.

1. 접때 10일 오전 1시경 대구부(大邱府) 서성정(西成町) 1정목(丁目)에서 시천(市川) 순사가 벙어리 최봉조(崔鳳祚)를 만나 수상하게 여겨 데려가려 할 즈음 대단치 않은 일로 시천 순사는 발검(拔劍)하여 최(崔)에게 부상케 하였고, 이 사건을 중심으로 보도의 책(責)을 다하려는 본사 대구특파원 장인환(張仁煥) 군은 두 번 기사 정지의 간청을 받았으나 사회의 이목(耳目)된 특파 기자의 직무적 양심상 그를 단연 거절하고 이를 보도하였던바, 동(同) 경찰서에서는 돌연 장(張) 군을 구금하고 이유를 붙여오던바, 이제 20일 오전 필경 검사국(檢事局)으로 넘어가게 되었다. 그 죄명은 명언(明言)치 아니하므로 방금 미지에 속하는 기괴사(奇怪事)이다. 그러나 이에 관하여 광명치 아니한 권력 남용의 폐(弊)인 것만은 부인할 수 없다.

2. 이 사건에 대하여 대구에 있는 제일선기자동맹(第一線記者同盟)에서 동 사건 당면의 책임자인 도변(渡邊) 서장에게 신문기자 부당 구속과 언론 압박에 관한 결의문을 보낸 바가 있고, 동 사건에 관한 성명서가 있어서 그 사체(事體) 전말을 일반이 알 만하거니와, 여기에 일반으로 공통되는 비의(非議)의 핵심은, (1) 시천 순사가 벙어리 최봉조에 대하여 발검으로써 가슴에 부상케 한 것은 그 본질에 있어 실당(失當)한 일인

것이니, 순사의 패검(佩劍)이 최후 만일의 경우의 때문이요, 함부로 사용하라는 바 아니다. 발검부상 사건이 남발한다 하면, 이는 그 패검의 취의(趣意)가 본말전도로 될 바이어서 도리어 인권을 유린하는 결과로 되는 것이다. (2) 이 기사 취급에 대하여 시천 순사의 감독자인 김(金) 부장으로 금일봉을 품고 특파원 장인환 군을 방문하여 '술값'으로 하라는 의미를 말하고 기사의 중지를 간청한 것은, 첫째 실당함이 자기에게 있는 것을 반증함이요, 둘째 신문기자를 금품으로 매수하려는 극히 불순한 동기에서 나옴이다. 이에 관하여는 용설(冗說)코자 아니할 만큼 그 사체(事體)가 명백하다. (3) 그럼에 불계(不計)하고 필경 장 군을 구인(拘引)하고 검사국에 넘긴 것은 광명치 못한 보복적 권력 남용에 귀착되는 것이다. 적어도 이상 삼자(三者)는 구안자(具眼者)의 견해가 일치되어 의심되지 않는 터이다.

3. 더욱이 기괴한 것은 이와 같이 사실 엄폐 때문에 기사 정지를 간청하다가 돌연히 기자를 구인함에 미쳤고, 그 보도의 관계로써 이유가 박약함을 생각한 듯이 장(張)의 평일 행동을 모색하여 무엇이고 죄명을 얻고자 고심한 것이다. 이리하여 사건 발생 이전 수개월에 있던 주석(酒席)에서의 사소한 행동도 문제시하고, 무엇이나 소위 취모멱자(吹毛覓疵)하는 태도로 나와 필경은 검사국에 넘기게 된 것이다. 대구서의 주뇌자(主腦者)는 본사로부터 특파한 기자의 질문에 대하여 발검 행위의 법률상 규정도 모호하니 하고 김 순사부장으로 금일봉을 싸서 기사 정지를 간청한 행위도 그 책임의 관계를 어름어름하며 그저 다만 그 직권 행사만을 이유로 삼는 모양이었으나, 사건이 경찰 자신에 관계된 것인 만큼 잡고 있는 권력을 남용하여 사체(事體)를 불계하고 오직 억압적으로 나아가는 것은 광명한 정치를 주장하는 바탕에 너무 어그러짐이 틀림없다. 그러한 권력 남용에 의한 권익의 침해는 다만 대구의 일 특파 기자

가 당한 일이 아니요, 실로 조선 정치의 전 국면에서 대다수의 사람으로 새로운 충돌을 일으키는 일이다. 이 사건이 이미 검찰의 손에 넘어갔으니 오인은 우선 경찰 측의 실당을 항의하고, 겸하여 그 금후의 귀결을 바삐 알고자 한다.

절대 냉정을 권함
— 재만동포(在滿同胞) 문제는 합법적을 요한다 —

《조선일보》, 1931. 7. 5.

1. 만주에는 백만이라고 하는 우리 동포가 있다. 이 문제가 뒤숭숭하게 되는 것은 면할 수 없는 바이니, 미국에 있는 일본 사람도 문제가 되었고, 발칸에서도 소수민족의 문제라는 것이 있어, 모두 머리를 앓고 있는 것이다. 한 다른 민족이 다른 나라의 안에 몰려가 사는 데는 건듯하면 성가신 문제가 생기는 것이니, 평시에 늘 주의를 하여야 하는 것이요, 일이 있는 때는 더욱 냉정하게 앞뒤를 가리어 일을 하여 나아가야 하는 것이다. 결코 일시의 흥분된 생각으로 함부로 하여서는 일도 안 되고 점점 더 거칠어짐이 있을 뿐이다. 더욱이 크나큰 국제 관계에서, 한 민족의 장래에 길이길이 이해관계가 미칠 재만동포(在滿同胞)의 문제에는, 누구나 한 번 더 그 이면의 사정도 파보아야 하고, 또 정치적으로 영향되는 온갖 점을 궁리하여 보아야 한다. 우리는 재만동포의 앞길을 마음에 아프게 근심하여야 한다. 그러나 그것은 곧 중국인을 미워하거나 적대하는 것으로 해결되는 것은 아니다.

2. 삼성보(三姓堡)의 사건은 가장 많은 충동을 일반에게 준 것이다. 그러나 삼성보 문제가 그리 큰 것이 아니다. 이 사건은 그 진상이 똑바로 드러나는 때에 그 이면의 경위도 다 알 것이요, 또는 이 사건만은 어떻게고 단락을 이룰 것이니 삼성보 문제에서 재만동포의 문제에 새로운 정신을 차리고 그 대책을 마련하기에 크게 힘쓰는 것은 지극히 좋지마

는, 여기에서 비로소 모르던 일이 퉁겨진 듯이 설치고, 게다가 객기를 곁들이어 만일일지라도 마구 설치는 일이 있어서는, 그것은 정치적으로는 너무 비기획적이요, 사회적으로는 너무 무통제적이요, 그리고 민족적으로는 또 무사려한 일일 것이다. 삼성보사건은 일시적으로 작은 문제이다. 이즘에 재만동포 문제에 관하여 냉정, 현명 및 진지한 방법을 강구 실행하여야 할 것이다.

3. 왕년에 재만동포 옹호의 운동이 일어날 때 만주의 소식이 과대도 되고 또 오전(誤傳)된 바 있었고, 민중은 적지 않게 흥분된 바 있어, 조선에 있는 중국의 거류민에게 혹은 적대행위를 한 바가 있었다. 이런 일을 결코 다시 되풀이하는 실책을 하여서는 아니 된다. 만주에 있는 대다수의 조선인이 중국에 해로울 게 없는 것처럼, 조선에 있는 중국의 거류민도 결코 조선인의 우인(友人) 아님이 아니다. 그런 고로 재만 백만의 동포 때문에 그 생활의 안전을 찾으려고 할 때, 조선에 있는 중국인에게서부터도 면밀한 절제의 태도를 가져야 한다. 우리는 중국인을 조선에서 잘 지내게 하는 것처럼, 우리의 동포가 만주에서 잘 지낼 길이 열리도록 두고두고 힘써 나아가야 한다.

4. 그런 고로 만주에 있는 동포를 생각하는 마음으로, 조선에 있는 중국인을 친하게 대하여야 한다. 이런 일에는 모든 개인, 청년도 학생도 모두 책임이 있으니, 보는 대로 손닿는 대로 그 뜻을 말하고 선전할 것이다. 우리는 이러한 일시적 충동으로부터 영구한 기획으로 나아가는 현명을 가져야 한다. 중국인 그네를 적대할 이유는 없다. 우리는 중국의 처지도 알고, 그리고 조선인의 진정한 처지도 표명하고, 그리고 그 정상(正常)한 해결의 방법을 준비 진행할 것이다. 절대한 냉정을 요한다. 다만 우리의 일에 열렬하자.

만몽사태(滿蒙事態) 수(遂) 중대화(重大化)
— 일중개전설(日中開戰說) 조계(早計) —

《조선일보》, 1931. 9. 20.

1. 만몽(滿蒙) 문제로 인하여 일(日)·중(中) 간의 관계는 점점 악화하여 갈 뿐이려니, 18일 밤 이래 아연 군사상의 정면충돌을 일으키어 중대화한 국면으로 되었다. 이제 일본 '전보통신(電報通信)' 및 '전보연합(電報聯合)' 등의 지급전(至急電)에 의하여 보건대, 18일 밤 10시 중국 측의 북대영(北大營)의 군대가 만철선(滿鐵線)을 폭파함이 단서로 일본 측의 군사 행동은 신속과 맹렬을 겨우게 하여 그 북대영의 점령을 필두로 봉천(奉天)의 내외성(內外城)의 완전 점령과 박격포 공창(工廠)과 무선전신소 따위를 다 장악하게 되어 봉천의 보장점령(保障占領)이란 자가 거의 완료된 것 같다. 이 동안에 상부지(商埠地)에서의 시가전과 혹은 봉천성 내 경관과 군대의 무장해제 등 장면(場面)을 겪었고, 관동군(關東軍) 사령부와 요양(遼陽) 모(某) 사단의 사령부는 모두 봉천에 이주키로 되어 19일 오전 3시에 출발 전진하였다 하고, 조선에서도 그 군대 일부가 비행대까지 아울러 만주 방면에 출동함에 미쳤은즉, 국한된 바이나 자못 전시적 상태에 든 감이 있다. 이는 워낙 중대하거니와, 항간에서의 전망은 더욱 중대히 보는 모양이다.

2. 만몽 문제를 사이에 놓고 기득권익 옹호에 맹렬히 구는 일본과 국권 회수에 열중하는 중국과의 갈등의 유래는 더 말하지 말고, 지난 6월

27일 내몽고(內蒙古) 조색선(洮索線) 부근에서 일본 중촌(中村) 대위 살해사건이 도화선으로, 필경 이 폭발을 보게 된 것은 세간 주지의 일이요, 전기(前記) 전투 행위가 시작된 지 불과 5, 6시간에 전 봉천성이 거의 다 일본군에게 장악되었다는 것은 자못 주목되는 일이거니와, 이를 중심으로 한 국제정국상의 관계를 우선 구명할 필요가 있는 것이다. 일·중 군(軍)의 충돌은 근년에도 아주 없지 아니하여, 1928년 4월 일본의 산동(山東)출병과 제남(濟南)의 충돌이 그 일례거니와 산동이 중국의 본부로서 특수 지대 이외인 것만큼 그 성랑(聲浪)은 크나 오히려 간단히 선후(善後)될 수 있었음에 반하여, 봉천은 특수권익 지대인 만주의 수부(首府)이니 만큼 성랑보다도 그 본질에서 도리어 중대한 경과를 가지게 되는 것이다. 중국의 국권회수운동은 '타도 제국주의'를 고조하는 판이지만, 군사적 정치적 제(諸) 성산(成算)이 적은 것이 하나, 또는 전혀 자폭적인 혁명적 돌진을 아니 하리라고 보이는 것이 둘로, 일본에 향한 전 국가적 전투행동 즉 중국의 대일선전(對日宣戰)을 예기하기 어렵고 일본으로서도 대중국(對中國) 자체 관계와 대영미(對英米) 기타 열강의 관계와 대로국(對露國) 경계(警戒)의 관계 등으로 문제를 기득권익의 옹호에 국한하고 그 정치 교섭을 만몽 이내에만 집중하며, 더욱이 직접 군사행동을 봉천 부근과 연선(沿線) 상부(商埠) 지대에서 멀리 벗어지지 않도록 하고, 구태여 전 중국에서 싸움을 겂과 같은 행동에 나아가지 않는다고 하면, 사태는 당면에 있어 비교적 축소될 수 있을 것이다. 그런데 일·중 양국의 수뇌부는 모두 상술한 방안에 크게 어기어짐이 없도록 노력할 것이다. 여기에서 만몽 문제가 극동의 그리고 전 국제정국의 중대한 화인(禍因)을 길러가면서도 졸연 급전직하하는 대(大)사변을 야기하는 것을 면할 가능성이 있다.

 3. 일본의 만주 출병은 여간 잦지 않은 일이나 대체 거류민 보호가 이

유이었고, 이번처럼 특수권익 옹호 때문에 '실력의 발동'으로 된 적은 별로 없었다. 일찍이 본란에서 약술한 것과 같이 일청전역(日淸戰役) 이래 북청사변(北淸事變)과 1915년 일지협약(日支協約) 체결까지는, 일본이 중국에 대한 공세 시대라 하겠고, 1919년 중국의 5·4운동으로부터 1927년 3월 남경사건(南京事件)을 통하여 최근까지 중간에 화성돈회의(華盛頓會議)를 두고서는 일본의 양보와 중국의 공세적 반항 시기라고 보겠으나, 비록 산동 출병과 같은 자 있었으나 일종의 예외로 볼 것이다. 그러므로 일본의 정치가들은 폐원외교(幣原外交)의 양보주의적인 것을 방패로 만몽 특수권익 옹호의 합리성을 영(英)·미(米) 등 열강에게 주장하고 그 정치적 처지를 변호할 것이며, 이것이 영미 등 열강으로서는 아직 정면으로 이에 간여코자 않는 소극적 이유로 될 것이다. 이도 또한 봉천의 일·중 충돌이 급전직하 수습치 못할 대사변을 가져오지 않을 것을 단정할 일 이유이다. 최종으로 봉천의 군대가 제남사건(濟南事件) 당시 남군(南軍)의 전투에 비할 수도 없이 돌차(突嗟)적인 패퇴를 본 것은 혁명군이란 자에 대한 무의식군인(無意識軍人)의 차(差)인 것같이 해석될 바이려니와, 국민정부의 수석 장개석(蔣介石)이 당시에 날뛰는 북벌군(北伐軍)을 단연 태안(泰安)에까지 회군케 하고 외교 수단으로 문제 해결의 도정을 밟아 나아가게 하던 그 역량과 은인(隱忍)이 있을는지, 또는 그것이 모두 동북 각 군에게 철저될는지, 금후 순일간의 동태가 가장 주목되는 바이다. 오호(嗚呼). 추풍이 높아가는 때, 또 이 사실이 있구나.

수다(數多)한 미해결의 문제
—32년의 계승 제 문제—

《조선일보》, 1932. 1. 5.

1. 수다한 미해결의 문제를 듬뿍 담은 채로 1932년의 도정이 필연의 걸음으로 우리의 앞에 닥쳐왔다. 그것은 우주가 아직 진보 도정이요, 인류사가 전혀 과정의 도정이니, 전 국제적 정세가 온통으로 미해결한 대로이지마는, 이것은 전혀 별문제이요, 조선인으로서 작년도에 시작한 사업 또는 운동으로서 금년도에 넘어온 바가 하나 둘이 아니다. 32년도의 우리 조선인이 그의 생존운동의 의의 깊은 도정에서 또 사회인의 진지한 책임감에서 반드시 지속하는 노력이 있어야 하고 결산하는 도정에 들어가야 할 바가 있으니, 신년 벽두에서 이것을 열거하여 민중과 일반의 선구자와 부문적인 관계 각계의 사녀(士女)에게 더 한번의 제성(提醒)을 하려 한다.

2. 31년도에는 비상한 억압·간섭과 지도 분자의 대부(大部)의 상실과 또 그들 상호간의 과오 등으로 민족운동의 총진영인 '신간회(新幹會)'로 하여금 생장의 다난한 도정에서 필경 무기획한 해소로 마치고 말았다. 표현단체 재건설의 운동은 조만(早晩)에 그 기운(機運)의 성숙을 기다려 구현되어야 할 것이나, 이것은 시일을 그어서 착수 촉성할 바 아니나, 그러나 32년이 계승한 민족적 견지에 의한 일대 안건이다.

작년도에 있어 만보산사건(萬寶山事件)을 도화선으로 조선 내에서는 극히 조잡 분추율(分麤率)한 무통제한 민족감정의 발로가 있었고, 거기에 알지 못할 음영이 움직여 조중인(朝中人) 충돌의 불상사를 연출하였으나, 9월 이후 일·중 충돌이 생긴 이래 그의 패전병의 횡행으로 다수 동포의 조난자가 있은 것을 계기로 민족애의 타오르는 정열은 각계를 진동하는 감이 있었고, 이에 응하여 조직된 '만주조난동포문제협의회(滿洲遭難同胞問題協議會)'는 그 제일착의 일 소책(小策)인 위호(慰護)운동에 일단락을 지었으나, 만몽 문제의 중대성과 그의 역사적 진전성과 또는 만주 백만의 재주(在住) 동포와 그들과의 연쇄 관계에서 하루도 홀제(忽諸)에 부칠 수 없는 우리 2,300만의 조선인 대중은 이 협의회 운동과 그의 완성 사업에 두고두고 정진하여야 한다.

3. 조선인의 민족적 만세장책(萬世長策)은 그의 혁정(革正) 약진적인 운동과 한가지, 개신·정리의 사업이 퍽은 필요한 부문적 운동으로서, 문둥병자의 격리·보호와 그 병원(病源)의 근절운동 같은 것은 매우 긴급한 과목으로 되는 것이요, 이것을 완성함에는 조선에 작용하는 온갖 힘을 이용할 것이며 당국 측에 필요한 시설도 편달(鞭撻)하려니와, 그 때문에 민간 측의 응분의 선양(宣揚) 및 부담이 자못 필요한 것이다. '조선나환자구제연구회(朝鮮癩患者救濟研究會)'는 성립 직후 전술 만주동포문제협의회의 사업에 지장되어 한동안 천연(遷延)된 바 있었으나, 32년도 계승 사업의 필성(必成)을 요하는 일 안건이다. 관계 제씨와 각계 유력한 유지(有志)·사녀(士女)는 결코 등한히 할 바가 아니다.

4. 작년도에 있어 간과할 수 없는 것은 '이충무공유적보존회(李忠武公遺跡保存會)'의 일이요, 그보단 늦게 나온 '단군신전봉찬회(檀君神殿奉讚會)'의 일이다. 이충무공 유적 보존사업에는 혹은 과대한 염가(廉價)로 하는 편도 있고 그의 반면에는 이것을 거의 말살하려는 경향도 있으나,

가장 근대적이요, 또 현대 조선과 맥맥상통(脉脉相通)하는 이충무공의
인격과 광구(匡救)의 분투가 민족적 견지에서 자못 공명 동감하여 생신
(生新)한 약동하는 의의를 가지는 것이며, 기(期)치 않고 그만큼의 성적
을 이룬 것이니, 이것은 책임으로써 그 유루(遺漏) 없는 선종(善終)을 보
아야 할 바이다. 조선토·조선민의 생명이 생육되는 동안 그 민족적 영
구한 생존도정에서 거대한 공헌과 기여를 준 인물에 대하여 그 기념과
유적 보유를 예(禮)로써 하는 것이 동서적백(東西赤白) 각계의 통례이다.
단군봉찬회는 가장 늦게 성립되었고 현대 역사와의 인연이 먼 만큼 일반
적 향응(響應)이 지지(遲遲)한 편이나, 그러나 벌써 그 토지·건물의 기
부도 있고 그 잠재한 공명성(共鳴性)이 없지 아니하니, 민족적 독목(獨
目)한 문화와 역사와 정치적 전통의 체계를 명확히 하는 견지에서 관계
각계의 인사가 허명무실(虛名無實)의 나무람을 자감(自甘)함이 없이 그
최선한 노력을 기울일 것이요, 각계 유심유력(有心有力)의 사녀가 이에
향하여 또 응분의 기여가 있어야 할 것이다. 우리의 운동이 원래 거대하
거니와 작년도의 미진한 안건은 우선 이 수자(數者)를 들 것이다.

만주국(滿洲國)과 조선인

《조선일보》, 1932. 2. 28.

일(日)·중(中) 충돌도 벌써 반년이 차가는 오늘날, 그 남점(南漸)의 기세가 상해(上海)·남경(南京)·항주(杭洲)의 일대에서 자못 맹렬함에 미처 사태 매우 확대된 판이요, 미국과 그의 영향을 받는 국제연맹(國際聯盟)과의 관계가 매우 긴장의 도를 가함에 인하여 가두인(街頭人)이 예상하는 세계적 불안의 기류도 심상치 않은 터이다. 일장일이(一張一弛)하면서 자못 그 중대의 도를 높이는, 전적으로 본 시국의 발전은 차라리 별문제로 남겨두고, 남방에서 이러한 풍운이 표양(飄揚)하고 있는 한편 만몽(滿蒙)에서는 문제되는 신국가 건설의 공작이 인제서는 진행되고 있는 모양이다. 북만(北滿)의 용장(勇將)으로 항일적 결전에 내외의 이목을 끌던 마점산(馬占山)도 흑(黑)[黑龍江省長−編]에 정식으로 취임하여 신국가의 건설 주뇌자(主腦者)의 하나로 나섰고, 또 이 신국가의 원수로는 무한혁명(武漢革命) 이래 유폐의 몸이 되었던 전(前) 청폐제(淸廢帝)인 선통제(宣統帝) 부의(溥儀) 씨도 새로이 만주 시국(時局)의 중심지인 봉천(奉天)에 진출하게 되었다.

가장 표면에 당로(當露)한 인물로서 봉천성장 장식의(臧式毅), 길림성장 희흡(熙洽), 합이빈(哈爾賓) 특별구 행정장관 장경혜(張景惠), 봉천시장으로 된 조흔백(趙欣伯), 예의 흑룡강성장 마점산과 몽고의 왕공(王公) 중 능승(陵陞), 제왕(齊王) 및 우충한(于沖漢) 등 그 혈통상으로 보아서는 한(漢)·만(滿)·몽(蒙)의 제인(諸人)으로 된 중국인으로써 대표되어 있고, 작금에는 임시집정(臨時執政)의 밑에 참의(參議)·국무·입법·감찰의 사원제(四院制)로 된 헌법까지 발표하여 차차 그 진행을 노력하는 중에 있다. 국명에 관하여는 만몽연성공화국(滿蒙聯省共和國)으로부터 만주국으로 결정되기까지 여러 번의 변정(變政)이 있었으나, 한인(漢人)에게 있어서는 별로 반갑게 여기지 않는 만주국으로 되고, 그 위에 선통제로서 그 원수(元首)에 추대케 된 것은 매우 주목을 끌 일이다. 어찌하였든 내외 다단(多端)한 속 — 국제적 시의(猜疑)와 장학량(張學良)의 신국가 토벌설 등등 — 의 말썽 많은 중에 이 계획은 진행되고 있다. 이것은 우선 현실의 일건(一件) 대사실(大事實)이다. 찬성자이거나 반대자이거나 누구나 주관으로써 부인할 수 없는 바이다.

　오인은 이에 관하여 어떠한 정치적 비판을 가하려고 아니한다. 다만 백만 조선인이 그 지역에 교거(僑居)하고 있는 마찬가지 일건 대사실에 의하여 무관심하지 못함이 있을 뿐이다. 왜? 그 영토에 사는 자는 그 영토의 정권 또는 정체(政體)의 변동에 전혀 초연할 수 없는 것인 까닭이다. 역시 그 주관의 여하에 불계하고 객관·필연의 작용은 그를 초연할 수 없이 만드는 것이다. 조선인은 만몽에 이주하여 중화민국의 정령(政令)의 밑에서도 수다한 고락과 휴척을 겪어왔었다. 금후의 신정권이나 신정체에 관하여서도 그럴 것은 필연이다. 무관심할 수 없고 또 시국 선처의 대책이 없을 수 없다.

　신국가 건설의 공작에는 전술(前述) 중국인 요인으로써 대표되어 있다. 조선인은 여기에 간여한 자 없는 것을 표명함이다. 조선인은 이주한 교민이라, 그 수가 백만을 헤이지만 스스로 정권을 변동할 책임을 가지지 않았고, 또는 그 역량도 아마 부칠 것이다. 결국 조선인은 스스로 정체(政體)·정권의 변동에 능동적 책임을 질 바 아니요, 오직 변동하는 시국에 선처하여야 할 필요를 가지고 있다. 백만의 조선인이 그 영토, 그

정권에서 균등 안전한 시민적 권익을 누리고, 그 문화적 상향과 산업적
번영을 얻어야 할 것은 중화민국의 정령하에서나 더욱이 변동되는 정권
하에서나 변함없는 요구로 되는 것이다.

국제정세요강 (1)
― 활동 개시의 구주(歐洲) 화산 ―

《조선일보》 민세필담, 1935. 5. 21.

일본은 지진국(地震國)의 하나이라 지진에 관한 학술이 발달되었다. 지진과 '미여기'[메기―鰻]는 미묘한 관계가 있어 왕년 관동진재(關東震災)의 전에는 미여기 떼가 유난스럽게 들끓어서 진재의 전조인 것을 깨닫게 하였다. 구주는 현 세계의 진원지이라 1914년 이래의 대진재가 지상(地上) 대소의 건축을 마구잡이로 무너뜨리고 호대(浩大)한 인축(人畜)을 사상케 하여 사바(娑婆)로써 미증유한 수라지옥(修羅地獄)을 만들었는데, 1925년 10월 로카르노조약 이래에는 국제간의 평화도 근사하게 돌아가고 자본주의 안정의 소리조차 여간 높지 않았음에도 불계하고, 이즘에는 또다시 그 진재의 서막인 것처럼 화산의 활동이 개시되는 양하다. 화산의 활동도 활동이려니와 미여기가 아닌 구주 열국의 정치가들은 해륙(海陸)에 걸치어 쏘다니며 북정물 대신의 파란 한숨을 내뿜고 있다. 그 인물은 히틀러·꾈링[H. Göring]·뭇솔리니·푸란당[P. Flandin]·라발[P. Laval]·맥도날드·싸이몬·이든[R. A. Eden]·리트비노프[M. M. Litvinov]·베넷슈[E. Beneš]·슈슈닉[K. von Schuschnigg] 등등이요, 이젠 물고(物故)하신 고(故) 알렉산더왕과 돌프쓰[E. Dollfuss] 수상과 바루트[L. Barthou] 외상 등등과 이에 수반하는 각국 대소의 정치가·외교관·군인 또 전문가 등등이다. 석자(昔者) 임진(壬辰)의 역(役)이 벌어지려하던 전기(前期)에는 등등곡(登登曲)의 지랄치는 떼들이 한양의 번화한 거리에 함부로 몰려다녀 일세(一世)의 이목을 해괴하게 하였더니, 금세의 구주에는 등등곡이 아닌 정치가들의 종종걸음이 잦은 터이다.

금년 벽두부터만의 사건으로 1월 7일 불(佛)·이(伊) 간의 로마협정, 2월 3일 영(英)·불(佛) 간의 런던협정, 3월 초순 파리에서 영(英)·불(佛)·이(伊) 삼국회담, 동 26일에는 히틀러 총통의 독일 재군비의 폭탄 선언, 4월 11일로 14일까지 영·불·이 삼국의 스트레자회의[Stresa Conference], 동 15일로 17일까지 제네바 국제연맹 이사회의 개회 및 대독(對獨) 결의안의 작성, 5월 3일 파리에서 불(佛)·소(蘇) 상호원조조약의 조인을 보게 되었고, 이 동안에는 1월 13일 싸르[Saar] 지방에서의 독일의 압도적 승리를 필두로 영길리(英吉利)의 공군 확장, 불란서의 2년 병역제에 의한 군확(軍擴), 이태리의 에디오피아 침략 의도와 군확이 있고, 독일은 하기(夏期)까지면 84만 9천이나 되리라는 대륙군의 편성으로 비롯하여 해·공군의 건설 중에 있고, 오지리(墺地利)의 재군비와 토이기(土耳其)의 다달레스[Dardanelles] 해협 재무장의 요망 등을 합하여 훤소(喧騷)가 겨운 판인데, 중구(中歐)의 신성국(新成國)인 파란(波蘭)[Poland]의 수도에서는 독재 정치가 필스즈드키[J. Pilsudski] 원수의 장의(葬儀)를 기회 삼아 라발 불 외상과 꿸링 독 항공상(航空相)의 회합이 있어 이미 조인된 불·소 상호원조조약에다 독(獨)·파(波) 양국을 가입시킨 동구(東歐) 로카르노조약화 하려는 불란서의 외교공작이 아직도 계속함을 보이고 있다. 구주의 진맥(震脈)이 독일·오지리 방면에 묻혀 있는데, 폭발의 화구(火口)는 독·불 간에 트집을 내임과 같다. 군사의 위기(전쟁)는 아직도 속단할 바 아니나, 모든 사건의 속발은 우선 정치적 위기의 앙진(昂進)함을 알 것이다.

이러한 1935년의 구주의 정치적 위국(危局)은 1934년에 물려받은 사태이니, 즉 1933년 10월 독일의 재군비의 요구와 국제연맹 탈퇴에서 독·불 간의 긴장은 재현된 것이요, 그 다음에는 작년 신춘 파리의 동란과 나치스 독일의 오지리 간섭에 대한 영·불·이의 성명, 오지리 사회민주당의 대폭동, 발칸 조약의 성립, 이·오(墺)·흉(匈) 삼국 간의 경제 협정 및 그 경제회의, 오지리에서의 나치스 폭동, 똘푸쓰 수상의 암살 및 오 수상 슈슈닉 씨의 파쓰시티[Fascista] 국가 확립 성명(聲明), 독·파 양국의 동구 로카르노조약 참가 거절, 소련의 연맹[국제연맹—編] 가입, 마르세이유사건의 돌발 등등이 그 주요한 자요, 라트비아·뿔가리아·서반아(西班牙)·리트와니아 등 제국(諸國)의 대소의 사건은 이로 열거치 안 한 바이다.

오늘날의 시국은 그 국제적 총체에서 연쇄적 상호관계로서 생장 발전되고, 또 그 인과의 바퀴가 어느 곳에나 크거나 작거나로 돌아 닿는 것은 정치 상식의 하나이다. 극동의 대륙 만몽(滿蒙)의 일각에서 수삼년래 저미(低迷)하던 국제정국의 저기압이 어느덧 우랄산맥의 저편으로 옮겨가서, 목하에 나치쓰 독일과 소련이 으르렁대고, 재흥의 독일과 호운(好運)(?)의 정점의 헐떡이는 불란서가 트각대고 있고, 영·이 양국과 중구 빨칸, 중동의 제국까지가 모두 대소의 분화구를 누르고 앉으면서 그 폭발의 빈위(瀕危) 상태에 조바심하고 있는 것이다. 지난 3월 말 영제국의 국새상서(國璽尙書) 이-든이 백림(佰林)을 거쳐 모스크바에 갔을 적에 스탈린은 "목하의 구주의 정국은 구주대전(歐洲大戰)의 직전인 1914년의 위국(危局)에 비하여 그 경중이 어떠하냐"는 기문(奇問)을 발(發)하였다고 한다.

국제정세요강 (2)
— 독일인의 8면당적(八面當敵) —

《조선일보》 민세필담, 1935. 5. 22.

삐스맑[O. Bismarck]은 자국민의 특성을 자평(雌評)하되 "독일인은 너무 남성적이어서 각 개인이 각각 자기의 소신 대로 생활하는 고로 그들끼리로만 지배하기는 어렵다. 그러나 한번 통일 포옹되면 마치 장강(長江)의 분류(奔流)함과 같이 아무라도 그를 막아볼 수 없다"고 하였다. 삐스맑은 일대의 대정치가라 그 안식(眼識)이 범(凡)치 않으니 그 자국민의 특성을 비판함이 매우 정확한 것이다. 그들은 삐스맑의 철혈(鐵血)적 통일에 의하여 세계에 가장 강고한 단결을 형성하였으니 베룬하-듸[F. Bernhardi]의 소위 "세계적 강국이냐? 망국이냐?"의 주장 같은 것은 좀 상식을 벗어난 너무 남성적인 자로서, 구주대전란(歐洲大戰亂)에는 거의 전 세계를 적으로 삼아 필경 그 정치적 패전을 보고 말았다. 전패(戰敗)의 결과 그 통일의 보조가 적이 무너지매 그들은 에룻벨게르를 죽이고 나텐아우를 죽이고 거의 분열상태도 보이려는 듯이 논자로 하여금 그 편견과 불관용성을 비난하게 되었다. 이젠 나치쓰의 독일이 히틀러 일련(一聯)의 '지도자'의 통제 아래에 은인웅복(隱忍雄伏) 십수년래의 적원(積怨)을 풀려는 듯이 다시 장강대하의 분방(奔放)함과 같이 둘러싸고 있는 열국에게 팔면당적(八面當賊)의 호세(豪勢)를 발휘하고 있다. 독일이 제압되고 있는 동안 영(英)·불(佛)·이(伊)·노(露)의 제국은 용이히 갈등될 바 아니니, 독일의 분비(奮飛)는 구주 열국 사이에 미봉되는 평형을 깨트리고 바야흐로 폭풍거진(暴風巨震)을 처일으킬 듯이 지진계(地震計)상의 크나큰 자람(磁嵐)을 보낸 것이다. 태평양의 서안에 굽닐던 요운(妖雲)이 걸핏하면 구음불우(久陰不雨)의 징상(徵象)으로 되려는데, 졸연히 풍뇌(風雷)는 서천(西天)에서 시작하려는 듯하다. 독일인의 폭탄선언은 이 의미에서 일편 호기심의 만족으로서가 아니요, 실은 현대 상관(相關)적인 국제정국에 전면에서 그 거대한 가치성과 관심성을 가지는 것이다.

독일인은 구주(歐洲)에서 시달린 인민이다. 구주의 중원 평천광야(平天曠野)의 땅이 워낙 열국 교공(交攻)의 길목이려니와, 일찍이 푸레데릭[Friedrich Ⅱ] 대왕의 시대에도 불·노·오의 3대국은 7년전쟁으로서의 보노서(普魯西)[Prussia]의 위공(圍功)을 호되게 하여 푸레데릭 대왕으로 하여금 독약을 품에 품고 "패전의 자살이냐? 이 나라의 수호이냐?"의 새빨간 결심을 하였던 것이요, 나폴레옹전쟁 중에는 전 독일인이 불란서인의 사나운 철기(鐵騎)에게 짓밟히면서 그 재기의 혈심(血心)을 품고 정진하였던 것은 전편에서도 설(說)한 바 있었다. 1871년의 보불전역(普彿戰役)에 알사쓰·로렌 2주(州)를 독일이 불국에서 할취(割取)한 것은 삐스맑 일대의 대실책이라고 외교사가가 혹 말한 자 있으나, 보불전역 기획자 물토게[H. Moltke] 원수는 청년 시대 우연히 불령(佛領)인 알사쓰 주에 여행하다가 해질 골 울타리 가에서 정(灯) 빛과 함께 새어 나오는 어린이들의 뎅걸대는— 아직도 안 잊어버린 자연의 방언인 독일 말소리를 듣고 '이 땅이 불국의 영속된 지 수세기에 아직도 다 동화되지 아니한 우리의 동포가 있다'고 결연 대불(對佛) 전쟁의 명전략가가 되려고 일생을 군사학의 연구에 정진하여, 필경 1871년의 승리를 얻었다고 한다. 무릇 일 개인의 맹렬한 결심도 무서운 바이지만, 일 인민의 역경에서 세련되어 쌓아올린 의욕·심정의 세력이란 것은 매우 비상한 것이다.

　독일인은 둔중(鈍重)한 편이요 야성이 듬뿍한 젊은 인민이라, 그들은 자기들의 열원(熱願)이 움직이는 곳에는 곁에 사람의 싫고 좋음도 미처 가릴 수 없이 외골수로 곧장 밀고 나가려는 무뚝뚝한 성질이 있어, 불란서의 우미(優美)도 영길리의 신사풍(紳士風)도 다 집어치우란 듯이 돌관성(突貫性)을 가진 국민이다. 그들은 중구의 북방 울창한 삼림 속에 음냉(陰冷)과 비습(卑濕)을 헤치면서 적개심으로 그 침략자들을 모로 보면서 끈끈히 시대를 개척하여 온 선진사회에서의 후진민족이니, 그 울결(鬱結)의 정(情)이 복받쳐 노도광란처럼 되려는 것은 대컨은 물정(物情)의 당연한 것이다. 1918년 11월 11일의 휴전 조약은 독일인이 빵을 얻으려고 함이었는데, 그 경제봉쇄는 우(又) 1년을 계속하였고, 국제연맹[1925년 동기(冬期), 독일 참가 이전까지]과 불국의 영도하에 있는 소협상(小協商) 제국(체코-슬로박, 유꼬-슬라비아, 루마니아 등)은 연래로 독일의 포위를 지속하는 자요, 작술(昨述)한 불·이 로마협정, 영·불 런던 선언, 불·소 상호원조조약과 5월 16일로 조인된 소·첵 상호원조조약은 모두 독일의 포위망의 강화를 의미하는 자로, 독일은 이 8면 포위의 속에서 몸부림하면서 벼르게 되는 것이다. 모순과 당착으로 얽히어 풀리지 못하는 미워할 인과의 바사림이다.

국제정세요강 (3)
— 제국주의의 재조직 —

《조선일보》 민세필담. 1935. 5. 23.

국제연맹과 소협상의 연결과 로카르노조약과 작년 10월 소련을 국련(국제연맹, 이하 동)에 유입함으로 금춘 이래 연방 만들어낸 협정과 상호 조약이 결국은 베르사이유조약의 연장이요, 재생산이요, 그의 외곽운동에 지나지 않는 것이다. 그러나 이 '베르사이유'의 질곡에도 불계(不計)하고 독일인은 잡은 참 일어섰다. 1923년 불란서 군대의 루얼[Ruhr] 점령에 대한 소극적 반항의 실패를 절정으로 독일인은 그 재기를 바르게 함 때문에 자복(雌伏)하는 현명을 알았다. 1925년의 로카르노조약은 도-쓰안[Dawes Plan]의 뒤를 이음이지만, 1926년에는 독일의 산업은 벌써 제국주의적 기초의 위에 그의 재조직을 완성하였다. 독일의 제국주의와 그 경제적 기초에 결정적 타격을 줄 줄로 믿고, 또 꼬여든 전승(戰勝) 제국(諸國)은 독일의 재흥이 오늘날의 국제 경제기구에서 각각 그 자신들을 구하는 불가내하(不可奈何)의 조건인 것을 승인하면서, 한편으로는 그에 대한 경이와 공포를 가져야 할 자체의 모순을 어찌할 수 없었다. 그중에도 가장 직접적인 관심과 공포를 가지는 자가 참담한 전승으로 불안한 행운에 허덕대는 불공화국인 것은 두말할 바 아니다. 불란서 승리의 아비라는 크레망소[G. Clemenceau]는 "독일인은 불란서인보다 2천만 인이 더 많다"고 근심스러운 술회를 하였다. 인구가 줄어드는 불란서인은 이미 오동일엽(梧桐一葉)의 쓸쓸한 느낌이 있겠거든, 하물며 그들은 모처럼의 전승으로 부유를 향락하며 안온한 여년(餘年)을 보내려는 염원이 간절한데, 전패(戰敗)한 후진적인 독일인은 만강(滿腔)의 불만을 품어 현상 파괴의 저돌을 해보려고 든다. 무릇 후진적인 자는 혹은 실망의 비수(悲愁)에서, 그 다음에는 결전의 우수(憂愁)에서, 그리고 선진포만(先進飽滿)의 자류(者類)들은 그 수호의 고민에서 제각각의 번민상을 나타내어 오늘날 20세기의 곳곳의 사회에서는 오직 훤소(喧騷) 그러나 애조(哀調)에 잠기는 말초적인 운율에, 히스테릭한 호화에 침혹(沈惑)하려 한다.

　부흥된, 재조직된 독일은 당연 그 베르사이유의 질곡을 벗으려고 한 것이다. 전패(戰敗) 이래 수일(隨一)의 정치가인 양하던 슈트레제만[G, Stresemann]이 타협정책으로 분주하던 당초부터 군비제한의 철폐, 국경의 변경, 도-쓰안의 폐기, 구령(舊領) 식민지의 회수 등등은 그 대외 국책의 4대 조항으로 되었던 것이다. "승전국 정부는 조금치도 베르사이유조약의 규정을 이행치 않고 군비확장에 광분하니 독일 정부는 고도 군비 제국(諸國)의 한복판에서 온통 무방비한 상태에 빠졌다. …… 이미 체약(締約) 각국 정부가 이행의 의사가 없는 이상 베르사이유조약은 사실상 인제는 존재치 않다. 독일 정부는 자신의 책임에 있어서 자국의 무국방(無國防) 상태를 종식시킬 때문에의 필요한 수단을 강(講)하지 아니할 수 없이 되었다"고 3월 16일에 선언한 나치쓰 독일보다 앞서서, 1927년 1월 16일 함부륵[Hamburg]에서의 슈트레제만의 연설과 동년 3월 28일 백림(伯林)인 국회에서의 국방상 께슬러[O. K. Gessler]의 연설은 모두 "전반적 군축이냐? 그렇잖으면 우리들은 우리들의 적과 길항(拮抗)할 수 있는 군비를……" 주장한 것이다.

　부흥 독일은 벌써부터 그 재정의 태반(太半)을 써서 군비의 충실에 주력하는 한편 새로운 통상정책과 관세정책으로써 외타의 자본주의 제국

(諸國)과 당당한 도전을 하고 있는 것인데, 히틀러 정권으로 되자 '독점 자본주의'라고도 명명할 국가의 철저적 통제의 밑에 더욱더 그 경제정책을 실행하고, 그들의 군비는 일층의 급속도로 그 공연한 잠행을 한 것이다. 1933년 2월로 1934년 7월까지 겨우 1개년 반 동안인 히틀러 정권의 초기에서, 그들은 600만의 실업자가 250만에 격감하고 공업생산도 3분 1의 증가를 보이고 무역상태도 호전하였다고 하는 것이다. '독일 공공사업회사'를 필두로 특수한 회사·은행에 위탁한 개간·식민과 철도·전신의 제 사업이 전연 국가적 기획으로 진행되어, 종래의 철도망의 구비 외에 자동차 제조의 격증과 자동차 도로망의 완성과 경제봉쇄에 견딜 수 있을 식량의 자급자족함 때문에 농업의 기획 경영이 진행되며, 그리하여 일반 생산 증가의 원인은 실은 중공업의 격증에 의존하는 것이 명백하다. 그들 최근의 강철의 생산은 1개월 40만 톤으로 70만 톤에 격증하였고, 금년 1월 싸르[Saar]의 귀속은 다시 무진장한 석탄을 장악하게 된 것이다. 그들은 일정한 경제적 여유가 있는데다가 다시 강철과 석탄 따위 군국(軍國)의 중보(重寶)를 장악하여, 이제 그 재출발의 폭탄선언을 결합이 부리(弛)는 듯한 전승 제국(諸國) 측에 보낸 것이다.

국제정세요강 (4)

— 불국(佛國)의 독일 위곤책(圍困策) —

《조선일보》 민세필담, 1935. 5. 24.

베르사이유조약은 전패국(戰敗國)인 독일로 재흥하는 날이 있는 한에 반드시 거대한 전란을 일으킬 화인(禍因)을 심어 놓은 것이다. 독일은 서에서 알싸스·로렌 2주(州)를 잃고, 동에서도 상부 실레시아 주의 일부로부터 포센 주를 지나 빨틱 해안에 나오는 파란(波蘭)의 회랑지대(回廊地帶)란 자를 만들어서 동푸로시아 주는 국토에서 중단되는 부자연한 상태를 나타내게 되었다. 독일은 그 본국의 판도에서도 적지 않은 면적과 700만에 가까운 인구를 잃은 것이요, 로렌 주의 풍성한 철광을 장악하게 된 불란서는 그의 약진하는 중공업과 함께 갈수록 군국적 호세(豪勢)를 보이기로 된 것이다. 1918년 11월 휴전조약 직후부터 붕괴한 고제국(古帝國)의 몰골 없는 잔해로만 남은 오지리인(墺地利人)은 그 동일언어 민족을 찾는 공생의 염원에서 독일과의 합동을 요구하였고, 와이마르 헌법 제정의 독일국민회의에는 나아가 참가까지 하였으면서 베르사이유조약 제80조, 싼제르만조약[Saint German Treaty] 제88조의 제한으로 국제연맹 이사회의 동의 없이는 임의로 하지 못하는 구속하에 있다. 그러나 독일의 재흥이 그 제국주의적 국가 기구의 재강화에까지 가매 '독·오 합병'은 그 발칸 방면에의 발전에 없지 못할 정책으로 된 것이요, 여기에는 독일의 확대·강화 그것과 자국의 발칸 방면에의 제국주의적 의도와의 충돌을 싫어하는 불란서와의 이해가 이중으로 첨예하게 대립되는 것이다. 뿐 아니라 독·오 합병이 만일 성취되어 강대한 국가세력이 아드리아틱 해안을 누른다면 이태리에게는 이미 거대한 불안이려든, 하물며 발칸 방면에 맹렬한 진출의 계획을 진행하고 있는 파쓰시티 이태리로서는 독·오 합병에 관하여 중대한 대립 관계가 생기는 것이요, 나치쓰 독일의 이태리 유도(誘導)가 아무리 자자(孜孜)할지라도 이태리는 연래의 불평과 대불(對佛) 반감을 청산하고 대독(對獨) 공동전선으로서의 불(佛)·이(伊) 협정을 단행하게 되는 것이다.

이태리는 후진의, 그러나 허약한 제국주의 국가이다. 1866년 보오전역(普墺戰役) 당시 독일군이 사도바[Sadowa] 대승첩을 마치는 동안 에마누엘 황제의 이태리군은 대독 동맹의 면목상 아쉬운 대로 이기는 시늉이라도 하였으면 했건만 오지리군에게 여지없이 패하였고, 대전란[제1차 세계대전－編] 당시에도 피아베[Piave] 평원까지 진공하였던 독·오 동맹군에게 예(例)에 의한 대패□(大敗□)을 한 것은 세인의 기억이 그다지 흐리지 않을 것이다. 그러나 뭇솔리니의 이태리는 신성(新成)한 대량의 육·공군을 편성하여 실전에야 어찌되었든 우선 제법의 위용을 보이게 된 것이니, 작년 6월 14일 히틀러가 뮨헨에서 베니쓰에 비행하여 뭇소리니와 회담한 바 있으면서 무슨 결과도 못 얻은 터이요, 금년 1월 7일의 로마협정은 불란서도 연래 양국 갈등의 화인인 북아불리가(北阿弗利加)의 영토를 희생하여 사하라의 북부와 소마릴랜드[지금의 소말리아 지역－編]의 밥엘만뎁[Babel Mandeb] 지방과 에디오피아에의 철도 이권의 일부와 삼국동맹 이래의 계쟁지(係爭地)인 튜니쓰에서의 정치적 양보 등을 교환으로 오지리 합병에 대한 '상호에 협의'를 약속하게 되고, 인(因)하여는 연래 빙탄(氷炭)의 관계이던 이태리 유꼬 간의 친화조차 알선하게 된 것이다. 이태리의 대독 공포(恐怖)는 불란서의 대독 포위망의 남(南) 일부를 담당케 한 것이다.

　소협상(小協商) 제국(諸國)인 체코-슬로바키아, 유꼬-슬라비아, 루마니아 등은 독일의 강화와 더구나 독·오 합병은 자국들의 존재를 위협하는 위력으로 되는데, 독일의 재군비 선언은 국련(國聯) 조약의 단독적 파기로서 그들 중소(衆小) 국가가 의존하는 세력(즉 국련)의 조락화(凋落化)를 의미하는 것이니, 그들이 약기(躍起)적으로 로마협정을 지지하고 독일의 재군비에 반대하여 불란서에 합류하는 것은 또 필연한 일이다. 목하(5월 21일 전후) 체코-슬로바키아의 총선거에는 독일 지지의 재야당(在野黨)의 승리를 보(報)하여 자못 흥미를 잣는 바 있으나 이로써 아직 속단할 바 아니요, 소협상 제국의 범같이 무서워하는 대독 공포는 또 필연으로 독일 포위망의 동남각(東南角)을 담당하게 되는 것이다. 이 방면에 있어 오직 흉아리(匈牙利)가 독일과의 이해의 합치를 보는 터이요, 뿔가리아·토이기(土耳其)가 다소의 일치가 있는 터이며, 오지리 안에서는 나치쓰 일파가 대독 합동에 책응(策應)하고 있는 터이다.

국제정세요강 (5)
— 영제국의 대륙정책 —

《조선일보》 민세필담, 1935. 5. 25.

1917년 추기(秋期)로 동 18년 춘기(春期)까지는 독·오 동맹군의 공세에 연합국은 자못 참담한 경지에 빠졌다. 러시아인은 부레스트-리톱스크[Brest-Litovsk]에서 대독 단독의 굴욕적 강화를 맺었고, 독일군의 예봉이 서부 전선에 몰켜 닥칠 때에 불란서인은 피로한 심혼이 극동의 우국(友國)의 구주 출병조차 헛바라게 되고, 보수당의 명사 란쓰다운[H. Lansdowne] 경은 무혈성(無血性)한 듯이 대독 강화에 양보할 것을 주장하였다. 루이 14세 시대의 영화와 대(大)나폴레옹의 웅도(雄圖)도 이젠 과거의 회고로만 기억될 것을 믿고, 노대(老大)한 대영제국도 이제는 쇠망사의 페이지를 바삐 걷고 있는 것이라고 생각하여, 성급한 문장가는 현대의 에드와드 끼본[E. Gibbon]인 체하면서 지레부터 대영제국 쇠망사의 저자로 자임하여, 그 20세기에 있어서의 공전(空前)한, 웅대한 인류 사상의 비극을 서술함의 어려운 것을 걱정부터 하였다. 베르사이유조약이 조인되는 전후까지 영제국의 정치가들은 선례를 깨트리고 멀리 대서양을 건너온 윌슨 대통령에게 비사후례(卑辭厚禮)하면서 그 고원(高遠)한 세계 개조의 이상에 추종하는 듯이 보였다.

국제 금융의 왕좌는 런던에서 뉴욕으로 옮기고, 각 식민지의 공업국화와 그 정치적 독립국화와 동방 제 민족의 반역과 영 본국의 세계의 공장으로서의 조락화와 호대(浩大)한 전채(戰債)에 인한 채권국에서 채무국으로에 전락과 도제국(島帝國)으로서의 유일의 생명선인 2대(大) 해군국표준주의의 포기(미국과의 균형에 의함) 등등은 새로이 대영제국 자연붕괴의 급속한 도정을 속삭이게 되었다. 가뜩이나 1926년 탄갱부 파업에서 확대된 일반적 총파업의 사변은 세계의 식자로서 더욱더 앙글로제국몰락의 조종(弔鐘)을 귓속에 선하니 듣게 되어, 평론가 마-콜레[T. B. Macaulay]가 영탄하였던 뉴질랜드의 유자(遊子)로 테임쓰 강변에 거닐면서 대영제국 영화의 꿈 자취를 차탄(嗟歎)케 할 시기가 벌써 그 첫 서막을 연 것이라고 알아차리게 되었다. 그러나! 자본주의의 안정과 반동의 고조를 외치게 되던 …… 1927~1928년 이래로 영제국은 이미 서에서 애급을(1925년) 굴복시켰고, 동에서 인도를 침묵(1930~1931년도)케 하면서, 멀리는 서장(西藏)으로, 양자강(楊子江)의 해구(海口)에까지 그 거대한 구세력을 재현하여 그의 국제 결산에서는 거대한 수취(收取) 감정(勘定)을 기뻐하면서, 이제는 다시 그 최후의 거완(巨腕)을 마구 두르려고 한다. 구주의 대전란은 어느 의미에서 영·독의 쟁패전이었는데, 독은 패하였고 영은 쇠할 뻔하였다. 독·불의 대립이 목하의 위국(危局)인데, 영·독의 대립은 심원한 미래가 있다. 만일 소련의 거대한 군비가 영제국을 앞질러서 독일과의 갈등됨이 아니었던들 서구의 형세는 또 그 분야를 달리할 수 있었을 것이다. 독·불, 독·소의 갈등의 틈에서 그 자재(自在)한 정책으로 금종(擒縱)하는 자, 즉 영국이다.

불란서는 안전보장의 확립을 희망하고 영길리는 군비축소의 실현을 기대한다. 안전보장의 확립은 베르사이유조약의 영구한 옹호로써 전패(戰敗) 독일의 만년(萬年) 자복(雌伏)을 요구하는 것이니 1932년 12월 11일 군비평등권의 성명은 영·불이 함께 승인한 바이나, 불란서는 일정한 조약이 독일의 최대한의 군비를 규정할 뿐 아니라 반드시 일정한 안전보장을 그 대상으로 하자는 것이니 그 태도가 외형에서는 독일을 항구한 피예속자로 그 절도(節度)에 복(服)케 하려 하는 것이요, 그 실질에서는 불안과 외포(畏怖)가 항상 타력본원에 의한 자국의 안전을 기원(冀願)함에 있는 것이며, 영제국은 군비축소의 실현으로 불란서의 거대한 육·공군도 일정한 축소를 가하고 — 일(日)·미(米) 해군 축소도 동일한 요구에 속함 — 이여(爾餘) 제국(諸國)도 이에 준케 하며 독일의 군비도 알맞은 정도의 평등권을 허여하여 대륙 제국(諸國)의 호각(互角)적 평형을 유지케 하고 자국은 그 거대한 해군력에 의하여 해상의 여왕인 영예를 독단하려 함에 있다. 불란서의 발호를 □연(□然) 견제하여 독의 재흥을 지지함이 그 전통의 국책이었고, 만일 독의 분신(奮迅)이 영제국조차 그 위협을 느끼게 할 때에는 단연 원불배독(援佛排獨)으로 변할 수 있으니, 이는 1919년 이래의 그 추세이다. 목하에도 이 견지에서 가장 신중한 거취를 전의(詮議)하며 있는 것이요, 히틀러 외교가 가장 저돌적 무모인양 실은 영제국의 거취를 그 면밀한 고려 중에 두는 이유이다. 영길리의 제국주의는 그 본질에서 이미 독일을 포위하고 있는데, 자칫하면 불란서의 독일 포위망의 북서의 일부를 분담할 수 있다.

국제정세요강 (6)
— 영제국의 국제 위력(威力) —

《조선일보》 민세필담, 1935. 5. 26.

구주의 대전란은 어느 의미에서 영제국으로 하여금 그 가장 거대한 국제적 존재인 것을 세계에 재인식시키는 기회로 되었다. 그의 붕괴는 전 세계의 정치적 총기구(總機構)에 혁명적 대전도(大顚倒)를 이루는 것이요, 그의 재강화는 실로 전 국제적 반동세력 강고화의 결정 조건으로 되는 것을 알아야 하게 되었다. 그리고 목하의 우리들의 다닥치고 있는 것은 반동세력 강고화의 결정 조건으로서이다. 1921~1922년경까지 전 세계에 선양되던 국제주의는 어느덧 반발적인 국가주의로 전환되어 1928년경부터서는 일층의 격심을 보이고 있으니, 그는 산업의 콘체른적 편성으로부터 금융통제의 강고화에 의한 전 부문을 아우른 총괄적 통제 정책의 수립과 이에 쌍행(雙行)하는 정치의 팟쇼화적 전향과 고도의 관세장벽의 예외 없는 축성과 국가적 내지 금융자본벌의 독점세력권으로서의 뿔럭경제의 국제적 할거 및 그 대립과 육해공 등 전면에 뻗친 군확(軍擴)의 경쟁과 재전(再戰)의 준비 등등은 전환된 이래의 일층 격심한 현 단계의 과정적 특색을 짓는 자이요, 영제국은 그 전 세계에 널려 있는 식민제국(植民帝國)으로서와 자본주의형태의 고도화와 그에 의한 국제 뿔럭경제의 최대 세력으로서의 존재 등은, 즉 현대 최대한 자본주의 선진국가의 전형으로 된 것이다. 뿐 아니라 전 세계를 통틀어 바야흐로 출렁대는 반동주의의 최고조와 제2대전의 위혁(威嚇) 등은 독립국화 하던 원심(遠心)적인 영제국의 각 식민지로 어느덧 그 제국적 결속의 테를 굳건히 하여 서로 더불어 그 대영제국주의의 강고화에 협동하고 있는 것이다. 그들은 이러한 역량을 파지(把持)해서 그 구주 정국에서 당연히 평화 혹은 전화(戰禍)의 결정적 세력으로 작용하고 있고, 그 여세는 멀리 극동에까지 미친다. 독·불·소 제국이 그를 중심 삼아 연방 외교정책을 꾸며내고 있는 것은 차라리 당연하다. 이를 쉽게 말하자면 영제국의 치자(治者)들은 그 수백 년 융운(隆運)의 총화에서 원열(圓熱)하여진 노련한 외교수완으로 자국에 유리한 구합(苟合) 조종(操縱)의 코-쓰를 마음껏 걸어가는 국제적 신사국으로 된 것이다. 현대의 신사는 이익과 위권(威權)을 항상, 공의(公義)의 이름에서 농단하는 위선(僞善)과 기량(技倆)을 그 본령으로 한다.

"평화조약은 주로 과거의 문서(文書) 닦음으로 하고 장래 전쟁의 원인될 만한 요구의 제시를 억제하지 않으면 안 된다. 독일에 대하여 준엄한 평화조건을 과하는 것은 독일을 러시아 공산당의 품속에 집어넣는 위험이 있음으로 독일의 책임 있는 정부가 즐겨 승인할 수 있는 것에 그치고 독일인이 안심하고 그 생업을 차릴 여지를 남겨두는 것이 득책이다"라고 베르사이유강화회의에서 로이드 쪼지[D. L. George]는 말하였다. 독일과 소련의 존재는 누구보다도 영제국이 가장 많이 관심고구(關心考究)하는 바이요, 쪼지 씨의 정책은 그대로 지금까지의 영제국의 대륙정책이다. 그들은 도-쓰안[Dawes Plan]에서, 로카르노[로카르노조약—編]에서, 로싼누협정[Treaty of Lausanne](1932년 배상경감 결정)에서, 군비평등권 성명에서 항상 독일을 지지하여 불국을 견제하는 전통을 지켰다. 다만 나치쓰 독일의 약진하는 육·공군 건설이 건듯하면 그들을 위협하는 갱생세력으로 되매, "금일의 공군 시대에서는 영길리의 국경은 도바해협이 아니요 라인[라인강—編]인 것을 알지 않으면 안 된다"(작년 7월,

뽈드윈)고 하면서, "독일은 두 번째 우리들에게 위험을 느끼게 한다 ……"(동, 처-칠)고 하면서 필경은 금년 2월 3일 런던협정에까지 간 것이다. 런던협정은 국지적 협약체결에 의한 안전보장제도의 조직과 평화조약에서 설정된 의무는 일반적 포기를 허(許)치 않음과, 영·독·불·백(白)[벨기에―編]·이(伊) 제국의 공군협정이요, 특히 영길리 정부는 오지리 독립 보전에 관한 '상의협약(商議協約)에 참가'함인 것이었다. 얼른 보더라도 불란서의 요구에 영제국이 참가하되 오직 공군 문제만이 당시 영제국 자신의 관심사된 것을 알아차릴 것이다. 이리하여 독일 군비제한의 일방적 파기와 오지리 합병 문제에서 최대한 위협을 품던 불란서는 런던협정에서 완전(?)히 영제국을 장악하여 그 독일 포위망의 북서부를 위촉한 양하다. 불(佛)·독(獨)은 갈등하여 가면서 서로서로 영제국의 강고화를 배양해주고 있는 것을 모른 척하는 운명하에 있는 것이다.

국제정세요강 (7)
─ 소련 외교의 신등장 ─

《조선일보》 민세필담, 1935. 5. 28.

대양의 물은 세계에 통하였다. 그러므로 북해에서 생기는 영·독 간의 해군 문제는 일 삽시에 전 해양의 물놀[波濤]로 되어 우내(宇內) 각주(各洲) 해군국(海軍國)의 기슭[岸]을 튀겨부듯고 있다. 그러나 싸베트[소비에트─編] 노국(露國)은 그 판도가 유러시아 대륙에 걸쳐 있는지라, 동에서 또 서에서 때려 울리는 국제 위국(危局)의 철추(鐵椎)가 번번이 그 맞은쪽인 동서 양극에 마주치고 있다. 1919년 6월 28일 베르사이유강화조약에 의하여 새로 건국된 2,700만의 인구와 26만 6천의 상비군을 가진 파란(波蘭)이 동구 로카르노조약 문제를 핵심으로 독·소, 독·불의 사이에 자못 중요한 소임(역할)을 하고 있어 구주 정국의 신흥한 일 존재로 된 것도 중요한 사실이거니와, 1932년 전후부터 세계 기성 자본주의 국가의 틈에 새로운 거대한 구성원이 되어 특필할 획시기적 현상을 짓고 있는 자는, 즉 소련 외교의 신등장인 것이다. 그리고 예의 1925년의 로카르노조약은 서구의 자본주의 열강이 독일을 결연(結連)하여서의 반(反)싸베트 십자군의 결성인 것을 묻는 자 있었으니 자래(自來)의 열국 간의 허실은 이를 수긍케 할 자 역연(歷然)하였지만, 작금 국제간의 신 정세는 그 상호간의 대립의 첨예화가 드디어 반(反)싸베트 십자군의 결성을 자동적으로 해소하고 만 것이다.

1920년 빠쿠우의 동방민족회의의 주최 및 그 지도와 1919년 7월, 동(同) 20년 9월의 소련 외교인민위원회 차장 카라한[L. M. Karakhan] 명의로 된 대중국(對中國) 선언, 영토의 대중(對中) 환부, 특권의 방기 등등에서부터 1932년도의 토이기(土耳其)·아부한사탄(阿富汗斯坦)·파사(波斯) 등과의 친교와 대등 조약 체결, 불가침조약의 결성 및 그 반제국적 운동의 지지·후원으로써 그 주지(主旨)를 삼던 당시에는 그들은 백반(百般)으로 국련(國聯)에 대한 냉매(冷罵)를 가하였던 것이다. 1925년 슈트레제만의 독일 외교가 로카르노조약을 다리[橋] 삼아 한 걸음씩 국련에 접근할 때, 1922년 4월에 결성된 라파로조약에 의하여 그와 유일의 상호 친선으로 되던 소련이 초민처창(焦悶悽悵)의 정(情)으로써 치첼린[G. Chicherin]의 슈트레제만 추적(追跡)의 외교 행각으로 되어, 그의 저지 혹은 대소(對蘇) 조건의 완화를 획책하던 것도 모두 흥미 있는 유래이었다. 그러나 1932년 이래의 그의 외교적 동태는 동 7월 파란과 불침략조약 체결, 동 12월 중국과의 국교 회복, 1933년 2월 불란서와 불침략조약 비준 교환, 동 3월 앙꼬라에서 토이기와 국경분쟁조정조약 연장에 관한 의정서 조인, 5월 독일과 의정서 비준 교환, 이태리와 통상 및 크레디트 협정 조인, 7월 런던에서 양차에 걸쳐 대소 13개국과 사이에 침략정의(侵略定義)조약 조인, 서반아와 상호 승인 및 국교 회복에 관한 공문 교환, 동 9월 로마에서 이태리와 친선불침략중립조약 조인, 파란과 국경관계협정 비준 교환, 기타 11월 미국과의 국교 회복 등등이 있었고, 1934년 1월 불란서와 통상조약, 2월 영길리와 통상조약 등의 조인을 필두로 주로 불란서와의 접근이 촉진되어 동(작년) 9월 국련에의 가입으로 금년 5월 불·소 및 소·책 상호원조조약의 체결까지 미처 소련의 외교는 자못 왕성 활발하게 된 것이다.

1933년 1월 30일 나치스 정권의 확립을 보게 된 독일의 국정은 그 반

싸베트적 농도가 그의 내밀한 군사 준비와 한 가지 잘못되면 소련에 대
한 통렬한 일격이라도 가할 듯한 형세에 자격(刺激)된 것이 일 원인이
요, 1933년 이래 소련은 속행되는 제2차 5개년 계획의 성취 도정에서 통
화 구매력의 안정을 보게 되었고, 그 중공업의 급속한 발전과 적색 군비
의 강화와 함께 내정에서 정권의 강고화함을 따라 그들은 자중(自重)적
인 국제 관계의 상궤화(常軌化)를 초래케 되는 것이다. 그들은 '전시시대
(戰時時代)' 이래 대내로는 폭력, 대외로는 적본(敵本)적 항분외교(亢奮
外交)로써 하던 자포(自暴)적 약동(躍動)의 대신으로 이제에는 시침이
떼는 기성 국가 그들과 한가지 정상한 국제 성원의 하나로 등장한 것이
다. 그들은 '일국사회주의'를 주장하고 '상이한 사회적 체제의 병존적 발
전'을 방송하고 하면서, 첨예하게 대립되는 열강의 각축의 틈에서 지금
은 불란서의 독일 포위망의 동반부(東半部)를 담당한 것 같다.

국제정세요강 (8)
― 세계대전의 재생성(再生成) ―

《조선일보》 민세필담, 1935. 5. 29.

19세기 말엽부터 20세기 벽두까지는 제국주의 열국의 대립의 첨예화로 세계의 대전란을 부지런히 준비하고 있던 시대이니, 그들은 온갖 비(非)평화적인 공작에 열중하면서 한편으로는 평화를 구두선(口頭禪)같이 지껄이고 있었다. 그 인물과 국가별로 보건대, 빌헤름 2세는 패제주의(覇制主義)로써 육·해군의 확장과 해외 식민지 획득에 열중하는데, 데르캇세[T. Delcassé] 외상은 인구가 점감(漸減)하고 산업이 정체되는 불란서로써 균형정책에 심혈을 기울여 영(英)·노(露)를 결맹하여 자국의 안전을 꾀하였고, 쪼셉 쳄벌렌[J. Chamberlain] 식상(植相)은 영제국의 통일·결속으로 그 기성(旣成)한 번영을 확보하여 신흥 제국주의 국가에 역습하는데, 폰뷰로[B. von Bülow] 백(伯)은 세계정책을 끌어 빌헤름 2세의 도전적인 봉망(鋒鋩)을 감추려 하고, 에드워드 7세 황제는 평화정책의 이름으로 주도면밀한 독일의 포위망을 결성하여 비스맑 공(公)이래의 독·오·이 삼국동맹으로도 이태리까지 놓치면서 고군악투(孤軍惡鬪)하게 하였다. 이 시기에 있어 데오돌 루스벨트 대통령의 미국 팽창정책은 윌슨·하딩의 시대에서 세계제일로 약진하는 소지를 만들었고, 오직 노국은 그 극동정략(極東政略)에 미끄러져 헐떡이고 버둥이 치는 동안 다시 대전란을 만나 그 총붕괴의 사회적 균열의 화인을 배양하고 있었다. 구주의 대전란은 허다한 도괴(倒壞)와 신작업을 역사적으로 생산도 하였건만, 서구의 열국은 의연한 구아몽(舊阿蒙)인 듯이 20년 이전의 복철(覆轍)을 되돌고 있다. 이것은 현대의 논자들이 공식적으로 세계대전의 재준비를 이야기하는 점이다.

히틀러의 제국적 독일재흥운동은 그들에게 불가결의 열망이겠는데, 바르투[L. Barthou]·라발[P. Laval] 등의 안전보장제일주의는 그 독일 포위망의 공작에서 에드워드 7세를 배움 같으나 실은 균형정책의 되풀이요, 뭇솔리니의 이태리가 새로운 등장자로 마치 오흉제국(墺匈帝國)[오스트리아·헝가리제국─編]을 체대(替代)한 자 같고, 쳄벌렌(오스틴)·뽈드윈 등은 선량하게 에드워드 제(帝)의 전통을 조술(祖述)하는 자이요, 필스즈키[J. Pilsudski][최근 물고(物故)]의 파란(波蘭)은 원(元) 이태리의 위치를 파악한 셈인데, 스탈린·리트비노프 등은 싸베트 노국으로써 그 사이에 종횡하여 이미 1910년대의 제정(帝政) 당시의 위맹을 회복한 터이다. 때마침 루스벨트 대통령이 미합중국의 부를 옹(擁)하여 청취(青鷲) 운동으로 그 경제적 강화를 서둘기도 하고, 대함대의 건설로 일(日)·영(英) 수국(數國)과 당기어보기도 하는데, 극동의 신흥 도제국(島帝國)인 일본은 또 아세아에서의 보수세력의 지지자이자 세계 정국의 일방의 웅(雄)인 실력을 보이고 있다. 일·미 양국이 각각 그 본대주(本大洲)에서 결정적인 세력이면서 구주에는 거의 불간여(양국은 다 국련 탈퇴 중)의 태도인데, 일·미와 일·소가 일·중의 관계까지 매개역(媒介役)으로 삼아 간접으로 구대륙(歐大陸)의 일긴일이(一緊一弛)하는 정치 위국(危局)에 크거나 적거나의 파동을 일으키고, 그중에도 일·소 관계란 자는 연내 자못 심절(深切)한 작용을 유러시아 대륙에서 파동하고 있다.

스탈린은 3월 말 이-든 상서(尙書)와 간담의 막(幕)에서 "현재의 정세가 1914년의 그것보다 결코 못하지 않게 전쟁의 위기를 감추고 있다"고

설치면서 이미 메-메르[Memel : 4년 뒤인 1939년 3월 22일 독일의 요구에 따라 리투아니아는 메멜을 독일에 귀속시키는 조약에 조인하였다—編]에서, 오지리에서 전쟁의 불그림은 폴삭폴삭 피어오르고 있다고 보면서, 그들 자신 때문에 방화(防火)공작에 목숨을 걸고서 노력을 하고 있는 것이다. "평화는 일체이어서 불가분이라"고 리트비노프 외교위원장은 이-든 상서 환영연의 식탁의 뻐-터에다 각서(刻書)까지 하면서, 그가 서로 미워하던 노대(老大) 제국주의 국가와 싸베트 연방과의 공동한 평화 때문에 아주 진지한 협약이라도 재결성하려는 것 같다. 치첼린이 전시시대부터의 외교위원장으로 국련을 매도하면서 그 이상가적인 색채를 보였는가 할 때, 리트비노프는 스탈린과 한가지 신(新)신경제정책과 제2차의 5개년 계획 시기를 통하여 평상한 외교가적 유위활약(有爲活躍)하는 코-쓰를 걸어가고 있다. 방금 천하의 대세가 모두 전쟁을 생산하여 가면서 전쟁키를 좋아하는 자는 거의 없다. 있다 하면 불만에 이를 가는 나치쓰 독일이나 또는 기타의 일군의 치자들이겠는데, 그들일지라도 실로 열망하는 것은 발검(拔劍) 안 하고서의 승리일 것이다. 방금 천하의 치자들은 모두 스스로 전쟁이 중대한 위국인 것을 잘 인식하고 있는 것이다.

국제정세요강 (9)
―열국 충돌의 필연성―

《조선일보》 민세필담, 1935. 5. 30.

　독일은 영제국과 싸울 것인가? 독일의 공군은 이미 실제 군용에 전환할 강대한 상업용 비행기를 가졌고 목하에도 1일 15대의 군용 비행기 제조율을 가지고 있다 하지마는 공군만으로 전쟁의 승패를 결(決)할 시기는 아직 오지 않았다. 독일은 120수만 톤의 최대 해군을 현유(現有)한 영제국에 대하여 겨우 3할 5푼인 43만 톤쯤의 신해군 건설을 요하고 있으니 그것의 완성까지에는 아직도 일정한 세월(예, 약 10년)을 요할 것이며, 예의 듀틀랜드 양(梁)의 대해전[유틀란트해전－編]에는 독은 대영 6할 5푼의 비율로써 필경 대패하였은즉 영제국의 대독 흥분은 그 두려운 미래 때문이요, 목하에는 우선 문제가 아니 된다. 히틀러의 독일은 빌헤름 2세와 칠비츠[A. von Tirpitz] 제독(提督)의 독일이 1912～1913년대까지 협정되지 않던 영·독 해군 경확(競擴)으로 인하여 1914년 영독전쟁을 버르집게 한 쓰라린 실책을 되도록 되풀이 안 하려는 것 같다. 5월 21일 히틀러의 제2선언은 우(右)[원문은 세로쓰기로 되어 있다－編]의 외에 육해군의 일반 교호(交互)적 군축과 공군의 협정과 국제조약에 기(基)하는 한 잠수함 전폐(全廢)까지도 수락할 것을 천명하였고, 베르사이유조약 중 편무(片務)적 부담 조항을 파기한 외에 로카르노 등 자발적에 의한 조약은 엄수할 것과 평화보장의 집단적 협력에 참가할 용의가 있는 것과 타국의 내정을 외부에서 간섭함을 금지하는 국제조약을 준수

할 것 등을 표명하여 영제국의 환심을 끌고, 불·독·백(白)[벨기에—編]
에도 안심을 주려 하였다. 영·독의 관계가 긴박 악화하지 않는 한에 군
사상의 위국(危局)은 우선 연기되는 것이다.

그러나 히틀러는 싸베트의 국정(國情)을 전색(銓索)하여 그에 냉매(冷
罵)를 가하고, 불·소 상호조약을 비난하여 그 침략적 성질을 지적하였
다. 독일의 사가(史家)들은 노·불 동맹의 강화가 1914년의 대전란을 촉
진한 것이라고 주장하는 바이요, 모로토푸[V. M. Molotov] 의장은 1월
28일 싸베트 연방대회 석상에서 연래 대일(對日) 공격의 대신으로 독일
이 소련에 대한 영토 침략의 기도를 가졌음으로 소·독 관계가 훨씬 악
화한 것을 성언(聲言)하였으니, 이것만으로도 독·불과 아울러 독·소
대립의 첨예화함을 알 것이다. 작년 11월 나치쓰 독일이 회랑(回廊) 문
제 따위 파란(波蘭)과의 악성(惡性)의 현안은 금후 10개년간 휴일(休日)
협정을 맺으면서 그의 입국(立國) 이래 친불(親佛) 일관하던 국책을 고
치어 동구 로카르노조약에 일치 반대케 할 뿐 아니라, 대소(對蘇) 공포
를 품는 파란을 도와 우크라이나 방면에 영토 획득을 지지 종용해서 회
랑지대와 교환키를 약속하였다(?) 하는 바이니, 독일의 대영(對英) 도전
이 급격하지 않는 한에 영제국은 그 대립이 세계적으로 심각한 소련을
끌어 시급히 독일을 망타(網打)하려는 의도는 우선 없을 것이다. 이-든
상서와 싸이몬 외상은 독·소 제국(諸國)을 역방(歷訪)한 후 오히려 독
일 위무(慰撫)의 일맥(一脈)의 정책을 지속하고 있는 터이다.

영(英)·이(伊)와 맺어서 불(佛)·소(蘇)에 대항하려는 것은 히틀러 독
일의 정책이다. 예의 5월 21일 외교 강령 제13조로 오지리(墺地利) 합병
을 책동하지 안 할 것을 암시하여 이태리의 안심을 구한 것은 이 때문이
다. 그러나 "간섭의 어의(語意)에 관하여는 정확한 국제적 정의를 내리

는 것이 필요하다”고 주장한 것은, 슈슈닉 등 파시스타[Fascista] 수상이 넘어지고 나치쓰의 오지리가 자발적 독·오 합동을 결정하는 날이라도 있으면 그는 전혀 그 조건이 다른 자일 것이다. 1919년 강화조약이 민족자결을 원칙으로 한다 하면서 독·오의 자발적 합동을 저해한 사정은 이미 지적한 바이지마는, “독일민족 될 수 있는 자는 독일의 혈통을 받은 자에 한하고, 독일국민 될 자는 독일민족의 일원인 자에 한하고, 민족자결권에 기하여 온갖 독일인을 규합한 대독일국을 건설함을 요구하고, 타민족에 대한 독일 민족의 평등권과 베르사이유·쌴젤만[Saint-Germain] 조약의 파기를 요구”하여 독·오의 자발적 합동을 열망하는 것은 나치쓰 강령의 1, 2, 3조를 이룬 자이며, 증술(曾述) 와이마르헌법회의 이래 1927년 백림(伯林)에서 독·오 민족동맹대회와 1928년 7월 하순 원 성(城)에서 독일 민족의 대시위운동은 모두 합동운동에 성세(聲勢)를 돋우었고, 1930년에는 오지리가 도저히 경제적으로 자립할 수 없음에 인하여 독·오 관세동맹을 결성하였다가 불란서 등의 간섭으로 파괴된 것 등 사정에 돌아보면 독·오 관계에는 반드시 큰 풍운이 잠긴 것이요, 여기만에서도 독·불 충돌과 혹은 독·이 반목의 소인(素因)이 의연한 것이며, 독·소 충돌의 기회도 거의 필연으로 촉성될 소성(素性)을 가진 것이다.

국제정세요강 (10)
— 극동 정국과 일(日)·미(米) 관계 —

《조선일보》 민세필담, 1935. 5. 31.

1914년의 세계대전란은 구주에서 영제국의 존재를 일층 앙양하는 결과를 가져온 것처럼 미대륙에서의 북미합중국과 아세아에서의 일본제국의 존재를 각각 앙양케 하는 결과를 가져온 것으로, 그는 최근(1930년대 이후)에서 가장 확정적인 형세를 보인 자이다. 전란이 끝난 후 14, 15년에 극동의 정국은 그 접촉 면에서는 배일(排日)·항일(抗日) 또는 출병 회담 등 일(日)·중(中) 간의 관계로써 그 대부(大部)를 형성한 바이나, 한 꺼풀 헤치고 그 내막을 보는 자는 누구나 일·미 관계의 일진일퇴가 그 사이에 엄밀하게 작용하고 있는 것을 단박에 간파할 것이다. 세계대전란에 의하여 자연생장으로 세계 일류의 강자화한 일·미 양국은 일로전역(日露戰役) 이후 30년에 그 적축(積蓄)하여온 대립의 총화에 의하여 호망(浩茫)한 태평양의 물고개도 작다고, 바야흐로 사상(史上)에 드문 대연극을 차리려고 하는데, 일·중 관계는 그 국제사적 견지에서 오직 이에 종속 또는 방생(傍生)한 것인 양한 인과를 가지고 있다. 즉 십수년래의 극동 정국은 지나(支那)대륙을 무대로 삼은 일·미 양국의 힐항(頡頏)으로써 그 주연을 삼았고, 영(英)·소(蘇) 수국(數國)이 그 사이에 대소의 조연을 한 것이다. 베르사이유에서 워싱톤에서 런던에서 미국은 진출하고 일본은 양보하고 중국은 앙양하여, 분규 착종 십수 년에 5·4, 5·7의 운동이 있고, 산동(山東) 환부가 있고, 남경사건이 있고, 제남사건이 있고, 그리고 만주사변과 상해사변과 장성 이남 북중(北中)의 전투가 있은 후 정전협정이 있고, 일·중 경제제휴가 전의(銓議)되는데, 일본의 결심은 초토(焦土) 외교의 방송과 국련 탈퇴의 맹단(猛斷)이 있어 비상시기는 지속하고 해군군축회의는 정돈 중이요, 미 함대의 실전연습은 남북 태평양의 잔잔하던 물결을 마구 튀겨, 때 아닌 물놀이 멀리는 동남 중국의 해안에까지 울며 달겨드는 것이다.

구주의 대전란은 해양자유의 고마운 것을 미합중국의 사람들에게 알게 하였다. 해양자유란, 즉 열국의 악전(惡戰)을 구경 겸 보면서 자유로 자국의 생산품을 교전 각국에 따라서 전시(戰時) 비상한 거리(巨利)를 얻는 것을 의미한다. 그리고 미국의 '해양자유'는 세계 최강의 해군을 요하는 것이요 하물며 그들이 중국의 '문호개방'으로 해양자유의 의욕을 철저히 하려면 태평양의 도양(渡洋) 공세 작전의 필승적인 해상 병력을 요하는 것이니, 이것은 '동양평화'와 극동대륙에서의 '생명선'의 사수에 맹진하여야 할 일본제국의 국책과 당연 서로 저촉되는 것이다. 그리고 워싱톤회의 당시 영제국은 빨포아[A. J. Balfour] 외상에 의하여 일영동맹을 파기하고 4국협약으로 바꾸며 루-트 4대 원칙이란 자에 의하여 9개국 조약을 만들고 하며 영·미의 완전한 합치를 보이는 터이요, 노후한 미국의 함대는 소위 5·5·3 비율로도 일본은 우선 안심할 수 있던 것인데, 1930년 런던회의에도 거의 동일한 영·미의 합치에서 일본은 동일한 비율에 양보할 밖에 없었고 그 결과는 전연 미국 본위의 정책으로 시종(始終)한 것이라, 오늘날 조함제포(造艦製砲)의 술(術)이 비약적으로 진보하여 항속력(航續力, 약 2만 리)과 포전(砲戰) 거리(약 2만 5천 미터)가 비상히 확대되고 비행대의 항공 폭격의 능률이 또한 놀랄 만한 위력을 가지게 된 이때, 1933년 이래 5개년 계속의 합계 102척의 건함(建艦)[빈손 안(案)]을 실행하고 항공 병력의 충실에 몰두하고 있는 미국에 향하여 일본의 국교(國交)가 매우 긴장한 것은 또 당연한 일이다.

　1930년 이래의 영제국은 그 제국주의 재강화의 도정에서 그 해양자유를 욕구하는 미합중국과의 대립이 세계적으로 일층 심각한데, 중국에서도 그 기득 이권에 인하여 또 대립이 첨예한 바이니, 중국 문제에서 차라리 일·영 간의 이익이 일맥합치를 보는 것은 일본의 극동에서의 지위가 자못 유리한 이유이요, 작년 런던의 군축예비회상(軍縮豫備會商)에서는 이 사정이 가장 잘 발로된 것이다. 방금 중국은 안으로 공산군의 토벌에 여력이 없고, 은 유출과 농촌 공황 등 경제·재정의 위국에 부딪히면서, 혹은 미(米)를 연(聯)하여 공군 확장과 공로(空路) 개척에 진력함도 있고, 혹은 영의 자본을 힘입어 철도망의 촉성과 지방 자원 개발에 주력코자 하면서, 일·중 친선을 획책하여 당면의 위난을 완화코자 하니, 무릇 공산군의 거대한 존재는 그들로서 소련 접근은 헛소리만 높이고, 영·미 결탁을 밧문 듯이[밥 먹는 듯이?―編] 상망(想望)하면서 또 일·중 친선에서 의위(依違)하고 있는 것이다. 일·미 관계는 긴장하는데 중국은 방황하고 소련은 나치스 독일과 맞결리면서 동방에서 북철(北鐵) 양도의 퇴일보를 하고 있어, 태평양의 물결은 거칠려 하되 극도의 운연(雲烟)은 명멸할 뿐이다.

국제정세요강 (11)
― 천하의 풍운은 구아(歐亞)에로 ―

《조선일보》 민세필담, 1935. 6. 1.

상대(上代) 이래의 사람들은 천체(天體)가 난자(卵子)같이 둥그러 성숙(星宿)은 대지를 싸고 돌았는데, 대지는 그 망망한 대우주의 중심이라고 믿었다. 이 견해는 깨어진 지 오래지만 방금 천하의 대세는 유러시아를 둘러싸고 그를 중심으로 한바탕의 역사적 대회전의 막이라도 열듯이 각각 경성(經星)과 위성(緯星)인 양 빙긋이 돌기를 시작하려 한다. 동에는 4억 수천만의 중국민이 있고 서에는 수억을 헤이는 중구(中歐)의 제국민이 있어 각각 풍운의 핵심부를 이루려고 하는데, 몽상(夢想)적이요 또 무아(無我)적 돌진성을 가진 싸베트 슬라부인은 유러시아에 걸치어 무엇인지 역사적 미지의 나라인 것처럼 큰 수수께끼를 가지고 있고, 나치쓰 독일과 제국 일본이 바로 그 동서에서 풍운의 자루(柄)를 잡은 듯이 일정한 염원과 의도를 꼬느고 있고, 영제국과 미합중국은 또 그 밖으로 대소의 해양을 격하여 각각 세계일(世界一)의 결재력(決裁力)이라도 가져야 하겠다는 듯이 동서의 최외선(最外線)을 누르고 있다. 이 평면적 배치부터가 기(奇)하다면 기(奇)하려니와 천하의 풍운이 유러시아를 핵심으로 반드시 한 번의 대진뢰(大震雷)를 보고 말려하는 것도 무엇인지 개벽 이래의 역사적 숙약을 품고 있음 같다. 파미르[Pamir]의 고원은 천하의 지붕이요, 태평(太平)·대서(大西)는 좌우의 호수이며, 아불리가(阿弗利加)는 구아주(歐亞洲)의 여맥(餘脈)이요, 남북미는 베-링해협을 놓아 축치[Chuckchi] 반도에 통하였는데, 오스트랄레시아의 섬과 섬들은, 인도네시아 로버더들은 남천(南天)의 여세(餘勢)이라 유러시아 대륙이 이미 천하의 근간부(根幹部)로 되었거늘, 동서 5천 년 인류 소장(消長)의 대역사(大歷史)도 마치 이 고장에서 성장하였으니 천하의 변란은 촉(蜀)에서 비롯하여 촉(蜀)에마 마르는[촉(蜀)에 다다르는?—編] 유의(流義)로써 바야흐로 그 유러시아에서 일어나 유러시아에서 결산하려는 인문필연(人文必然)의 인과를 지으려는 것이다. 이야말로 20세기의 신미신(新迷信)인 듯 실은 역사과학의 필연의 법칙인 것이다.

　무릇 천하의 세(勢) 양 개의 진영이 대립하여 이해 충돌이 첨예하되 각각 그 승리를 자신하는 때에 싸우고, 양 개의 대립이 필경 타협될 수 없는데 일 개의 세력이 장차 일 개의 세력과 균적(均敵) 혹은 능가하는 선에 접근할 때 싸우고, 수 개의 집단된 세력이 수 개의 집단적 세력을 계속하여 제압하려 할 때 수 개의 세력이 제압의 힘을 타도할 공작이 성장되는 때 싸우고, 원거리에 있는 적이 세력이 오히려 비등(比等)한데 핍근(逼近)한 세력이 그에게 가담하려는 음모가 진행되는 때 싸우는 것이요, 대량 수의 인민이 귀취(歸趣)를 모를 때에 그 신근통제(辛勤統制)하는 힘이 제3세력에 의하여 파국되려 할 때 천하가 상란(喪亂)하는 계기로 되는 것이니, 이 수삼(數三) 사건은 구주의 대전란에서와 특히 영독전(英獨戰)에서 본 바이요, 또 방금 나치쓰 독일을 중심 삼은 구주의 형세에서와 태평양상에서와 극동대륙에서 보고 있는 바이다. 방금 구주에서는 흉아리(匈牙利)의 껨베쓰 장군과 오지리(墺地利)의 슈슈닉 수상이 모두 재군비의 선언을 하는 바, 혹은 전연 독일의 유의(流義)에 의한 자 있고, 혹은 그 주관(主觀)에서 도리어 대독 방비를 의도하는 바도 있을 것이나, 그 천하장란(天下將亂)의 징상(徵象)을 의미함만은 다를 것이 없다.

독·불과 독·소가 대립하고 소(蘇)·파(波)가 은연히 대립하는데 소협상은 불(佛)에 추수(追隨)하나 흉아리와 파란은 반드시 불 측에 충(忠)할 자 아니요, 이태리는 로마협정을 인하여 불과 결합하였으되 아직도 의위(依違)하는 자이요, 영(英)은 독·불 간에서 금종(擒縱)을 임편(任便)하려 하되 구후(久後)에 영제국을 타도할 자는 독(獨)이 아니면 소(蘇)인 것을 회의하는 터이니, 이는 로마제국 이래의 구주의 성운(盛運)이 서반아를 지나고 불란서를 거쳐 워털루의 대전이 영제국 1세기여의 패업을 이루었는데 후진민족으로서의 물력(物力)과 의도가 독·소 수자(數者)로써 그 으뜸을 삼는 사정에 인한 것이다. 일(日)·소(蘇)가 북방에서 비예(睥睨)하나 북철(北鐵)의 양도는 어찌했든 퇴일보의 완화한 막(幕)이요, 싸베트 슬라부인은 몽상적 돌진성이 있는 채로 또 매우 실리주의인 대륙인의 모순된 반면(反面)을 가졌으니 그들은 즐기어 사단(事端)의 정면에 나서지 않을 자이요, 하물며 목하의 관심은 동보다 서에 있다. 미합중국인은 이미 원방(遠方)에 있지마는 그의 해군력은 1939년을 절정으로 그 소위 필승 병력을 건설하려 하고, 극동대륙의 최대 다수의 인민은 상란(喪亂)의 가연성을 내포하고서도 그 내정외책(內政外策)이 아직 귀일(歸一)할 바 없으니, 이는 모두 천하의 식자들의 관심 명목의 건(件)이다.

국제정세요강 (12)
― 국제회의 연기공작 ―

《조선일보》 민세필담, 1935. 6. 2.

태평양의 서안에서와 구주의 중원에서 국제 위국(危局)의 암운이 저미(低迷)하고 있는 양 개의 핵심으로 되어 있는 것은 국제 상식의 하나이요, 동서의 위국이 일장일이(一張一弛)하면서 그 파국의 선진을 다투는 듯한 것도 흥미 깊은 일이요, 또 동서의 정국이 미묘한 중에 서로 작용되어 연관적 소장(消長)을 하고 있는 것도 가장 흥미 있는 일이다. 그중에 현저한 자는 소련이 극동과 동구 국경 방면에서 교체적으로 경연(硬軟)의 태도를 바꾸는 것이요, 그보다도 일·독 양국이 현상 타파의 일정한 의도로써 동서 양 개의 위국의 중심부에서 무엇인지 이심전심의 의기상감(意氣相感)하는 경향이 있는 것은 민족심리 발동의 단계로 보아 또 흥미 있는 일이다. 만일 차회(次回)의 국제 위국에 소련이 그 일방의 중요한 상대자로 되는 일이라도 있으면, 이 관계는 더욱 정치적 실천성을 나타낼 수 있을 것이다. 요컨대 1919년의 강화회의가 진행하는 인류 역사의 대도(大道)에 아무 정상(正常)한 찬화(贊化)의 공작을 가하지 못하였을 뿐 아니라 인위적 무리(無理)로 군더기를 부쳐서 회전(廻轉)하려는 역사의 대서막(大序幕)에서 한 토막의 엉거주춤하는 과정을 만들었으니, 제2의 서막이 너무 급속히 달려들려는 현하 과정이 생성되는 이유이다. 다만 역사적 위국은 그 필연의 정세를 현명하게 통찰함이 귀한 것이고 예언자적 치기(稚氣)는 무용(無用)하다.

1929년에서 우심(尤甚)하게 된 세계의 경제공황은 32년을 절정으로 서서히 호황을 향하여 상승하는 기세이었다. 그러나 오늘날의 세계는 그 국제분업에 토대를 둔 상호의존성을 인위적으로 촌단(寸斷)하려는 각개의 뿔럭 경제에 의하여 신할(芊割)되었고 호황의 진상은 강철 경기 — 즉 중공업 편중에 의한 기형적 작용임이 또 하나이니, 1~2국의 특수 사정이 그 국내 경기란 자에서 볼만한 자 있으면서 세계적으로는 의연 부진 상태를 벗지 못하는 이유이요, 이와 같은 자급자족주의에 의한 봉쇄경제 정책에다가 일반적인 재정·금융상의 궁핍 때문에 채권국이던 주요 자본주의 제국에서도 그 해외투자를 대부(大部)를 수축하는 사정이요, 종래 후진농업국에서는 무역상의 입초액(入超額)과 무역외의 지불회계까지도 채권 제국의 투자(차관을 포함)를 기다리게 되는 것인데, 이것이 모두 두절 혹은 격감함에 인하여 상호 간의 공황과 위축을 더욱 당하게 되는 것이니, 이 현상은 중국의 작금 수년에서 여실히 나타나는 바이요, 신(新)차관 계획을 중심으로 일·영·미 제국이 그 경진(競進)적 각축에 몰두하려 함은 금춘 이래에서 더욱 명백한 바이다.

목하에 영제국은 독·불 관계의 위박(危迫) 중에서 히틀러 총통의 건설적인 제2선언에 힘을 얻어 전 구주 국제회의를 제창 주최하여 전 구주의 평화공작을 진행하고 베르사이유 이래의 병폐를 검토 교정하려 한다하니, 재정(財政) 위국에서 푸랑당[P. Flandin] 내각의 도괴까지 보게 된 불란서의 국정(國情)도 있는지라, 혹은 전구(全歐) 국제회의가 일반적 군비제한과 공군의 협정 따위로 한숨 돌려 쉬이는 미봉의 국면을 만들 수도 있을 것이요, 청취(靑鷲)운동 재행(再行)의 여정에서 적지 않은 난관에 다닥친 미합중국이 국제 경제회의를 초집(招集)하여 통화의 안정을 꾀하고 혹은 관세정책도 완화하여 세계 경제의 위기를 미연에 방지하려 한다하니, 미국은 경제적 지도자의 지위에 있는 나라이라 영제국의 그것과 서로 호응하여 혹은 앙진(昂進)하는 국제 위국을 일시 완화함이 있을까? 방금 열국의 치자들은 모두 전쟁이 각각 그 자신들의 부침(浮沈)의 대모험인 것을 누구나 잘 인식하는 터이니 그들은 힘써서 그 위국을 완화하려 하는 바이요, 만일 이내 파열이 된다 하면 소위 국지적 제한을 용이히 바라볼 수 없는 일인 것이다. 제2의 대전은 1919년 이상의 역사적 중대한 작업을 가져올 것이다.

노대제국(老大帝國)으로 까딱하면 그 붕괴의 위기에서도 서지 못할 뻔하던 영제국의 금후가 과연 어찌될까가 일 문제이요, 일·미·독·소와 같은 자는 아직 그 미래가 있는 신흥 혹은 후진적인 강대한 인민으로 주목되는 자이요, 극동에 있어 4억 수천만의 중국민은 그 국제 변동의 소극적 주재(主材)로서 매우 큰 풍운의 인소(因素)를 품고 있는 자이다.

'유고오'와 정치적 생애
― 다감(多感), 그러나 무정견(無定見) ―

《조선일보》, 1935. 5. 22.

내가 문예가가 아니거든 문예가인 유고오[V. Hugo]를 평한다는 것이 틀렸고, 유고오가 정치가가 아니거늘 그 정치적 생애를 말한다는 것이 또 틀린 짓이다. 그러나 이 방면에 숫나기인 나를 시켜 정치엔 문외한인 문예가 유고오의 정치적 생애를 소개케 함이 그 취의(趣意)로서는 좋을까? 톨스토이라면 가추샤의 《부활》쯤이나 알고 빅틀 유고오라면 짠발짠의 《희(噫) 무정(無情)》쯤은 간신히 기억하는 터이라 긴 이야기가 없다.

유고오는 1802년에 나서 1885년에 죽었으니 완전한 19세기의 인물이다. 더구나 유고오의 조국 불란서는 인류 생활상에 대전회(大轉廻)를 일으킨 자유·민권의 18세기 혁명과 대(大)나폴레옹의 영화롭던 제정시대의 뒤를 받아, 한편에는 그 대중 유혈의 '선물'인 자유·민권을 되찾으려는 공화당(共和黨)의 사상이 출렁댐이 있고, 한편에는 그 구정치의 찬란하던 꿈을 다시 한번 꿈꾸려는 부르본[Bourbon] 왕당(王黨)의 허덕댐이 있고, 그 중간을 걸어 나아가려는 입헌당(立憲黨)도 있어, 혹은 1830년의 7월사변도 되고 혹은 1848년의 2월사변도 되어 그 사상의 조류가 울근불근하게 지극 어수선할뿐더러, 전 구주에 있어서도 민권혁명의 사조와 신성동맹을 배경으로 삼는 정통·왕권의 주의(主義)가 천파만랑(千波萬浪)으로 일렁대던 시대이니, 다감(多感)·예감(銳感) 또 속감(速感)인 문예가인 유고오의 정치적 생애는 두말없이 엎치락뒤치락할 밖에 없었다.

어려서는 왕당파인 어머니를 배워 종교적 반동주의자인 한편 열심한 왕당주의자이었고, 20세 때부터 일약 명성을 떨치게 된 〈송시(訟詩)와 민요〉의 발표로써 루이 18세 왕에 의하여 3천 푸랑의 연금을 받게 되었으나, 그 분방하는 사상이 차차 좌로 기울어졌던 것이다. 이러는 동안에 그는 싱숭생숭하는 기분의 율동에 맡기어 정치사상으로는 통으로 자유주의를 받들고 감정상으로는 나폴레옹의 영웅적인 위세에 휩쓸리곤 하며 1848년경까지 왔었다. 1848년은 2월사변이 터지던 해니 예의 칼 맑쓰가 모(某) 선언[공산당선언—編]을 발표한 것도 이 해이라. 그 시대사조의 교류하는 상태도 짐작하려니와 시인 라마르틴[A. Lamartine]이 신정부의 의장으로 뽑히어 나중에는 나폴레옹 3세를 누르고 대통령에라도 당선되리라고 상망(想望)되는 판이지만, 이 유고오는 그동안 쌓아올린 문학적 공력으로 불란서의 학사원(學士院) 회원으로 귀족에까지 올라가면서 인류애의 홍대(洪大)한 감격에 걸떠서 무위공수(無爲拱手)나 할 수 있었으면 좋으련만, 이때에는 벌써 순무(純無)한 공화주의자로 되어 한참의 활동을 하였다. 그러나 정분이 좋을 듯싶은 이 소설가와 시인은 의외에도 사이가 좋지 못하여 우리의 유고오는 라마르틴 의장과는 티격태격하면서 루이 나폴레옹(나폴레옹 3세)을 옹립하는 데 한 기(旗)를 들었다. 그러나 나폴레옹을 대통령에 옹립키에는 서슴지 않았으나 그가 황제가 된다는 데는 배알이 틀린 것이 당연하겠다. 그래서 나폴레옹의 집정에는 맹렬히 반대하고 있다가, 1851년 나폴레옹이 제정(帝政)운동의 준비공작으로 의회해산과 반대당 탄압의 쿠떼타를 단행할 때에는 그만 국외로 추방되어, 나폴레온의 제2제국 존립하는 동안에는 망명객으로서 영길리령(英吉利領) 내 해협의 섬 속으로 불려 다니면서 호젓하나 그러나 사상적으로는 정점을 걸어 다니고 있었다. 그는 해양의 한복판, 외로운 섬 속에서 되뚝한 암벽의 위에 몸을 둘 적마다 마치 시내 산의 모세 본(本)으로 인류의 묵시적 선지자로 자기를 추켜올리곤 하면서 저 혼자 만족하였다. 그가 일생의 득의작(得意作)인 《희 무정》도 실은 이 시기에 집필한 것이지마는, 정치로서는 어찌되었든 문예가로는 도리어 황금시대를 이루었던 모양이다. 제2제국이 보불전쟁(1871년)으로 무너진 후 다시 불란서에 돌아왔으나, 그가 꼬누었던 정치계에는 워낙 어림도 없었고, 문단에서도 그의 성망(聲望)은 스러져가는 혜성의 꼬리처럼 엷고도 희미해지고 말았다 한다. 이러한 행동은 그의 인격상에도 기다(幾多)의 악성(惡聲)을 들었고, 정치적으로는 변전무상(變轉無常)하게 정권에만 아부하는 무절한(無節漢)이라고까지 나무람을 받았으나, 에밀 룻소가 천하의 남성은 다 자기를 숭앙하고 천하의 여성은 다 자기를 연모할 줄로 체신이 없는 자부를 하고 온갖 초라니 짓을 다하는 양 그래도 일대의 대문호·대사상가가 되고 만 것처럼, 그 문예가로서의 차지한 왕좌(王座)는 죽은 후에 더욱 빛났다고 한다. 요컨대 문예가인 그에게 정치적 무엇을 책(責)하는 것은 '억지'인 것이다.

신성(新成)한 비율빈국 (1)
— 감투(酣鬪)하는 대통령선거전 —

《조선일보》, 1935. 6. 25.

이 사이 전조선아마튜어권투연맹의 주최로 비율빈(比律賓) 권투군(拳鬪軍)의 정예는 수륙만리 멀고 멀게 한양을 찾아왔다. 비율빈인은 세계 권투계의 웅(雄)이라, 이제 사계(斯界) 신흥의 왕좌라도 만져보려는 조선의 정예들과 서로 어울리어 그 수영(輸嬴)을 다투려고 하니 스포츠계의 근시(近時)의 일 쾌사(快事)이려니와, 그들의 조국에서는 오는 가을 9월 20일경을 관령(關嶺)으로 신공화국의 대통령선거전에 차차 몰두하려는 사정인 것 같다. 필자 일즉 동경(東京) 학창(學窓)에 있을 때 비율빈 야구군(野球軍)을 맞아 일비곡(日比谷)인 송본루(松本樓)에서 학우회(學友會)로서의 환영연을 베풀 새, 에밀로 아기날도[E. Aguinaldo] 장군의 사진을 들고 환영의 테불 스피치를 지껄이어 그들의 갈채를 받고 제 혼자 득의연(得意然)하던 청년 시대의 치기(稚氣)가 추억되어 이제 일필한화(一筆閑話)를 써보기로 한다.

비율빈은 대만에서 일위(一葦) 해협을 격(隔)하여 마주보이는 동방적 위치를 가진 신흥한 국가이다. 마젤란의 발견과 서반왕(西班王) 필립 2세의 이름을 붙여 만들은 국명 연유 같은 것은 창창(蒼蒼)할 뿐 아니라 맛조차 없는 일이요, 금년 5월 14일 전 비율빈 1,400여만 인의 총의를 직접으로 물어보는 인민투표에 의하여 마크다피·타이딩쓰 법안[Tydings-

McDuffie Act]이라는 미국 상하원의 양 개 의원의 이름으로 제출된 10년의 예비 기한을 두고서의 제한적인 독립법안이 3퍼센트의 반대(이것도 독립 반대가 아니지만)를 제(除)한 외(外)의 절대 압도적인 다수로 비율빈인의 찬성을 얻었으매, 이에 준하여 직시(直時) 각파의 대통령선거전이 시작된 것이다. 그런 고로 이제에는 거두절미하고 다만 그 선거전에 관한 몇 가지의 이야기를 써보려고 한다.

19세기의 종말에서 20세기 벽두에 걸치어 세계의 후진국민에게 크게 시청을 집중시키는 두 가지 사건이 있었으니, 하나는 1896년 서반아국에 향하여 반기를 들은 비율빈인의 운동이 미합중국의 후원으로 일시 공화국을 건설까지 하였으나 1898년 이래 미국의 탄압에 의하여 재차 항전의 끝에 필경 압복(壓服)된 것이요, 또 하나는 1899년에서부터 남아불리가(南阿弗利加)의 트란스발[Transvaal] 국민이 오란예[Orange] 자유국과 연합하여 대영제국의 침핍(侵逼)에 항전할 새, 1902년까지 3개년 동안 그야말로 칼이 꺾이고 탄알이 떨어지도록 혈전하다가 필경은 영제국에 합병되고 말은 사실인 것이다. 전자의 운동을 지도한 것은 에밀로 아기날도 장군으로 당시 30세 갓 지난 소장 인물로서 제2차로 미국군에 대하여 항전할 때에도 비율빈공화국의 대통령 겸 비율빈군 총사령장관의 지위에 있던 자이니, 당시 아기날도 장군의 인망은 마치 독일 당시의 힌덴부르히[P. Hindenburg] 원수와 같았던 터이었고, 후자의 운동을 처음부터 영도하던 것은, 즉 그류겔[P. Kruger] 대통령으로서 1902년에는 몸에 상복을 입은 가장 비통한 몰골로 차리고 구주(歐洲)인 백림(伯林) 시에 나타나서 빌헤름 황제 등의 동정에 매달리려고 하던 것이다. 이제 트란스발 공화국은 영제국의 자치령 식민지인 남아연방(南阿聯邦)의 기본부(基本部)를 이루어, 그류겔과 한가지 화란인(和蘭人)의 혈통을 받은 스마트[J. Smuts] 장군이 영년(永年) 수상의 지위를 차지하여 구미의 국제정국에 사인(斯人)이 있다는 존재를 알리게 되는 일대 인물로 되었고, 비율빈은 맷킨레[W. Mckinley] 대통령이 그 병합의 처음에 있어 허여(許與)를 성명한 '자유'의 선물이 비율빈인 30여 년의 운동에 인하여 차차 실현되는 막이 열리게 된 것이다. 그런데 아기날도 장군은 오랫동안 마닐라의 교외 카비테 별서(別墅)에서 유유(悠悠)한 한일월(閑日月)을 보내던 끝에 6월 2일에는 신성 공화국의 대통령 후보로 나선 것을 보(報)하여 왔다. 대통령선거에는 이보다 앞서 5월 25일경에 벌써 입후보한 최유력하다는 현 상원의장인 케손[M. Quezon] 씨가 있고 그 외에 아그리파이[G. Aglipay] 주교가 있다고 한다. 비율빈인은 이 항전 당시의 영웅 아기날도 장군을 초대의 대통령에 일치 추대할 사정은 안 되는가?

【편자 주】 필리핀은 1570년 스페인의 식민지가 되었다가 1898년 미국의 식민지로 전락했다. 10년의 자치정부 기간을 거쳐 미국으로부터 독립한다는 '타이딩스-맥더피 법안'이 1935년 미국 의회를 통과함으로써 선거를 치르게 되었다. 선거 결과 대통령에는 케손, 부통령에는 오스메냐가 당선되었다. 그러나 제2차 세계대전이 일어나 1942년부터 1945년까지 일본의 지배를 받았다.

신성(新成)한 비율빈국 (2)
─특수 정세와 공작(工作)의 유래─

《조선일보》, 1935. 6. 26.

아기날도 장군은 심중과점(沈重寡點)한 질(質)로서 군인적 특장(特長)을 가졌고 독립운동의 원훈(元勳)이면서 일찍 남에게 자랑하려 함이 없는 일대 인물이라고 한다. 그들의 영솔(領率)한 비율빈의 인민군은 1898년의 패□(敗□) 이후에도 1902년까지 계속 혈전하였던 것이니, 6월 2일 아기날도 장군의 대통령 입후보의 때에는 그의 마닐라 교외의 주거지를 중심으로 당시에 용전(勇戰)하던 노병단(老兵團) 5천 인이 대시위 행렬을 거행하여 기세를 돋우었다고 한다. 외국에서 멀리 생각하기에는 아기날도 장군의 대통령 입후보는 거대한 세력으로써 전 비율빈을 풍미할 것 같지만, 현하 비율빈의 정치사정은 꼭 그러지도 않은 모양이다. 목하에는 상원의장으로서 20년래 대미(對米) 독립요청운동에 진력하여 온 마누엘 케손 씨가 국가당(國家黨)인 다수파 수령으로 대통령 후보가 되고 전(前) 하원의장으로 케손 이상의 세력이 있던 세내토어 오스메니아 [S. Osmeña] 씨는 독립당(獨立黨)인 소수파의 수령으로 부통령의 후보가 되어 양자의 타협에 의한 세력으로 선거전을 농단하려고 하는 것 같다. 그리고 통상으로 보아서는 이 양자 간의 당선은 거의 필연한 형세라고 하는 터이다. 여기에는 비율빈의 국정(國情)과 그 독립운동의 유래를 일별할 필요가 생긴다.

비율빈은 대소 7,083개의 섬과 섬들로 되어 총면적은 오히려 11만 4,400평방 리에 달하며, 그 인구는 1,400여만 인이로되 대부(大部)는 멜레인[Maley]이요 기타 각종의 종족과 혼혈인으로 된 자 있으니, 1925년경의 독립을 반대하는 모로 만인(蠻人)이 있었다고 미국 측의 보도가 있었던 것은 식자 혹은 기억할 것이다. 케손 씨는 마닐라와 중앙 여송(呂宋)[루손 섬—編]을 중심한 타가로민족[Tagalog] 450만 인의 대표 격으로 서반아인의 혈통이 섞인 듯한 자이요, 오스메니아 씨는 중앙 여송의 일부로 기타 각지에 분포되어 있는 비사야 민족 750만 인의 대표 격인 자로서 어데인지 중국인의 혈통이 섞인 듯한 자이요, 그 처가 또 중국인이므로 중국당(中國黨)이라고도 할 일파 세력의 지지를 받던 터이다. 작술(昨述) 아그리파이 교주란 자는 역시 북부 여송 이포코쓰 주를 중심으로 또 별파(別派) 민족의 세력을 우이(牛耳)하는 자로서 종교적 영향하에 일정한 지반을 가졌다고 하는 바이니, 그들의 종족을 달리하고 혹은 언어도 같지 않은 자 있으면서도 만금(輓今) 수 30년만으로도 그 내부에서 종족의 계쟁(係爭)이 있음에 불계(不計)하고 그 전면적 운동을 요하는 점에는 언제나 일치협력함을 잊지 아니함은 그들이 오늘날의 준비를 가질 수 있는 중요한 일 조건일 것이다. 그리고 20세기 벽두 이래의 그들의 운동은 맛킨레 대통령의 선언한 "장래 비율빈도(比律賓島)의 인민에게 자유를 부여하겠다"는 약속에 의하여 전면적인 정치적 투쟁 대신 항상 대미(對米) 내교섭(內交涉)의 '운동'을 할 수 있던 그들의 지리상, 경제상 및 정치상의 독자적인 특수 정세를 가진 것이었다. 이것은 간과하면 아니 될 그의 역사적 조건인 것이다.

그러므로 현하 케손·오스메니아 양씨(兩氏)는 연횡(聯衡)하여 대통령선거전에 제패하려고 하는 터이지만, 전술한 방법의 독립'운동'(운동이다) — 특히 1916년 8월 29일 월손[W. Wilson] 대통령에 의하여 지도된 비율빈 독립공작에 관한 쫀슨 법안이 실행된 이래로는 아기날도 장군처럼 전투적인 인물은 교외의 한일월(閑日月)에서 당년의 풍진만 추억하고 부대해가는 비육(髀肉)을 한탄할 뿐이었지, 실은 케손·오스메니아 등의 상하의원에, 요직에 있던 자들이 번갈아 태평양을 건너 멀리 워싱톤의 정계에 가서 교섭과 요청과 알선함을 일삼았던 것이다. 금년 5월 1일로써 그들이 의회에서 수락 결의를 하고 동(同) 14일로써 인민투표에 부치어 그 성립을 보게까지 된 타이딩쓰·마크다피 독립법안이란 자도 실은 오스메니아 씨의 준비공작이 있었고 케손 씨의 수정을 겪어 루즈벨트 대통령과의 사이에 표리상응하여 만들어 낸 바이다. 그 인종 계선(界線)을 합하여 놓은 국정(國情)과 인물 각파의 관계가 흥미 있다.

신성(新成)한 비율빈국 (3)
— 미화책(米化策) 실패와 해방 준비 —

《조선일보》, 1935. 6. 27.

그러나 타이딩스·마크다피 독립법안이란 자가 생기어 비율빈인이 대통령선거에까지 가기에는 무론 상응한 이유와 경위가 없을 수 없다. 제1은 비율빈 영유(領有) 이래 30여 년에 극동의 정치사정은 거대한 변동이 있어 일본의 3대 해군국의 1로서의 세력은 비도(比島)의 군략(軍略)적 지위가 매우 위험하게 되었음으로 그의 극동정책상에 큰 의의가 없어졌고, 제2로는 미국의 국정(國情)이 이주 식민지를 전혀 요(要)치 않는데 경제적으로는 사탕(砂糖)·마(麻)·야자유, 기타 생산품이 무관세로 미 본국에 이입되어 그들의 산업을 침식하고, 비율빈인은 동양인 배척의 장애를 면하여 자유로 입국하여 그들의 백인 노동시장을 침해하고 있으니, 이 군사와 경제상의 양대 조건은 미국의 각층의 사람들로 비도(比島) 해방을 이익으로 생각케 하는 점이다. 그런데 미국의 비율빈 동화책은 완전히 실패한 것이 또한 중요한 일 이유이다.

서반아(西班牙)는 300여 년간 비도를 영유하였다. 지금 비율빈인은 서반아류의 천주교를 많이 믿고 다수가 서반아어를 일상용어로 할 만큼 서반아화한 자이다. 그러나 그들은 서반아에 불복하여 그 기반(羈絆)을 벗었다. 미국이 이를 재차 영유하려 할 때 아기날도 등의 항전이 있었고, 그 후에도 아기날도 장군과 리칼테 씨 등에 의하여 영도되는 카티뿌-난

당(黨)[Katipunan]은 비밀 결사로서 그 독립을 운동하였다. 지난 5월 10일 전후, 24일의 투표를 앞에 놓고 즉시 독립을 주장하여 일대 소란을 일으킨 사크다리스타 당(黨)은 목하 동경(東京) 방면에 피신하여 있는 라모쓰 씨 등에 의하여 지도되고 있는 터이다.

미국은 비도를 영유한 후 그를 미국화 시키려는 견지에서 언어·교육 등을 미국류로 하고, 대학·전문학교·고등학교·여학교 등을 세워 주로 영어로써 교육하고, 70개의 중학과 5천 개의 소학교에서도 영어로 가르쳤다. 관리와 교원들에게도 영어를 능통한 사람이 아니면 아니 되었다. 그들은 토목·위생의 시설을 선미(善美)에 가깝게 하고 일반 행정을 여행(勵行)하였으나, 그러나 비율빈인은 미국의 정치를 기뻐하지는 아니하였다. 일반 인민은 각각 그 방언과 서반아적인 언어를 써서 그 독자적인 일정한 문화 집단으로서의 걸어갈 코-쓰를 걷고 있는 것이다. 이것만이라면 오히려 반부(半部)의 이유밖에 아니 될 듯하지만, 전술(前述) 군사상, 경제상의 이유는 미국 자신이 비율빈의 해방을 필요로 하게 된 것이다. 그리하여 1916년 8월 쫀스 법안이란 자에 의하여 24명의 상원과 91명의 하원을 조직하고 많은 관아를 두어 '내정관리권'을 비율빈인으로 행사하게 하여 오늘까지 전후 20년에 미친 것이었다.

케손·오스메니아·로하스 등등의 인물은 이리하여 상하 양원에 들어서서 이래 항상 태평양을 건너다니며 '요청'운동에 분주하였던 것이다. 그런데 상원의장은 '푸레시덴트'[president]로 일컬어서 그 용어상에는 엄연한 일 대통령이므로, 15년간 그 지위를 보전하여 관계(官界) 유영(游泳)에 손속이 난 케손 씨는 언제부터 푸레시덴트 케손으로 행세하면서 정계는 무론이요, 연회와 무도회에 흥청거리고 쏘다녔다 한다. 그는 1931년 당시 오스메니아 씨의 진력에 의하여 성립되었던 컷팅 독립법안

[Hare-Hawes-Cutting Act]을 파괴하고, 자신이 미국에 다시 건너간 결과 컷팅 법안의 수정 형식에 지나지 않는 타이딩쓰 안(案)을 만들어 내었다고 유심인(有心人)에 의하여는 비난 받는 터이다. 지금에는 서로 타협한 그적의 정적 오스메니아 씨는 그의 권사(權詐)적 행동을 맹렬히 공박하고, "기집의 궁둥이를 따라 미국까지 갔다왔다"고 신랄한 폭로전까지 하였다고 한다. 어찌하였든 케손 씨는 최유력자의 하나인 것이다. 타이딩쓰 법안은,

1. 10년 이내에 완전히 독립함.
2. 독립하는 때는 미국은 직시(直時) 비도(比島)에서의 육군 근거지를 포기함.
3. 해군 근거지는 독립 후에도 포기치 안 함. 다만 독립한 20년 후에 대통령은 비율빈 정부와 이 문제로 교섭함.

등이요, 실은 영세중립국을 완성하려 함이 그들 전체의 희망이다.

신성(新成)한 비율빈국 (4)
― 결국 영세중립국 성립 호(乎)? ―

《조선일보》, 1935. 6. 28.

월손 씨의 민족자결 원칙은 비율빈에서는 그 진정한 적용을 보게 된 것이다. 1916년 이래 인민의 투표에 의하여 상하 양원이 성립되고, 많은 행정의 권(權)을 가진 비율빈인들은 월손 씨의 주장한 그 제도·문물의 정비와 자주·절제의 정치를 하기 위하여, 또는 독립된 때의 용의(用意) 의 때문에 일본 등 선진 제국(諸國)의 제도(製度)를 조사하면서, "중국· □라(□羅)·파사(波斯) 따위 보다도 훨씬 나은 동양 제2의 대국가를 만 들기를 목표"로 매진한다고 벼르고 있다. 그들은 소위 평화적 비평화적, 합법적 비합법적인 도정으로 논자의 주장하는 맹동(盲動)·준동(蠢動)· 폭동·선동(善動)의 갖가지 경로를 지나 오늘에 온 것이다. 이것을 만일 아일랜드 자유국에 비한다면 월손 씨는 자유당(自由黨)의 영(英) 수상 글랏스톤[W. E. Gladstone] 씨와 같은 지위에 있고 아기날도 장군은 때 발레라[E. De Valera] 씨와 방불한 지위에 있다 하겠는데, 현재 케손· 오스메니아 등은 코린쓰[M. Collins]·그리피쓰[A. Griffith] 수씨(數氏) 와 같은 자이요, 루스벨트 대통령은 로이드 쪼지 영 수상과 같다고 할 까? 동서의 양대 앙글로인의 제국적 국가를 두고 동서 양 개의 섬나라의 인민의 정치적 행진의 단계가 자못 흥미 있는 자이다. 이제 때 발레라 씨는 일시의 퇴축(退縮)을 지나 필경 아일랜드 자유국의 대통령으로 되 었는데, 아기날도 장군은 그 대통령의 선거전이 반드시 유리하다고 할 수 없다. 그것은 양국과 양인자(兩人者)의 처(處)하여 온 바, 정세와 시간이 서로 다른 까닭이다.

아기날도 장군은 미국의 비도(比島) 영유 이래 정치의 표면에 나서지 않고 늘 은퇴하여 왔었다. 그리고 그는 전투적인 장군이지만 정치적 '운동'에는 안 좋아하는 기질이다. 그리고도 비율빈인 중에는 장군이 끝까지 미국군과 항전하여 죽은 후에 말지 않고 시불리(時不利)가 심한 때에 타협으로써 그 별서(別墅)의 한일월(閑日月)을 보내고 있는 것을 못마땅하다고 여기는 터이라 한다. 하물며 전술 수십년래의 비율빈의 사정은 전연 정치적 항쟁의 대신에 교섭과 요청의 '운동'으로써 하여, 케손 등 정객자류(政客者流)의 무대로 바뀌어 왔음에랴? 그러나 여기서 생각할 것은 10년 후에야 비로소 신성(新成) 완전한 국가됨이 하나이요, 또는 효과적인 영세중립 정책이 실현되어 국제적 안전지대 될 수 있을까? 혹은 그들의 잔뜩 꼬느는 동양 제2의 대국 구실을 할 수 있을까가 그 남은 문제이다. 태평양의 이해관계는 중국에 관한 9개국 조약에서처럼 그 범위가 넓으나, 일·미·영·불·난(蘭) 제국이 그 중요한 자이요, 그중에도 일·영·미 3국이 또 영도권을 장악한 자이라, 이 점에 관한 한 비율빈인보다도 일층의 관심을 가지는 자는 즉 미합중국인인 것이다. 그들은 비율빈으로 10년 후에 완안(完安) 자립을 보게 될 때, '어찌하면 자기들의 도양(渡洋) 공세작전의 해군정책이 아닐지라도 비율빈국으로 영세중립이란 국제적 쟁탈권 외에 두게 할 수 있을까?' 함에 있는 것이다. 미국인의 견지로는 혹 그럴 만도 할 것이다. 그는 아마 금후에도 일정한 흥미를 끄는 동방 정국상의 일 문제일 것이다.

아기날도이거나 케손이거나 오인은 이상 더 관심과 흥미를 아니 가진다. 다만 미국과 비도화의 지리상의 상호관계와 미국의 국정(國情) 및 비도의 경제사정이 서로 어울리어 다른 데서 볼 수 없는 특수한 정세를 만들고 있는 것을 간과하여 아니 될 점이요, 그 위에 유의할 것은 앙글로인의 세계정책은 아리주의(我利主義)적이면서 항상 그 '문화적'인 향토인의 전통 취미 및 그 희원(希願) 등을 되도록 존중하려는 태도 그것이다. 옛적에 로마인은 천하에 패(覇)를 하는 번영을 이루었지만, 그들은 그 아리(我利)적인 주아관(主我觀)을 그대로 쥐고 있으면서 한편으로 세계 이르는 고장마다 그 나라의 전통 취향과 일정한 특수 문화성에 의한 독자적 생활 체제를 존중하는 도략(度略)과 아량을 가지던 것이다. 세계 식민사상(植民史上)에 있어 라틴계의 제 국민은 대체로 실패하는 편이요, 앙글로계에서는 성공하였다고 하는 것이 현대까지의 역사인 것은 또 일반 식자의 유의할 점이다. (끝)

교육 만주화(滿洲化) 문제
─ 조선인 문화 존중론 ─

《조선일보》, 1935. 9. 25.

만주국에 재주(在住)하는 백만 조선인 문제는 오인 관심의 대문제뿐이 아니다. 조선의 위정(爲政) 당국으로 된 자와 또는 만주국의 위정가, 지도자, 기타 일반 식자들도 한가지로 심심한 주의를 요할 자이다. 근자 조선의 논객들이 이 문제를 다루기에 자못 거북하게 여기는 바 있으니, 무릇 중대한 시사(時事)는 솔이염필(率爾染筆)함을 허(許)치 않는 바이나, 그러나 그것이 신중의 의미로서가 아니요 일종의 회피라면 이를 가(可)타 할 수 없고, 또 그 이유가 서지 못하는 자이다. 이미 백만 동포가 있으니 그 문제는 본질적으로 커서 때를 따라 다를 바가 아니다. 오인은 일찍 그 동삼성(東三省)으로서 중국 영토의 일부인 때부터 이 점에서 거대한 관심을 가졌던 바이요, 만주국이 건설된 이래 수삼(數三) 년에 조금도 그 관심을 달리할 이유를 발견할 수 없다. 무릇 국제정세의 변동은 때를 좇아 항상 같지 않지만 조선인의 휴척안위(休戚安危)는 의연(依然) 불변(不變)의 휴척안위인 것이다. 오인은 이에 감(感)한 바 있어 일가언(一家言)을 써서, 여론의 추향(趨向)에 기여하려 하는 것이다.

목하 재만(在滿) 조선인 문제에 관하여 일반에게 부문적으로 그 관심을 환기한 것은 두 가지 점이라고 본다. 하나는 치외법권 철폐안인 것이요, 또 하나는 재만 조선인 교육의 만주화(滿洲化) 문제인 것이다. 전자로 인하여 조선인이 그 정치·경제의 제 생활에 있어 자못 거대한 고초를 느끼는 바는 오인도 한결같이 인식하나, 그러나 오인은 이제 특수 권익 때문에 치외법권의 유지를 주장하는 그러한 이기적 주아관(主我觀)을 고집할 의사는 없다. 왜? 그것은 만주국에 대한 다수의 이주 동포를 보내는 오인 조선인으로서는 협동호조(協同互助)의 대도(大道)를 잘 지켜야 할 것을 잘 아는 까닭이다. 그러므로 이로 인한 기다(幾多)의 타격이 조만(早晩)에 올 것을 보면서도 구태여 노노(呶呶)하지 않는다. 이것은 당연하다. 그러나 만주국에 있는 백만의 조선인 동포를 만주화의 교육하에 두려고 하는 것은 이에 극력 논의함을 요한다. 오인은 일찍 거기가 중국영토의 일부인 때부터도 '집중·통일·자치'로써 그 타당한 대책임을 — 그 최종의 논문은 소화(昭和) 6년 9월 4일부 《조선일보》 사설 — 주장하였던 바이요, 만주국이 새로 건국되는 직후에도 — 소화 7년 4월 10일부 동(同) 사설[《민세안재홍선집》 제1권 참조—編] — 이를 되풀이하여 요구하였던 바이다. 더구나 그 주민 총수 60만 중에 8할인 47만의 이주민을 차지한 작년 이래 특별한 1성(省)으로 된 간도(間島)에까지 이 만주화의 교육정책을 적용한다는 것은 드디어 수긍할 수 없는 바이요, 금석(今昔)을 따라 그 주장을 고칠 이유가 있을 수가 없다.

오인은 소위 소수민족 문제 같은 데서 보는 구주 수국(數國)에서 오는 전례(前例)와, '혼주협력(混住協力)'을 요하게 되는 전례와, 특히 대동(大同) 원년[1932년—編] 3월 1일 이 취의에 의한 만주국 건설 선언의 정신과, 또는 실제 정치상 일정한 수량에 달한 그 전통을 달리하는 문화 민족으로서의 공동 생활상의 필연적인 객관 조건 때문에 돌아보아 이를 음미 및 주장하려 하고, 만일에는 간도와 같이 한(韓)·청(淸) 양국 당시 이래 기다한 국교분의(國交紛議)를 거듭하는 유서 깊은 지대임에 관하여 일층의 주장을 요하는 바이다. 만주국은 그 천연 지리의 제 조건과 국제 교통의 착종한 인문적 관계와 또는 건국 당초 이래의 특수한 정치적 제 경향에 의해서도 당연 그 국가 구성의 일 주요 성원이 되는 조선인에게 병존·협력의 자치적인 정치 문화의 생활을 허여 및 보장하여야 할 것이다. 무릇 동일 지역에 주거하면서 혹은 서로 그 우월성을 주장하고 혹은 급히 그 사회관계를 동화시키려고 하는 것은 많은 경우에 그 가능성이 결(缺)한 부자연한 일이다.

교착된 이 · 에 전쟁
— 만종(晚鍾)을 듣는 구주 열국 —

《조선일보》, 1935. 11. 5.

이태리 · 에디오피아 전쟁은 지난 10월 6일 아도와[Aduwa]의 함락을 획기(畫期)로 삼은 듯이 개전 벽두 엄연(奄然) 교착상태에 빠지고 말았다. 아도와가 함락된 후 며칠이 지나 그 서남으로 대략 7~8천 척(呎)의 산악 속에 숨어 있는 에디오피아의 성도(聖都)인 악슴[Axum]도 이태리군의 손에 함락되어 하일레 실라세[H. Selassie] 황제로 눈물을 지며 그 극복을 벼르게 하였다고는 하나, 그 뒤로 오늘까지 양국의 주력이 마카레[Mekele] 방면에서 일대 결전을 하리라고 그 선성(先聲)이 울려올 뿐이요, 아직도 건곤일척하는 대회전(大會戰)이 없다. 에디오피아는 두메 나라이라 7~8천 척(尺)으로, 1만 2~3천 척(尺)이나 되는 칼날 같은 준령이 심각한 계곡을 안고 돌고, 평천광야(平川曠野)의 땅이 야전군의 분방(奔放)하는 주동(走動)을 허(許)치 않을뿐더러 평탄한 고장에도 따로 사막과 소택(沼澤)이 교착(交錯)된 바 있어 워낙 대군의 행동에는 마땅치 않은 터이니, 전국(戰局)의 침체됨이 당연한 바이다. 그러나 전국 침체의 원인은 에디오피아의 그러한 자연지리에만 있지 않아 영(英) · 불(佛) · 이(伊)를 중심한 구주 열강의 상호간의 견제에 말미암은 것은 너무 상식적이어서 그 표출함을 도리어 심겁다고 한다. 이 · 에 전쟁과 그 국제적 연관 관계는 이미 회수를 거듭하여 논평된 바이라 구태여 사족을 달 바 아니요, 차라리 그를 기축으로 국제정국의 동향의 전모를 잠깐 다시 전망함에 그치기로 한다.

이태리는 구주 자본주의 국가의 후진국인 자이라 그 본국이 이미 철·석탄·석유 등과 면화의 재배·산출에 대량의 부족을 느끼고 있는데 해외의 영토조차 남같이 잘 가지지 못하였으니, 1870년 3월 11일 제노아의 상업회의소가 홍해(紅海) 해안에서 앗사부[Assab] 항(港)을 매수한 것을 시초로 1896년 3월 1일 아도와에서의 바라체리[O. Baratieri] 장군의 에디오피아군에게 대패하는 등 매우 파란 많은 도정을 밟아서 오늘날에 온 것이요, 1915년 4월 26일 이태리가 삼국동맹의 책무를 헌 신같이 벗어버리고 영·불 측에 가담하는 군사 협력의 몸값으로 만들었던 런던 비밀협정을 범을 얽는 썩은 새끼로 삼아 이래(爾來) 멧고팽이의 영·이, 이·에 혹은 영·불·이 간의 각서, 약정 또는 조약을 맺어가며 오늘날의 분규의 장면에까지 뭉치어온 것이다. 그러나 영토와 권익 등 침략의 대상의 앞에 걸리고 틀리는 그들 열국의 관계란 것은, 옥신각신하는 유녀(遊女)의 앞에 신의를 말할 수 없는 야유랑(冶遊朗)들과 같아서 무슨 항구성(恒久性)이 있을 수 없는 것이매, 이제까지 몇 번이나 그 대립의 대수(對手)가 갈려온 것이요, 오늘에는 이·에 전쟁이 다시 영·이 대립의 첨예화로 되어, 그것을 계기로 자칫하면 제2의 세계대전란을 머지않아 보리라고 위구(危懼)하게 되는 이유이다.

문호 웰쓰[H. G. Wells]의 소설적 묘사를 기다릴 것 없이 이 뒤의 세계대전은 반드시 이전의 세계전란처럼 아니 될 것을 알아야 할 바이요, 그 시기도 꼭 모년 모월에 온다고 할 수 없는 바이니, 이것이 시국에 대한 1개의 상식이다. 이를테면 영·이 양국이 끝내 교전한다고 치고(아직도 그리 속단할 바 못 되나) 그것이 단단히 걸린 때에 그 영향이 먼저 극동에 미칠 수도 있고, 한편으로 나치쓰 독일이 그 틈을 타서 메멜

[Memel] 문제[독일은 리투아니아로부터 메멜 지방의 환부를 요구함-
編]와 오지리(墺地利) 합동 문제에 손을 걸게 되고, 극동의 움직이는 형
세로 인하여 다시 미(米)·노(露) 양국이 각각 그 와중(渦中)에 들어가게
된다고 볼 것이니, 이 동안에 불란서가 매우 안타까운 경지에 빠져 들어
가는 '번영의 비애'에 헐떡이는 나라인 것이요, 그리되는 나중이면 인도
지나 등의 남아세아의 피예속 국민들에게까지 전보다 같지 않은 새로운
불안이 있을 수 있는 것이니, 그는 실로 구주의 앙가슴에서 완연(蜿蜒)
수천 리의 동서의 양대 진영의 대립·전투를 겪던 것과 같은 대량과 집
중의 현상은 우선 없으리라고 하는 내용인 것이요, 그 폭발의 시기도 일
촉즉발이 연방 외쳐지는 채로 얼른 그렇게도 아니 되는 원유(原由)도 여
기에 있다. 현금(現今) 전 세계의 기성한 대부(大部)의 선진국가들은 누
구나 전쟁을 준비하면서 전쟁의 공포에 남몰래 저리고 있다.

이·에 국정(國情) 금석관(今昔觀)
— 구아몽(舊阿蒙)인 상승제국(常勝帝國) —

《조선일보》, 1935. 11. 6.

현하의 선진 자본주의 열국은 모두 일정한 생산과잉에 의하여 각각 대량생산의 공장에서 '조단(操短)'[조업단축—編]을 단행하고 있다. 그러나 마찬가지 생산 과잉의 나라이면서 또 한편 과잉하는 인구를 주체하지 못하는 자 있는 현상이니, 이는 식량품의 과잉 생산과 인구의 과잉을 한꺼번에 근심하여야 할 경우에서 가장 명백하게 그 사회적 모순성을 발견하는 것이다. 그러나 이제 그 사회적 모순성을 구명함은 전연 논외로 밀어두고, 이태리가 모처럼 신흥한 대제국(大帝國) 되기에 뼈 무르고 있더라도 이미 그 진출을 여의케 못하는 자이니, 구주의 대전란이 터지기 전까지는 1년의 외국 이민 총수 70, 80만 인을 보내는 것이 예사이었고, 1919년 이후에도 1년 58만여 인에 달한 것을 최고로 오히려 매년 평균 30만 인 내외를 보내게 되는 것이다. 한편에서 산아장려를 여행(勵行)하는 뭇소리니의 이태리가 조만(早晩) 오늘날의 거조(擧措)가 있을 것은 필연의 일이었나니, 1919년 베르샤유강화회의 당시 상술(上述) 런던협정을 방패 삼아 아불리가(阿弗利可)에서 진작 방대한 식민지를 얻으려던 것이 영·불의 전횡에 뒤채서 부질없이 전권(全權)의 탈퇴라는 몰골사나운 짓만 하게 되었던 것이다. 그도 그럴 밖에 없는 것은, 이태리의 참전이 불란서를 퍽은 비익(裨益)한 바 있었지만 그들은 이손소[Isonzo] 하반(河畔)에서와 피아베 평원에서 동맹군에게 부지런히 패하고만 있어 승전

다운 승전을 못하였던 까닭에 오지리(墺地利)의 구령(舊領) 중으로 '미
회복된 이태리'를 약속대로 차지하게 하였을 뿐[이는 중립 유지의 대상
(代償)으로 오국(墺國)에게 거저 얻을 조건이었다]이었고, 아불리가에서
의 영토의 확장은 깜냥에 넘치는 일로 인정되었던 까닭이다.

그러나 이태리가 약하기는 약하지만 그는 구주 '문명'국의 하나인 것
과 4,100여 만의 인구의 소유자인 것을 알아야할 것이니, 이는 이·에 전
쟁에 관한 물력적 비교의 기본 조건인 자이다. 하물며 1919년 이후에는
(1) 독일의 전패(戰敗) 후의 피폐와, (2) 오지리제국의 전락과, (3) 싸베
트 노국의 적색 공포에 인한 영·불 양국의 직접의 지지[이국(伊國)을]
와, (4) 그 간접적인 보수세력의 재건 도정에서의 유리한 영향하에 파시
스타[Fascista] 이태리는 그 군국적 생장과 훈련을 자못 유감없이 한 것
이니, 그들은 이에서 오만무례한 발□(拔□)적인 태도로써 '그까짓' 에디
오피아쯤이야 하고 달려드는 서슬인 것이다. 그들은 '야만(野蠻)인 흑인
국'을 저열한 구조(口調)로써 마구 후욕(詬辱)하면서, 에디오피아에 대하
여 '우리들의 것'이라는 남구(南歐)의 라틴적 표경미(剽輕味)를 나타내면
서 수륙공(水陸空) 30 수만(數萬)의 대병을 동아(東阿)의 전지(戰地)에
보낸 것이다.

이에 에디오피아의 국정(國情)을 일별하건대, (1) 그 연면(連綿)하는
수천 년의 황통(皇統)과, (2) 제16세기에서의 회교군(回敎軍)의 침입에
대한 완전한 격퇴와 그 후 애급(埃及) 침입군의 양척(攘斥)과 예의 1896
년 아도와에서의 이태리군의 소탕 같은 것은 그들로 하여금 상승(常勝)
적 자부와 그 영예를 확신하는 바이나, 그러나 아무리 전 세계의 동정이
그들 약소국민에게 집중되더라도 그것만으로써 거연(遽然)히 이태리의
근대적 정예한 무기의 앞에 에디오피아 750만 민(民)의 육탄의 무진(無

盡)한 위력을 오로지 믿을 수 없는 것은 드디어 어찌할 수 없을 것이다. 1896년 2월 29일 밤중 이태리의 바라체리[O. Baratieri] 장군은 창황히 공위군(攻圍軍)에게 대전(對戰)의 길을 떠났으나 그 작전계획조차 착오가 생겨 익일에는 필경 사상(死傷) 6천, 부로(俘虜) 4천으로 인(因)하여는 1천만의 배상금을 물어주는 공전의 추태를 부렸다. 그러나 이때 바라체리군 총수 2만 5천 내외인데 메네릭[Menelik Ⅱ] 황제의 전 병력 10만이었고 게다가 에군 전사 5천, 부상 8천으로 그 손해는 훨씬 컸던 것에 돌아보면, 오늘날 약진한 이태리의 현대 정예한 무장병 30 수만이 자못 파죽의 세(勢)로 아도와와 악슴을 점탈함을 괴이쩍게 생각할 바 못 된다.

아주(亞洲)는 궤상육(机上肉)

—'에디오'는 미완성 민족—

《조선일보》, 1935. 11. 7.

에디오피아는 '빛나는 얼굴'이고 아지스아베바[Addis Ababa]는 '꽃의 서울'이라고 한다. 상하(常夏)의 나라 에디오피아는 붉은 볕이 혁혁(赫赫)하게 쪼이는 광명의 나라요, 지구에서의 '빛나는 얼굴'이라고 자부하는 이름이라고 한다. 황색의 여행가가 아불리가(阿弗利可)에 들어서서 예외 없이 백인의 식민지로 된, 눈꼴이 틀리는 피압박의 흑인의 시골로만 다니다가 발부리가 한번 에디오피아의 국경에 다다르매, 세관리(稅關吏)의 절도(節度)도 못 본 체 마구 밀고 달려들던 존대(尊大)한 구주(歐洲)의 모국인(某國人)이 쫓기어 한옆에 서 있다가 짓궂도록 맨 나중까지 검사를 기다리게 될 때 짜증에 못 견디어 울상을 하더라는 말을 나는 감격 깊게 들었다. 그들은 황색의 여행가를 환영하며 극동의 정세도 묻고 조선의 사정을 알려고도 하더라고 한다. '동방의 피압박 인민'이라고 구주와 대조하여 쓰이는 말이지만 아불리가 2,880만 평방킬로미터[실제 아프리카의 총 면적은 3,036만㎢, 에티오피아는 113만 3,882㎢이다—編]의 넓은 천지에서 유일인 흑인계의 독립 제국도 실은 그 반식민지적 형태에 빠져 있은 지 오랜 것이다.

그 지형이 홍해의 남안 2천 미터 이상 태령준악(泰嶺峻岳)이 넘나드는 고지대로 되어 문득 작열한 적도 근방에 접하여 있으니 '빛나는 얼굴'

임에는 틀림이 없다. 그러나 교통이 이미 불편하고 구주 문명의 그늘도 그 광열(光熱)과 험준의 위력에는 중도에서 해소될 밖에 없어, 그 문화로는 아직껏 고(古)형태의 봉건사회 그대로를 지니고 있는 터이다. 1896년 당시에는 티그레[Tigray]의 망까샤[Kassa : Yohannes Ⅳ] 왕이 메네릭[Menelik Ⅱ] 황제와 제권(帝權)을 다투는 내쟁(內爭)에 인하여 일시는 이태리의 원정군과 협동의 작전을 하기까지 되었던 자이요, 이태리인의 포화가 전 에디오피아 인민으로 그 예속의 멍에 아래에 집어넣으려 함을 볼 때 번연(飜然) 바라체리 장군과의 약속을 파기하고 하라-르[Harar]의 마콘넨[T. Makonnen] 왕과 함께 각각 대군을 이끌고 메네릭 황제를 좇아 아도와의 탈환에 혈전(血戰)하였던 것이니, 오늘날에 그 제왕(諸王)의 한 사람인 라쓰 캇사 장군이 본부 7만의 각 과병(科兵)으로써 마칼레 방면에서 역전(力戰)하여 하일레 셀라세[Haile Selassie Ⅰ : 마콘넨이 즉위한 뒤 붙인 이름-編] 황제 때문에 거대한 기염을 토한다고 하는 한편, 티그레의 수장 구구사가 선뜻 이태리군에게 돌려붙어 그의 조종의 밑에 춤추려 하고 있다는 것은 그 39년 동안의 금석의 감도 없지 않거니와, 아직도 통일 집중으로 전연 단일화하지 못한 선(先)자본주의적 형태에서 방황하고 있는 그네들의 정세인 것이 역력히 보이는 바이라, 이것도 이·에 대전(對戰)의 물력(物力)적 대비의 한 요령이 될 바이다. 요는 (1) 그들의 천험천후(天險天候)의 위력과, (2) 거국적 단결의 역량상의 관계와, (3) 연맹 열국의 무기 금수(禁輸)의 해제에 의한 그의 무장상의 보강과, (4) 그 의용(義勇)을 자랑하는 격동된 인민의 육탄적 항전이 얼마큼이나 광일지구(曠日持久)하는 국면에서 때때의 기승(奇勝)을 얻겠느냐에 달린 것이다.

전에는 로마인을 종생토록 항적(抗敵)하던 갈타고의 한니발이 있었고 뒤에는 서반아인과 역전(力戰)하던 압델 크림[Abd el-Krim : 리프전쟁이라 불리는 모로코의 반(反)스페인·프랑스식민주의 저항운동의 지도자—編]이 있었으니, 이들은 모두 결국의 패망사를 남기었다. 1885년 1월 26일 카르트음[Khartoum]의 함락에는 317일의 위곤(圍困)의 나머지에 예의 꼴튼[C. G. Gordon] 장군의 전사(戰死)를 보게 되었으되, 1900년 1월 19일 키치너[H. H. Kitchner] 원수의 영제국의 공략군은 필경 전(全)스단[Sudan]을 점유하여 그의 영토를 삼고, '시사여귀(視死如歸)'하는 신앙의 혈전을 하던 스단의 마지[Mahdi, Muhammad Ahmad를 카리킨다—編] 승병(僧兵)들로서 무한(無限)치 않은 육탄이 현대 '문명'을 자랑하는 정예한 무기 앞에는 깡그리로 넘어지는 결과로 되었으니, 이는 동 시기에 남아(南阿)의 한 귀퉁이에서 그류겔[P. Kruger]의 트란스발인이 오렌지 자유국의 백성들과 함께 마찬가지 영제국의 원정군인의 손에 3년 항전의 끝에 마침내 압복(壓伏)되었음과 아울러 전 아주(亞洲)에 넘치는 엄청난 구화(歐禍)를 말함이요, 더욱이 유색 약소민족의 끊임없는 재난을 의미하는 것이다. 그리해서 사도(斯道)에 있어서는 영제국은 세계에 둘도 없는 선달(先達)의 명인이라, 영(英)·이(伊)가 이로써 맞붙는 사정은 그 전도(前途)에 역도(逆睹)치 못할 곡절성(曲折性)을 가진 것이다.

영(英)·이(伊) 양국의 허실
— 관건을 잡은 불(佛)공화국 —

《조선일보》, 1935. 11. 8.

지부랄타로부터 말타와 싸이푸러스를 지나 스에즈 운하를 통하여 동방의 식민지에 왕래하는 길은 문자 그대로인 영제국의 생명선으로 된 바이니, 이태리가 홍해의 목을 조르는 것은 영제국으로서는 저절로 이미 앉아서 볼 수 없는 바이다. 하물며 이태리가 전 에디오피아를 영속(領屬)으로 하여 청(靑)나일 강의 발원인 츠아나[Tana] 호(湖) 일경(一境)을 독점하게 한다면 스단·애급의 면화의 재배와 은부(殷富)한 곡창으로 힘입는 바가 그로 인하여 전혀 헛거풀로 되는 자이니, 이는 1906년 12월 13일 영·불·이 삼국 간에 결성된 에디오피아에 대한 세력범위 협정의 삼국조약(에국의 승인이 없는 저희끼리의 조약)에 어그러질 뿐 아니라 만체스터 방적공업과 그 군국적 자원을 크게 고갈케 하는 바이니, 이는 세간에 널리 전파된 영제국 약기(躍起)의 이면의 이유로 된 바이고, 이에서 에디오피아는 천행으로 일대 국제적 지간(支杆)을 얻게 된 셈이다. 아디스아베바의 통신은 에국에 관한 영 정치가의 일어일동(一語一動)에서 그들의 일희일비가 변환되고 있음을 엿보기에 넉넉케 하는 자 많다.

그러면 영·이 충돌은 절대 불가피의 일인가? 이태리가 반드시 국가 존망을 내기에 걸고 세계의 최강인 영제국과 일전을 사양치 아니할 이유가 없으니, 그의 완전 통일이 성취된 지 겨우 60여 년에 대전(大戰)의 호기회를 행운으로 타서 간신히 국가적 영달·은성(殷盛)을 상망(想望)하게 된 오늘이라 워낙 그 결심이 있을 수 없는 자이요, 영제국은 대전란의 당시 이미 그 사활의 기로에서 뼈에 스미어 쓸쓸한 심경을 겪어온 자이라, 어찌타 300년 융운(隆運)의 노대(老大) 제국으로 가벼이 포연탄우(砲煙彈雨)의 미끼를 삼으려고 할 자이냐? 1905년 여름 제정 노국(露國)이 극동에서 대패한 직후 카이사의 독일이 모로코 진출을 기획하여 알제시라쓰[Algeciras] 회의가 되고 노·불 동맹의 절름발이적 약체가 자못 독일의 위압에 허둥대게 될 때, 영제국은 그 자국의 안전 때문에 구주의 평화를 유지하려는 혼담(魂膽)에서 군함에 하늘빛을 칠하면서 대독(對獨) 일전을 서두르매 독(獨)이 눌리고 불(佛)이 기가 나서 그 결과는 대전란으로 9개년의 연기(延期)를 얻게 하였으니, 이 의미에서 역사는 되풀이하는 것이요, 영·이의 대립은 중간에 일맥(一脉) 완화의 인소(因素)를 담아두고 있는 것이다. 완화의 인소란 무엇이냐? 그들은 약차하면 에디오피아를 무자비하게 분할할 제물로 삼고, 1906년의 삼국조약의 취의(趣意)에 되돌아가서 또는 금년 8월 16~18일 동 삼국 간의 파리회의의 결렬되었던 방안을 뜯어고쳐 어떻게든 당면 도호(塗糊)의 연기공작에 성공할 수 있는 것이니, 이는 영·이 대립의 첨예화가 실은 삼분(三分)의 전쟁의 가연성(可然性)을 가진 채 아직도 솔이(率爾)히 급전직하하는 대사변을 속단할 수 없는 소이이다. 왜? 영·이의 대립이 빡빡키는 하지마는 그간에 절대한 안위(安危) 관계를 자기로서 가지고 있는 당대의 호강(豪强)인 불공화국은 해·육·공의 거대한 병력을 옹(擁)한 채로 일종의 담소(談笑)적인 무력 조정자의 구실을 할 수 있는 것인 까닭이다.

1807년 5월 나폴레온전쟁 당시 영제국은 돌연 중립국이요, 게다가 또 우국(友國)인 정말(丁抹)[덴마크―編]의 수도 코펜하겐 시를 포격하여 평화의 시민 5천 수백 인을 죽이고 40 수 척의 전함과 2천 문의 대포를 포획하였다. 이는 만일에 그것이 불국의 이용하는 바 될 것을 심모원려(深謀遠慮)함에 인함이었음이요, 트란스발인은 백인의 자손이라 그러나 이해관계로 대립하는 자 없었던 터이매 그 3년간의 혈전에 누가 그들을 거들려고 하는 자 없었다. 아니 1896년 아도와 대전 당시 영제국은 배이(排伊)적인 불국과는 반대로 차라리 이(伊)를 도와 에디오피아 경략(經略)에 성공케 하려던 자이다. 영이 언제 에디오피아를 애무하던 시대가 있었던가? 금후 만일 영(英)·불(佛)이 배가 맞으면 에디오피아야말로 오호 궤상(机上)의 육(肉)일밖에 없는 역사적 운명인 것이다.

독재관견(獨裁管見)

《조선일보》, 1936. 2. 5~14.

독(獨) 총통의 방언(放言) — 소위 백인우월론에 대하여

현하 정치의 국제적인 공통한 방식은 독재정치로써 그 역사적 특수 도정을 이루고 있다. 스탈린의 소련, 뭇솔리니의 이태리, 히틀러의 독일은 그 으뜸인 자이요, 푸리모 데 리베라[M. Primo de Rivera]의 서반아(西班牙)와 필수드스키[J. Pilsudski]의 파란(波蘭) 등은 혹은 이미 과거에 속하였고 혹은 그 중심인물의 사망한 후 오히려 그 정치적 기구를 지속하는 자이요, 케말 파샤의 토이기(土耳其)와 장개석(蔣介石)의 중국도 독재의 현저한 자이요, 영·불·미 삼국은 부르적 데모크라시의 본고장인 터이나 니라[NIRA]운동의 루즈벨트가 역시 독재적인 자이요, 기타 대소국(大小國)이 대체 이에 준할 자이며, 오직 영·불 양국이 아직 그를 방지하고 데모크라시의 지지에 진력하는 현상이다. 이런 것은 이미 구문(舊聞)에 속한 자이라 용언(冗言)할 바 아니니, 일차 지적하여둠에 그친다.

소련이 독재정치의 선착(先着)이로되 그는 적색 독재인 자이라 이에서 긴 말을 말고, 뭇소리니와 히틀러는 백색 독재의 최(最)인 자이다. '흑색 야만'이라고 이디오피아제국의 병합을 합리화하려는 폭만(暴慢) 무례한 방언(放言)도 하고, '백인문명의 옹호'라는 독단적인 엉터리식의 훤조

(喧噪)를 일삼아서 그 여세가 혹은 신황화론(新黃禍論)을 떠들게도 되는 것은 뭇솔리니 독재의 지도원리의 일 단상(斷相)인 것이요, 유태인의 정벌에서 그 발생과정을 거쳐 온 나찌의 히틀러가 '식민지 통치는 백인종의 숙명'이라고 얼토당토않은 생 찌그렁이식의 폭언을 방종(放從)하였다는 것은 괴상한 듯 아마 당연한 귀결이라고도 하겠다. 뭇솔리니의 이디오피아 침략은 걸핏하면 1896년 당시 아도와[Aduwa]의 두 벌 죽음을 전혀 안 하리라고 믿기가 어설픈 듯도 한 터이요, 이에 관한 폭언도 이젠 어쩐지 싱거운 기미가 없지 않은 터이라 구태여 묵은 책장을 뒤질 맛이 없고, 히틀러의 방언은 바로 작금의 일이라 이에 잠깐 소개할 가치가 있다. 즉 1월 26일 나찌 발상지인 뮤헨 시에서 열린 전독일대학생나찌대회에서 히틀러는 백인종우월론을 마구 내두르며 구주인에 의한 식민지 통치의 필요를 역설한 요약으로 《동맹통신(同盟通信)》에 의한 내외 각지(各紙)의 역재(譯載)에 나타난 자이다.

조국 독일은 이제는 아주 그 본래의 실력을 회복함에 이르렀다. 독일은 벌써 …… 독립독보(獨立獨步) 능히 그 소신 관철에 향하여 매진하는 일이 넉넉한 것이다. 식민지는 원래 실력의 권리로써 획득된 것이지만 구주는 식민지의 자원을 필요로 삼을 뿐 아니라, 백인종은 영웅적 인생관에 즉(卽)하여 식민지를 통치하는 숙명을 가진 것이다. 그래서 만일에라도 식민지를 통치하면서 구주 각국이 평화적 관념에 덩달아서 식민지의 자치를 허여하게 된다면, 식민지는 반드시 '우리들은 이제는 구주를 필요치 않는다'고 백인종에 대하여 절연장(絶緣狀)을 들이대게 될 것이며, 우리들 백인종은 총퇴각을 안 할 수 없이 하게 될밖에 없으리라

고 한 것이다. 이것은 돌연의 일이요, 또 허보(虛報)라는 후보(後報)조차

있는 터인 고로 일편의 통신으로 그 진상을 천착하기 어려우나, 마치 뭇 솔리니가 이디오피아 병탄의 합리화와 한가지 구주의 백인들의 인종적 편견이 혹은 이태리 총지지에로 흥분할 수 있을 것을 만일에 서기(庶幾)하였음과 같이, 나찌 독일의 구주에서의 발작을 관계 열국의 사이에서 엄폐시키려는 혼담(魂膽)에서 나왔나 보다.

오인은 구주의 중원에서 역대에 비상한 국제 화란(禍亂)을 겪어온 독일인이 대전의 패전국민으로서 그 거대한 재액의 속에 구전십기(九戰十起)로써 오늘날의 분신(奮迅)을 보게 된 그 국민적 노력에 향하여는 자못 심심한 경의를 부치는 바이지만, 히틀러의 이 폭언에는 눈살을 찡그리고 이를 배척하지 아니할 수 없다. 그리고 인하여는 독재정치에 대한 일부 관견(管見)을 발표하려고 한다.

파쇼화의 역사성 — 국제적 관련성과 독창성

1789년의 불란서 민권혁명은 워낙 유사 이래 공전한 대사건이지만, 중도(中途) 대(大)나폴레옹의 출현으로 일층 거대한 국제적 파동을 일으킴에 미쳤었다. 역사가 일정 필연의 과학적인 단계를 밟아가는 것이 엄연한 법칙인 채로, 그 본질적인 굴절성은 또 필연으로 많은 이상(異狀)을 그 진행 도중에서 나타내고 있는 것이다. 그래서 불란서의 대사변이 일정 안정의 시말을 맺기까지에는 전후 40년의 시일이 걸렸다. 그런데 현대의 열국민(列國民)은 (1) 이미 긴밀화하여진 국제적 연관성과, (2) 현대의 역사적 대사변은 18세기의 그것보다도 훨씬 근본적이요 또 중대한 것과에 의하여 더욱 더 착종 또 홍대(洪大)한 역사적 굴요성(屈撓性)을 가질 과학적 약속하에 놓여있는 것이다. 이러한 견지에서 일편 상식으로 이를 볼 때, 대전 이후 근본적으로 요동된 정치·사회적 제 기구에 있어 파쇼화의 정치가 소위 부르적 독재의 형태로서 일정한 지역 및 그 시대에서 나타나는 것은 자못 명료한 필연성의 일인 자이다. 하물며 이를 면밀 엄숙한 사회과학적 견지에서 검색할 때에는 일층 그 명료한 역사성을 인식할 것이다.

고대사회에 있어 원시형태인 데모크라틱한 사회조직으로부터 문득 혁명적인 정치·사회적 변동을 일으키어 그 대내 및 대외의 필요에서 군무수장(軍務首長)을 중심으로 한 봉건 무사의 장상(長上)으로서의 오토크라씨[autocracy]의 정권이 수립되게 됨과 같은 일은, 그 창고(蒼古)함이 차라리 서재 안의 검색의 자료로 넘겨줄 것이다. 그러나 18세기의 불란서인이 찬탈적인 보나파티즘[Bonapartism]의 출현에서 이미 그 역사적 유형을 경험한 것처럼, (1) 자유주의가 이미 난숙한 경지에 빠진 일정한 선진사회에서나, (2) 혹은 벌써 자유주의의 발육 불량의 상태에 든 후진국가에서는, 대변란이 있는 이후의 국제정세에서 '독재'의 이질동태(異質同態)로서의 파쇼화의 정치가 예외 없이 출현되는 것이 상설(上說)한 소위 역사적 필연인 자이다. 17, 18세기 이래 더욱이 19세기에 있어 자유주의가 전취(戰取)코자 한 것이 입헌주의의 보다 완전한 확립에 있을 뿐 아니라, 그는 이(자유주의의) 입헌주의로서의 정치적 자유주의와 경제적 자유주의를 그 주요한 내용으로 삼았던 것이다. 그러나 경제적 자유주의는 벌써 19세기 말엽에서부터 폐기되었음에 대하여 입헌주의는 차차로 수정되면서 오히려 보존되었던 것이다 — 후진사회에서는 여기에도 미달한 자 많은 터이나 — 따라서 현대의 자유주의는 전혀 입헌주의로써 그 전적인 내용을 삼았던 것이니, 그 사회·경제적 변동이 비상함에 다닥친 곳에 한 걸음 고쳐 디디어 이 자유주의의 전락(轉落)상태를 나타내게 되는 것은 또 역사적 필연의 일 단상(斷相)으로 되는 것이다. 그러나 이는 본문 기초(起草)의 목적이 아닌지라 이만 줄이기로 한다.

오인은 본지 신년호에 있어 '국제적 연대성에서 본 문화특수과정론'을 쓸 때 국제성과 특수성의 한계를 논하여 국제성은 천하일률(天下一律)

이 아니요, 특수성은 고립유아(孤立唯我)가 아닌 것을 지적하였다[《민세 안재홍선집》제1권 참조—編]. 국제적 단일화의 대세가 그 거대한 연관성의 유기적 추진(趨進)을 목전에서 보게 하는 바이지만, 한편에서는 그 지역과 전통의 구원(久遠)한 차이가 아직도 제 민족의 사이에서 독창적으로 생장되는 사태가 있는 것이니, 이는 과학적 인식의 도정에서 놓쳐서는 아니 될 주요한 실제 조건이다. 오인은 백인우월론에서 그 정복 및 약취(掠取)의 합리성을 주장하려는 히틀러 총통의 방언을 배격하고 이런 종류의 사상이 행여나 국제에 더욱 벅찰 것을 미워하는 자거니와, 이에서 착안함을 요하는 다른 일건(一件)은 독일 등의 나찌 정치가 어느 특종 후진사회와는 전혀 그 정치·문화적 유연(由緣)이 끊어져 있는 그것이다. 조선인이 만일 나찌적인 독자적 정치·문화적 기구의 수립을 현하에서 꿈꾼다면 그는 물론 허망한 일편의 과오이려니와, 논자 만일 간신(艱辛) 노력하는 현하의 조선적인 혹은 또 '민족적인 것'에 향하여 나찌 독일의 그것과 동일 체계로만 여겨 이를 배격코자 한다면, 그는 또 폐허타공(吠虛打空)적인 천박한 과오일 것이다. 둘은 다 삼감을 요하는 인식상의 주요 문제이다.

파쇼 성립의 요소 — 나찌 발전과 독일사

고종(高宗) 갑자(甲子) 대원왕(大院王)은 국태(國太)의 존(尊)으로써 궁정 최고의 권위에 스스로를 세우고, 안으로 (1) 외척 세도의 극단적인 폐정(弊政)과 (2) 반벌(班閥) 유생 등의 세기말적인 침학(侵虐)과, 밖으로 (3) 열강의 교침(交侵)하려는 불안한 예감 속에 있어, 적분(積憤)하는 민중의 암묵한 기대와 실세(失勢)한 대부(大部)의 반벌들의 호의적인 중립의 사이에서 능히 10년 집정의 독재적인 정치를 단행하였다. 상술 수삼의 사회적 제 조건이 워낙 긴절한 바이지만, 그 국태의 존으로써 일국

정권의 임의의 운용을 허여하던 국가 자주적인 정세가 그 최대 결정적인 선결요건인 것을 누구나 잘 착안할 것이다. 독(獨)·이(伊) 등 수국(數國)과 적색인 소련과의, 나찌 혹은 이와 상반한 자들의 독재 성립의 정치적 최대 요건이 역시 그 국가 자주적인 데 있는 것은 너무 당연한 상식적인 자이다. 그리고 그의 (1) 기성 각 부문의 거대한 세력과 (2) 과정적인 특수한 역사적 제 경향과 (3) 순간적인 돌발하는 제 사건이 한 걸음씩 흥분 격동되는 다수의 인민을 몰아 드디어 그 파쇼화의 도정으로 돌진하게 한 것은, 그 이론에서 노노(呶呶)함을 요치 않는 명백한 시말이다. 이제 다만 나찌 독일의 실제의 역사에서 그 몇 개의 예증을 찾기로 한다.

첫째, 독일인은 중구(中歐)의 평원에 있어 역대 비상한 국제 화란(禍亂) 속에서 승패상적(勝敗相敵)하는 악전(惡戰)을 지속하는 동안 맹렬한 국민적 적개심이 조장되어 왔다는 것을 간과하면 아니 될 현저한 경향인 것이다. 비스마르크 공(公)의 통일정책은 이 '남성적'인 독일인을 편달하여 베른하디[F. Bernhardi]류의 세계적 제패사상(制覇思想)을 의도하게 만들었고, 빌헬름 2세로써 세계정책 실행공작에 달려들기까지 갔었던 국가적 및 국민적 역량을 포옹하게 하였던 물력적 토대가 또 주요한 일 요소인 것이다. 독일은 중산계급으로써 그 사회의 중견세력을 축성한 근로적인 국민이라고 하나니, 대전 이후 중산계급의 전락은 자못 급속함을 전(傳)하니 오히려 그 특색을 보유한 자이요, 전시 4백만을 출동케 하던 강력인 육군 병단과 그를 지휘 호령하던 장교단은 세계 제패의 수성(垂成)한 순간에서 돌연 전패국의 참담한 처지에로 급각도의 전락을 보게 된 분노의 원한에서 매우 맹렬한 국민적 복수심의 제약적인 발로를 보게 된 것이니, 그들이 루덴도르프[E. Ludendorff]와 슈라이헬마텔 등등 혁혁한 무훈(武勳)으로 국민적 신망을 집중하고 있는 장군 등을 중심 삼아 거대한 기성 결성세력으로서의 파쇼적 추향(趨向)을 재촉한 것은 또 당연한 일이다. 이리하여 1918년 겨울 오직 7인의 당원으로써 고단한 행동을 할밖에 없던 '독일노동당'의 사람들로 하여금 오늘날 전 독일 압도적 다수인 인민의 지지를 얻게 한 것은 그 기본 조건에서 이와 같이 매우 유리하였던 것이다.

  그들의 정치적 사회적 제 조건이 이미 그러한데, 패전 이래 거듭하는 국민적 수난의 제 사건은 더욱더 이 정치적 경향을 충격(衝擊) 선양(煽揚)하게 한 것이다. 논자 혹은 나찌의 발상(發祥)은 베르사이유에서 되었다고 야유하나니, 이것은 물론 일편의 속설이나, 또한 나찌 격성(激成)이 이면(裡面)의 소식을 엿볼 수 있다. 군함의 분취(分取), 상선(商船)의 약탈, 휴전 후에 강고화한 경제봉쇄의 무도(無道), 라인란드[Rhineland]와 자아르[Saar]의 점령, 외타의 동부 제 지방의 할취(割取), 육군 군비의 극단의 제한 및 천문학적 숫자인 배상금의 부과 등등이 이미 스스로 국민적 적개심을 극도로 용진(冗進)케 하는 바이겠는데, 계속하는 루르[Ruhr]의 점령과 도즈안(案)의 강제 등은 자신으로 세계에 군림할 뻔하여 팽배한 우월감조차 가지게 되던 그들 범게르만적인 사람들로 하여금 단연 국민적 로맨티시즘의 일 요약 형태로서의 나찌의 진영에로 몰려닫게 한 것이다. 하물며 마르크스[W. Marx] · 뮐러[H. Müller] · 브뤼닝[H. Brüning] 등 역대 내각의 수반자가 누구나 모두 사회민주주의의 지도 원리에 의한 바이마르헌법의 옹호파이면서 이래 거듭한 (1) 생산 국영의 덤베적인 실패와 (2) 사회보험제의 악성적(惡成績)과 (3) 임금 문제의 중도반단(中途半端)적인 실패 등등은 그 내정적인 방면에서도 결국 나찌의 성장을 촉성하고 만 것이다. 텔만[E. Thälmann]과 히틀러는 각축하였다. 그러나 독일 현대의 제 정세는 텔만의 대신으로 히틀러를 먼저 성취시켰다. 이는 나찌 발전사의 일 소요약(小要約)이라.

파쇼와 배타경향 — 이태리의 사회정세

　종족적 또는 민족적 우월감을 가지는 것은 대체로 각국 인민의 일치한 경향이니, 이는 고금동서에 서로 다름이 없는 자이다. 그 최초의 발생 형태로서는 전연 종족 자위(自衛)의 생물적 충동에서 시작한 바이나, 그는 동시에 또 필연으로 배타적 경향을 동무하게 되는 것이다. 현대의 진보적인 또 합리적인 민족주의는 국제 협동의 태도를 잘 파지(把持)할 수 있으나, 그것이 정복적인 혹은 파쇼적인 사상형태에까지 감에 미쳐 동근이지(同根異枝)의 부수적 조건으로 나타나는 것은 이 맹렬한 천외(賤外) 배타적 경향인 것이다. 하물며 상술 국제적 화란에서 맹렬한 적개심을 가져온 독일인이 자못 구원(久遠)한 반(反)세미틱[Semitic] 사상을 포장(包藏)해온 것은 또 필요한 역사적 사유이다. 세미틱 인종에 대한 아리안인의 편견은 그 유래 이미 오래거니와, 세미틱인의 능력과 기민(機敏)과 허구(許久)한 망국적 부랑민의 생활에서 오히려 타민족과 단연 동화하지 않는 그 현저한 인종적 특질은 외타(外他) 열국에서도 보이는 일반적인 반세미틱 경향과 매한가지로 독일에서 일층 그러함을 보게 된 것이다. 19세기 당시 부르노 바웨르[B. Bauer]와 칼 마르크스가 '유태인 문제'로써 한동안의 논쟁을 한 것은 식자가 유의할 바이요, 19세기 하반 이래 데모크라시의 정치가 열국에 수립됨에 미쳐 이 경향이 많이 완화되었던 터이나, 상술한 영향하에 강고하게 파쇼화한 나찌 독일이 자못 편협한 반유태인의 기세를 가지는 것은 또 필지(必至)의 형세이다. 그들의 강렬한 반세미틱 조류가 일변하면 즉 약소민족에 향한 정복의 권리로 되고, 또는 일반 유색인에 대한 백인종우월론으로 될 수 있는 것이다. 이 점에서 히틀러가 뮨헨에서의 방언한 유무(有無)는 도리어 일편 지엽 문제일 뿐이다.

　18세기의 불란서혁명은 1830년의 7월혁명에 의하여 비로소 그 사상적 확립을 보게 되었나니, 그 사이에 그 자연적 발전을 저해한 것은 로맨티시즘이었다고 한다. 로맨티시즘이 결코 결정적으로 악한 것이 아니어서 후진 삭막한 무감격한 인민에게는 왕왕히 도리어 로맨틱한 경향의 고취와 그 자존심의 선양(宣揚)을 요할 적도 있는 바이니, 이는 잠깐 두어두고 현대 선진 제국(諸國)에서의 파시즘의 운동은 당년의 로맨티시즘의 구실을 역행(力行)하고 있는 것이다. 그 형태에서 그럴뿐더러 그 내용에서도 파시즘의 이론은 사실상 로맨티시즘으로부터 물려받은 사상이다. 히틀러의 선진(先陣)을 걷는 뭇솔리니의 사상이 불란서의 액숀 프랑세스[Action Française]의 이론에서 발전하였고, 히틀러 운동의 지도 원리를 이룬 '제3제국'의 이론이 프라이헤르 폼 슈타인[H. F. K. Stein]에 진 바 많은 것은 이 문제를 다루는 자 반드시 아는 바이다. 이제 보황당(保皇黨)적 경향인 독일의 철두단(鐵兜團)과 민족사회주의당으로서의 나찌와의 소소한 이동(異同)으로 변별코자 함도 아니요, 동일 왕정당(王政黨)적 취미(臭味)가 전혀 없지 않은 불란서의 액숀 프랑세스와 뭇솔리니의 파시즘과의 견백이동(堅白異同)적인 쇄설(瑣說)을 요(要)코자도 아니한다. 다만 이에 칼 리북네히트[K. Liebknecht]와 구르트 아이스너[K. Eisner] 등이 차제(次第)로 소실된 후까지 오히려 남구(南歐)의 적화 지역인 양하던 이태리가 그 공장 점령과 농민 일규(一揆)의 북새통으로부터 졸연 파시스트의 라마(羅馬) 진격과 그 승첩을 보게 된, 전란 이후 불안하던 국정과 그 역사를 간명하게 소개하여, 정치적 사회적 의의를 천명하려 한다.

　이태리는 구주에서의 후진국가이다. 줄리어스 케자르를 생각하고 어거스트 황제의 황금시대를 돌아본다면, 라마제국(羅馬帝國)의 끼친 터에 웅거하고 있는 이태리 국민이 당연 구주의 선진이겠지만, 19세기 중엽까지 칠영팔락(七零八落)한 분열상태에 지지러져 있던 이태리인은 이미 병여(病餘)의 초췌한 초부(樵夫)이던 자이다. 전대의 사가(史家)가 혹은,

라마시대의 끊임없는 침략적 전쟁이 우수한 라마인의 혈통을 모두 전장의 이슬로 흘려버렸고, 티베르의 하외(河外) 그지없이 들어찼던 쇠사슬에 얽매인 듯한 노예적인 포로된 이종족(異種族)의 사람들이, 그 저열(低劣)한 또는 이반(離反)적인 심적 경향과 아울러, 없어진 라마인의 대신으로 허름한 수(數)채움만 하였던 것이 현대 이태리인의 국민적 열세의 생물사회학적 원인이라고 주장한다. 이것도 확실히 완미(玩味)할 가치가 있거니와 이태리인은 근대 부르적 데모크라시에 있어서는 물론 일개의 어설픈 후진자(後進者)이였던 것이다.

파쇼 이전의 이국(伊國) — 자기 폄하와 비통제(非統制)경향

이태리인의 이상은 '무위의 감미(甘味)'라고 한다. 이는 마치 전대의 조선인이 '나물 먹고 물 마시고 팔을 베고 누웠으니' 하는 동양의 은사국(隱士國)을 스스로 즐겼음과 서로 비슷한 자이다. 그들은 소성(小成)에 만족하고 시간을 불경제(不經濟)한다. 물건 흥정에도 값을 깎기에 여간 지껄이지 않는다. 그들은 가정적 국민이라고 할 만큼 생애가 가정 본위요, 따라서 대가정을 이룸이 북구인의 비할 바 아니다. 그러나 그 관념에는 '묵은 조그만 세계'에 살고 있었다. 도회의 시민도 향촌에 포도밭과 과원(果園)을 장만하여 두고 1년의 많은 부분을 거기 가서 지내되, 얌전하게 치장 차리고 저택의 근처서나 혹은 여관의 주위에서 고요하게 거닐고 있는 것이 그 생활 취미라고 한다. 그들은 전원시인의 아담한 성미같이 자못 평화애호자의 풍의(風儀)를 가진 자이었다. 요컨대 이는 그들이 아직 자본주의화하지 못한 농업민이 봉건 소시민적 생활양식을 벗지 못한 것을 의미하는 바로 1890년대까지에 가장 현저하던 그 사회형태이었다.

이태리인은 국제주의적 기분에 넘치고 있었다고 논자는 지적한다. 이 국제주의적 기분이란 것은 진정한 사회·문화적 단계를 밟아서의 정치적 자각에 의한 전투적(?)인 국제주의는 아니었고, 일종의 사대사상적인 외국 숭배적인 그리하여 자기 폄하적인 국제주의적 기분인 것이었다. 즉 국민의 대부분은 국민적 자부심을 만족시킬 수 없는 대신 도리어 낙담상태에 있고, 우량 분자라고 하는 식자들은 모든 내국적인 자에 대하여는 너무 찰찰(察察)한 비판적이었고, 외국적인 자에 대하여는 거저 무비판적 찬앙(讚仰)의 특이한 정신상태였다[조선에서는 이 공명자(共鳴者)가 여간 많지 않을 줄로 사유된다]. 과학에 관하여서도 외국 특히 독일로부터 들어온 자라야 그들의 눈에는 훌륭한 것이었고, 학자·문필가도 외국에서나 명성을 얻어야 비로소 이태리에서도 알아주게 되고, 무대에서는 불란서의 찌꺼기나 오지리(墺地利)의 조성품 등만이 대단한 듯이 상연되었다. 이것을 논자 혹은 이태리인의 성적(性的) 흥분성에 말미암음이라고도 하고, 또는 사람들을 졸리게 하는 남국적인 이태리의 태양이 그 원인이라고도 하던 것이다. 어찌했든 그들은 '일등국'의 반열에 한 참례하는 신분과는 걸맞지 않도록 자신 없고 활기가 동난 국민이었던 것이다.

이태리 건국 삼걸의 하나인 애국자 맛치니는 공화주의로서 이름 높은 터이나, 그 통일운동의 성공과 함께 공화사상조차 쇠퇴하였다. 민주주의에서 국민적 영웅으로 일반 숭배의 과녁이 되던 가리발디 장군은 그 열정적인 인물임에 의하여 혹은 파리 코뮌에도 또는 사보이[Savoy] 왕실에도 골고루 호의를 표하다가, 공화주의와 충돌되어 정객으로서는 조락(凋落)되는 운명으로 마쳤다. 그러나 왕국으로 성장하는 그들은 왕실에 대한 충성의 관념조차도 매우 희박하였다. 피에몬트[Piemont]의 사보이 후(候)가 들어와 일국의 황통을 이었기로서니 그들에게는 일종의 정치적 공리주의에 의한 편의상의 추대로밖에 아니 되었던 것이요, '신(神)의 도부(都府)'인 라마 시에 접주(接駐)한 지 천년의 역사를 가진 교황의 영도하에 있는 가톨릭의 승려들은 그 통일운동 이해의 대치하던 경위(經緯)에서 거의 비국민적인 의식경향을 가졌다. 그들은 그래도 자유주의에 의하여 정치를 운용하여 왔었다. 그러나 연년(年年) 직접세 40리라를 바치는 자에 국한된 선거권이었고, 게다가 3년간의 국민학교 교육을 완료한 21세에 찬 자 또는 동일 검정시험에 합격한 자에게 그 행사를 한하였으되, 국내의 문맹은 왕년(往年)까지 61.94퍼센트이었으므로 그 자유주의의 정치는 발육불량의 지경을 끝까지 벗지 못하였던 자이다. '이태리 병정'은 열약(劣弱) 군대의 대명사이었나니, 그들의 통일운동은 전연 국제전에 의한 타력본원(他力本願)적인 산물로서 그들은 근대에 있어 전쟁에 이겨본 경험은 아주 없는 자이다. 아두와의 패전에서 이디오피아국에조차 꾸벅꾸벅 배상금을 물지 않았는가? 그들은 이러한 의미에서 현대 소위 자본적 민족주의 국가로서는 그 본질에서 매우 바사기[八朔—編]적인 존재이었다.

타락된 의회 정치 — 헛다리 짚은 참전 결과

　루이지 비라리가 1910년경의 이태리 정치의 부패한 상황을 흥미 있게 기록한 바 있다. 그것은 어느 탁월한 군인이 대의사(代議士)에 당선되어 처음으로 이태리의 의회를 보았을 때의 감상을 그대로 써둔 것이다. "난후 처음 의회에 들어가 나는 억센 인상을 받았다. 그것은 의회가 그 덕성·지성에서 일반 국민보다도 훨씬 레벨이 낮은 것이다. 그렇지만 정부는 그 의회보다도 다시 훨씬 낮은 것이다"라고. 그들의 사이에는 진정한 정당이 없고 오직 인물 중심한 파당이 있었을 뿐이요, 정당 비슷한 자는 사회당밖에 없었다고 한다. 그들의 사회에는 다른 선진국가 모양으로 자본주의가 생장함에 따라 자동적 또 자연 발생적인 사회주의의 맹아(萌芽)됨이 아니었고, 자본주의의 모사과정에서 한꺼번에 아니 앞질러서 사회주의의 바람이 불어 들어온 것이다. 그들의 사회주의는 너무 많은 과오와 무통제와 인위적 고도(高蹈)로 그 미숙한 군상을 경마 들고 나가려 하는 동안 후래(後來) 뭇솔리니 파의 전환한 파시스트에 의하여 거의 온갖 것을 가로채이게 된 것이다. 그들 다혈질인 표경(飄輕)한 남구의 사람들은 그 생물학적 또는 인종학적 법칙이 이면에서 작위(作爲)함도 있는가 보아서, 혹 신디칼리즘[Syndicalism]으로 또는 아나키즘으로써 멀리 이주국인 신대륙의 붐비는 거리에서까지 들레는 자도 퍽은 많았던 것이다.

제15세기의 끝으로 16세기 처음까지의 이태리는 문화적 경제적으로 구주를 거느리었다. 그러나 해로가 터진 이래 지중해가 한 개의 내해화(內海化)함에 따라 이태리의 경제적 지위는 볼품없이 조락되었다. 그의 후진국된 계기는 여기 있었다. 국내 풍요한 토지에는 포도·연초·사탕과 온갖 과실은 흔하지만, 한편으로 석회암의 불모한 사막지대가 있고 철·석탄 등 근대 공업의 원료가 결핍하였다. 그들은 과실을 맛있게 먹으면서 고의춤에 손을 넣고 전원의 자연을 시음(詩吟)하는 취미를 완상하는 상층사회의 구안자(苟安者)류를 가지기에 마치 알맞았던 것이다. 그러나 눈앞에 성장하는 열국의 번영을 보면서, 오직 다만 '무위의 감미'에 도취하기는 대개는 용허되지 않는 객관의 위력이었던 것이다. 하물며 '회복 못 된 이태리'의 운동은 감상적으로 그의 혈성인(血性人)의 신경을 자극하던 것이다. 그래서 19세기의 90년대부터는 그들도 경제적 발전시기를 만들어가게 되었다. 1년 5, 6백만 톤의 석탄 수입 같은 것이 가장 웅변으로 말하는 바인 것처럼, 그들의 자본주의적 대공업 조직이 섬유공업 발달의 외에 다시 중공업의 발흥을 보고 수력 전기의 발달도 열국 굴지의 속에 들게 되었다. 그들이 '올챙이 적'인 잔주름을 간신히 떨자마자 우선 이디오피아 원정에서 아두와의 뜨거운 경상(景象)을 본 것은 누구나 잘 아는 바이지만, 불란서가 시실리 건너에서 튜니스를 허물고 영제국이 나일의 상류에서 수단을 경략하고 함을 볼 때, 오거스트 이래의 백일몽이 그들의 사이에 되살아남이 없다손 치더라도, 스스로 현대 자본주의 국가의 우물고누 첫수인 식민지 획득이 홀로 필요치 않을 수 없었던 것이다. 이것은 국가 자주의 권력을 가진 국민주의(민족주의와 다르다) 발전의 필연한 귀결이다.

그러나 상래(上來)에 서술한 국정(國情)으로써 게다가 한 개의 식민제국(植民帝國)에까지 마구 진출하여야 할 그들의 운명은 저절로 다난 착종한 것이었다. 그들에게는 구주의 대전란이라는 거대한 제회(際會)를 붙잡기는 하였지만, 영·독 제국(諸國)같이 스스로 대국(大局)의 승패를 담당하는 주동적 역량도 없었고, 영·미 수국(數國)과 같이 사회경제의 문화적 제 기구가 근저(根柢) 깊은 부르적 데모크라시의 토대를 가졌음도 아니었다. 그러나 그들은 삼국동맹에는 배신의 눈총을 쏘아 보내고, 영불연합의 편에서는 보따리에 듬뿍한 한몫을 받을 줄로만 여기면서 기실은 승산이 없는 전쟁에 참가하였던 것이다. 그들은 전쟁으로 큰 소득이 없었다. 얻은 것은 사회적 대동요와 국민적 분개의 반갑지 않은 쌍곡선이었다. 그들은 적화(赤化)의 까딱하는 판에까지 갔었다. 그러나 남구의 한구석인 이 나라의 정세는 대로서아제국이던 거기와도 달랐다. 그들은 홀떡 뒤집히었다.

상반한 노(露)·이(伊) 국정 — 부패하였던 이(伊) 사회당

노서아의 국정은 이태리와 같지 않은 터이다. 814만여 방리(方里)에 뻗친 호망(浩茫)한 영토는 북빙양과 몽고·신강(新疆)과 동부 시베리아와 기타 모든 아세아적인 지대로써 위요(圍繞)되고 격리되어, 종횡 수만리의 광막한 별세계가 스스로 국제의 연관을 떠나 독자적인 자족의 생활을 경위(經緯)할 수 있으니, 이것만도 타국의 비할 바가 아니다. 서

(西)로 중구(中歐)에 연(連)한 한 길이 중서(中西) 열강의 진공을 받게 되었으나, 대나폴레옹의 실패 이래 그것도 용이치 않은 일로 여겨지고 있다. 그 국정 및 국민성으로 말한다면, 대슬라브인의 몽상적이면서 또 돌진적인 팽배한 대륙적 기질은 왕왕 현실을 뛰어넘는 듯한 이상가적 본령을 가져, 도저히 소시민적 약빠른 인민으로 본뜨기 어려운 위대한 저력을 포옹하고 있으니, 이러한 생물학적 혹은 인종학적 특수성이 그 풍토 구원한 속에서 도야 세련되어 왔음은 천해(淺解)하는 사회경제사의 일면상(一面相)만으로는 그 전모를 구전(具全)하게 해명할 수 없는 바가 있다. 그 로마노프 3백 년 제업(帝業)을 중심으로 강대한 중앙집권의 밑에 카자흐의 철기(鐵騎)를 앞장세워 대막(大漠)의 이남 골고루 짜르의 깃발 아래에 지배하려 하던 의도 및 그 영향은 그 번복 변전되는 형태에서도 저절로 구차(苟且) 통일로써 아직 전적(全的)의 훈련을 치르지 못했던 이태리의 그것과 비할 바가 아닌 것이었다. 그들의 민중적인 가요를 통하여 이를 보더라도 〈볼가의 사공〉의 우울·침통·심원·웅대함이 그 여운의 비분·처장(凄莊)함과 한가지, 마치 장강대하가 거야(鉅野)에 횡류함과 같아서, 이태리의 남국적인 가인(歌人)들이 청묘(淸妙) 경쾌한 멜로디로 춘흥에 무르녹는 다소의 남녀들을 뇌쇄함에 족한 자와는 널리 서로 틀리는 자이다.

　하물며 제정 노국 당시의 궁정을 떠받든 귀족, 승려 및 장군의 축들이 자못 혹심하게 그 농노적인 하민(下民)들을 주구(誅求)하던 폐정도 이태리 신성(新成) 왕국의 그것보다는 자못 그 원부(怨府)됨이 컸었다. 19세기 하반 이래 모든 인도주의적인 계몽운동으로부터 일련의 사람들의 뿌리 깊은 사상운동의 근저가 또 심상(尋常)의 따를 바가 못 되었다. 그런데다가 대전 4년 패휼(敗衂)과 불신의 나머지에 피로·기아와 그 치자층에 대한 분노와 적개가 오직 소위 '빵과 평화'를 갈망 또 집요하게 되던 그것을, 이태리의 국정과 그들의 기백으로서는 서기(庶幾)하기 어려운 독자적인 경향인 것이었다. 하물며 1919년으로 1920년에까지 전술 리프크네히트·아이스너·베라쿤[Béla Kun] 등 독(獨)·흉(匈) 제국의 적색의 수령들이 차제로 몰락된 후, 중서구의 국민적 적개심에 불붙는 제 국민의 정치적으로 이를 횡절(橫截)함이 있고, 영·불 제국주의가 그 보수 세력의 지지과정에서 한참 전력을 기울이는 국제적 영향하에 있어, 지중해의 일 반도인 이태리로서 홀로 능동적인 대세력을 그 반발적인 홍도(洪濤)의 속에 일으킬 수 없는 것은 또 명백한 이세(理勢)이었다.

이외에도 또 한 가지 큰 상위(相違)가 있는 것은, 노국의 그 일련(一聯)들은 당시 아직도 전연 방축(放逐)된 무리로서 스스로 생사의 골목에 출몰하여 역경에서 투지에 불타오르는 생신(生新) 발랄한 분자들의 일로서, 오히려 '운동을 조직하고 이를 지도할 능력 있는 정치적 지도자에 의하여' 항상 결정적인 통제를 가졌는데, 이태리의 그것은 이와 전연 상반된 조건하에 있었던 것이다. 이태리의 사회당은 20세기의 초두부터 이미 번듯한 합법 정당으로 정계의 한 분야를 차지하였을 뿐 아니라, 기성 부르 정당의 엽관(獵官) 운동자류와 그 질에서 매우 서로 접근된 부패한 상태에 빠졌던 것이다. 과학적인 것도 유물사관도 모두 귀중할는지 모르나 측측(惻惻)하여 민중을 움직이는 것은 경건한 인도적 감격과 성충(誠忠)한 광구(匡救)적 열정인 것이니, 이는 정책 이상의 정책이요, 전술을 초월한 전술인 것이다. 사람적인 그리하여 도의적인 신뢰가 민중의 속에 깊게 뿌려줌이 없이 누가 다만 첩첩일편(喋喋一片)의 공리(空理)로써 오히려 넉넉히 역사 회전(回轉)의 대사업을 이루리라고 망신(妄信)할 자이냐.

만연 도취한 승리 — 과오투성이의 지도자들

이태리는 '적색' 문제에 관한 한 제정 노국보다 앞섰던 자이다. 그는 강국화하였던 노제국(露帝國)의 보수(保守) 세력에 비하여 이태리왕국은 매우 위약한 사회적 기초 위에 부동(浮動)되고 있었음에 인함이니, 이 사정은 상술 수회(數回)의 내용에서 그 대체를 엿볼 것이다. 그리고 1910년대의 이태리의 사회당은 거의 정신적으로 거세된 한 개의 기성 정당으로 되어있었나니, 그들은 다만 당세의 확장, 지부장의 선임, 기본금의 모집 등 항례(恒例)에 의한 합법적인 사무에 몰두하면서 분명한 타락의 비탈에 쏠리고 있었다. 1914년 6월 7일로 동 14일까지의 '적색주간(赤色週間)'이란 자는 대전란의 폭발에 앞질러서 거의 내란적인 살벌의 장면을 나타내었으나, 그는 많은 실책과 탈선의 연속에서 필경 (1) 현역 군인들을 전연 적대자로 삼은 것과 (2) 반발적으로 격동된 시민 의용군의 반격에 만나 우선 실패하였다. 1917년 10월 13일 독(獨)·오(墺) 동맹군이 카포레토[Caporetto]에 향하여 맹렬한 총공격을 행할 때 그들은 볼셰비키의 성법(成法)을 본받아 이태리군에게 비전열(非戰熱)을 고취하여 일거 30만의 포로를 내고 피아베 평원에까지 퇴각케 한 것도 한 개의 효빈(效顰)으로만 마쳤다. 그러나 이태리 3,800만의 인구 중 60만의 생명을 잃고 백만의 부상자를 내고 그중 22만의 불구자를 내었으되, 참전의 소득은 거의 없었다. 그는 전적(戰績)이 대단치 않다는 이유도 있고, 영·불 제국주의의 본질적인 횡포에 있고, 그러나 또 1919년을 통하여 그 국내에서 연발하는 내란적인 적색 소란에도 인함이 있었다. 이 모든 일만도 그들 중산계급과 소시민층의 애국자적인 부대(部隊)의 사람들은 심대한 불만을 그윽이 품게 되었다.

그러나 이태리혁명의 최대한 실패의 원인으로 열거할 자는 기성 정당화한 타락된 사회당원들이 만연한 적색 소란으로 일정한 지도, 통제 및 조직이 없이 처음부터 전승자(戰勝者)적 교만만 범하고 있는 데 있다. '한 개의 계급은 운동을 조직'하지도 않았고, '이를 지도할 능력 있는 정치적 지도자'도 없었다. 그들은 '결코 권력을 획득치 못하고' 말게 된 것이다. 적색 소란에 주력을 이루는 자가 각종 노동자인 것은 물을 것도 없거니와, 전시 공업의 일하는 노동자는 병역이 면제되었을 뿐 아니라 그들의 각종 스트라이크는 노은(勞銀)을 임의로 취득하는 형태에까지 가서, 1일 8시간 노동으로 3원 80전 내지 2원 50전의 품삯, 졸부(猝富)를 이루어 호사한 생활을 향락하는 다수의 군수(軍需) 노동자가 있었다. 극단의 예로는 사회당의 대의사(代議士)로서 그 사변을 지도하는 자 중 프라토[Prato] 근변(近邊)에서 상점과 시장에서 취합한 물자로써 자가의 창고에 쌓아두고 시가(市價) 이상으로 행매(行賣)하는 탐람(貪婪)한 행위를 마구 하는 자조차 있었다. 이외에도 정책상에 그 대립층의 방전력(防戰力)을 파쇄하는 수단으로서가 아니요, 일편의 발작적 감정으로 무의미한 살벌을 자행하여 대중으로 동정과 신뢰를 돌이키게 하는 거듭하는 탈선을 저질렀다. 그러나 그 치명적이던 최대한 결함은 개선(凱旋)한 출전 군인에 향하여 전연 모멸과 적대로써 하여 스스로 큰 강적을 만든 것이었다.

1일 24시간의 견딜 수 없는 참호 생활에서 일급 20전의 수당금에 만족하던 군인들은, 개선한 후에 그 가족을 기를 수가 없는 것은 새로에, '제국주의 전쟁에 종사하던 자본주의의 주구'라는 악매(惡罵)와 모욕과 박해의 밑에, 거리에서 왕왕 유혈의 참액(慘厄)을 만났다. 이 기성 최대의 조직적인 세력에 향하여서의 이러한 도발·적대의 행동은 필연 맹렬한 반동적인 파동(波動)을 충격하는 갈데없는 사주(唆嗾)로밖에 더 갈 수 없는 것이었다. 그런데 농민 일규(一揆)와 공장 점령이 무난하게 단행되었으면서 '그 과학 기술 및 관리의 간능(幹能)'에서 전연 무준비 또 무경험한 궁지에 설밖에 없는 것이 그 최후적인 파탄의 계기로 된 것이다. 무릇 (1) 대중을 감정적으로 이반케 하고, (2) 최대 기성세력인 백만의 출전 장병으로 불만과 불안 속에 분노케 함으로써 대립 측에 떼밀어 넣고, (3) 관리(管理)의 지량(持倆)과 운동의 조직과 우수한 정치적 지도가 없이, (4) 오직 국제 파도에 헤엄쳐서 역사 변전의 대사건을 손쉽게 성취하려 한 것은 그들의 중대한 허망(虛妄)일 뿐이다.

【편자 주】 조선일보 1936년 2월 5일자부터 14일자까지 8회에 걸쳐 연재한 것이다. 내용이 이어져 있어 하나의 글로 묶었다. 각 논설의 게재 일자는 다음과 같다. 독 총통의 방언(2월 5일), 파쇼화의 역사성(2월 7일), 파쇼 성립의 요소(2월 8일), 파쇼와 배타 경향(2월 10일), 파쇼 이전의 이국(伊國)(2월 11일), 타락된 의회정치(2월 12일), 상반한 노(露)·이(伊) 국정(2월 13일), 만연 도취한 승리(2월 14일).

한편 민세의 이 글은 많은 논란을 일으켜, 당시《조선중앙일보》지면을 통해 서강백(徐康白)이 일련의 반박 글을 게재하였다.

교육조선(敎育朝鮮)의 비극

《조선일보》, 1936. 3. 25.

시설의 결함과 인위의 제한

수난조선(受難朝鮮)의 이모저모는 필설로 이루 다 말할 수 없다. 그러나 작금의 조선인 사회는 오로지 입학난 문제로써 그 신경을 뾰족하게 하고 있는 것 같다. 초등교육에 있어 260만의 학령 아동이 그 빈곤에 의하여 대부(大部)로 미취학한 문맹 지옥에 겹쳐 매어 있는 것은 워낙 문화조선의 거대한 암(癌)인 자이라 이는 별론(別論)할 바이요, 중등교육에 관하여 고보(高普) 교육기관을 증설할 필요가 있는 것은 사회란으로써 이미 주장 또는 고조된 바거니와, 금년에 들자 향학열의 가속적인 팽대(膨大)로 말미암아 지원자가 모집 생도 수에 초월함이 자못 놀랄 만한 숫자이니, 적어서 7배 강(强) 많으면 14배 강으로 경향을 통틀어서 공통한 현상이다. 이와 같이 평균 거의 10배의 응모율이란 것은 현재의 중등 학교가 우선 원학자(願學者)에 대한 1할쯤의 수용력밖에 없다는 지극 빈약한 현상인 것을 의미하는 것이다. 여학생의 응모율은 남자 학교의 그것보다는 좀 덜한 편이지만 역시 약 3배 강의 평균인 현상이다. 각 지방 도시의 학교 소재지도 그러하거니와 경성 시내에서 목격하는 바로 치더라도 먼 시골의 학부형들이 혹은 그 일문(一門) 수삼 인의 보호자를 아울러 일부러 여사(旅舍)에 묵으면서 주야로 수탄(愁嘆)하던 끝에 결국 낙방한 소년·소녀를 앞세우고 초연(悄然)히 향산(鄕山)에 돌아가되 오히려 그 면목이 없다는 사정이다. 만일 그 수험 지옥인 각 학교의 교정에서 그 애타고 안타까워하는 남녀장유(男女長幼)의 광경을 볼진대 여간 눈물겨운 장면으로 비할 바가 아니다. 중등학교 증설의 필요는 금후 초등교육의 확장과 의무교육의 실시를 기다리기 전에 지금 당장 그 절박한 필요에 짜들리고 있는 자이다.

전문교육에 관하여는 일층의 특종적인 수난상태에서 편벽되이 조선인 자녀의 억울한 사정을 하소하게 되는 바이니, 이 문제는 연래 문교조선(文敎朝鮮)의 일대 현안으로 금년에도 보계(報界) 각지(各紙)가 거의 이동(異同) 없이 그 시정벽파(是正劈破)의 요(要)를 역설하였던 바이다. 전문교육은 그 기관의 미비가 있는 것뿐이 아니어서, 실로 목하 그 문제되는 초점이 입학생수용률에 있는 것이다. 경성제대(京城帝大)와 그 예과(豫科)를 필두로 고공(高工)·고농(高農)·의전(醫專)·약전(藥專)·법전(法專) 및 고상(高商)·사범(師範)과 기타 갑을종(甲乙種)의 실업(實業) 각 학교에 있어 오직 경성의 법전이 다소 그 사정을 달리할 뿐이요, 고공·고상 등 조선인의 입학률이 항상 1할 5푼 내외에 국한되는 현상임을 극심한 예로 삼아 대체로 2할 5푼을 넘어설 수 없는 상태이요, 기타는 전부 일본 내지인에 의하여 독천(獨擅)되는 시말이다. 무릇 초등교육에서부터 벌써 격심한 입학난에 쪼들리어 한갓 어린 수한(愁恨)을 자라나게 함이 이미 조선이 아니고는 보기 드문 현상이거든, 이와 같이 제한된 초등교육의 토대의 위에서 중등교육과 전문교육이 또다시 비상한, 제한되는 상태에 빠지는 것은 문화기구의 일대 마장(魔障)이요, 교육조선의 확대되는 비극이 아니면 아닐 것이다. 그중에도 전문교육에 있어 인사(人事)적 고의(故意)로써 이 땅의 향토 주인인 조선인 청년 남녀들을 냉안(冷眼)으로 흘겨보며, 동경(東京)·대판(大阪)은 무론이요 구주(九州)의 각처와 동북(東北) 및 북해도(北海島) 등 벽추(僻陬)의 땅에 이르기까지 멀리 원학생(願學生)을 권유 초모함으로써 조선의 각종 문교의 부(府)를 그나마 그들로서만 7, 8할을 차지하게 한다는 것은 얼마큼이나 집요한 편견의 의식적 발로임을 여길 수 있는 것이다.

입학난의 문제는 외타의 사회에서도 그 예가 아주 없지 않은 자이나 조선에서처럼 격심할 수 없다. 그런데 그것이 생산되는 문화사회의 자동적인 현상뿐이 아니요, 실은 인위적인 왜곡에 인하여 자못 기본적인 입학 수난의 화인(禍因)을 이루게 되는 것이니, 문제는 여기에서 일어난다. 이것은 문교조선의 쓰라린 문제이요, 또 정치성을 다분(多分)으로 띤 현실 도정에서의 한 큰 모순으로 되는 것이다. 모든 남녀들이 먹고 입기 위하여 남부 조선으로부터 북부 각 군(郡)에 가고, 또 국경과 해협을 몰려 넘는다. 많은 남녀들이 배움의 길을 찾아서 학원에로 학원에로 몰려 닫는다. 그러나 안정의 길은 아득하고 명랑하던 햇빛은 덧없이 스러진다. 그들은 헐떡이고 있다.

조선어사전 완성론 ― 독지·유력자에 기(寄)하는 서(書)

어느 문화민족에게 있어 언어가 존귀 또 중대한 구실을 하고 있는 것은 너무 명백한 일이므로 긴 말이 도리어 번거롭다. 이를 18세기 이래 구주의 수개 후진민족에게서 찾아보건대, 혹은 그 자연의 방어(邦語)로써 간신히 바이블을 역술(譯述) 출판하였음에 의하여 비로소 그 향토 고유 문화의 수립 및 순화(純化)의 길을 나아간 자 있었나니, 언어 및 문자의 문화상의 지위를 촌탁할 만한 자이다. 조선의 언어와 그 용기(容器)로서의 문자, 즉 '한글'이 그 소재로서는 벌써 완성된 역사를 가진 지 5세기가 넘으려 하면서 그 현대 문화에 적용되는 과학적 정비로서는 이때껏 그 성취를 못 보았던 터이다. 수십여 연래의 내외의 사정이 통상으로서는 그럴밖에 없음을 수긍케 할 바이나, 그러나 그는 결국 자가 변호의 허울 좋은 평계로서만 의미를 이루는 자이다. 이제 조선의 표준어로 확립치 못하였고, 그의 기술(記述)의 결정으로서의 조선어사전은 또 그 완성에까지 아직도 전도요원한 감이 있다. 조선의 식자와 유력 독지(篤志)한 편에서는 무엇으로 이를 변(辯)할까?

조선에서 선교하던 영(英)·미(米)의 사람들이 '한영자전(韓英字典)'으로 처음 조선어 관계의 사서(辭書)를 편찬 간행한 바 있고, 위정자 측으로 왕년에 이를 간행한 바 있으나, 역시 간이(簡易)한 미완성의 사서이다. 민간의 식자·논객·교육자들이 서로 모여 조선어사전편찬위원회를 결성한 바 있어, 이래 8년 4, 5천 원의 비용을 내고 그 어사(語詞)·어휘(語彙)의 수집 편차(編次)함에 자못 볼 만한 바 있었으나, 아직도 다소의 곡절 중에 그 공정(功程)을 바삐 하는 도정에 있다. 호학유지(好學有志)의 사(士) ― 워낙 그 설두(設頭)와 진력(盡力)을 아끼지 아니함을 수(須)하거니와 유력 독지한 분이 그 자력(資力)을 공급함으로써야 그 순조(順調)의 성취를 기할 것이다. 근자 조선어학계에도 불행 귀일통합(歸一統合)을 보지 못한 터이나 물자의 갖춤이 있어 이것을 단행함에는 그는 큰 지장될 수 없는 바이요, 한글 철자 통일안에도 다소 수정을 요할 여지 있으나 그는 정리 도정에서의 일 소굴요(小屈撓)인 것이다. 방금 조선 어문의 정리·통일은 칠분(七分) 성장의 지경에 걸어간 자이니 그 점은 차라리 낙관할 자이요, 문제는 그의 경기(經紀)에 요하는 자금의 확립에 있는 것 같다. 무릇 일정한 자산이 있고 사회·민족에 공헌함으로써 그 문화의 기공탑(紀功塔)에 썩지 않을 자취를 머무르려는 자, 대개는 이 어문 정리의 완성과 그 구체 실천으로서의 조선어사전의 편찬 및 간행에 지나는 바 사업이 많지 못할 것이다.

최근에 조선어학회의 관계자 제씨 중에는 7, 8년의 단속적으로 해오던 조선어사전 편찬사업을 기어 촉진코자 4, 5씨(氏)가 그 비용을 분담하고 자자(孜孜)히 노력키로 한다고 한다. 만(萬)의 금(金)이 잘하면 이 수집·편차를 거의 완성에 가깝게 할 수 있으되 오히려 부족이 있을 것이요, 그의 출판으로 선미(善美)를 바라보게 하려 할진대 전후 4, 5만의 자금을 요할 것이다. 4, 5만의 돈이 많지 않음 아니나 사회사업가로서는 힘에 부치는 거액은 아니요, 혹 이리저리 관련되어 10만 원을 던질 각오를 한다 치더라도 그 천하 후세에 주는 바 공효(功效)가 자못 큰 바이다. 작금 조선의 사회에는 거만(鉅萬)의 금을 후진 교육 때문에 내던지는 분이 적지 않은 터이니, 그중에 방향을 조금 달리하면 이 사업을 고를 수 있는 것이다. 오인(吾人) 산사(山寺)에 놀아 2, 3 불서(佛書)를 뒤지다가 왕왕 희사(喜捨)로써 명복을 빌고자 그 경(經)과 논(論)을 간행케 한 '시주(施主)'가 있음을 발견할 수 있나니, 조선어사전의 편찬·간행을 담당할진대 그 천하 후생에게 문교(文敎)로써 비익(裨益)함이 어찌 외타에 견줄 자이랴? 무릇 사업을 가림에도 일가(一家)의 특이한 지견(智見)을 요하나니, 현대의 부유한 사녀(士女) 이 사전의 업을 맡을 수 있다면 그는 초연히 독행(獨行)할 수 있는 자이라, 또한 흔쾌치 아니할까?

후세생생(後世生生)의 문화인으로 두고두고 그 공덕을 초들게 할 수 있다면 그 열(悅)치 아니하랴? 그래서 독지·유력자에게 기(寄)하는 제일의 글월을 삼는다.

조선문화상금론(朝鮮文化賞金論) — 독지·유력자에 기하는 서 (2)

작금 조선문학 문제에 관하여 문단인으로부터 대소의 논의가 있는 줄로 들었다. 나는 문학에는 문외한이라 이에 간여할 바 못된다. 그러나 문학 그것이 시가·소설·문예비평 또는 그 방면의 사(史)의 저작 등등을 아울러 민중문화에 중대한 작업으로 기여되는 바는 아마 누구나 다 인식할 것이다. 조선의 문학은 지독한 한화주의(漢化主義)적인 구시대의 정법(政法)의 밑에 매우 그 발본색원적인 장해(戕害)를 입었었고, 그것이 넘놀던 지 수세기에 아직도 잡박(雜駁) 불순한, 초매(草昧)한 도정에 잠겨 있던 때가 지금으로부터 오래지 않았다. 현하에도 다시 거대한 신(新)파도의 틈틈에서 간신히 그 생명이 부침하고 있는 사정이다. 논자 혹은 조선문학의 위기를 부르짖는 바 있으니 참인 것이다. 조선문학은 조선의 식자 선구자들의 손에 의하여 오히려 그 생장, 발전 및 그 완성을 기하여야 할 바이다. 모든 일은 생활이 그 존재를 조건 짓거니와 이러한 일 소부문(小部門)적인 문제에 있어 그는 결국 종사인(從事人)의 생활 및 연구의 자금 문제로써 그 개인적인 조건을 결정짓는 것이다. 그리고 그 천품(天稟)의 우수한 문학인 될 수 있되 그 빈궁함이 이를 완성할 수 없는 자 퍽은 많은 것이니, 여기서 오인은 조선문학 장려 때문에의 조선문학상(朝鮮文學賞) 기금적립과 희사행위의 추천·권유의 말을 붙인다. 조선의 자산가는 선진국가의 그들처럼 거대치는 못하나, 그러나 우리의 처한바 시대정세는 그 자산의 일부를 사업에 제공함으로써 불후의 명가(名價)를 남기기에 알맞다. 불후의 명가는 일편 허영이 아니니, 인생 일세의 일대 쾌사(快事)인 것이다.

시가·소설·문예비평 또는 사학상(史學上)의 저술로서 조선인의 심금을 가장 잘 울려내어 조선문 문예작품으로서 찬연히 빛날 수 있고, 이것이 또 국제적으로 소개될 수 있는 자로 우리의 향토를 향내 나게 할 자이거든, 그 작자에게 상응한 문학상을 주어 그 연구의 비(費)를 보태어주고, 혹 그 대성(大成)의 자(資)를 삼도록 할 것이다. 순연한 문예에 한할 바 아니니, 회화·음악 등 민중의 정조(情操)를 정화 또는 앙양케 할 수 있는 예술 제품(諸品)에 있어서도 상응한 상금으로 그 연구 및 대성을 도울 것이다. 조선의 자연이 많이 풍경(風景)·승구(勝區)의 미(美)를 가졌고 그곳마다 가지가지 향토 전설을 싣고 있나니, 이것이 다 사생(寫生)의 화재(畫材)로 될 수 있고, 조선사상(朝鮮史上)의 많은 사건과 전설과 또는 설화적인 장면이 모두 훌륭한 화제(畫題) 및 화재(畫材) 될 수 있는 것이니, 이것은 문화적 처녀지인 만큼 또 활용의 무진장으로 되어 있다. 산수를 그리는 자 한토인(漢土人)의 어느 조박(糟粕)을 핥고, 인물화이면 벌써 당송(唐宋) 이전의 중국인의 갈건야복(葛巾野服)을 지금에 끼적거릴 필요는 전혀 없지 아니한가? 또는 조선적인 가요에 조선색인 운율이 만중(萬衆)을 고무흥감(鼓舞興感)시키기에 족한 작곡이거든, 이것도 또한 상금으로써 추장면려(推奬冕勵)케 하는 자(資)를 삼을 것이다. 그러므로 문학상에 그치지 않아 회화·음악 등 기타 조각·제작 등에까지 뻗치어 모름지기 그 조선예술상(朝鮮藝術賞)의 기구를 준비할 것이니, 이들은 조선문화상(朝鮮文化賞)으로 통칭할 자이다. 그리고 이것은 사회문교(社會文敎)와 민족문화에 심심한 관심을 가지는 유력·독지의 사녀가 특히 그 응분의 자력(資力)을 경주(傾注)함직한 바이다.

무릇 3만의 기금이 오히려 1년 천 수백 원의 입상자의 학자(學資)를 지공(支供)할 수 있나니, 한 사람이 한 상금의 기금을 기탁할 수 있는 것이요, 혹은 수삼 인의 수삼 건의 문화상의 기금을 취합(聚合)할 수 있는 것이다. 저 노벨은 북구(北歐)의 인사이라 그의 기탁한 기금이 해마다 전 세계 문학자의 시청(視聽)을 집중하나니, 조선 문화의 배양 및 그 건설 때문에 일정한 기금을 보내두고 세세연년(歲歲年年) 그로 인한 경진자(競進者)를 봄이 또한 쾌하지 아니한가? 자기들의 공헌에 의하여 백세(百歲)의 후, 오히려 후생선류(後生善類)의 사이에 이로써 문화적 정진에 자(資)하는 바 될 수 있다 하면 어찌 열(悅)할 바 아닌가? 현대의 조선은 이러한 독지·유력자와 함께 신시대의 탄생 및 그 보육을 조산(助産)함을 요하고 있다.

우량 문헌 간행론 — 독지·유력자에 기하는 서 (3)

조선문화상의 기금은 혹 민간 언론기관으로서 그 자신이 이를 적립

운용하되 그 심사전고(審査銓考)에는 널리 사회구안(社會具眼)의 사(士)
를 망라 위촉토록 함도 좋을 것이요, 독지 유력한 분이 그 기금을 사회
에 기탁하되 인격·신앙이 아울러 적합한 사녀들로 그를 관리하여 언론
기관과의 협력으로 그 선전·활용의 임무를 다하게 함도 좋을 것이다.
만일은, 일정한 문화 건설을 목표로 하는 기관을 따로 결성하고 그에 상
응한 기금을 취합하여 각 과(科)의 조선문화상을 앙장시흥(鞅掌施興)키
로 함도 또 일 방법일 것이다. 이는 차라리 지엽 문제이라 노노(呶呶)함
을 요치 않는다. 이외에 선민(先民) 저술의 중에 혹은 지리·역사·정법
(政法)·경제와 농림·공예와 문학·의약의 제서(諸書) 등 우량가고(優
良可考)의 서(書)를 수집 인쇄함으로써 조선 연구의 주요한 문헌으로 삼
을 것이니, 이것은 변동하는 역사과정에 임하여서의 조선의 선구자·식
자된 자로서 금고(今古)를 품질음미(品秩吟味)함으로써 미래를 검색입
안(檢索立案)하는 경미치 아니한 특수적인 자료로 될 바이다.

  6, 7세기 이래의 조선의 국제정치적 위치는 스스로 숭외자폄(崇外自
貶)의 중세적인 기습(氣習)에 점염(點染)되어 있었고, 현대 부르적 문명
에서는 온통 전역(全域)적 피동의 지위에 전락하고 있어, 그 발동되는
정치·문화적 제 형세가 다만 선진사회에서의 정상적인 경제적 유물론
의 발전형태만으로써가 아니요, 때로는 실로 정치적 유물관의 신형(新
型)적인 사회현상으로 되어 있다. 이는 정치적 피예속이라는 엄연 결정
적인 조건이 오직 선진 강대국가 안에서의 기성(旣成)한 사회이론으로
써만 율(律)할 수 없는 이유이요, 조선적인 무엇을 현하 당면의 역사적
정치적 과정에서 가장 명백한 의식으로 파악하여야 하는 객관적 요건으
로 되는 자이다. 오인은 사회의 유물적 발전과 역사의 국제적 추진(趨
進)이 무엇으로고 약진적인 과정을 조만(早晩)에 가져올 전야(前夜)적
혹은 전(前) 전야적 시기에 제회(際會)한 줄을 인식하므로, 그러므로 스
스로 돌이키어 전연 황무(荒蕪)인 것을 구원과도(久遠過渡)의 전대(前

代) 조선에 향하여 그 사건·인물·연찬(研鑽)·축적의 온갖 민족적 문화재에 관한 천명(闡明)·소개로써 그 과학적 검토와 도덕적 비판을 가하고, 그리고 그로써 다음의 시대에 약진하는 청산정비(淸算整備)의 공작을 삼을 것이다. 이것은 지극히 타당 또 정량(正良)한 역사적 과제이요, 이러한 견지에서 우량 문헌의 간행 및 연구는 하필 조선인에만 한한 바도 아니어서, 무릇 조선에 관심함을 요하는 내외좌우의 성의 있는 사람들의 한가지로 요구되는 일이다.

장개석(蔣介石) 중심의 국민당 정권이 중국 정사(政事)의 무대에 등장한 지 이미 10유년(有年)이다. 그들이 혹 연로용공(聯露容共)을 정책으로 삼고, 또 배로초공(排露剿共)을 그 방편으로도 써서 적지 않게 국제적 파동을 일으키었나니, 이것이 한 거대한 사실이다. 그들이 배격하던 공자(孔子)를 되찾아서 숭배키로 하고 '복고(復古)'의 지(誌)가 그 국수적인 사상을 고취하는 바 있나니, 그들은 반(半)식민지적 지위에 부침하는 자이나 오히려 족히 국가적 긍지를 가지는 자들이요, 그의 '복고'가 참 '복고'이자 또 급진을 탄압하는 실제의 강력(强力)으로 작용될 수 있는 것이다. 그러나 조선에 일찍 공자가 있어 존아양외(尊我攘外)를 고조(高調)하는 실제가 있었던가? 그의 춘추대일통(春秋大一統)의 제정(帝政)적인 정치사상이 역대의 시군속리(時君俗吏)로 떠멤으로써 만민을 겸제(箝制)하는 기구(機具)로 삼으려 하던 윤리적 압력의 거대한 자 있었던가? 요(堯)·순(舜)·우(禹)·탕(湯)을 추켜올려, 혹 그 모고(慕古)의 벽벽(癖僻)을 돋우고, 말미암아 민중의 진취(進取)를 저해케 할 역사적 인습의 강력(强力)이 있는가? 다행인지 불행인지, 조선에는 이것들이 아주 없었다. 오늘날의 조선에는 '복고'가 없고 또 있을 수도 없다. 그러므로 전대의 인물·사건과 연찬·축적을 음미 검색하고 매개 선양하는 것은 오직 구원과도(久遠過渡)의 구(舊)조선에 인하여 그 진지한 자기반성과 일정한 정치·문화적 진취의 공작을 가지려 함이다. 이에서 우량 문헌의 간행과 또는 구시대의 사건·인물의 음미·천명(闡明)은 그의 '복고'로써 규정할 바 아니다. 사상(事象)은 비판 및 파악을 요한다. 그러나 현학적인 참무(讒誣)를 무용(無用)타고 하는 것이다. 조선의 선류(善類)와 독지·유력의 사(士)는 이 정사(政事)적 다난한 제회(際會)에 그 자금을 공(供)하고 지력(智力)을 수(需)하여 현대적 가치 있는 고문헌을 간행하므로, 오히려 문화에 비여(裨與)한 자산이 귀중한 문헌 홍포(弘布)의 저력으로 되어 미래에까지 '문고(文庫)'로서 빛나는 귀중한 사회적 재산으로 남을 때 또한 열(悅)치 아니할까?

지방학교 광설론(廣設論) ― 독지·유력자에 기하는 서 (4)

오인은 객하(客夏)에 있어 조선 사회현상의 주요한 일면상으로서 제3기적 향학열의 정치·문화적 의의를 비판하고, 이것이 선구자들의 거대한 관심사인 것을 지적하여, 각종 교육의 확대 보급할 필요를 논함으로써 신문화 공작에의 약진할 방편을 다소 전의(詮議)하였던 것이다. 금년에 와서 향학열은 이보다도 가속적인 팽창이어서, 보통학교에는 대체로 수용력의 2배 강(强)에 달하는 지원자이요, 중등 각종 학교에는 남자에서 약 10배, 여자에서 3배 평균의 지망자인 현상이다. 경성(京城) 인접의 땅도 그렇거니와 먼 시골의 학부형들은 소년·소녀의 자녀 학동을 데리고 경성과 외지 도시에 모여들어 여러 날 초조 불안한 속에서 지내다가, 대부는 낙방한 자녀를 앞세우고 면목 없는 기색으로 초연히 귀향하는 것이었다. 확실히 일건의 비극적인 현상이다. 초등교육은 그 급속한 시설확장과 의무교육 실행의 촉진을 기할 바이요, 전문교육에는 각 학교의 조선인과 일본 내지인의 입학률 균등의 요구를 개시 및 관철키로 적당한 운동을 일으킬 것과 그 기관의 충실을 도모할 것 등이 그 당면 정책인 것이니, 이는 모두 별개 문제로 두어 둔다. 이제 주로 중등 교육기관

확충·증설의 필요 및 그 방법에 관하여 도타이 전역(全域) 각계 독지·유력의 사녀에게 말하여 두기로 한다.

중등학교 증설의 필요와 위정 당국의 그릇된 교육통제의 의견 등은 사설란에서 이미 그 비판의 요의(要意)가 소개 또 고조된 바이라 군말을 부칠 바가 아니요, 오직 각 지방의 특수 사정에 맡기어 각각 응분한 교육기관의 확충 및 증설의 책(策)을 수립 단행할 것이다. 황해도는 지역이 넓고 인구가 많되 그 고보(高普)의 시설은 오직 해주(海州) 1군에 국한되어 있은즉, 안악군(安岳郡)에서와 같이 일거 60 수만 원의 기금으로 1개의 완전한 사립고보로서의 존립 및 발전을 의도 또 갈망하는 것은 그 지방민의 총의와 주사자(主事者)의 일념에 의하여 당연 문제없이 성취되지 아니하면 아니 될 일이요, 외타의 각도에서도 이 예에 준하여 혹 1, 2의 고보를 필요로 하는 것이다. 이를테면 강릉(江陵)이 영동(嶺東) 7군의 중심지요 동해안의 일 추요(樞要)로서, 춘천(春川) 유일의 강원도의 고보(高普)가 있음에 돌아보아, 명명(明明)히 1개의 고보를 요하고 있는 것이요, 외타에도 안동(安東)·거창(居昌)·남원(南原)·여수(麗水)·대전(大田)·홍성(洪城)·수원(水原)·북청(北靑)·혜산(惠山)·강계(江界)·재령(載寧)과 강화(江華)·진도(珍島)·제주(濟州) 각 곳을 따라 남녀 중등학교로서 고보와 실업학교·가정학교 등의 설립 또는 승격 완성을 요하는 것이니, 이는 일률로 규정할 수 없고 또 일일이 열거함을 요치 않는 현하 필요한 교육 시무(時務)로 되는 것이다. 그리고 이는 각 지방의 정주(定住)하는 유력·독지의 사람들을 중심으로 내 고향에서 내 자녀를 교육하겠다는 염원으로 그 학교의 설립을 계획 또 실천할 것이다. 무릇 각개 지방이 일시에 이를 관철할 수 있으리라고 속단할 수 없는 바이나, 목하의 정치적 제 정세는 객관적으로 이를 의상(意想)케 하고 또 편달하는 바이다.

대개 중등교육은 워낙 자기의 향토에서 수료케 하는 것이 휘뚜루 타당 적합함을 깨닫게 하나니, 그것은 공민(公民)적인 자격을 함양하는 도정에서 특히 골고루 자신의 생활 근거지인 내 시골의 비세(備細)한 정조(情操) 및 사상(事象)을 견식(見識) 영득(領得)함을 요하는 것인 까닭이요, 부형의 편으로 자녀를 그 근접 영향하는 권내(圈內)에 두어 그 동도 애육(董陶愛育)의 기회를 다분으로 가질 수 있는 데서 공사(公私)의 편의가 있을 수 있는 것이다. 조선의 부형들이 근소한 중등 교육기관에서 다수 낙방의 자녀들을 끌고 부질없이 인세(人世) 부침을 걱정하는 대신 스스로 자기의 향토를 중심으로 적당한 교육기관을 건설하여 놓고, 안심하고 후진 교도(教導)에 종사할 것이다. 무릇 강만(崗巒)에 올라 송역(松櫟)이 우거짐을 보고 구롱(丘隴)에 내려 선인(先人) 분묘를 성(省)함으로써 추원감시(追遠感時)의 정(情)을 품는 것은 전대인(前代人)의 생활 감격이다. 이제 친애하여진 고원(故園)의 산하 풍경의 그림자 속에 자기의 힘으로써 건설한, 솟아있는 학사(學舍)를 보고 거기에서 남녀의 학동이 명랑하게 주동(走動)함을 반겨하며 그윽이 후생(後生) 만년(萬年)의 생존을 기함이 또한 간절치 아니한가? 천하·국가도 사회·민족도 이를 각자의 개인적 처지에다 요약하면 결국은 안타까운 '위자손계(爲子孫計)'에 지나지 않는 것이다. 이 나라의 독지 유력한 제씨는 어쩌자고 스스로 위자손계를 아니할까?

문화적 기공탑론(紀功塔論)

예술은 길되 인생은 짧다. 인생 일대(一代)를 그 고립한 토막에서 본다면 그야말로 석화광중(石火光中)에서 장단(長短)을 시새움이다. 짧은 일생이 혹 무상한 환멸을 느끼는 바일 새, 여기에서 유방백세(遺芳百世)하는 썩지 않는 명가(名價)를 남기려는 것이 인정(人情) 자연의 충동으로 될 수 있는 것이다. 그러나 명가를 좋아하는 자 한갓 천박한 실책을 흔히 저지르나니 그 성예(聲譽)에 급급할 것인가? 명산승구(名山勝區) 바위낭에 명자(名字)를 머무르는 자, 그 호명(好名)의 치기가 가엾다고 하려니와 후인으로 명자를 읽되 그 누구이던 것을 알 수 없나니 슬프지 아니한가? 알되 기릴 일이 없나니 서글프지 아니한가? 인인지사(仁人志士) 천하민생(天下民生) 때문에 그 재(財)와 역(力)을 기울이매 그 공적이 진진(振振)한 후생에게 미쳐서 택세이민(澤世利民)하는 문화적 풍력(風力)이 반드시 유형무형한 불멸의 영화(靈火)로 피어오르나니, 무릇 존귀한 일건의 사회사업의 기초를 닦아서 두매 이것이 곧 항존(恒存)의 문화적 기공탑으로 되지 않는가? 재(財)의 물(物)됨이 그 사용의 가치에서 비로소 빛나나니, 오직 축적만이 의미를 이루지 못한다. 이는 성자(聖者)의 고풍(高風)이 아니니 범부 일상에서 목격 체험할 바이다. 오인이 한 번 부자유한 고장에 들어가매 3척(尺)의 포의(布衣)가 오히려 내 몸을 따습게 할 수 없고 수두(數斗)의 가량(家糧)이 오히려 내 입에 풀칠할 수 없나니, 사용치 않는 자산이 나에게 무엇이 있을까? 그러나 부자유는 그 필연으로 다가오는 묘소의 지배보다 더한 자 없는 것임을 알아야 한다.

　동양의 사람은 석숭(石崇)의 부(富)를 잘 안다. 그가 제실(帝室)의 인친(姻親)인 왕개(王愷)와 호화를 겨룰 새, 그 은성한 재력은 천하를 놀랬었다. 그러나 팔왕(八王)의 난이 일어나서 진조(晋朝)의 승평(昇平)이 작시(昨是) 금비(今非)를 걱정하게 될 때, 그는 "놈이 나의 재(財)를 이(利)하려 하는구나"의 편언(片言)만을 남겼을 뿐이다. 오늘날의 천하가 물론 진대(晋代)의 천하는 아니지만 소인(騷人)으로 하여금 '재택구허(梓澤丘墟)'의 영탄을 발하게 하던 것은 인생의 본질적 필연의 운명인 것이다. 아니 '금곡번화석계륜(金谷繁華石季倫), 단모부귀불모신(但謀富貴不謀身)'이라고, 명기(名妓) 녹주(綠珠)로 더불어 금곡의 번화에 잠겨 살년 계륜 석숭이 부귀는 꾀하였으되 신명(身命)을 꾀하지 아니한 우졸(愚拙)

은 달인(達人)의 기롱(譏弄)을 면할 길 없었다. 그러나 이제는 신명의 문제라는 구구한 개인사는 아니요, 천하·국가·사회·민중으로 함께 더불어 만년 자손의 계(計)를 세우자는 것이다. 만년 자손의 계란 자는 혹 전면(全面)·전선(全線)적인 웅대한 정치적 방법도 있는 바이지만, 목하의 정세는 각 사람들이 각 지방에서 각각 일건씩의 사업을 끌러 쥐고 각각 응분 및 최선의 기획·공헌으로써 진지한 그리고 불멸의 문화적 기공탑을 건설하자 함이다. 모든 사람은 명문(名聞)을 떠나서 구원생존(久遠生存)의 운동의 일단으로서 당면 정세에서 이 문화 배양 때문에 진지(眞摯) 협력을 할 것이다. 다만 명(名)은 실(實)의 보(寶)이라, 그 봉사의 실이 영존(永存)하는 곳에 명문을 떠난 자의 참된 명문이 다만 무명 전사자의 무덤의 갸륵으로 바꿀 자 아닐 것이다.

보라! 사전의 완성이 4, 5만의 금이면 우선 그 불후의 공적을 이룰 것이요, 각각 수삼 만의 기금이면 각종의 문화상의 사업을 구원토록 경기(經紀)할 것이며, 수천 혹 만여의 자금이면 각각 선정한 귀중한 문헌을 인간 반포할 것이다. 수십 정보의 전답·임야와 십여만의 기금을 가함으로써 1개의 자영적인 농민학교가 경영될 수 있고, 20~30만의 기금이 우량한 가정부인학교를 향토 사정에 따라서 적의(適宜) 경영할 수 있고, 기타 이에 준할 실업·직업의 제 학교가 그를 요하는 각개의 읍락에 설 수 있는 것이다. 혹 수군(數郡)의 재력을 집중함으로써 50~60만의 적립하는 기금이면 특히 선미(善美)한 1고보를 자기들의 영향되는 권내에 철저 실현할 수 있는 것이다. 작금 해서(海西) 각지에서 발흥하는 교육기관 증설 확장의 운동을 보건대, 제타(諸他)의 지역은 홀로 그 범위 외에 초연한 독자적인 정세를 전단(專壇)할 수 없는 것이다. 조선 현하의 자산가는 선진사회의 그들처럼 웅후(雄厚)하지 못하다. 그러나 현하 내외의 제 정세는 오로지 그 자주적인 희사로써 모처럼 조선에 생(生)을 받았던 인연을 그 문화 건설의 공정(工程)의 위에 응보(應報)하여 둠을 요하는 것이다. 독지·유력의 사녀여, 경(卿) 등은 그 처지를 스스로 재검토하라! 그리하여 함께 더불어 항구 불멸의 문화적 기공탑을 인연 깊은 이 땅에 세워두자!

입학균등보장론 (1)

수원읍(水原邑)의 모 유력한 시민은 오인에게 말하였다. "수원의 유력자들이 당초에 고보를 설립하자는 조건부로 기금을 모았는데 중도에 당국 방침이라고 농학교(農學校)로 하라고 해서 매우 난처하여 하는 중이다. 또는 도비(道費)로써 가정부인학교를 만들었는데 원체 일본 내지인 표준으로 되었으매 조선 여자가 입학한댔자 찐덥지도 않지마는 그나마 백 명 사람이나 응모한 조선 여자에 네 명밖에 입학이 아니 되었으니 딱한 일이다"라고 하며 긴 한숨을 내쉬었다. 그는 미자(眉字)에 수색(愁色)을 띠고 혼잣말로 "학교를 설립키로 마음대로는 못 되는 일이요, 도비로 기운 학교에도 조선인은 단 몇 명 들어갈 수도 없고……" 하며 깊은 사안(思案)에 드는 것이었다. 영남(嶺南)의 모 군에서 자녀의 중등학교 입학 때문에 입경(入京) 체류 중인 모 씨는 그 지방의 지명(知名)하는 가문의 일 신사(紳士)이라 낙방한 아들을 데리고 떠날 임시에 면목이 없는 듯이 망설이고 있으며, 동경 유학 보내고 뒷돈 대기 어렵던 술회담을 한다. "아우가 고보를 졸업하고 그예 전문학교에 입학하겠다고 하기로 그리하라 하였더니 과히 둔한 편도 아닌데 웬걸 입학이 되어야지! 애를 부득부득 쓰면서 집에 돌아와서 동경 유학을 꼭 보내달라고 하겠지요. 학비 어려운 생각에 얼른 대답을 못하였더니 하도 애가 말라하기에 마지못해 보내주었지요. 몇 해 동안에 저도 모르게 땅마지기나 차츰차츰 팔아들였는데 졸업하고 와야 취직할 길도 다 막히고" 하며 갑자기 처창(悽愴)한 기색이 얼굴에 떠돌았다. 그는 또 입을 열어 "무어 그 때문에 거의

패가한 사람도 적지 아니한데……” 하며 말끝을 아물리지 않는다. 오인
은 여기에서 독자와 함께 교육조선의 심상치 아니한 난관을 알 것이다.

첫째, 고보 불인가(不認可) 방침과 수원의 위치에 관하여 일고(一考)
하자. 수원은 경성 근접한 도시라 거기에 1개의 실업학교를 더 둠이 가
(可)치 않음 아니나, 경성의 고보가 부족한 현상이니 수원의 정한(靜閑)
명랑한 도시에 한 개의 고보를 두어 좌 수원 우 개성(開城)으로 경기(京
畿) 문교의 요지를 삼음이 차라리 타당치 아니한가? 여기에서 고보설립
과도제한의 사정을 엿볼 수 있음이 하나이다. 둘째, 수원에 설립된 도비
의 가정부인학교에 입학한댔자 찐덥지 않다는 것은 조선인의 향토문화
와 특수경향 존중의 견지에서 전문학교 이외의 무리한 공학(共學)은 불
가하다는 것을 이야기하는 것임이 그 둘이다. 셋째, 백 명의 응모자에 입
학된 조선 여자 겨우 네 명이라는 걱정과 영남의 모 씨가 경성의 전문학
교에서 그 아우가 입학치 못하고 동경에 가게 되어 근소한 가산을 적지
않게 소비하였다는 것은 벌써부터 공학제로 결정된 전문학교, 기타 고급
의 실업 각 학교에서 1할 내지 2, 3할밖에 아니 되는 조선인 입학난이 얼
마큼이나 그 문교 및 경제상에까지 심각하게 영향됨을 증언하는 바이다.
넷째, ‘졸업하고 와야 취직할 길도 막히고……’의 탄성에는 조선 청년의
진로가 얼마큼이나 광명이 적은 것을 보임이요, 드디어는 현실 조선의
많은 문제가 온양(醞釀)되는 소식의 일면상을 보여주었다. 무릇 전문의
학(學)을 닦음이 반드시 취직의 수단으로 함은 아니지만, 일을 하고 생
활을 유지하는 길은 직업을 가져야 됨이 우선 정상한 방책이라 취직의
길이 제한되었을 새 취학의 문부터 좁혀 놓은 것이니, 전문학교 입학률
문제는 조선문교의 부(府)의 주요 현안이요, 조선인 문화와 그 생활·생
존의 전도(前途)에 걸쳐 있는 용이치 않은 사태인 것이다.

각 계급의 교육기관이 매우 불비(不備)한 상태인 것은 이미 알고 남은
바이요, 중등학교 및 전문학교가 조선의 분수로도 거대한 부족이 있는

것은 사설란에서 지적된 바이라 이루 다 그 수자를 지적할 바 아니다. 그러나 오인으로 백보를 물러나와 이를 논할지라도 전문학교를 착착 증설함은 필요할지언정 조선인의 입학률을 결정적 저하한 수준에 두는 것이 불가한 것이요, 나아가서는 그 취직·취업의 길에 있어 역시 심대하게 제한되는 것이 문제이다. 이미 교육의 기회를 균등할 수 없는데, 또 그로 인하여 가산을 한외(限外)로 소모하게 되는 사정이 파생 부수하고 있다. 오인은 이에서 조선 부형의 전문학교입학률 균등보장운동의 필요를 제창하고 이를 주장하려 한다. 이는 부형과 위정 당로의 심대한 관심사일 것이다.

입학균등보장론 (2)

사회적 정치적 제 문제는 모두 인민의 생활 및 생존 문제에서 출발, 발전 또 귀결되는 것이다. 모든 이론과 도의와 정책이 여기서 발생, 파생, 또 방생(傍生)하는 것이다. 그러므로 사회적 정치적 제 문제는 천재(天才)로의 발전도 아니요, 철인(哲人)의 창안도 아니요, 실은 자기의 생활 및 생존에 충실 솔직한 범부(凡夫)의 의욕에서 일어나는 자연적인 목적성에 속한 것이다. 그러므로 모든 역사와 선진사회의 전례가 일 인민의 생활 및 생존 운동에 다대한 계시·시사는 주는 바이지만, 역사 그대로 전례 그대로 재현 혹은 이식은 아닌 것이다. 조선인이 밟아가야 할 생활 및 생존의 공작과 방식은 이 현실 조선의 흙내 나는 장면에서 '기억 니은' 소리와 '아빠 엄마'의 말마디와 '이러저소'와 '어여차'와의 군중의 떠드는 속에서와 '두루마기'와 '치마'자락의 너푼대는 틈에서 생겨나고 자라나는 것이다. 이런 의미에서 조선의 목하의 일은 이 땅에만 있는 특수적인 것이다. 그는 그러나 국제적 고립성을 이름 아니요, '오늘'에만 적용되는 일도성(一度性)의 것이니, 꼭 전래를 찾을 바도 아니다. 조선

현하 많은 문제가 있는 터이지만, 후진 교육의 기회 평등 때문에 특히 전문학교 및 고급실업학교의 입학률 균등의 운동을 일으킴은 당면 필수의 한 과목인 것이다. 무릇 천하의 문제는 불평등에 인한 불이익을 입는 데서 시작하는 것이요, 그 의의 및 가치는 인민으로 일상에서 저해된 이익을 평복(平復), 또 획득하게 하는 데 있는 것이다. 조선의 각계 유력한 인사들은 그 취학 자녀의 학부형으로서의 노력 및 공작의 주요한 일 과제로서 이 전문학교 입학률 균등보장의 운동을 목하에서 가장 견실하게 일으킴을 요한다.

금년도 관립 각종 전문학교의 조선인 입학률은 대략 3할 5푼대를 보이고 있으나, 법전(法專)과 같이 조선인의 취학을 주로 하여 심심한 경쟁의 요(要)가 없는 학교를 제하면 더욱 그 비율의 저하를 보게 되는 자이다. 조선 내 2,300만에 가까운 주민 중 60만 내외의 일본 내지인을 제외하면 그 나머지는 2,100 수십만 인의 조선인이다. 2,100여만 인과 60만 인의 자제가 반분반분(半分半分)의 균등한 입학률을 보유한다고 치더라도 2,100여 만을 옹(擁)한 측으로 보아 비상한 불리요 불만이겠거든, 하물며 60만인을 가진 자 도리어 6, 7할 혹은 7, 8할의 압도적 입학률을 파지(把持)한다는 것은 오인의 변(辯)을 수(須)치 않고 그 불합리의 큼을 식파(識破)할 것이다. 현실의 불합리를 시정함 때문에 온갖 문제는 제기되는 것이다. 그러므로 조선의 부형들은 그 자제들의 생활 및 생존의 교육적 관문을 홍통(弘通)하는 염원·의도에서 결연히 일어나 아쉬운 대로 우선 그 입학률 균등보장을 운동치 아니치 못할 것이다. 이는 첫째 고등 피교육자 취학난 완화 때문이요, 둘째 과다한 취학비, 즉 역외(域外) 유학비의 부담에 의한 자산손모 방지 때문에 그 절실한 필요가 있는 것이다. 나아가 그 자제 교육의 길을 열 수 없고, 물러가 그 자산의 손모를 방지할 모책(謀策)도 할 수 없다 하면 어찌 더불어 생활 및 생존을 말할 자이랴?

입학률 균등보장 요구의 이유는 지극 명백하고 또 정상한 것이니, 소위 천하의 공명한 주장인 것이라 노노(呶呶)코자 아니한다. 이 운동을 지속 관철키에 당면할 자 모든 학부형으로서 몸소 그 우려와 곤고(困苦)를 겪는 인사들이니 따로 구할 바 아니다. 이를 대표하고 대변할 자는 학부형 중의 유력자로서 자타 함께 인정하는 당세(當世)의 수모(誰某)라고 하는 경향의 명류(名流)로써 등장케 함이 가장 타당 필수의 조건인 것이니, 무릇 평소에 일반 시민의 속에 있어 긍지와 호세(豪勢)로써 자임하는 분과 혹은 많은 사위(事爲)에 항상 출동 분주하는 현하에서 표출된 인사로써 이 공작에 간여 및 진췌(盡瘁)함이 당연치 아니한가? 또는 그들을 등장케 하고 그 필성(必成)을 종용 편달함이 또 현명치 아니한가? 민중은 '성취'로써 그 단념·관망, 혹은 무관심의 마장(魔障)을 벽파(劈破)시키고 한 걸음씩 관심, 동작 및 추구의 길로 추향(趨向)케 함을 요한다. 학부형으로서의 조선인 제씨는 그 자제들의 전도에 무관심할 것인가? 오직 우려·수탄(愁嘆) 속에서만 버정대고 있을 것인가? 이에는 아무 지의자저(遲疑趑趄)할 이유가 전혀 없지 아니한가? 각각 모두 협의하라! 진작하라! 그리하여 출발하자!

입학균등보장론 (3)

자연의 언어가 아닌 언어는 이를 학습하여 그 의사소통에 결여한 바 없을 만큼 숙달하기는 쉬운 일이로되, 그 음향기호를 일일이 천연(天然)에 맞도록 정미(精美)하게 하기에는 그 혈통 혹은 생장을 달리한 인민으로서는 거의 불가능에 가까운 일이다. 이를테면 유태인과 같이 세계적 분포 생활을 허구한 동안 겪어온 인민으로서도 독계(獨系), 영계(英系)의 유태인은 그 상주국의 방어(邦語)에 관하여 왕왕 그 독특한 '사투리' 적 경향을 가지게 되는 데서 이를 증(證)할 수 있다. 일본어의 발음 및 조직이 동양인으로는 그 공통·유사가 많음에 의하여 학습 및 사용이 용이타고 하고 조선인에게 더욱 그렇다고 자타 공인되는 바이나, 그러나 그 정미(精微) 상밀(詳密)한 점에서는 역시 난해의 걱정을 면할 수가 없다. 전(電)과 천(天)이 그 음을 분간키 쉽지 않고 치(チ)·지(ジ)가 그 용처를 바꾸는 때 많아서, 탁음의 존부와 경연(硬軟)의 상이함이 그 통상 읽고 씀에까지 큰 지장 없는 듯이 자신하는 자로서도 실은 일편의 소문(小文)에도 1, 2 혹은 2, 3의 착오가 있을 수 있는 것이니, 조선인 청년이 응시함에 임하여 그 문의(文意)와 이론에서 아무 차위(差違)가 없으면서 이러한 결점을 보이기는 대개 많을 일이다. 그러나 고시(考試)하는 자 이미 불심(佛心)이 없고 도리어 편견을 감추어, 무릇 1, 2 탁음의 유무와 경연의 차착(差錯)에 문득 말살·퇴축(退逐)으로써 속단하여 조선의 청년 자녀들로 취학의 기(機)를 잃고 초연히 돌아서게 하나니, 이것으로써 그 수험자의 씨명을 고사(考查)할 것까지도 없이 그 착오 응시자의 누구임은 명백 간주됨을 명단(明斷)할 것이다. 이와 같이 부호(符號)의 말(末)에 국척(跼蹐)하여 실지식의 우수(優秀)를 품고서도 줄느런히 낙방의 고액(苦厄)을 당하게 되나니 억울치 아니하냐? 조선(朝鮮)에 고참으로 머물러 있는 자 오히려 소위 고소대처(高所大處)에서 입학률의 균형을 전의(銓議)하거늘 신래(新來)한 소장파로서는 도리어 속단적인 전벌(剪伐)을 가(可)타 하나니, 그 진보적이라고 할 수 있는가? 사태가 이러하기로 조선의 학부형은 그 자녀들 때문에 입학률 균등의 요구 및 그 관철을 요하여야 하는 것이다. 어학의 진의는 그 의사소통·진리영득(眞理領得)의 가능에 있는 것이요, 그 부호와 경연의 세미(細微)한 점은 오히려 제2 의적(義的) 문제인 것이다.

　취학의 길이 제한됨은 취직의 길이 제한될 예비인 것이다. 취학·취직이 아울러 제한되는 것은 그 생활 및 생존의 제한을 의미하는 자이요, 문제의 구경(究竟)은 여기에 귀착되는 것이다. 그러므로 취직에 있어서도 균등이어야 할 것을 필수한 전제로 하는 것이다. 조선토·조선인 2,100 수십만 인의 대다수 때문에 입학 및 취직의 균등을 대개 천하에 불가(不可)타 할 입이 있지 아니할 것이다. 입학에 있어 우선 제한이 있고, 취직에 가서도 다시 제한되고, 취직한 후에까지 가서 또 그 대우에 많은 차별 및 층절(層節)이 있는 것이니, 이것이 조선에서 현하 당면하고 있는 문제의 일부인 것이다. 이 문제가 이미 핍절하고 그 균등의 요구가 지극 타당하거니와 이제 운동을 주비행진(籌備行進)치 아니하랴?

여자의전(女子醫專) 기성론(期成論)

최근 순일 동안 지방에서 학교설립 계획으로서 새로이 일반의 주목을 끄는 자, 해주의 김상돈(金相敦)·유훈영(劉勳榮) 양씨가 13만 원의 희사로써 상업학교 기성(期成) 진행 중임을 보(報)하였고, 경주군(慶州郡) 괘릉리(掛陵里)의 이규인(李圭寅) 씨 한 손에 30만 원을 희사하여 경주 고보 기성의 주력을 세운다는 소식이 있었다. 해주는 상업의 도시로 용당포(龍塘浦)의 축항(築港)과 관련하여 상업학교의 경영은 매우 필요한 것이요, 경주는 신라 천 년 남부 문화의 연원지로 지금 비록 고적(古蹟)의 도시로 되어 있으나, 1개의 고보의 존재는 단연 타당한 것이다. 경북 250만의 각도(各道) 최고한 인구를 옹(擁)하고 있어 대구(大邱)·김천(金泉) 양 고보를 가졌으되 안동(安東)·상주(尙州)는 모두 농업 및 농잠학교인 것이요, 경주가 동해안에 다가 있어 남북철도 종관(縱貫)의 요소로 되었으니 고보의 설치는 지극 타당할 것이다. 이러한 지방학교의 설립은 외타에도 필수한 데가 많으려니와, 경성 중앙의 땅에 일찍 여자의학전문학교 기성준비회를 발기한 바 있어, 작금 세간에서 자못 한각(閑却)됨과 같은 상태이니, 이에 일필로써 그 기성에 관한 인식을 새로이 하여 중외 각계 유력한 사녀에게 깊이 환성(喚醒)을 주고 본문을 마감하려 한다.

조선에 의학교육을 베푸는 곳은 성대(城大)[京城帝大－編] 의학부(醫學部), 경성의전(京城醫專), 세브란스의전, 평양·대구의 양 의전이 있고, 따로이 경성치과의전(京城齒科醫專)이 있어 과히 빈약치 않은 듯한 터이나, 이것이 대체로 남자 본위이요 여자의전은 전무한 터이다. 의사 수 조선인, 일본 내지인, 서양인 등 합하여 약 2천 인으로 그의 1인당의 인구는 1만 천여 인인 현상이요, 한방의생(韓方醫生) 4천여 인을 가하더라도 오히려 매우 근소한 사정이니, 한방의학의 개량·쇄신도 필요하려니와 신의학의 확장·보급이 조선 민중 보건의 견지에서 심대한 긴급사인 것은 유의(諭議)의 여지가 없다. 조선에서 여자의 학문 및 직업에의 진출은 날이 아직 얕은 터이나, 그 천품상으로 이러한 의료·간병의 사무에 적합하고 또는 여성 및 소아 등을 상대로 하는 의료에 여의사가 많은 편의를 가진 것을 볼 때 여자의전의 가치는 생각이 반이 넘는 자이다. 조선 현하 전염병의 횡행과 사망률의 항고(亢高), 더구나 유아사망률의 놀라운 지수 등은 기타 일반 보건 상태의 불비(不備)와 동무하여 남녀 병진(竝進)의 의학 및 보건 지식의 진보·발달을 요함이 매우 긴절한 터이다. 하물며 금후 조선에서 여성의 사회상의 지위는 일정한 직업상의 근로를 절요(切要)하는 것이요, 의료 방면에의 진출이 무엇보다도 이에 가합(可合)한 자이며, 여식을 애육하는 부형으로서도 필경 차차 여기에 착안 및 주력하게 될 자이니, 목하에 이 기성 및 관철은 적호(適好)한 시기인 것이다. 구미 제국(諸國) 여자 해방이 성취된 사회에는 여의(女醫)가 통상으로 많고, 소련은 그 최(最)로서 여의가 전 의사의 3분의 1인 상태이요, 이를 일본 내지에 보건대 의사 총수 5만여 인 중 여의 3천여 인이요, 그러나 3개의 여의전이 있어 매년 1백 30, 40인의 졸업자가 날뿐더러, 치전(齒專)·약전(藥專) 등 역시 매년 수백 인의 여성을 내보내고 있다. 이제 조선인에게 겨우 20여 인의 여의가 있으되 역외 유학의 어려움이 이를 용이히 할 수 없이, 그중의 7인은 여자의전 기성의 토대로 되어 있는 여자의학강습소의 출신인 현상이다. 여자의전 설립의 사회적 필수성은 이같이 명백한 것이다.

여자의전은 반드시 거액의 기금을 요치 않나니, 60만 원이면 그 건물 및 설비를 일신하여 이를 경영할 수 있고, 병원의 수입이 다시 그 지출을 보충할 수 있다. 대학병원 이하 의전·적십자 등 병원이 세전(世專) 병원과 아울러 경성 4대 병원이라 하는 자이나, 관영은 조선인 일반에게는 쾌적한 이용이 지장 많은 바이요, 세전병원으로서는 또 그 임무를 독당(獨當)키 어려운 바 없지 아니한 터이다. 이제 1개의 여의전으로 비롯하여 이 땅의 다수 여고보(女高普) 졸업자 중 원입자(願入者)를 수용하고 그 병원을 들어 조선인의 경영인 민간 의료기관의 웅(雄)으로 함이 그 민중보생(民衆保生)과 사학(斯學) 연구의 길에 한 신생면(新生面)을 열 수 있을 것이다. 이제 여자의전은 그 고정된 주인이 없으니 스스로 자력(資力)을 집합하여 이 사업 앙장(鞅掌)하는 자 그 구경(究竟)의 주인일 것이요, 의강(醫講)을 관리하는 자 일 매개의 역(役)임에 불과한 것이라, 세간의 유력자 일어나 이를 담당함이 이때일 것이다. 이 제회(際會)에 있어 조선인의 자력을 자주로써 동원키로 하자.

【편자 주】 처음에 〈교육조선의 비극〉이라 제(題)하고 시작된 이 논문은 제1회가 압수처분을 받아 제2회부터는 논제를 변경하였다고 필자가 후기하고 있다. 여기서는 〈교육조선의 비극〉이라는 원제를 그대로 사용하였다.

제2부
잡 지

반동선상(反動線上)의 세계와 그 추세

《개벽》 제55호, 1925. 1.

1. 인생의 본질과 그 실제

20세기 오늘날 동아(東亞)의 일 반도 조선에서 일종의 특수 사정하에 놓여있는 조선인은 장차 무엇으로써 시대인된 의의와 사명을 다할 수 있을는지, 우리 손으로 해결하기를 기다리는 현대의 제 문제는 때로는 우리의 역량을 초월하여서 다만 무한한 고통만 주는 것 같다. 현하의 조선인은 무엇보다도 먼저 각각 그 자신을 해방하고 또 구원하여야 할 책임을 지고 있다. 이 의미로 보아서 오인은 조선을 더 잘 알아야 할 것이요, 그의 문제 해결에 관한 적절한 대응책을 강구함이 매우 시급한 바이다. 그러나 오늘날의 조선문제는 이미 조선인만의 조선문제가 아니라 전 동아인의 조선문제이요, 현하의 동아는 또한 세계 열국의 국제적 각축장이요 침략주의 봉예(鋒銳)의 집중지인즉, 조선문제는 문득 전 세계의 대세와 함께 천동(遷動)됨을 부인치 못할 형세이라, 오인이 여기에서 세계의 대세를 운위(云爲)함은 적이 무용한 일이 아닐 것이다.

갑(甲)은 왈(曰), 생존경쟁은 생물진화의 법칙이요 사회발달의 동력이라고. 그는 옳은 말이다. 을(乙)은 왈(曰), 상호부조는 생물 진화의 천칙(天則)이요, 사회번영의 기축이라고. 그도 또 옳은 말이다. 생존경쟁과 상호부조는 빙탄(氷炭)과 병착(柄鑿)같이 병존치 못할 양개의 모순성이다. 그러나 우주와 인생은 워낙 무수한 모순성을 포괄한 유기적 종합체, 즉 종합적 생명체이라, 오인은 이러한 양성(兩性)의 모순성을 그의 엄존한 사실대로 승인하면서, 그를 초월하여서 종합적인 구전(具全)적 존재를 우주와 사회와 자아에게 발견하여야 할 것이요, 여기에 가장 원융충실(圓融充實)한 인생관, 사회관 및 세계관을 건설할 수 있는 것이다. 그러나 인생·사회는 다만 평면적으로 이러한 모순성이 있을 뿐 아니라, 수직적으로 보아도 또한 금석(今昔)의 같지 않은 변전성(變轉性), 일종의 모순성이 있는 것이다. 명백한 시간적 구획을 짓기는 불능한 일이지만, 인류 역사는 마치 파형(波形)의 굴곡선으로 표시할 수 있는 것과 같이 차제(次第)로 전복된 전란과 평화의 시기가 있는 것이다. 경제학자의 주장하는 주기적 공황의 원인이 나변(那邊)에 있을는지 그도 흥미 있는 일이지만, 인류사상(人類史上) 평화기와 전란기가 또한 주기적으로 순회(巡廻)되는 것도 한 큰 사실이다. 그는 인류 사회의 생리적 또는 경제적 제 원인에 의하여 울연(蔚然)히 발흥하는 투쟁 본능의 충동과 그 외 휴식사상(休息思想)에 의한 심정(沈靜)으로의 복귀에 의한 것임은 명료한 바이다.

2. 오인의 운명과 그 각오

이 의미로 보아서 오인은 인류의 본성이 평화를 애호하는지 또는 전쟁을 애호하는지 솔직히 단정하기에는 아직도 너무 천견(淺見)이요, 또는 그 필요도 없는가 한다. 우리의 당위론적 견지로 보아서 평화를 칭찬하고 그를 추구함이 매우 당연할 바이지마는, 그의 실재론적 견지로 보아서 지금까지의 생명 및 인류의 역사는 꼭 반드시 평화만 애호하는 것이 본성이라고 단안을 내리기도 어려울 것 같다. 오늘날까지의 인류의 역사가 모두 부자연한 인위적 원인에 인하여 모든 사회적 불합리 및 결함으로써 채워온 고로, 혹은 계급의 투쟁에 의하여 혹은 제왕이나 기타의 권력가의 무용한 야심에 의하여 불상(不祥)한 유혈의 참극을 되풀이하여 온 바이라 하지마는, 오인의 견해로는 생물과 인류가 존속하는 동안 반드시 꼭 영원 진정한 평화만 있으리라고 낙관하기는 결코 어렵다고 믿는 바이다. 오인이 혹은 당면한 난문제를 해결한다 할지라도 제2, 제3의 난관은 또 우리의 앞에 당도한 것이다. 요컨대 오인은 보다 낳은 상태를 추구하기 위하여 쉴 새 없이 노력함을 요구하는 영원한 전사로서 존재한 자이다.

 권력의지를 말하고, 전투의 도덕을 고조하고, 초인(超人)의 철학을 부르짖은 병중(病中)의 푸레더리히 니체는 일찍이 고산(高山)의 암각에 걸터앉아 창망한 하계(下界)를 나려다 보며 "영원윤회(永遠輪回)"라고 부르짖었다. 즉 우주의 제 현상을 영원히 윤회하고 재기(再起)하는 것이라고 부르짖었다. 무한히 지나가는 시간의 직선 위에는 동일한 현상이 몇 번이나 되풀이하는 것을 주장하였다. 그리고 이 무한히 계속하는 윤회의 운명하에 있는 인생은 비상히 굳센 의지로써 영원한 정전(征戰)을 계속하여야 할 것을 주장하였다. 이 영원윤회의 사상이 인류의 이상인 향상·진보의 신념과 모순되고, 전투의 도덕을 고조하는 초인의 철학이 만인 평등의 현대의 요구와 배치되는 것은 물론이다. 그러나 구전(具全)적으로 본 니체의 인격과 사상의 체계가 여하함을 불계(不計)하고, 인류의 역사가 항상 치란(治亂)과 흥망, 즉 전란기와 평화기를 반복하며 일정한 방향으로 추진(趨進)하는 것은 부인할 수 없는 사실이요, 그의 이상으로는 어떠한 선미(善美)의 극치인 유토피아를 그린다 할지라도, 그의 냉혹한 현실에 있어서 오인이 항상 쉴 새 없는 정전(征戰)으로 타파와 개척과 창조의 길을 나아갈 밖에 없는 것은 드디어 부인할 수 없는 인류의 운동이다. 이제 오인은 이 시대와 함께 우리에게 직면한 반동선상에 걸쳐 있는 세계와 그 추세를 일별하고자 한다.

3. 세계 정국의 3대 중심과 그 작용

현하의 세계 정국에는 3대 중심이 있다. 노대(老大)한 구(舊)제국으로 수백년래 전통적 여위(餘威)에 의하여 세계의 태반을 점령하고, 구주전(歐洲戰) 중 그의 일대 강적 독일제국을 격파한 후, 다만 항상 그 제국적 융운(隆運)을 유지하고자 수단을 가리지 않고 백방으로 노력하는 영국이 그 하나이오. 신대륙에 독립한 그의 특수한 지리상의 편의와 광대한 토지에 묻혀있는 무진한 부원(富源)과 전후 세계 금화(金貨)의 반부(半部)를 점유한 재정상의 행운으로 피폐한 전후의 열국민(列國民)의 권외(圈外)에 특립(特立)하여, 신흥한 국민적 의기로써 세계제일의 지위를 독천(獨擅)하려는 북미합중국이 그 둘째이오. 전란 당시까지 세계 전제 정치의 표본과 같은 독재와 전제의 조직으로 귀족과 관료들의 옹호의 하에 그의 완성한 상비군에 의하여 세계를 호시(虎視)하는 일대 침략국이 되다가, 1917년 11월 혁명의 결과 쓰아리즘[tsarism]의 파괴, 쏘비에트 정치의 수립으로 이제는 방향을 전환한 무산자 본위의 세계혁명의 운동을 하여서 사위(四圍)에서 환시(環視)하는 자본주의 열국으로 하여금 쉴 새 없는 악몽에 시달리게 하는 적색 노국(露國)이 그 셋째이다. 이 3개국은 그 영토의 방대한 점으로 보든지, 인구의 중다(衆多)한 점으로 보든지 모두 세계 일류의 웅방(雄邦)이요, 또는 그의 유래의 역사나 국격(國格)으로 보아 자못 선입주(先入主)적으로 세인(世人)의 공포를 주는 강국들이다. 그를 다시 유별(類別)하자면 영·미의 양국은 이기적 구심(求心)운동에 의하여 사위의 열약(劣弱) 국민을 모든 형식으로 정복 혹은 지배코자 하는 파괴적 건설자들이요, 노국은 그의 세력 공고, 혁명 완성의 외연적 운동을 의미하는 피압박 민중의 해방이라는 원심(遠心) 운동의 대표자인 관(觀)이 있다. 즉 건설적 파괴자라 할 것이다. 그리고 휴전 직후에 비하면 자못 폭렬(爆裂)하는 분화산(噴火山)의 기세로써 전 세계를 진탕(振盪)케 하는 적색 노국은 근일 훨씬 그 봉망(鋒鋩)과 세염(勢焰)을 거두게 되었고, 영·미 양국을 그의 대표적인 자로 하는 자본주의의 열국은 서서히 숙석(宿昔)의 본색을 드러내기 시작한 것이 현하 세계의 형세이다. 즉 그들은 방금 반동적 복귀의 현상 중에 있다.

4. 반동의 현세(現勢)와 좌당(左黨) 압박

영국의 노동당 내각의 실패와 함께 보수당 내각이 성립되어 뽈드윈·쳄빨렌·처칠 등의 대영제국주의의 대리인들이 일시에 정병(政柄)을 잡음으로써 천하를 재할(宰割)하려 함과 미국의 공화당이 민주당의 떼비쓰[J. W. Davis]와 진보파의 라 폴레트[R. M. LaFollette] 씨는 축파(蹴破)하고 '과단과묵(果斷寡默)'하다는 그들의 평이 있는 쿨릿지[K. Coolidge] 씨로 하여금 금후의 미국 정치를 집행하게 하는 것은 그 반동이나 혹은 보수주의의 승리를 말하는 바거니와, 이밖에도 식전(息戰) 6년 차차 전란의 참화로부터 벗어나는 열국민이 모두 반동적 복귀선상에서 준동하고 있는 것을 도리어 평범한 세인(世人) 동지(同知)의 사실이다. 오인은 일래(日來)로 거의 매일과 같이 각국의 공산당 압박의 보(報)를 접한다. 11월 중 영국의 정변 당시 소위 지노삐네프 서간(書簡) 문제가 보수적인 다수의 영국민의 반발적 충동을 일으키매, 맥도날드 수상이 창황히 노동당대회를 열고 80여만 표에 대한 170여만 표의 대다수로 공산당과의 절연을 선포함도 그것이요, 자본벌(資本閥) 중의 급진파인 불국(佛國)의 좌경연합(左傾聯合)의 네리오[É. Herriot] 내각이 수십 인의 외국인 공산당원의 방축을 비롯하여 국내 공산파 압박을 단행하며, 점진적 개혁으로 노동계급의 행복을 기한다는 표방하에 국회에서 공산당과의 절연을 결의한 동국(同國) 사회당의 처치도 그것이며, 에스토니아에서 반란을 일으킨 공산당원에게 100여 인의 사형을 집행하고 그의 대대적 위압을 실행함도 그것이요, 독일의 총선거에 극단 국수당(國粹黨)과 함께 자못 참패를 당한 공산당의 형세도 동일한 경향을 표시함이며, 근자 동구(東歐)와 발칸 반도의 협상 제국(諸國) 측에서도 자못 재경파(在傾派)[左傾派의 오기인 듯—編] 배척의 기세가 현저한 바이다. 그리고 전란기를 신기원으로 자못 침침연(駸駸然) 발흥하는 기세를 보이던 일본의 무산계급 단결의 운동도, 근자 보통선거의 실행을 예기(預期)하고 성립되려 하는 무산자정당의 조직의 서막으로 좌경분자인 인쇄직공조합을 비롯한 4단체의 제명을 단행한 일본의 노동총연맹의 태도도 또한 그 반동의 일단이라 할 것이다. 1848년 불국의 2월혁명 당시 싼 시몬[J. Simon] 씨의 사회주의사상을 계승한 파리의 빈민들이 부르짖던 재산 공유의 제도와 최하층 인민의 정부 조직의 희망이 드디어 실현되지 못하고 그들을 회유키 위하여 창설되었던 관립공장까지도 미구(未久)에 철폐되던 것과, 1871년 3월 보불전역(普佛戰役) 당시 호국정부(護國政府)의 처치(處置)에 불만을 품고 소위 파리 '컴뮨'[Commune]의 혁명정치를 단행하다가 필경 1만 7천의 참사자와 기타 다수의 희생자만 내고 참연(慘然)한 패망을 당하던 사실(史實)에 돌아보면, 그의 대세 이미 세계적으로 확고한 바 있음을 불계(不計)하고 이 반동적 복귀의 형세하에 위압되는 그들 현하의 지위를 또한 알 것이다.

　요컨대 전전(前戰) 열강의 침략과 압박하에 신음하다가 대전란의 결과 겨우 각각 민족국가의 독립한 체재를 형성한 중·동구의 소약 국민들이 모두 경희(驚喜)의 나머지에 비국가적인 좌경파를 혐기(嫌忌)하는 것도 필연한 정세이요, 일찍이 세계적 웅도(雄圖)를 품었던 독국민(獨國民)이 의외의 전패에 무한한 참경을 다 겪은 후 아직도 여망(餘望)이 많은 국가적 융운(隆運)을 꿈꾸면서 반국가주의(反國家主義)의 배척을 삼는 것도 당연한 경로일 것이며, 기타 동일한 처지에 있는 국민들도 거의 다 그러할 것이다.

5. 신무장(新武裝)적 평화와 침략의 신형세

좌경분(左傾分)의 억압이 각국의 대내적인 반동의 추세라 하면, 소약국민의 억압이나 또는 군비확장으로써 유도되는 신무장(新武裝)적 평화의 기풍이 재현하는 것은 그의 국제적인 반동의 추세라 할 것이다. 물론 군비확장의 형세는 절연(截然)한 획시기(劃時期)적 구분을 할 수 없는 바이다. 전후 의연(依然)한 국민적 적개심과 공독병(恐獨病) 또는 증독심(憎獨心)에 의하여 방대한 80만의 육군을 유지하노라고 파탄에 빈(瀕)하는 재정이 위기를 초래하여 법화(法貨)의 폭락으로 소위 '재정적 베르단[Verdun]전(戰)'을 지낸 후 미국의 1억 불의 응채(應債)로써 겨우 그 위기를 벗고, 인하여는 실각의 비운을 당하던 포앙카레[R. Poincaré] 내각 당시의 불국(佛國)은 에리오 내각의 출현을 본 후 비로소 군비의 축소를 실행한 바이요, 노(露)·독(獨)과 첵슬로박[체코슬로바키아―編]의 3국 간에 개재한 신생한 파란국(波蘭國)을 비롯하여 소위 소협상(小協商) 열국이 모두 국세(國勢)와 상응치 않는 과다한 군비를 확장하노라고 재정적 난국에 빠지는 것도 또한 그 일례이다. 만일 또 전란 이전 소위 2국 표준의 대해군으로써 항상 압도적 우세를 유지하여 오던 영제국이 불국의 우월한 항공대의 세력과 힐완(頡頑)코자 현금 18대의 항공전대(航空戰隊)를 52대로 확장코자 계획하는 것은 그 군비 경쟁의 별종인 자요, 불국이 영국과의 대항상(對抗上)의 필요로 금후 백억 법(法)[프랑―編]의 예산으로써 각종 함정 77만여 톤(噸)의 해군 대확장을 계획함이라든지, 미국의 2억 2천 수백만 원(圓)의 경비로 6척의 전함과 8척의 경순양함(輕巡洋艦)과 6척의 하천포함(河川砲艦)을 건조코자 가결하고, 오히려 12척의 1만 톤의 순양함의 건조의 필요를 역설하여 위정가·논객·조고자(操觚者)들을 막론하고 자못 해군 확장을 위하여 훤훤외외(喧喧聵聵)의 태도를 일으키는 것은 자못 현하의 괴현상이다. 그리고 만일 또 구미의 열강과 적색 노국까지, 혹은 무력적 침략으로 혹은 또 사상적 선전으로, 누구나 모두 동양의 천지를 향하여 그 봉예(鋒銳)를 집중하는 것은 자못 동아(東亞)에 몸을 둔 오인들로 하여금 고침안와(高枕安臥)함을 허(許)치 않는 바 아닌가?

지부랄타와 예쓰[수에즈 – 編] 운하와 말래 해협[신가파(新嘉坡) 군항(軍港) 소재지]은 영국의 중대한 관문이요, 처치(處置)는 순연한 영국의 국내 문제라고 양언(揚言)하며 향자(向者) 뿌릿지만[W. C. Bridgeman] 해상(海相)의 명의로 1억 1천만 원의 경비로써 신가파 군항 건설 공사 직시(直時) 착수의 결정을 발포(發布)한 영국의 의도와 금년 7월 1일로써 시행된 결정적인 배일안(排日案)의 성립과 함께 명춘(明春) 1월 초로부터 동(同) 6월 중까지 전후 반개년간 전 함대를 몰아 하와이와 비율빈(比律賓) 부근을 중심으로 일본을 가상적(假想敵)으로 삼고 미증유한 대규모의 해군 연습을 단행하려 하는 미국의 거동을 보면 누가 천하의 태평을 노래할 자이냐. 오인은 이제 화란동점(禍亂東漸)! 천하판탕(天下板蕩)의 위언(危言)으로써 일반 세인에게 고하고자 하는 바이다.

6. 구미의 음모와 화란(禍亂)의 동점(東漸)

최근 수십 년 간 오인의 경험한 화란(禍亂)은 모두 구주에서 획책되어 동아(東亞)에서 발발된 바이다. 1600년 난(蘭)·영(英) 제국(諸國)의 동인도 상회(東印度商會)의 성립을 비롯하여 아세아파(亞細亞派)의 대부(大部)가 구주인의 침략하에 들던 것은 고사하고, 1840년 영(英)·청(淸) 간의 아편전역(阿片戰役)이나 그 후의 영불연합군의 북경(北京) 진공이나를 다 그만둔다 하더라도, 1899년 구미연합군의 북경 함락이나 1904~1905년의 일로전쟁까지 어느 것이나 모두 구주의 음모에 의하여 양성(釀成)된 것이라 할 것이거니와, 대전란 중 일시 정체되었던 구주인의 동침(東侵)운동은 이제 다시 만래(晚來)한 최대 강적 미합중국을 아울러서 그 동점(東漸)하는 화란(禍亂)의 형세 자못 형언치 못할 바가 있고, 여기에 북방대륙으로부터 호호살래(浩浩殺來)하는 적색 노국의 정신적 남하를 생각할진대, 이 삼각 충돌의 기세는 장차 어떠한 선건전곤(旋乾轉坤)적의 대(大)태풍을 일으킬는지 까닭 없이 불안과 공포의 염(念)에 눌리는 바가 있다.

낭자(曩者) 영제국은 스단[Sudan] 총독 스탁 장군의 횡사(橫死)를 기회로써 애급을 억압하여 금춘(今春)의 신(新)국회 개설로써 준(準)독립의 국민적 환희에 열광코자 하는 애급인은 다시 침략적인 영제국의 보호국화하는 굴욕을 당하게 되었고, 남아(南阿)의 남단 케입타운으로부터 카이로를 경유하여 인도의 칼키타에 미치는 영국의 소위 CCC철도의 계획 실현은 그의 신가파 군항의 건설과 함께 전 인도양과 남서태평양을 아울러 그들의 함정의 회유지(回遊地)를 지음으로써 아주(阿洲) 누천만의 흑인과 인도 2억의 인민을 비롯하여 동아의 제 국민을 그의 세위(勢威)하에 풍미케 하고자 하는 대맹심(大猛心)에서 나옴이며, 태평양의 동안(東岸)에 강고한 군항을 계획하고 하와이의 진주만에 대군항 건축을 진행할 뿐 아니라 워크 도(島)와 구암 도(島)의 요새를 거쳐 금성철벽(金城鐵壁)과 같이 호위된 비율빈의 마니라(馬尼剌) 군항으로 동양 해상에 대한 작전의 근거지로 지은 미국이, 이제 또 거함과 항공모함 등의 원양(遠洋) 작전에 필요한 전비(戰備)를 급성(急成)코자 하며, 일로전역(日露戰役) 이전부터 그의 항상 유의하는 캄챠카 반도의 페트로쁘스크 항에 점거하여 북방으로부터 동북 일본의 해상을 위압코자 하는 의도를 조금도 포기하지 않는 것을 보면, 전후(戰後) 세계의 중심 세력을 지은 양개(兩個)의 앵글로색손국의 염두에는 일각도 동아의 천지를 자가(自家)의 점원들의 자유로운 투매(投賣) 시장을 삼고자 하는 상망(想望)이 떠나지 못하는 것을 알 것이다. 하물며 신가파와 향항(香港)은 약 1,400리의 거리이요, 향항과 동경은 약 1,500리의 거리인데, 최신식의 군함의 전시 행동반경은 3,000리로써 단위를 삼으니 신가파를 근거로 한 영국의 대함대는 능히 동경 일대까지의 서남 일본을 그의 유입(遊入)의 범위 안에 넣은 것이요, 대만 팽호도(澎湖島) 및 마공(馬公) 요항(要港)은 더욱 그 포구(砲口)의 밑에 휘벌이져 있게 되는 것이며, 하물며 또 로얄 떠치 쉘[Royal Dutch/Shell] 회사를 통하여 난령(蘭領) 짜바의 풍부한 석유광(石油鑛)을 장악한 만사에 유루(遺漏)가 없는 영국의 군국적 준비는 그의 배후에 있는 인도, 면전(緬甸)[미얀마-編] 및 아주(阿洲)의 부원(富源)과 함께 넉넉히 본국을 떠나서 동양의 강국과 항전할 세력이 될 것임에랴? 이 밖에도 이태리가 싼 쪼지오 호를 기함(旗艦)으로 한 동양함대의 파견을 계획하는 것과 화란(和蘭)의 위정가들이 태평양전쟁의 경우를 예상하고 난령(蘭領) 동인도의 보호를 위하여 중립 함대의 건조를 항상 획책하고 있는 것은, 또한 반동선상에 있는 구주의 열국이 모두 동아의 화란(禍亂)을 위한 음모에 다소라도 참섭(參涉)함이 있음을 추정할 수 있는 바이다.

7. 부단(不斷)의 위협하의 동양의 제 국민

1815년으로써 나폴레온전쟁이 끝난 후 오지리제국(墺地利帝國)의 메틸리히를 그 중심인물로서 노(露)·오(墺)·보(普) 3개의 제왕국(帝王國)을 결속한 신성동맹(神聖同盟)은 자유·민권을 기치로 삼는 각 국민의 혁명운동의 방지에 노력하여 자못 강맹(强猛)한 형세를 보이매, 미주(米洲)의 보호자로 자처하는 합중국의 대통령 몬로[J. Monroe] 씨는 그 구주인의 위력이 신대륙을 침해함에 미칠까 저어하여 1823년 12월 소위 몬로주의의 선포로써 그의 안전을 꾀하였다. 그러나 이제 동양의 형세 자못 위급을 고(告)하는 이때 그의 제 국민의 신뢰가 가장 적은 일 제국

(帝國)으로부터 때때로 성의 없는 아세아연맹의 헛소리를 듣는 것은 도리어 이양(異樣)의 감(感)이 있을 뿐이요, 각반(各般)의 정황은 다만 감개가 깊을 뿐이다. 금춘에 예정보다 일찍 출옥하게 된 인도의 간듸 씨가 향자(向者) 내외의 형세에 돌아보아 비협동운동의 대부(大部)를 중지하고 일시 타협을 결정한 것은 무엇을 의미함인가? 오인은 해양 만리 자못 풍마우(風馬牛) 서로 미치지 못하는 관계가 있는 인도인의 가슴속을 알 길이 없으나, 보수주의의 승리로써 약동하는 영국의 정책은 이 빈궁에 빠진 인도인으로 하여금 필경은 일시의 타협적 방편을 취할 밖에 없었음을 추단(推斷)하려 한다. 그러나 주구(誅求)와 이압(利壓)에 신음하는 3억의 인도인은 비록 지리멸렬한 불통일(不統一)의 상태하에 영속하여 왔다 할지라도 어찌 반드시 영원한 굴종을 보장하랴? 그리고 또 군벌의 무용한 패전(覇戰)과 열국의 침략적 음모하에 번농(翻弄)되고 있는 중국 4억만의 민정(民情)이 극히 불안정한 동요상태에 빠져있는 것은 어찌할까? 30여 억의 국채와 함께 재정상태가 미봉할 수 없는 위경(危境)에 있어서, 건듯하면 재정감독·철도공관(鐵道共管)의 제창(提唱) 중에 다시 과분(瓜分)의 위언(危言)을 회상하게 되는 그들의 장래는 과연 어떠할까? 중국은 세민(細民)의 무세력한 국가이라 금권(金權)과 병권(兵權)을 농단(壟斷)하는 부유계급과 군벌계급들은 능히 영구히 사회적 괴란(壞亂)의 상태를 방지할 수 있을까? 양정(兩政)의 인(人) 정리(整理)를 실현하고 육군의 4사단 축소를 단행하여 가며, 다만 그저 해군의 전투력의 충실을 꾀하기에 급급한 동양의 도제국(島帝國)의 지배계급들의 꿈꾸는 금후의 작전은 누구를 의미함이며 또 무엇을 의미함인가? 서구에서 일어난 자본주의의 문명은 아직도 그 최후의 파멸선에 당도하지는 아니하였다. 꺼지려는 등화(燈火)와 같이 그는 최후인 도미(掉尾)의 대활극을 한 번 더 준비하려 하는 것이다.

8. 역사 회전의 신기축(新機軸), 영원한 정전(征戰)

그들은 5개년의 대전란에 소모된 국민적 정력과 파괴된 물자와 균열이 생긴 국가적 기반을 모두 아불리가(阿弗利加)로부터 및 동아세아의 열약(劣弱)한 국민들로부터 섭취함으로써 그 보충과 부흥과 재거(再擧)를 꾀하려 한다. 그의 심사인즉 맹한(猛悍)하고, 그 계책(計策)인즉 험독(險毒)하다. 그러나 동방의 물자가 그들을 도와서 미진한 화사(華奢)와 일락(逸樂)과 교오(驕傲)를 만족케 하는 동안에, 그들은 또한 독주(毒酒)를 빚은 기음가(嗜飮家)와 같이 필경은 도연(陶然)히 장취(長醉)하여 몽롱하게 탐닉하고 있는 동안에, 어느덧인지는 자기에게 친수(親隨)하던 동복(僮僕)들이 그를 반역하고 가재(家財)를 분배하는 공포의 국면을 당할 것이요, 그를 효빈(効矉)[效顰—編]하고 또는 사술(師述)하면서 면치 못할 필연의 충돌 속에 부질없이 정력과 물력을 낭비하는 제 국민도 또는 그와 함께 복철(覆轍)을 밟을 것이다. 그리고 북방으로부터 정신적 남하를 급잡이는 일대 세력이 있는 것도 언제든지 역사의 행정상(行程上) 우리에게 가장 큰 고려를 요할 것이다. 오호(嗚呼), 천지가 불인(不仁)하여 만물로써 추순(蒭狗)을 삼는다고, 오인은 이 운명을 순수(順受)하고 경우에 안처(安處)할 밖에 없는 바이다. 모순과 변전(變轉) 속에 되돌아드는 공간·시간·평면·수직의 세계에서 모든 냉혹한 현실 그대로를 승인하면서, 그의 꺼짐이 없는 생명의 열화(烈火)로써 일체를 태워가면서, 다만 최선(最善)의 노력으로써 영원히 미료(未了)한 인류의 사업, 무궁하여 끝이 없는 향상(向上)의 장정(長程)을 바라보면서! 인류의 물질적 운명은 다만 한아촉루(寒鴉觸髏) 소슬(蕭瑟)한 북망산(北邙山)이 있을 뿐임을 언제든지 각오하면서! 그러나 경건하고 진지한 인생에게는 만대에 뻗치어 썩힐 수 없는 가장 존귀한 광명의 생명이 있음을 영감(靈感)하면서! 그리고 누구든지 자기는 자기와 동포를 구제하고 인도할 가장 신성한 천연(天然)의 약속을 지고 있는 것을 끊임없이 반성하면서! 혹은 갑(甲)인 주의자(主義者)이요, 또는 을(乙)인 주의자로서 사회에 설 밖에 없더라도, 그러나 자기는 이 일체를 포괄하고 종합한 원융(圓融)적 생명수(生命樹)인 것을 의식하고, 오직 전적으로, 구족(具足)적으로 전 시대를 통하여 충실한 전사(戰士)가 됨을 더 한 번 각성하면서! 이 필연의 과정을 걸어가는 세운(世運)의 대로를 나아가자! 성패(成敗)와 이둔(利鈍)은 역도(逆賭)할 수 없는 것이다. 휴식의 시기는 오직 그 생명이 다시 대우주의 홍대(洪大)한 품속에 환원한 그때이다.

　　　-1924년 12월 17일 하오 9시 등하(燈下)에서 각필(擱筆)-

농촌 문제를 가지고 걱정하는 이들의 의견

《조선농민》 제2권 제2호, 1926. 2. 12.

(문)

1. 농촌 청년을 향하여 간절히 기대하고 싶은 일
2. 농촌 청년을 위하여 반드시 실행하고 싶은 일
3. 농촌 청년을 현대적 수양상(修養上) 권하고 싶은 도서 급(及) 잡지

(답)

1. 농촌 청년들의 도시 집중은 환영치 않습니다. 농촌에서 그네가 살고 있는 부락과 경작지에서 항상 소박한 농민들로 더불어 작업과 교도(敎導)에 노력할 것입니다. 부득이 해서 농촌에 떨어져 있음이 아니라 결심코 농촌에 머물러야 할 것입니다. 눈앞에 성과를 급히 하는 것보다는 그들의 순결한 지혜를 계발함이 매우 좋을 것입니다. 새 사회로 전환하는 시대의 중추세력을 짓는 데는 학자·신사 등 지식계급보다도 소박하고 정직한 지혜 있는 노역자(勞役者)들이 더 긴요한가 합니다. 그들에게 문자의 지식을 비롯하여 새 문화를 이해케 하는 것은 물론 필요합니다. 이러한 청년들로 그 감격 및 책동의 원천으로서의 배후의 단결을 요함도 물론입니다.

2. 선구자로 자임하는 자는 그의 교양 획책도 모두 농촌에 치중하고서

함이 가할 것입니다. 우선 그의 제일 착수로 농민 계발을 목표로써 농민 독본·농민문고·농민소설 또는 농민잡지·농민신문 등을 될 수 있는 대로 간행하도록 실현함이 가(可)할까 합니다. 그리고 농민에 대하여는 그의 일반적 문화 계발 및 기술적 향상을 조금도 등한시하여서는 아니 될까 합니다.

3. 내가 권하고 싶은 서적은 불행히 이렇다고 할 것을 아직 스스로 읽어보지 못하였습니다. 일본문 서적에 적당한 자가 있겠으나, 그는 차라리 조선문으로서의 저서 혹 번역한 책이 있어야 하리라고 합니다. 우선 《조선농민》(朝鮮農民) 잡지로서 그네의 요구에 응케 해도 좋겠지요.

【편자 주】 민세의 답 외에 《동아일보》 주필 송진우(宋鎭禹),《시대일보》 주필 한기악(韓基岳)의 것도 같이 실려 있다.

한양조(漢陽朝) 5백 년 총평

《개벽》 제71호, 1926. 7.

1. 서설

사(史)를 논함은 용이치 아니하다. 이를 경경(輕輕)히 하는 것은 불가할 뿐 아니라 도리어 무모(無謀)에 가까운 일이다. 외교사·문학사 등 특수화한 일면을 논함은 전문적 견식을 요하는 것만큼 일면으로 도리어 간이(簡易)한 바 있지마는, 일반적으로 논평하는 것은 매우 용이치 아니한 일이다. 이미 완비한 사료(史料)가 있고 혹 대성(大成)된 사서(史書)가 있을진대 실(實)에 의하여 논(論)을 내림이 그다지 어렵지도 않겠지마는, 조선에서와 같이 사료가 완비치 못하거나 완비하였으되 정리되지 아니한 경우에 있어서는 이를 논함이 자못 지난(至難)에 가깝다. 한양조(漢陽朝) 5백년사와 같은 것은 열조(列朝)의 기록이 거의 완비되었지마는 그의 호번(浩繁)함이 사람마다 다 열(閱)할 수 없고, 이미 또 정리하여 완전한 사서를 이룬 자 드무니, 이를 논함도 용이치 않다. 하물며 공홀(恍惚)한 시일에 몽롱(朦朧)하던 평석(平昔)의 기억을 힘입어서 색책(塞責)적으로 논술하고 마는 것은 매우 학구적 양심에도 어그러지고, 또 처세의 묘방(妙方)에도 서투른 짓이겠지마는, 이제 잠깐씩의 여가를 빌어서 이 수요에 응하는 것이다. 만일 천견비식(淺見菲識)이 대방(大方)의 웃음을 받는다 할지라도 스스로 하백망양(河伯望洋)의 탄(嘆)을 예기

(豫期)한 바이다.

2. 한양조 이전의 개론

반만년의 역사를 말하는 것이 조선인의 항례(恒例)를 지었다. 조선의 역사는 오래고 그 문명의 계통은 세계 5대 문명의 계통의 밖에 따로 일 특색을 발휘한 것임을 주장하는 자 있다. 이 점에 관하여는 이제 논외의 일이요, 그를 검토한 여일(餘日)도 없다. 다만 몽고(蒙古) 지방을 거쳐 온 줄로 추단되는 조선민족이 장백산계(長白山系)를 중심으로 요하(遼河)와 흑룡강(黑龍江)의 유역으로부터 현 조선반도에 점거하게 된 것은 그의 천연과 인문의 지리상 매우 다난한 위치에 있었다고 볼 수 있다. □□□□에 있어서도 이미 황하의 유역을 향하며 격렬한 생존경쟁의 운동을 일으키어 한족(漢族)과의 사이에 허다한 □□을 일으킨 것을 단정적으로 고(古)기록에 보였거니와, 무릇 단군 건국 이래 거의 수천 년간에도 이러한 상태는 전혀 끊일 새 없었다. 단군조(檀君朝)의 왕사(往事)가 자못 상실(爽實)한 바 많고, 기자(箕子)가 동래(東來)하여 일우(一隅)에 서식(棲息)하였다는 부여(夫餘)·옥저(沃沮)·개마(蓋馬)·현토(玄菟) 등의 열국이 분립한 시대까지도 오히려 그러하였다. 그러나 고구려·백제·신라 등 삼국이 정립한 지 전후 거의 7, 8백 년에 안으로 삼국 간의 각축과 밖으로 한(漢), 선비(鮮卑), 혹 일본 등과의 갈등이 또 의연하였다. 신라가 당을 연(聯)하여 여(麗)·제(濟)를 깨트리매 발해가 북방에서 재흥하여 비록 남북조 2백 년의 역사를 나타내었으나, 분열의 형세는 드디어 나을 수가 없었고 조선의 세력은 더욱 감쇄(減殺)됨이 있었다. 김유신(金庾信)이 태종무열왕(太宗武烈王)을 도와 통삼(統三)의 업을 이루었다 하지마는, 당시의 기록은 평양(平壤)이 오히려 무초(茂草)를 비탄하였고 관북(關北)의 지(地) 태반 황폐하였음을 전하였다. 하물며 당(唐)

의 고명(誥命)을 빌고 그의 절도(節度)에 응하는 등 외력을 이용하는 후
세 소위 사대(事大)정책은 이때부터 대부(大部)이나 작용(作俑)된 관(觀)
이 많다. 그리고 만한(滿韓)의 대륙에 걸터앉아 적극적 대외 경쟁에 경
도하던 국민적 대(大)기백은 차례로 꺾이고 지쳐서 드디어는 열약(劣弱)
국민의 반열에 떨어지게 된 것이다. 궁예(弓裔)가 신라를 반(叛)할 새 고
구려를 위하여 보수(報讎)할 것을 성언(聲言)하매 패서(浿西)의 십수 주
(州)가 일시에 향응(響應)하였고, 견훤(甄萱)이 완산(完山)에 반(叛)하여
의자왕(義慈王)의 숙분(宿憤)을 설(雪)할 것을 호어(豪語)하고 후백제의
국명을 세우매 서남(西南)의 주군(州郡)이 곳곳이 향응하여 초택(草澤)
의 괴웅(怪雄)으로 오히려 인심을 얻음을 기뻐하였으니, 이 비록 창고
(蒼古)한 구사(舊史)이나 오히려 인심 추이의 자취를 볼 수 있는 바이었
다. 고려 왕건(王建)이 송경(松京)에 업(業)을 창(創)할 새 고구려의 대업
을 부흥키를 기획하고 차차로 평양의 번영을 책(策)하며 30만의 대군을
두 서북면(평안도)의 변경에 유의(留意)하여 은근히 만주의 회복을 희망
하니 피(彼)의 규모가 오히려 웅원(雄遠)한 바 있었다. 그러나 지맥(地
脈)을 존중하는 감여가(堪輿家)의 설과 불교를 숭봉(崇奉)하라는 지방
(地方) 본원(本願)의 사상은 그의 10개조의 유훈 중에 있었으니, 고려 5
백 년간 불교의 존신(尊信)과 음양술수(陰陽術數)의 성행이 크게 사회인
심을 쇠미케 하는 징후는 벌써 이때부터 보였다 할 것이다. 현종(顯宗)
의 이후 국력이 더욱 쇠미하고 문종(文宗)의 치세를 지나 송학(宋學)을
존봉(尊奉)하는 기풍은 더욱 문약의 경향을 조성하였다. 및 몽고 백 년
의 횡포는 전후 5차의 침략을 거듭하여 천하 소연(蕭然)하고 인민의 피
폐함이 기(其) 극에 달하였다. 홍두적(紅頭賊)이 오고, 납합출(納哈出)이
오고, 금산(金山)·금시(金始)의 여진의 유종(遺種)들이 와서 구구(區區)
삼천리의 산하에 일찍 병화(兵火)가 쉬일 새가 없었고, 다시 왜구의 침
습이 연해(沿海) 주군(州郡)으로부터 내국(內國)에 심입(深入)하는 바 있

었으니, 이 고려 말년의 정황이었다. 본조 고황제(高皇帝) 이성계(李成桂) 몸을 무문(武門)에 일으키어 문득 납합출을 파(破)하고, 금산·금시를 쫓고, 다시 왜구를 구제(駈除)하니, 왜구를 격파함이 일재(一再)만이 아니었지마는 운봉(雲峰)의 인일역(引日驛)으로부터 황산(荒山)에서 왜구를 대파함은 그들에게 치명상을 주었고, 이것이 고황제의 위명(威名)으로 내외에 진감(振撼)케 하는 바 있어 그의 세(勢) 드디어 여조(麗朝)를 찬탈케 되었으니, 이조(李朝) 발흥의 정치적 원유(原由)는 대강 이러하거니와, 그가 이미 무문으로부터 일어나 마상(馬上)에서 천하를 얻었으며 최충헌(崔忠獻)·정중부(鄭仲夫) 등 무인의 발호에 징(徵)한 바 있었고, 당시 정적(正籍)에 실린 민호(民戶)가 겨우 35만여 구(口)라 하던 극도(極度)인 민인(民人)의 산망(散亡)에 생각한 바 있어, 스스로 무(武)를 천(賤)히 하고 문(文)을 숭(崇)하는 기풍을 촉성하였다. 그리고 왕씨(王氏)가 불교를 숭상하여 그 유폐(流弊)의 심함이 묘청(妙淸)·신돈(辛旽)의 난을 보게 되고 국속(國俗)이 인하여 부허(浮虛)한 데 흐르게 됨에 징(徵)하매, 이에 불교를 척(斥)하고 유도(儒道)를 존숭하니, 명(明)의 세력을 이용하는 그의 외교정책과 아울러서 그는 한양조 창업 당시의 2대 특색이었다.

3. 한양조의 제1기

연대로써 역사의 시기를 구획함은 부당한 데 가까운 일이나, 그러나 사상(史上)의 중요한 형세가 스스로 그 전말의 기락(起落)된 자취가 있으니, 그를 표준하여 일정한 시기를 구획함은 설명상에 매우 편리한 바 있다. 태조 원년으로부터 선조(宣祖) 25년 임진란(壬辰亂) 발발 당시까지는 비교적 태평한 시대이라 전후 2백 년 동안에 일찍 큰 변란이 없었으니, 이것이 한 시기라고 할 것이다. 그러나 이러한 돌발 사변(事變)보

다도 사회의 사정이 스스로 변동하는 바 있어 사가(史家)의 주의를 끄는
자 있으니, 태조 원년으로부터 제8대 성종왕(成宗王)의 말년까지 전후
103년 동안을 제1기로 한양조 융흥(隆興)의 시기를 이루었다. 연산주(燕
山主)의 원년으로부터 철종(哲宗)의 말년까지 368년 동안을 제2기라고
하여 한양조의 문명이 안으로 난숙(爛熟)하여지고 밖으로 다시 종종(種
種)의 환난(患難)이 닥쳐와서 한양조 그것의 사적(史的) 특징을 구현하
고, 인하여 그의 귀결될 운명을 결정하는 기시(期時)가 된 것이니, 이 시
기를 다시 3기에 구획할 수 있다.

4. 한양조의 제1기 대관(大觀) ― 그의 내정 급(及) 외교

고종(高宗) 태황제(太皇帝) 즉위 원년으로부터 융희(隆熙) 44년[융희
4년의 오기―編] 일한합병의 때까지를 제3기라고 하니, 시기가 비록 47
년을 넘지 못하나 내우외환이 걸러큼 들이닥치는 중에서 혁신이냐 쇠망
이냐의 국가적 대(大)번민 중에서 이내 불행한 종국을 □쳤다 할 것이다.
이는 최근에 조선사를 논한 자의 주장으로 구태여 고칠 필요를 인(認)치
않는다. 태조 이성계 융융(隆隆)한 무□(武□)으로 이미 이도(異圖)를 품
어 한양조 창업을 기획한 지 오래니 위화도회군의 제(際)에 급급(汲汲)
한 일념이요, 오직 왕업을 조성함에 있었던 것이다. 철령 이북 함경도의
지방으로 저희의 판도에 넣고자 하니 명태조 주원장(朱元璋)의 야망이
이미 심한 자이요, 도통(都統) 최영(崔瑩)이 몽고의 쇠함을 타서 먼저 철
령 이북을 회복하고 다시 압강(鴨江)을 건너 요동을 다투고자 하니 이는
왕건 태조 이래의 숙지(宿志)를 오히려 버리지 아니함이라. 당시의 형세
가 비록 무모에 가깝더라도 오히려 석년(昔年)의 의기가 남았던 것이다.
이성계가 회군하여 문득 왕업을 성(成)하고 인하여 왕씨의 제족(諸族)을
도살하니, 명의 세력을 영합(迎合)하기에 구구(苟苟)함이 있던 것과 아

울러 보아 매우 심사(心事)의 광명치 못함을 알 것이다. 정종(定宗)·태종(太宗)의 사이의 골육의 상잔하는 바 있었고, 세종(世宗)의 성대(盛代)를 지나 문물제도와 내외의 국기(國基)가 이미 정비하고 안정된 바 있었으나, 단종(端宗)·세조(世祖)의 사이에 다시 대권쟁탈의 참화가 있었으니, 이러한 사변은 고래로 그 예가 사상(史上)에 많았었다. 그러나 세조의 영재위략(英材偉略)이 자못 희세(稀世)의 명군(明君)으로서 안으로 무비(武備)를 닦고 밖으로 적이 변환(邊患)을 물리친 바 있어, 스스로 융치(隆治)의 실(實)을 드러냈다. 성종(成宗)의 시기에 미쳐 제도의 완비함과 학풍의 진흥함은 거의 전대의 없었던 바이요, 군현(群賢)이 그 사이에 배출하는 관(觀)이 있었으니, 성종의 시대로써 한양조 태평의 절정이라 함이 당연한 일이다. 이는 제1기 사(史)의 대관이다.

　문하시중(門下侍中)·평장사(平章事)와 이부상서(吏部尚書)·호부상서(戶部尚書)의 관제는 왕에 대한 폐하(陛下)의 존호와 함께 비록 형식상의 문제이나 고려의 그것은 오히려 독립자존(獨立自尊)의 기세를 보였고, 원(元)의 세력이 전 반도를 위압함에 미쳐서 비로소 정승(政丞)·판서(判書)의 명목이 전하(殿下)의 존호와 함께 사용하였으나, 공민왕(恭愍王)의 세(世)에 이르러 원의 세력을 반항함에 미쳐서는 곧 다시 전술한 명칭을 회복하였다. 그러나 한양조의 군신(君臣)은 일찍 이를 생각지 않았다. 이것이 그의 의기(意氣)로서 전대에 비하여 이미 일주(一籌)를 양(讓)한 것으로 볼 것이다. 다만 불교를 억제하고 유도를 숭하니 유(儒)는 소위 치국평천하(治國平天下)를 그 이상의 극치로써 하는 일종의 정치학이요, 유를 숭하는 곳에 아울러 중국의 제도를 모방하니 이것이 한양조에 와서 정치적 사회적 제반의 제도문물이 일 진보를 이룬 이유이다. 그러나 제도문물이 완비한 지경까지 진보됨에는 한편으로 곧 허문욕례(虛文縟禮)의 폐가 따라서 생겼고, 생활의 범위를 스스로 국내 안한(安閑)한 소천지(小天地)에 국척(跼蹐)한 한양조의 사인(士人)들은 결국 소소한 이론으로써 상호의 반목을 일삼고 그 화는 드디어 회구(回救)할 수 없는 영속하는 당쟁으로써 하였다. 이제 제1기 중 중요한 사실을 일별할 필요가 있다.

고려의 제(制)가 분전(分田)으로써 관료병민(官僚兵民)에 안배하여서 녹(祿)을 대(代)하였더니 후세에 점점 해이하여 겸병(兼倂)의 풍이 성행하매 국부(國富)가 안활(狂猾)한 겸병의 도(徒)에게 분점되고, 공경장사(公卿將士) 오히려 녹봉 자(資)가 핍(乏)하니 피등이 안심하여 국사에 진췌(盡瘁)할 수 없었고, 중기 이후 고려의 패망이 대부(大部)가 이에 인함이라. 태조 등극의 전에 이미 전제(田制)를 타파하여 그 폐(幣)를 구(救)하니 이것이 천하인심을 수람(收攬)함에 큰 효력이 있었고, 중엽 이후 고려의 병제(兵制)가 크게 문란되어 권세가가 사(私)로 장졸을 기르니 최영과 이태조가 모두 사병을 거느리어 전진(戰陣) 중에 횡행(橫行)하였고, 한양조 창업이 이에 힘입음이라. 국초에 있어 전제의 개혁한 뒤를 따라 곧 사병(私兵)의 제를 파하고 군병을 모두 삼군부(三軍府)에 속케 하였다. 그리고 전제·병제의 개혁은 즉 한양조가 존립되는 양대 이유이었다. 관제의 개혁과 종교의 개혁은 모두 중요한 사실이니, 불(佛)을 억(抑)하고 유(儒)를 숭(崇)함이 각 방면에 심대한 영향을 미친 것은 위에도 약술하였다. 그리고 활자의 발명과 활판의 응용이라든지 조선 국문(國文)의 창작 같은 것이 조선 역대에 있어서 중대한 사실이요, 이것이 세계적으로 특서(特書)할 만한 것은 물론이다.

《고려사(高麗史)》·《농사직설(農事直說)》·《삼강행실(三綱行實)》·《치평요람(治平要覽)》·《신제진법(新制陣法)》 등 각 방면에 관한 서적이 이 시기로써 간행된 사실에 돌아보아서 그 문교(文敎)에 유의한 자취를 볼 것이요, 학교의 설립으로써 필경은 문풍(文風)이 대흥(大興)하고 군현(群賢)이 배출(輩出)하는 경역(境域)에까지 나아갔으나, 그것이 곧 유도를 중심으로 중국 예찬의 정(情)을 조장하고 인하여 소위 존주(尊

周)의 사상을 고취하여 일국 사녀(士女)로써 사대(事大)의 병독이 골맹(骨盲)에 드는 인소(因素)를 짓게 한 것은 가장 주목할 일이다.

여말(麗末)에 문란되었던 풍기를 광구(匡救)하기 위하여 부녀의 재가를 금하고 재가녀의 자손에게 관직에 취(就)하는 제재를 가한 것 등은 비록 미세한 듯하나 후세 사회에 영향한 바 적지 않을 것이다.

외교의 방면으로 일별하건대, 명에 대한 태도가 항상 소극적인 퇴양(退讓)의 태도로써 일관한 것은 중언함을 요치 않거니와, 세종의 조(朝)에 1만 7천의 병졸로써 대마도(對馬島)를 정벌하여 오히려 때로 절발(窃發)하는 해구의 소굴을 소탕코자 함이 일 쾌거이었다. 그러나 전 서남(西南) 일본(日本)의 제번(諸藩)이 협력 항쟁함에 의하여 패□(敗□)하였으니, 비록 패하였으나 한양조의 말로는 자못 위무(威武)를 발양(發揚)한 바이라 할 것이다. 세조의 말년 길주(吉州)의 이시애난(李施愛亂)을 토평(討平)함이 제1착의 내란으로 적이 당시 조야를 경악케 한 바거니와, 성종의 세(世)에 혹은 두만강 외의 야인을 소탕하고 혹은 파저강반(波猪江畔) 건주위(建州衛)의 여진인을 격파하여 변경을 안정케 하는 공이 자못 현노(顯勞)한 바 있었다. 6진(鎭)의 개척 등이 세종조의 특기할 사실이라 하나 창업의 초에도 오히려 두만강안까지 정령(政令)이 행한 바 있었으니, 그는 모두 중간에 분천(分遷)한 야인을 정리함이라 오히려 특기할 바 없다.

요컨대 한양조 창업기의 대표적 국책은 곧 무(武)를 언(偃)하여 문(文)을 수(修)하되, 농상(農桑)을 권하여 민력(民力)을 부식(扶植)하고, 유도를 중심으로 효제충신(孝悌忠信)의 상식도덕(常識道德)을 고취하였으며, 외교 관계에 있어서는 명(明)을 승순(承順)함을 거의 불역(不易)의 법으로써 하여 다만 무사하기를 희구하는 태도가 선명하였으니, 그들이 창업의 전(前)에 있어서는 최영의 대외 강경의 정책에 반대하여 소위 이소역대(以小逆大)의 불가한 세(勢)를 논하고 이미 왕업을 창(創)하며 곧 전술한 정책을 지속하였다. 그들이 왕씨(王氏)의 유족을 잔멸(殘滅)하고 이성 대체(異姓代替)를 예언하였다는 도참(圖讖)을 불 질러서 스스로 인심의 동요될 화인을 근절하고, 다시 유일의 위혁(威嚇)인 명조(明朝)의 의사에 영합하여 일찍 진취를 생각지 아니한 것은 천하의 대세가 이미 정한 바 있어 인위적으로 내하(奈何)키 어려웠음을 수긍하려니와, 저간(這間)에 또한 규모가 협소하고 용심(用心)이 기험(崎險)하여 일가만세(一家萬世) 의 영화를 독천(獨擅)하려 한 형적이 역연(歷然)하다 한 것이다.

성종의 말년까지 103년 동안 비록 전기한 수삼의 병혁(兵革)을 보았으 나 그는 모두 소소한 사건에 불과하였고, 승평(昇平)한 지 날이 오래매 상하가 모두 일락(逸樂)에 젖었으니, 소춘풍(笑春風)의 명기(名妓) 이미 묘당(廟堂)의 대신들을 농(弄)하고 다시 군부(軍府)의 명무(名武)에게 환 심을 붙여 애애춘풍(靄靄春風) 스스로 성조(聖朝)의 연월(烟月)을 노래 하게 하는 일편으로, 문득 난숙하여지는 문명이 천하인심의 퇴폐·괴위 (乖違)와 강린맹적(强隣猛敵)이 기간에 절발(竊發)케 하는 징후를 지은 바 있었으니, 연산주 이후 속출하는 사화(士禍)는 융성을 극하던 사문 (斯文)의 역(域)으로 무한살벌의 장(場)을 짓고, 임진·병자의 역(役)에 팔로민생(八路民生)이 거의 어육(魚肉)을 짓되, 일찍 그를 통척(痛斥)하 는 쾌거를 보지 못한 것은 그 유래가 매우 멀다 할 것이다. 이제 제2기를 논코자 한다.

5. 한양조의 제2기 대관 ― 사화·당쟁·외구(外寇)·내란

전술과 같이 전후 368년의 장구한 기간으로써 형성된 제2기에는 한양 조의 역사적 특징을 지을 만한 각종의 사실로써 채우게 되었다. 학도(學 徒)와 속배(俗輩) 간의 알력의 형식으로써 발단되었던 사화가 점차 정권 쟁탈의 음모의 당쟁으로 전화(轉化)함으로써 국가의 융운(隆運)을 희생으로 하고 인하여 민기(民氣)의 저상(沮喪)을 초래하였다 할 수 있음도 이 시기를 통하여 여러 형식으로 늘 계속되던 사실이요, 임진·병자 양 차의 난으로써 기억되는 일본·만주의 침입 등 중대한 변란과 그 정치적 영향도 매우 중대한 바이며, 이러한 내우외환의 이심(已甚)한 뒤에 있어 영종(英宗)·정종(正宗)의 명군(名君)이 당쟁의 탕평(蕩平)을 책(策)하고 문치의 부흥에 노력함으로써 국력의 충실을 현실(現實)코자 하다가, 누적한 폐보(弊寶)가 드디어 어찌할 수 없이 필경은 중대한 내란이 되고 왕실의 권위 따라서 실추되며 국민적 운명도 또한 따라서 사활의 기로에 다다르려 하였으니, 현대의 조선을 알기 위하여서도 이 제2기의 검토가 가장 의의 많은 일일 것이다.

한양조 5백 년 동안은 대체로 보아서 유학 전성의 시기이요, 그중에도 정주학파(程朱學派) 독천의 시대를 지었다. 고려의 말기로부터 존숭하기 비롯하였던 소위 동방이학(東方理學)의 종(宗)을 일컫는 정주학파 발흥의 유래는 말하지 않는다 할지라도, 점필재(佔畢齋) 김종직(金宗直)이 한양조 유학파의 선구(先驅)를 지었고, 그가 세조왕의 일실(一失)을 기자(譏刺)하였다는 조의제문(弔義帝文)의 1편과 그의 문도 김일손(金馹孫)의 사관(史官)으로서의 직필이 원인이 되어 연산군 4년 무오사화(戊午士禍)를 일으켰고, 다시 연산군의 모후(母后)인 성종 폐비 윤씨에 관한 연산주의 분노를 기회로 소위 일시의 명류(名流)가 모조리 주륙(誅戮)과 찬적(竄謫)에 넘어지는 참액(慘厄)으로써 하는 갑자(甲子)의 사화(士禍)가 되었으며, 중종왕 계위(繼位)의 뒤에 있어 욱일승천(旭日昇天)의 형세로써 지치(至治)의 세(世)를 실현코자 노력하던 정암(靜菴) 조광조(趙光祖)의 배찬(配竄) 및 사사(賜死)로써 대표되는 기묘(己卯)의 사화가 있어서, 한양조에 와서 현노(顯勞)하게 진흥된 유도(儒道)와 배출한 그의 명사들은 이내 천하 참액의 초점이 된 관(觀)이 있게 되었다. 그러나 김종직 이래로 조광조에 미치기까지의 3차의 사화란 자는 도의론

(道義論)적 견지로써 일세를 징청(澄淸)하기를 기임(己任)으로 삼는 사류(士類)에 대한 속류(俗流)들의 증오가 배격의 형식으로 발로된 문□(文□)와 같은 사화가 있었고, 이것이 일변하여 문득 외척 및 정벌(政閥) 간의 쟁투의 수단으로써 된 것은 조광조 실각 후의 신형세로서 자못 주목할 점이다.

남곤(南袞)·심정(沈貞) 등의 주류과 김안로(金安老)·허항(許沆)의 몰락 등이 모두 왕실의 지친(至親)에까지 관련되는 바 있었고, 그들의 알력의 규모도 무던하게 큰 바 있었다. 그러나 윤임(尹任)과 윤원형(尹元衡) 등의 외척인 양 거두를 중심으로 생겨난 명종왕 원년의 을사사화(乙巳士禍)란 자는 오로지 피등(彼等) 정권욕에 끌리어 움직이는 외척들의 음모의 와중에서 빠져서 이언적(李彦迪)·백인걸(白仁傑) 등 제인이 모두 원주(遠洲)에 찬적의 □화(□禍)를 입게 되었고, 명종 20여 년의 치세를 지나 선조의 당년에 미쳐서는 사류의 쟁□(爭□)이 즉 묘당(廟堂)의 정쟁으로서 □□되고 그의 파당(派黨)의 소장(消長)이 즉 정국의 형세를 반영하게 되었으니, 이는 일면으로는 한양조의 정병(政柄)이 이미 유도(儒徒)들의 — 적더라도 그의 학파로 자처하는 자들의 장중(掌中)에 들어갔음을 표명함이거니와, 분당의 형세가 또한 따라 □정(□定)된 □이었다.

이준경(李浚慶)의 일봉유답(一封遺劄)이 선조(宣朝)의 신금(宸襟)을 수그러히 하였고, 이것이 사류(士類)를 장해(戕害)하는 문자라고 비의(非議)되었다 하거니와, 고담방언(高談放言)함과 붕비결탁(朋比結託)함으로써 당동벌이(黨同伐異)의 폐풍이 더욱 성행하여서 그로 인하여 외환내우에 정당한 견해를 방해함으로써 국가민생을 그르침이 매우 심상치 않은 바 있었다. 심의겸(沈義謙)·김효원(金孝元) 등 양개의 인물을 중심으로 한 선배 및 후배들의 갈등이 드디어 동서 분당의 도화선이 되고, 정적(政敵) 처단의 관엄(寬嚴)의 주장이 다름으로부터 동인의 남북

분열이 생기며, 임진·병자 이후 서인 중에 다시 노(老)·소(少) 당론의 각립함을 보기까지 사이에 당중당(黨中黨)을 세우고 파(派)에 파(派)를 나눔이 거의 그칠 바가 없는 것 같이 하였으니, 이는 그 전말을 번쇄하게 매술(枚述)할 수 없는 바거니와, 황윤길(黃允吉)·김성일(金誠一) 등이 일본의 입구(入寇)의 여부를 다투어 국방을 등한케 함도 당쟁의 여미(餘味)이었고, 천하 상난(喪亂)의 틈에 있어 백승(百勝)의 거인 이순신(李舜臣)을 나포(拿捕)하여 적기(敵騎)가 장구(長駈)하고 전역(全域)이 어육(魚肉)케 함도 당쟁의 일 여미로 볼 것이며, 비록 성명(聖明)의 덕은 없었으나 광해군의 폐출(廢黜)이 또한 당인들의 정권 양탈(攘奪)의 일 희생으로서 운위되는 것도 또한 부인할 수 없는 일이라, 기타 불범(不軌)[不軌—編]을 도(圖)한다는 등, 이지(異志)를 음축(陰縮)하였다는 등, 갖은 각색의 죄명으로써 찬배주륙(竄配誅戮)의 형화(刑禍)에 넘어져서 천추(千秋)의 후에 오히려 원굴(寃屈)을 펴지 못하는 자가 거의 다 당쟁의 음모에 걸림이 아닌 자가 적다. 인조로부터 효종(孝宗)·현종(顯宗)·숙종(肅宗)·경종(景宗)의 제대(諸代)에까지 존명친청(尊明親淸)의 외교정책이 당파를 따라 변전된 것은 현대의 정당 간에서도 떳떳이 있는 바로서 괴이하지 않겠지마는, 오직 살육방축(殺戮放逐) 등으로 소위 참초제근류(斬草除根流)의 험독(險毒)한 심법을 발휘한 것만은 사가(史家)들이 이것으로써 거의 조선 쇠망의 제일인(第一因)이라고 단정까지 하려함도 어즈버 혹평이라고는 할 수 없을 것이다.

 김유(金瑬)·이귀(李貴) 등 제인이 인조왕을 추대함에 관하여 북인 내홍의 틈을 탄 서인의 정국(政局) 전환의 음모인 것을 논한 자 있으니 이는 즉 광해군 폐출의 이면의 소식을 말하는 일설이거니와, 남(南)·노(老) 흥패(興敗)의 대관령(大關嶺)인 소위 경술(庚戌)의 대출척(大黜陟)이란 자는 3년·기년(朞年)·대공(大功) 등 복상(服喪)의 예론(禮論)으로써 그 분쟁의 발단을 삼았고, 영종(英宗) 정저(定儲)의 완급론(緩急論)

은 노(老)·소(少) 권문(權門) 번복(翻覆)의 화기(禍機)를 삼아서 무엇이나 모두 당파의 소장(消長)을 본위로서 그 구실과 목표를 만들기에 급급함이었으니, 이는 한양조의 거의 전 시대를 통하여 끊일 새 없이 되풀이한 정쟁의 역사가 곧 그 전반사의 일부를 차지하게 되는 이유이요, 한양조를 평하는 자의 가장 유의할 곳이라 한다.

사화와 당쟁으로써 표시되는 국가 내부의 사회적 변동은 상술(上述)과 같거니와, 외환(外患)의 방면으로부터 논할지라도 제2기 동안에는 증술(曾述)함과 같은 양대 병역(兵役)이 있어서 한양조의 5백 년간의 중대한 사실이 될 뿐 아니라 전 조선사상(朝鮮史上)에도 자못 중대한 영향을 미치게 한 바 있다 할 것이다. 제1기 중에 있어서도 두만강 외 야인과 건주위 야인들의 변경 침략으로 인하여 다소의 용병(用兵)을 보게 되었지마는, 제2기의 초기에 와서도 오히려 때때로 돌발함이 있다가 필경은 사상(史上)에 드문 대참화를 일으킴에까지 이른 것이다. 중종왕(中宗王) 5년 경오(庚午)에 삼포왜(三浦倭)의 변란이 있어 말하자면 국부적 소충돌이지마는 오히려 일국이 소연(騷然)하려는 인심의 동요를 보다시피 하였고, 명종 10년 을묘(乙卯)에도 60여 소(艘)의 왜구가 호남(湖南)에 해빈(海濱) 열읍(列邑)을 침략함이 있어 전주부윤 이윤경(李潤慶)의 장략(將略)이 용이히 이를 격퇴한 바 있었으나 근세 소위 남난(南難)의 원유(原由)를 짓는 일본의 침입이 일찍 전혀 끊기지 않았음을 알 것이요, 야인의 환(患)을 말하더라도 중종왕의 치세에는 북으로 회령과 서(西)로 만포진(滿浦鎭) 일대에 모두 새외민(塞外民)의 침입이 있어 일시에 용병(用兵)함이 있었으나 요컨대 모두 개선(疥癬)의 질(疾)인 자이었고 누십년을 지나 선조왕(宣祖王)의 치세에 이르러 비로소 모두 확대된 바 있다.

선조 16년 계미(癸未)의 니탕개(尼湯介)의 북변(北邊) 침입, 동 20년으로 익년까지에 동 야인들의 경흥(慶興) 침입 같은 것은 전기(前期)의 이 종류의 병란(兵亂)에 비하여 자못 규모의 큰 자이었고, 더욱 니탕개의 침입사건은 거의 전국적으로 인심의 오뇌(懊惱)함을 이루게 되었다. 그리고 동일한 20년 2월에 왜구가 호남의 흥양(興陽)을 침(侵)하여 손죽도(損竹島) 만호(萬戶) 이대원(李大源)의 전사를 보게 된 것 같은 것은 비록 소소한 일 변경(邊警)이지마는, 일면으로 조선 측의 군기(軍紀)의 문란이 도리어 무용(無用)한 병원(兵員)의 이동과 인심의 소요함을 이루게 되었으니, 무엇이나 마치 외환(外患)이 바야흐로 급하려 할 때에 국정(國情)이 매우 안심치 못할 바 많은 것을 예고함인 것 같은 개(慨)가 있었다. 이때에 있어서 일반적 정치 사정으로 말하면, 상술과 같이 사화(士禍)의 여세가 비상한 인심의 분열 및 강기(綱紀)의 퇴폐로써 하여 분당의 형세가 이미 심하였고, 내외의 시조(時兆)에 예감한 바 있어 양병방란(養兵防亂)을 주장한 선견자(先見者)의 충언이 드디어 용납되지 못하고, 필경은 선조 임진(壬辰) 일본병(日本兵)의 대거 침입을 당하여 연전연패의 세(勢)가 거의 만회키 어려움에 이른 것이다.

임진 4월 13일에 일본군이 부산에 상륙하여 5월 2일에 경성에 진입하니 반개월 동안의 일이요, 6월 14일로써 평양에 그 선봉이 달하였으니 꼭 2개월 동안의 일이다. 고대에 있어서 2개월 동안에 전국의 중요한 지방을 들어서 적기(敵騎)의 치돌(馳突)함에 맡기었다 하면 그 패퇴함에 너무 신속함을 놀라지 아니할 수 없을 것이다. 수륙병진하는 일본의 작전이 비록 육상에서 승승장구하는 기세를 보였으나 이순신의 상승(常勝)의 세에 꺾이어 그의 수군은 문득 최패(摧敗)함을 면치 못하였으니, 피등이 서해로 회항치 못하고 양호(兩湖)가 실어금 안전함을 얻어서 평안(平安) 일대와 호응하여 적이 국면을 유지하게 되던 바이라, 화의(和議)가 파열되고 일본군의 재침입을 보게 되매 이순신 나포된 틈을 타서 적군의 책동은 더욱 자재(自在)한 바 있으니, 정유란(丁酉亂)의 때에 호남이 필경 어육(魚肉)이 된 것은 국력의 피폐가 더욱 심케 된 자이었다.

계사(癸巳) 10월에 경성이 수복되매 부근 일대에는 시해(屍骸)가 산을 이룸을 기록하였고, 계사 6월 진주성(晉州城)의 함락에는 5만여의 군민(軍民)이 일시에 참화를 만나 남국(南國)의 웅주(雄州)가 인하여 구허(丘墟)를 이루었고, 전후(前後) 전역(戰役) 무릇 적군 패퇴하는 시기에는 지나는 곳마다 잔멸(殘滅)이 심하여 여리(閭里)가 병화(兵火) 속에 소탕되고 인민이 모두 산망(散亡)하였다 하니, 지봉(芝峯) 이수광(李晬光)의 소위 "계갑년간(癸甲年間) 목면 1필(匹), 미(米) 2승(升)에 値(치)하고, 1마(馬)의 가(價)는 3, 4두(斗)에 불과하며, 기민(飢民)이 백주에 도전(屠剪)하여 서로 먹으며, 여역(癘疫)으로써 덮쳐서 도로(道路) 사자(死者)가 서로 걸리며, 수구문(水口門) 외 적사(積死)가 산과 같아 성보다 높기가 수장(數丈)이라"고 한 것은 그 정세의 일반을 엿볼 것이다.

뿐만 아니라 당시 조선에 응원키 위하여 진입하였던 전후 각 진(陣)의 명병(明兵)이 주리(州里)를 침략하고 인민을 노고케 함도 또한 심상치 않은 바이어서, 임진(壬辰)의 1역(役)에 상하 국민의 피폐는 매우 비참한 일대 국난을 이룬 것이 누구나 부인코자 할 자가 없을 것이다. 그러나 이때에 있어서 조선 인민 자체의 취한 태도를 보면 또한 강기(綱紀)의 퇴폐와 인심의 이반이 얼마큼 심하였던 것을 짐작할 것이다.

임진 4월 선조왕이 경성을 떠나매 난민이 먼저 궁중에 들어가서 내탕(內帑)의 금백(金帛)으로부터 궁실(宮室)·관성(官省)·역대기물(歷代器物)·사초(史草)·일기(日記) 등을 모두 불 질렀고, 외타 주군(州郡)에서도 이와 유사한 사태는 종종 있었으며, 선조─평양에서 이산민(離散民)을 초무(招撫)하였다가 일본군의 핍근(逼近)함을 듣고 다시 진발(進發)코자 할 새 난민들은 모두 토석(土石)을 던지고 원차(怨嗟)의 성(聲)과 □매(□罵)의 어(語)로써 평일(平日) 분쟁침어(分爭侵漁)의 죄를 규탄하였다 하니, 임진역의 육상의 패퇴는 다만 군비의 부족뿐 아니라 이러한 인심의 이반 및 자포(自暴)가 얼마큼 큰 원인을 지었음을 알 것이다. 그러므로 일본병의 기세가 꺾이고 풍신수길(豊臣秀吉)이 따라서 병몰(病

沒)한 후 병란이 간신히 감정(戡定)되었음에 불계하고, 조선의 조야에는 소위 와신상담적 부흥 또는 설욕의 기운이 동(動)하는 것을 보지 못하였음은 고사하고, 의연히 당쟁에만 몰두하여 반세기를 넘지 못 할 동안 다시 만주의 입구(入寇)에 인한 국민적 굴욕을 보되 다시 어찌 할 수 없이 될 것이라 한 것이다. 아직 다시 임진전역(壬辰戰役)을 중심으로 내외의 정세를 비판할 필요가 있다(계속).

【편자 주】《개벽》에 더 이상 후속편이 나오지 않은 것으로 보아 중도에 사정이 있어 미완(未完)된 원고로 보인다.

《신조선(新朝鮮)》 창간호 권두사

《신조선》 창간호, 1927. 2. 10.

《조선일보(朝鮮日報)》가 혁신된 지 벌써 제4년을 맞이하게 되었다. 이제 그의 부속 사업의 하나로서 《신조선(新朝鮮)》을 간행키로 하니, 일간(日刊)의 신문이 시사의 보도로써 그 주요한 '노릇'을 삼는 것만치 월간으로서 할 수 있는 논평·기술 및 소개의 상세함을 다할 수 없음에 인함이다. 그러므로 《신조선》은 《조선일보》에 비하여 그 사명을 달리함은 자명한 이(理)이지만 따로 그 이상(理想)과 주의(主義)를 가지는 것은 아니다. 말하자면 그 표리가 되고 자매가 되어 서로 부족한 것을 키워 나아가자 함이다.

《신조선》이 따로 이상이 없으니 《조선일보》의 이상이 곧 그의 이상이요, 《조선일보》가 따로 이상이 없으니 조선인 대중의 참스러운 의사에서 우러나오고 조선인 대중의 참된 요구에 쌍행(雙行)하여서, 그의 생존운동의 선진(先陣)에서 최고요 또 최대한 민중의식을 표현함으로써 그 존귀한 사명을 삼는 곳에 그 스스로의 이상이란 자가 형성되고 또 결정되는 것이다. 이 이상이 무엇이노라고 내세우느니보다 차라리 물러가서 현시대의 조선인 대중이 무엇을 꼭 요구하게 되었는가를 성찰함만 같지 못할 것이다.

이것은 조선인 대중의 표현 기관이노라! 이렇게 자임하는 것이 무방한 양하지마는 그것도 결국은 부품한 자가(自家) 선전에 지나지 못할 걱정이 있다. 그보다는 차라리 이것으로 조선인 대중의 의사의 있는 바를 가장 잘 표현하겠노라고 순진(純眞) 경건(敬虔)한 마음으로써 단언하여 두는 것이 정확한 일이 될 것을 믿는다. 그는 과도한 자부가 때로는 미워할 참칭(僭稱)도 될 걱정이 있는 것이요, 하물며 고의의 과장은 도리어 대중의 이목을 현란(眩亂)하는 죄악조차 되는 것인 까닭이다. 옛적의 영웅이란 자들이 천하의 대사를 시작할 때에 소위 '재명성복(齋明盛服)'으로 황천후토(皇天后土)에 고하고 비로소 대중의 앞에 나섰다는 것이 그 시대에 상응한 장엄미와 진숙성(眞熟性)이 있는 것과 마찬가지로, 현대의 선구자로서 출동하는 자는 먼저 그 불순한 야성(野性)을 사악(私惡)과 딸려서 견백이동(堅白異同)의 교설(巧說)을 내던져버리고, 차라리 정직하고 또 희생적인 난관의 전진(戰陣)을 미터서 각성하는 대중과 함께 멈출 새 없는 전진을 하거나, 그렇지 못하면 전패(展敗)한 대중의 선두에서 예기(豫期)한 진몰(陣歿)을 순수(順受)하는 비장미(悲壯味)를 가질 필요가 있는 것이다.

정치적 경제적 구경(究竟)의 해방을 희원하는 것은 현하 피예속 제국민의 공통으로 가지는 바 시대의식이니, 조선인만이 편벽되이 품은 바 아니다. 그리고 계급적 및 성적(性的) 제한을 허하지 않고 그의 전 인간적 해방을 희원하는 것 또한 현하의 대중들이 피압박자로서 품고 있는 최후적인 목표이다. 이것이 이미 전 인류의 이상이요, 따라서 조선인 대중의 이상이라 하면 오인은 이에서 일개 특설(特設)한 기관을 위하여 그 이상과 주의를 운위할 필요가 없는 것이니, 《조선일보》가 이미 전후에 파지(把持)하고 온 바이요, 《신조선》이 또 지금부터 그러할 바이다. 이것을 반드시 고조하자 함이 위에 이른바 난관의 전진(戰陣)일는지는 모른다. 그러나 드디어 또 사피(辭避)할 수도 없는 바이다. 오인은 이에서 다시 더 조선인 대중의 의사의 있는 바를 가장 잘 표현하겠노라고 성명하여둘 필요도 없다.

조선인의 생존운동이 그의 상대적 견지에서는 해방의 투쟁이 되는 것이다. 그의 목표로서는 이른바 최고이요, 또 최대한 민중 의식의 표현에 있는 것이다. 그러나 그의 절대적 견지에서는 그 자체의 도덕적 및 사회적 개선을 요하는 것이다. 그런 고로 해방의 투쟁만이 인류의 그리고 오인의 유일한 사명이요, 또 목표인 것 같이 믿는 것은 확실히 그릇된 견해에서 나온 것이다. 지금까지의 조선의 사녀(士女)들이 얼마큼 이 병폐에 걸렸는지는 구태여 이에 검토할 필요가 없지마는, 금후의 조선인은 반드시 이 양전(兩全)적 방책(方策)에 유의하여야 할 것이다. 계급적으로 또 민족적으로 각성하고 대두하는 것이 현대 인류운동의 일대 경향인 것과 같이, 상대적으로 또 절대적으로 병진하는 방책은 언제든지 잊어서 아니 될 생존운동의 이면상(二面相)이다. 그러므로 백 년의 장계(長計)인 자 있으되 목하의 문제는 제외할 수 없고 근본의 방책인 자 있으되 또 지엽의 제 문제를 간과할 수 없으며, 동서 각지 선구자들의 이상과 전술이 오인의 둔하여지는 의식을 고무하는 것이나 마찬가지로 선민(先民)들의 지내오던 조선토·조선심의 잠겨있는 묵은 자취도 또한 들추어서 현대인의 심적 내포(內包)를 충실 또 견확(堅確)하게 할 수 있는 것이다. 하물며 과학부예추(科學扶藝趨)와 위안(慰安) 등 종종의 재료가 현대인으로서의 존립에 필요한 온갖에 수응(需應)하는 것은 따로 말하기까지도 없는 것이다.

《신조선》을 간행하니 그 별개의 취의가 있으랴? 오호(嗚呼), 이로써 족하지 않은가? 스스로 그 수명이 영창(永昌)하기를 빌고서 이 붓을 던진다.

중국은 공산화할 것이냐?

― 사회민주주의의 정도(程度)에서
노자(勞資) 협조의 정책하에 지배될 것 ―

《신민(新民)》 24호, 1927. 4.

요원(燎原)의 세(勢)로 전개되는 중국의 시국 문제는 그것을 중국 일개국의 문제라기보다 세계적으로 보기에 족한 일대 문제이다. 이 중차대한 문제를 그렇게 간단한 형식으로 단안을 내린다는 것은 극히 무모한 짓이라 하겠다. 그러나 굳이 나에게 시킨다면 나는 아래와 같이 말하고 싶다. 중국이 공산화하겠느냐? 이 문제를 말함에는 목하(目下) 중국 혁명운동에 있어서 중대한 현상으로 들 수 있는 소위 좌익파·우익파의 내홍이다. 즉 서겸(徐謙) 일파를 중심으로 하는 무한파(武漢派)와 장개석(蔣介石)을 중심으로 하는 남창파(南昌派)의 분규이다. 이 내용의 결과가 어떻게 낙착될 것을 말함이 중국의 공산화 여부를 말하는 데 적절한 대답이 안 될까 한다. 그러면 이 내홍의 결과는 어떠할 것이냐? 무한파냐, 남창파의 승리냐?

사상적, 사회적 입각지에서 본다면 무한파의 승리를 말함이 당연할 것이다. 그러나 군사상 내지 정치상으로 관찰할 때에는 아무래도 남창파를 당치 못할 것이 필연의 세라 한다. 이렇게 추찰(推察)하여 나는 좌파가 최후의 승리를 얻기 전에 먼저 우파에게 군력적, 정치적으로 일대 돈좌(頓挫)를 당하리라고 보는 바이다. 그리하여 우파가 전성(全盛)을 자랑할 날이 오리라고 믿는다. 이 우파도 정도 문제이어서, 민중을 상대로 하여 결코 그에게 배치되는 짓을 하지 않을 것이니, 중국민의 새로운 시대의식인 삼민주의(三民主義)를 표방하고 제국주의를 반대하여 군벌 타파를 노력함에는 좌파와 대차(大差)가 없는 까닭이다.

그렇게 된 뒤에는 중국은 얼마 동안 사회민주주의의 정도에서 노자(勞資) 협조의 정책하에 지배될 것이라고 한다. 이 동안에 공산화의 운동이 늘 진행될 것은 물론이다. 어찌했듯 좌우 양파가 어느덧 협조가 된다면 모르거니와 좌파에서 당생지(唐生智)와 같은 주의상(主義上) 미지의 인물을 그의 무력상(武力上)의 옹호자로 장개석과 항쟁한다는 것은 승산이 없는 일이요, 만일 무한이 다시 북방세력에 위협되는 날이 있다 하면, 그는 더욱 장씨 파의 세력을 증대케 하는 기회가 될 것이다.

(3. 18.)

【편자 주】 '중국을 공산화할 것이냐?'는 물음 아래 민세의 답글과 함께 〈중국이 적화되겠다〉(李灌鎔), 〈가능성은 있다〉(宋鎭禹), 〈문제는 시간에 있다〉(韓基岳) 등의 글이 같이 실려 있다.

조선민족성의 국제사(國際史)적 고찰 (1)

《현대평론》 제1권 제4호, 1927. 5.

민족 그것에 대한 정의(定義)를 자세히 쓸 필요를 생각치 않는다. 민족·국민 혹은 인종까지도 혼동하여 쓰는 전례(前例)가 상당히 교양 있는 사람들 사이에서도 발견할 수 있는 것이지마는, 일개 민족의 혈통 연원의 혼합된 관계 여하라든지 민족·국민·인종 등의 개념 및 그의 용례의 적부를 검토하는 것은 도리어 용장(冗長)한 데 빠지는 걱정이 있을 것이요, 또 그만큼 무용한 것인 까닭이다. 그러므로 좀 막연한 감이 있지마는 조선민족이란 그것에 관하여 인류학적 혹은 역사학적 검토를 폐(廢)하고, 다만 사상(史上)에 나타나는 조선민족성의 대체의 경향을 나의 본 바대로 쓰고자 한다. 이러한 것은 자못 중요한 학술적 문제이요, 가벼이 소루(疎漏)한 견해를 부칠 바가 아니지마는, 다만 그것이 국제사(國際史)적 방면에서 발로된 부분을 가지고 약간의 논평을 시(試)하려 함이다. 하물며 이에 대하여 충분한 조사와 연구를 가(加)함이 못 되고 오직 평소 역사 사실에 대하여 감(感)하였던 바를 종합하여 총총(怱怱)히 강화(講話)로써 하였고, 이제 또 그것을 철록(綴錄)하는 것인 고로 적지 않은 학구적 불안조차 느끼는 바이다.

국제사라고 하면 흔히는 외교사(外交史)를 연상한다. 그러나 외교라 하면 1국가·1민족의 권병(權柄)을 잡은 부분에서 요약된 세력으로써 다른 1국가·1민족과 교섭 절충함을 이름이요, 국제사라 할진대 다만 그러한 데 국한하지 않고 정치적 교섭·절충으로부터 교천무역(交遷貿易)과 이주침핍(移住侵逼)과 기타 문화상태에 일정한 영향을 미칠 만한 상호간의 작용은 모두 포괄하여 볼 수 있는 것이요, 1국민·1민족의 특성의 여하는 이러한 광범한 관계에서 더욱 그 전표(全豹)[全貌—編]를 엿볼 수 있을 것이다. 이것이 조선민족성의 국제사적 고찰을 말하고자 하는 소이이다. 조선 국제사는 일반의 예와 같이 근대에 내려옴을 따라서 점점 빈번한 바 있으니, 최근으로는 19세기 중엽 이후인 고종(高宗) 3년 불국(佛國) 함대의 침입 등을 비롯하여 동서 열국과의 정치적 관계가 매우 착종한 바 있는 것은 그의 현저한 자(者)이겠지마는, 줄잡아서 삼국 정립(鼎立)의 당시 지나(支那)와 몽고 제족(諸族)과 일본 등 사위(四圍)의 제 민족과 관계되는 것이 우선 그 중요한 일이라 할 것이다. 그러나 민족성의 진정한 상태는 상고초매(上古草昧)한 시대에 비교적 간이(簡易)한 방식으로 표현되는 원시적인 조건에서 오히려 여실하게 얻어 볼 수 있는 것이다. 그러므로 이제 내외 사적(史籍)에 단편적으로 헤어져 있는 문자를 주워 모아서 사견(私見)을 붙이고자 한다.

몽고 지방을 거치어서 흑룡강 유역으로부터 만한(滿韓) 지방으로 남하하고 그의 중요한 일파는 의무여산(醫巫閭山) 동방(東方)으로부터 해빈(海濱)을 쫓아서 지나(支那)의 직예(直隷)·산동(山東)·산서(山西)로부터 멀리는 안휘(安徽)·강소(江蘇)에까지 갔던 것이 고대 조선민족의 운동한 방향으로 볼 것이요, '우랄알타이'계의 혈통에 속한 이 민족이 배천사상(拜天思想)을 중심으로 한 원시시대로부터 경건한 신앙과 상무(尙武)적인 경향을 가졌던 것이 공통적인 일 특성이었고, 그 생활양식은 간이 소박함으로써 특색을 삼은 가운데에도 일찍부터 독특한 문화체계를 형성하였던 것은 식자가 이미 정평(定評)으로써 하는 바이다. 여기에서 조선민족성의 특색 및 그 결점을 발견하는 경로를 얻을 것이다. 통상으로 조선은 나약 혹은 유약한 민족이라고 생각하는 것 같다. 그러나 그의 천성으로서 조선인은 결코 나약 혹은 유약한 민족이 아닐 뿐 아니라, 가장 강용(强勇)한, 어느 경우에는 차라리 영맹(獰猛)한 특성조차 가진 민족이라 할 것이요, 그의 결점은 도리어 반대의 방면에 있을 것이다.

"봉정유궐이거(蓬亭柳闕而居), 도발과우이치(陶髪跨牛而治)"라고 청학산인(靑鶴山人)은 그의 문집에서 단군창시(檀君創始) 시대의 정황을 간단히 말하였다. 이것은 신빙할 고증에서 나옴인지 혹은 상고시대의 사회상태를 자기의 이상대로 묘사하기를 시(試)한 노장(老莊)의 논법을 본받음인지는 반드시 단정을 요할 바 아니나, 당시의 생활을 방불케는 하는 바 있다. 이 시대의 일도 기록이 자못 소루(疎漏)하여서 그 상세한 바를 알 수 없지마는 단군 이전에까지 소급하여서라도 조선 상고의 생활 상태를 얼마쯤은 추사(推思)케 하는 바 있다. 치우씨(蚩尤氏)와 지나(支那) 상고의 황제(黃帝) 헌원씨(軒轅氏)가 천하승패의 대결전을 하였다고 하지마는, 그는 우씨(尤氏) 그이가 상고 조선의 일 부족의 추장으로 지나의 일 추장인 헌원씨와 황하의 유역을 다투었다는 전쟁 이야기로 봄이 좋을 것이요, 이것으로써도 당시부터 조선의 선민(先民)이 강용한 상무적 천성을 발휘하였던 것을 엿볼 수 있다. 《사기(史記)》 황제 본기(本紀)에는 치우 씨와의 전쟁이 그 사적(事蹟)의 중추를 지었을 쯤이요, 《상서(尚書)》 여형편(呂刑篇)에는 "치우유시작란(蚩尤惟始作亂)"이라고 하여 주목왕(周穆王)을 규간(規諫)함으로써 외환(外患)의 천지(荐至)함을 경계함이 있거니와 "구여지군호왈치우(九黎之君號曰蚩尤)"라고 주해(註解)하였고, 《사기》에도 공안국(孔安國)은 치우로써 "구여군장(九黎君長)"이라고 주해하였다. '구여(九黎)'와 구이(九夷)가 항상 통용되는 것은 식자가 잘 아는 바이다. 치우와 헌원의 전쟁담은 《사기》를 비롯하여 각종 사서(史書)에 올랐고, 근세에는 《개벽연의(開闢演義)》라는 역사소설에 그 전쟁담이 각색된 바 있거니와, 여형(呂刑)의 소위 "치우유시작란(蚩尤惟始作亂)"이란 것은, 즉 한족(漢族)에 대하여 최초로 침입한 이민족과의 충돌을 의미함이다. 《관자(管子)》 권23 지수편(地數篇)에 "갈로지산발이출수금종지(葛盧之山發而出水金從之) 치우수이제지이위검개모극(蚩尤受而制之以爲劍鎧矛戟)" 운운(云云)하고, "옹호지산(雍狐之山) 발이출수금종지치우수이제지(發而出水金從之蚩尤受而制之) 이위옹호지극예과(以爲雍狐之戟芮戈)" 운운하고, "천하지군돈극일노복시만야(天下之君頓戟一怒伏尸滿野)"라고 하여 환공(桓公)에게 대한 무비(武備)의 필요를 설(說)하는 입증으로써 하였으며, 《갈관자(鶡冠子)》 권하(卷下) 세병편(世兵篇)에 "황제백전치우칠십이(黃帝百戰蚩尤七十二)"라 하여 치우씨가 황제와 대소 72전(戰)을 한 바를 기술하고 동(同) 병정편(兵政篇)에 용병지법(用兵之法)을 역술(歷述)함으로써 "구이용지이승(九夷用之以勝)"이라고 단(斷)하였다. 이런 것은 피등(彼等)이 항상 범연(汎然)히 예증으로써 하는 바이지마는, 치우씨로서 대표되는 상고 조선인이 얼마큼 상무적이요 강용한 특성을 가져서 도리어 호전적이라고 할 만큼 같은 것을 알 것이며, 《운급헌원기(雲笈軒轅記)》의 "치우시작개갑두착(蚩尤始作鎧甲兜鍪) 시인불식이위동두철액(時人不識以爲銅頭鐵額)"이라고 한 것은 《사기》의 원문과 대조하여 자못 흥미 있는 문자로서, 비록 신문(信文)이 아닐지라도 당시 조선인이 병사(兵事)와 무기에 장(長)한 바 있던 것은 상망(想望)케 하는 바 있다. 《후한서(後漢書)》 지리지(地理志)에 동평현(東平縣) 수장군(壽張郡)에 치우총(蚩尤塚)이 있어 주민이 10월로써 제(祭)하는 기록이 있고, 《사기》 봉선서(封禪書)에는 한고조(漢高祖)가 10월로 파상(灞上)에 이르러 태뢰(太牢)로써 치우를 제(祭)하여 병신(兵神)으로 존숭한 기록이 있다. 10월로써 제(祭)하였다 함이 조선 10월 제천의 종교적 속상(俗尙)과 공통되는 것이 또 흥미 있는 일이거니와, 구이(九夷)의 군장이라는 치우씨가 작란(作亂)의 개조(開祖)이요 무강(武强)의 표상으로 고대 지나 인민에게 보였다는 것이 퍽 역사적 가치가 있는 재료이다. 《진서(晉書)》 천문지(天文志)의 "치우기(蚩尤

旗) 유혜이후곡상기(類彗而後曲象旗) 주소견지방하유병(主所見之方下有兵)”이라고 한 것은 병사(兵事)와 전란과의 인연이 깊은 것을 증(證)할 수 있다. 치우씨에 관하여 너무 용장(冗長)하게 술(述)하였지마는, 유사 이전 원시상태에 있는 조선인의 선민(先民)들이 그 천성으로서 얼마큼 무용(武勇)과 전쟁에 장(長)하였던 것을 단정할 수 있다. 이러한 무용(武勇)한 특성을 징(徵)할 바는 역대의 사실(史實)이 모두 그러하지마는 ‘이(夷)’의 명칭으로써 표시되는 바도 또한 그렇다 할 것이다. 허신(許愼) 《설문(說文)》에 “이종대종궁동방지인(夷從大從弓東方之人)”이라 하여 대궁(大弓)을 사용하는 것으로 그들을 대표하게 되었고, 남만(南蠻)·북적(北狄) 등의 문자의 해석과 아울러서 “유동이종대대인지국(惟東夷從大大人之國)”이라고 한 것 같은 것은 일찍 최남선(崔南善) 씨에 의하여 많이 소개된 바이다. 대궁의 인상은 “석노고시(石努楛矢)”의 무기와 함께 또한 무용(武勇)으로써 한족(漢族)들을 위협하였다는 증적(證跡)으로서 상술한 단정과 동일할 것이다.

환웅 천왕(天王)이 환인 천제(天帝)의 명(命)을 받들어 천부삼인(天符三印)을 가지고 3천 단부(團部)를 거느리고 태백산(太白山)에 내려와서 ‘이신설교(以神設敎)’를 하였다는 천강설화(天降說話)를 중심으로 한 신화가 곧 조선의 민족 연원 설화와 건국 연원 설화가 되니 만큼, 조선 고대의 생활이 이러한 원시적인 종교사상에 의하여 지배되었고 그의 정치인즉 항용 정교(政敎) 혼합으로 되었으되 도리어 신권(神權) 중심의 경향을 가진 것이던 것은 또 장황한 설명을 하기까지도 갈 것이 없다. 우랄알타이계의 제 민족이 모두 그러하며, 방금에도 만주로부터 조선·일본을 통하여 샤마니즘의 유행은 오히려 그 원시형태가 고스란히 남아있는 기관(奇觀)을 정(呈)하는 것이거니와, 상무적인 강용한 특성과 아울러서 경건한 배천(拜天)의 종교가 항상 그 신앙생활의 중추가 되었고, 어느 점으로 이러한 신앙이 그 생활의 전적(全的) 의의를 가진 것같이 보이도록까지 되었다. 여기에 관하여서는 전기(前記)한 최남선 씨와 같이 전문적으로 종교·언어·토속·전설의 방면을 합하여 항상 연구 발표함이 있고, 하물며 대종교(大倧敎)에서 연래로 수집 광앙(廣仰)함에 의하여 널리 일반에게 소개된 바이라. 이에서 용장(冗長)한 기 인증(引證)을 요치 않지마는 순서상 그 중요한 자를 대강 열거하건대, 《후한서》에 "고구려(高句麗) …… 이시월제천대회명왈동맹(以十月祭天大會名曰東盟)"이라 하고, 동서(同書)에 "예용시월제천(濊用十月祭天)", 동(同) "부여이랍월제천(夫餘以臘月祭天)", 《삼국지(三國誌)》에 "부여유군사역제천(夫餘有軍事亦祭天)", 《후주서(後周書)》에 "백제기왕이사중월제천(百濟其王以四仲月祭天)" 등은 그의 중요한 유례로서, 이것을 만일 '차차웅(次次雄), 자충(慈充)' 등의 소위 '사귀신상제사(事鬼神尙祭祀)'하는 '무당[巫]'의 명칭으로써 왕자(王者)의 명칭으로 병용한 신라의 역사에 비(比)하여 볼 때에 그 신앙 본위, 종교 중심의 생활이 얼마큼 조선 상고 사회의 대표적인 현상인 것을 볼 수 있다. 이에 관하여는 이제 더 부연할 필요를 인(認)하지 않는다. 다만 이로써 상무정신이 풍부한 강맹한 국민이요, 그리고 배천숭신(拜天崇神)의 염(念)이 남달리 두텁던 민족이라고 단정할 수 있음을 표명하면 족하다.

여기에서 긴절(緊切)하게 문제되는 것은 이렇게 무용강맹(武勇强猛)한 민족이 어떠한 정도까지 문아(文雅)한 기풍을 띠었으며, 그의 반대로 어찌하여 유연나약(柔軟懦弱)한 데까지 흘러갔는지가 일 의문이요, 또는 상무적이요 경건(敬虔)한 신앙심을 가진 민족인 만큼 그의 조직적 통제적인 민족적 대노력과 역사적 대작업에 있어서 조선인은 어떠한 정도의 탄력을 발휘하였는지 혹은 전연 그의 반대인 비관할 만한 결과를 내었는지가 일 의문이며, 따라서 그들이 평화적인 통상의 시대에 있어서 얼마큼 그 정력을 기술적 산업적 방면에 기울여서 그의 시민적 생활을 풍족 또는 견고하게 하였는지가 일 문제이다. 과거에 있어서도 이것이 문제이었고 지금으로부터 장래까지에도 이것이 큰 문제이다. 하물며 조선인은 어느 정도까지의 독립성과 독창력을 가졌으며 또는 외국문화에 대한 소화 혹은 동화의 역량을 가지고 있는지, 이것을 검토하는 것은 현대의 비상한 민족적 역경에 처하여 있는 조선인 식자로서는 결코 한인한사(閑人閑事)가 아닌 것을 단언할 것이다. 그는 민족적 전쟁사와 사상변천사와 또는 순수한 외교사상(外交史上)에서 그 역력한 증적(證跡)을 고찰함을 요하는 바이다. 이는 차후에 속술(續述)키로 하고.

【편자 주】 연재물로 계획되었으나 후속 글은 쓰지 않은 것으로 보인다.

과학 지식에 대하여

《신생》, 1929. 5.

중등교육이란 것은 곧 국민교육이다.

일반 과학의 개념을 넣어주어 사회의 중견될 자격이 있게 하고, 개체의 완전한 인격을 기도함이 이 교육의 진수(眞隨)다.

그러므로 중등교육은 곧 준비교육이다. 발육기에 있는 소년 뇌리에 일반 과학의 작은 씨를 뿌려 학구적 기초 지식을 주는 동시에 각각 그 개체의 천재를 찾는 것이 이 교육의 본무(本務)다.

사회민으로서의 불가결할 상식을 얻는 동시에 그 재분(才分)과 신념으로 각자의 진로를 택정(擇定)하는 것이 이 교육을 받는 학생이다.

그러므로 중등학교의 전 과목은 다같이 중요하며 다같이 필요하다는 것이 현금(現今) 중등학교 교육제도의 전제요, 또한 주장이다.

같은 교육을 받는 생도로서 농촌에서 자란 사람이 비교적 농사에 밝으며 도회인(都會人)이 상리(商理)에 익어 있음이 당연한 것만큼, 이화학(理化學)과는 전연 몰교섭(沒交涉)의 상태에 있다고 할 만한 일상생활을 하는 우리 사회의 학생으로서 이화학(理化學)에 대한 호기심과 이해력이 남보다 적은 것은 안전(眼前)에 명백한 사실이다.

그러나 그 인과(因果) 이상으로 우리 학생들이 이 과목에 대하여 애착이 없으며 난해인 것은 우리들에게 그 책임이 있다.

우리 선배들은 부르짖는다. 자연과학 곧 실제 과학을 보급시키어 경제적 파멸로서의 활로를 열자고 …….

그러나 그들은 설상공론(舌上空論)에 지나지 못하였고, 또 그러려니 해서 그러는 것이매, 이 자연과학에 대한 절실한 느낌이 없는 그들의 말에는 권위가 없고 진실이 없는 것이다.

먼저 그 원리를 해(解)하여 사실에 연석(演釋)하고 수많은 작은 사실을 명찰(明察)하여 한 원칙에 귀납하는 것이 이 교육을 주고받는 이의 방법이요, 또 정신이어야 한다.

그러하나 기초교육을 받는 자로서 귀납적 수학(修學)은 거의 불가능에 속하는 일이니 될 수 있는 대로 근본의 이론을 요해(了解)케 하여 사실의 암기(暗記)를 적게하는 것이 학생들에게 이 과학에 대한 취미와 열심(熱心)을 주는 한 방편일까 한다.

사람은 상식으로 산다.

우리의 상식의 범위를 넓히려고 각 방면 학자들은 각각 그 전문(專門)에 헌신적 탐구를 하는 것이다.

상식의 향상은 곧 우리 생활의 향상이요, 생활의 향상은 곧 그대로 우리의 이상이다.

우리의 생활은 물질적 기초 위에 있으니 물질과학적 상식이 먼저 필요함은 무론(毋論)이다. 그러나 우리들은 이 상식에 가장 어둡다.

우리 대중의 지도자요, 우리 생활혁명의 주창자라고 할 만한 이들을 보아라. 얼마나 물질과학적 상식을 그들이 가지었나? 없다. 아주 없다. 이것이 우리 현상이다. 그러므로 나는 여기에다 파멸의 중요한 원인을 두려한다.

이 상식을 가지지 못하고도 가장 예사로울 듯이 생각하고 있는 분도 많지마는, 그런 분은 타국인과 두어 마디 회화로 어렵지 않게 자기의 무식을 자각할 수 있을 것이다.

우리는 배우자. 알자. 기술보다도 학술보다도 먼저 우리의 상식을! 우리의 생활을 위하여! 그리하여야만 우리의 생활을 의론할 때가 올 것이다. 무론(毋論) 여기에 말하는 것이 다만 한낱 자연과학을 들어 유일한 급무라 함은 아닐지언정, 필자는 이 점에 적지 않은 유의를 하는 만큼 나의 하고 싶은 말의 일단을 적은 것이다. [완(完)]

농촌 지도에 대한 문제
—힘의 근원을 떠나지 말아라—

《신민》 제50호, 1929. 6. 1.

시대의 조류라고도 할 만한 귀농운동(歸農運動)의 필요는 췌언(贅言)을 불요(不要)할 것이다.

그러나 오인은 귀농운동이라는 것을 어떤 개인 개인의 농촌 매몰과 그 성질이 다른 것을 깊이 알아야하겠다. 왜 그러냐 하면, 일 개인의 힘이라는 것은 미약한 것이기 때문에 자기가 환경을 지배하지 못하고 그 환경의 지배를 받기 쉬운 까닭이다. 알아듣기 쉽게 말하자면, 다수한 우민(愚民)을 지도 개발시킨다는 것보다도 그들의 분위기에 싸여 퇴화할 염려가 있다는 말이다. 그 퇴화를 방지함에는 농촌으로 돌아가려는 청년 내지 지식층의 인사가 그 단결을 굳게 하여, 항상 연락을 취하여, 이상(理想)의 실현으로 저어가야 할 것이다. 농촌 문제에 대한 이상이나 정열이나 수단·방법에 이르기까지 일언으로 말해, '힘'의 근원을 떠나지 말며 망각하지 말라는 말이다.

지금까지는 농촌으로 간다면 사상 방면으로만 기우는 경향이 많았다. 물론 사상적으로 지도한다는 것은 매우 필요한 일인 동시에 이상적이다. 그러나 기술적으로 지도할 준비가 없어서는 안 될 것이다. 그 자신들이 일반 농민과 같이 노작에 종사할 결심이 있어야 할 것이다.

그렇지 않으면 농민 대중과 융합할 가능성이 적고 또는 사회적 고장(故障)을 면키 어려울 것이다. 그 방면으로 진출하는 인사로는 그 고장쯤은 각오하고 나서는 것이라고 볼 수 있으며 그 각오에는 경의를 표할 가치가 있다 하겠으나, 그 때문에 근본 관계를 무시하려고 든다면 이상만이 남고 실현을 보기 어렵게 될 것도 충분히 고려할 필요가 있을 것이다.

고등보통학교 졸업 정도의 지식 청년의 농촌 진출 — 그것에 대해서 청년 자신들에게 있어서 간단치 않은 문제이다. 그들이 질박(質朴)하고 흥미와 오락이 없는 여항(閭巷)을 떠나서 번화한 도회로 집중하려고 하는 것은 차라리 인정(人情)의 상태라고 보는 것이 좋을 것이다. 따라서 인정의 자연을 거스르는 것은 '억지'라 생각지 않을 수도 없으나 현하 조선의 처지로는 자연의 추향(趨向)보다는 의식 고조가 좀더 필요하니까, 참으로 조선을 위하는 성(誠)과 역(力)만을 가지고 들어간다는 것은 환영하여 마지않는 바입니다.

【편자 주】'농촌 지도에 대한 문제'란 제하(題下)에 〈지도자 양성 기관의 필요〉(尹致昊), 〈두뇌로써 지도하라〉(閔泰瑗) 등의 귀농운동에 관한 글이 실려 있다.

세계에 향하여
— 조선에 큰 과학자가 나서 세계적으로 진출하자 —

《삼천리》 1호, 1929. 6.

어느 점으로 보든지 조선은 세계의 선진 제국(諸國)과는 문화적 교섭이 적은 곳이니, 세계에 향하여 요구하고 싶은 일이 많더라도 실현 가능성이 적은 데 있어서 말할 흥미가 적습니다. 혹은 경제적 진출이 급급한 국민에게 조선에 와서 기업에 착수하여서 거액의 투자를 함으로써 조선이 경제적으로 활기 있게 되기를 희망한다 할지라도, 문호가 거의 닫힌 조선에는 그도 용이한 일은 아닐 것입니다. 그러나 그것은 얼마큼 가능한 일이라 하고 구주 선진국가의 과학자·기술자들을 조선에 진출케 하여 조선의 자연 개척이나 기타 사회생활상의 능률 증진 등에 관한 진언과 제안을 들어보는 것 같은 것도 생각할 수 있는 바이나, 줄잡아서 그들을 초빙할 만한 준비가 있는 기관부터 없어가지고는 일편의 희망으로는 어찌하였든 실현할 계획으로서는 어려울 것입니다. 산이 나에게 오지 아니하니 내가 산에 가겠다는 서양 속담처럼 세계가 우리를 돌아보지 아니하면 차라리 우리가 세계에 진출할 길을 생각하여야 할 것입니다. 이를테면 조선인으로서 자연과학에나 사회과학 방면에 유수한 세계적 학자가 나서 세계적으로 그 권위와 명가(名價)를 들어낼 수 있다 하면 조선인의 세계적 권위·명가가 그만큼 올라가는 것이요, 따라서 민족적 자부심도 그만큼 승진되어서 조선인의 생존운동에도 적지 않은 힘이 될 것입니다. 물론 세계적 학자가 생장되는 데는 경제의 토대 위에 있는 부

유한 문화적 기회를 등지고서 될 수 있는['없는'의 오기인 듯—編] 것이
니 조선인에게 그것이 용이치 않을 일이지만, 빈약한 조선인의 사회이나
개인의 자비(自費)로서도 그만큼 진출될 편의(便宜)를 가진 사람이 전혀
없는 것은 아닌 줄 압니다. 일개의 아인스타인을 가질 수 있다면 더 할
말 없겠지만, 타고르가 있음으로 인도인의 받는 세계적 성가(聲價)도 경
미한 바가 아닙니다. 타고르의 문예상의 가치가 현대 비평안(批評眼)으
로 보아 얼마쯤의 역량을 가진다는 것은 별문제이지만, 하여간 타고르로
인하여 인도인의 민족적 권위가 올라가고 그만큼 세계인의 고려를 끌게
된 것은 무시할 수 없는 바일 것입니다. 그러므로 조선인 사이에도 세계
적 학자 되기 위하여 자기의 가진 사회적 행운을 스스로 자신을 통하여
조선인 전체에 제공하는 봉사적 이기심이라도 발휘하는 이가 있으면 좋
을 것입니다.

흉년과 그 예방책
─ 관수(灌水)와 배수(排水)를 과학적으로 하라 ─

《조선농민》 제5권 제4호, 1929. 6. 26.

상공업이 발달되지 못하여서 살림을 온통으로 농사에만 의탁하고 있으니까 자연 흉년이 들어 전답 소출만 푹 줄면 굶어죽는다는 소문이 파다하게 되는 형편인즉, 상공업이 좀더 발달되게 하였으면 그것도 흉년을 예방하는 한 방법이 될 것이나 말하기 쉽되 되기 어려운 일이요, 그 다음에는 의례로 산에 조림을 많이 하여서 기후가 고르게 되도록 하고, 비 온 뒤라도 물이 많이 스며들어 땅속에 잠겨있어 물 근원을 모아두게 하고, 큰비가 오는 때에도 모래가 흙탕물과 한꺼번에 와작 내려 몰려 큰물[洪水]이 가고 복새가 밀리는 폐단을 막는 것이 창창하나마 한 방법이라고 할 것입니다. 그러나 조선에는 돌무더기 많은 산이 많고 땅도 단단한 석비레 바닥으로, 물을 빨아들이어 잠겨두는 힘이 적음으로 비가 퍼부면 큰물이 와작 났다가 날만 번쩍 들면 말쑥하니 말라버리는 까닭에 가뭄과 장마의 해가 어우러지듯 한 편이라 합디다. 그런즉 보(洑)를 많이 막고 못을 파고 또 깊은 우물로 땅속 물[地下水]을 끌어올려 물 대기[灌漑]에 편하도록 하면 가뭄으로 생기는 흉년은 얼마쯤 막을 수 있을 것이니, 이런 점으로 보아서는 수리사업(水利事業)이 퍽 필요한 것은 무론입니다. 이 사업에 이러니 저러니는 여기에서는 말할 수 없는 일이니 그만두고, 흉년이 드는 것은 꼭꼭 가뭄 때문만이 아니요, 비가 너무 와서 물흉년도 드는 수가 있으니까 물 대는 사업뿐 아니라 물 빼[排水]는 일도 퍽 필요할 것입니다. 그러나 이러한 일 외에 곡식을 많이 저축하여 두었다가 흉년에는 변리(邊利)가 싸게 백성에게 나누어주고 풍년이면 받아들이게 하는 법도 좋을 것이나 예전이면 몰라도 요사이는 어려운 일이요, 또 에서 말하기도 어렵습니다.

【편자 주】'흉년과 그 예방책'이란 제하(題下)에 〈재정변통이 문제〉(朱耀翰) 등의 글이 같이 실려 있다.

농촌 당면문제에 대한 나의 소견
― 교양적 결성운동 ―

《조선지광》, 1929. 9.

농촌문제가 가장 중요한 현하 조선의 문제인 것은 말도 말고, 나도 이 문제에 관심한 지는 오래나, 아직 이렇다 할 체계 세운 안을 가지도록 조사 연구한 바는 없습니다. 이만큼 중대한 문제에 대하여 경경(輕輕)히 색책(塞責)적으로 대답해 드리기는 학구적 혹은 식자적 양심에 걸리는 일이니 길게 말하지 않습니다. 그는 조선의 특수 정세가 어떠한 번역(飜譯)적인 공식(公式)의 농촌문제를 그대로·신용할 수 없는 것쯤은 아는 까닭입니다.

조선인은, 도시인이고 농촌인이고, 즉 상공업자이고 농업자이고, 날로 경제적으로 쇠퇴 또는 몰락됩니다. 그러나 그 경제적 방면에서도 판매계급에 의한 중간적 흡취(吸取)의 형태로 되어 있고, 기타에는 전혀 XXX 흡취에 인한 쇠퇴 또는 몰락의 과정으로 달아나고 있습니다. 조세 부과, 기부 형식 및 기타 초특수의 형식으로 정치적 XX작용이 자못 광대 신속하고, 농업 이민의 진입과 미곡가의 저렴(공업생산품의 독점으로 인한 고가에 비하여) 등 제 조건도, 경제적이면서 그대로 모두 정치적 흡취 작용의 중요한 과목(科目)으로 볼 것입니다.

이러한 중간적 XXX작용에는 그것이 유통과정에서의 극히 분산적인 흡취의 형태인 만큼, 흡취되는 분수로는 그의 계급적 대단결을 촉성할 필연성을 매우 무디게 만듭니다. 즉 거대한 상공업 도시에서 집단적인 노동대중이란 자가 그의 생산과정에서의 피흡취(被吸取)를 객관적 공통 조건으로 경제적 총단결을 유발 촉성케 하는 힘이 매우 박약합니다. 더구나 각양 형식으로 되는 XXX 피흡취의 밑에서 쇠퇴 또는 몰락되는 점으로는, 경제적 쟁의를 본위로 하는 계급적 단결로서보다도, 다만 막연한 국민적 XX 혹은 원차(怨嗟)의 정을 가지게 되는 것입니다.

그런 고로 조선인은 대체로 그 자체 내에서 계급적 분해 및 대립이 성취되기 전에 전 민족적 또 전 지역적의 경제적 XXXX 및 그 빈궁화를 보게 하는 것이, 소위 조선의 특수 정세를 조건 짓는 중요한 객관성이 될 것입니다.

무수한 만성적인 정치적 실직군(失職群)·실업군(失業群), 몰락되는 중소상공업자, 과다한 잉여 농민 등은 정치적으로 전혀 무권리한 현하 조선적 사정과 곁들여서 빈궁과 이산(離散)의 놀라운 충동을 쉴 새 없이 일으키면서, 일대 단결로서 이 당면문제에 다닥뜨리기에는 너무 불리할 뿐입니다.

이러한 제 문제는 전 조선인에게 그러하고, 그의 중요부를 형성한 농민문제에서도 당연히 그러합니다. 조선문제의 특수성은, 즉 농촌문제의 특수성이어야 할 것입니다.

이상의 말한 바를 요약하여 말하면, 조선인은 경제적으로 쇠퇴 몰락의 과정을 밟아가면서 계급적 단결은 용이히 대중화할 기회로 되지 못하고, 게다가 정치적으로 전연 무권력한 현하의 사정은 국면을 진전 혹은 전환시키기에 거의 불가능하게 되었습니다. 모든 것이 일대 위력(威力)으로서 표현되기에는 너무 현실이 불리하고, 남은 것은 오직 미지근한 의사의 표명 혹은 인심 지극 불온의 단편적 또는 돌발적 실물(實物) 표시가 있을 쯤입니다. 현하 조선에 아무 광명을 긍정키 어려운 것은 이 까닭입니다. 이 광명이 없는 현하 정세에 입각하여서 농촌문제도 수립될 것입니다.

이 정세에 입각하여서 취할 당면한 정책은, 조선인이 정치적 권력을 장악하는 문제를 어떻게 하여야 할까의 문제이요, 또 하나는 그러한 정면적인 문제를 비켜놓고 어떻게 민중을 상식적, 지식적 그리고 의식적으로 향상시켜서 다음의 시기를 가장 유리하게 파악하겠느냐의 문제일 것입니다. 전자에 있어서는 아무리 하여도 가까운 장래에 급속한 진전이 있기 어렵다고 하여두고, 후자에 관하여는 식자·선지자 및 일반 유심(有心)한 청년들이 일단의 노력을 함을 요한다고 봅니다. 농촌의 당면한 문제는 여기에 있어야 합니다.

요컨대 조선의 제 문제는 금후 일정한 시기까지는 모두 민족문제에 종속되고 또 종속시켜야 할 것이며, 구경(究境)은 민족적 XXXXX위한 전선(全線)적 전개의 장래를 위하여 절대 다수의 농업민을 어떻게 조직화할 것인가가 문제의 요점입니다. 고대 조직화하지는 못할망정 어떻게 그 처음 준비라도 할 것이냐의 문제입니다.

빈궁하여지면 저절로 계급적 단결이 생장된다는 것이 이론이지마는, 빈궁하되 반드시 계급적 단결이 되기만 하는 것이 아닌 것이 조선의 정세이요, 생활이 절박하여지면 반드시 XXX 대동작을 일으키게 된다는 것이 공식적인 견해이지마는, 정치적 사회적 제 조건의 여하에 따라서는 생활이 절박하여서 더욱 피폐·이산의 비탈로 쏠려가는 것도 흔히 있는 사실입니다. 인민의 감정이 극히 첨예화는 하면서도, 그의 지견(智見)과 지식의 상태에서 또는 그 현실 정치의 조건에서 그것이 대중적 조직화하고 못하는 데에는 큰 차이가 없을 수 없는 것입니다.

여기에 있어서 쉽게 말하자면 XXX 단결로써 그 대중들을 획득한다고 하겠지만, 투쟁이 전혀 질식되는 현하 조선에서 이를 실현해 나아가는 데는 그다지 단순한 문제가 아닙니다.

그러므로 XXX 단결로써 주동적 및 최고적인 방책을 삼는다면, 반드시 교양적 혹은 교훈적 단결 등이라는 것이 그 병행적 방책이 되어야 할 것입니다. 교양이라 하면 사상·지식 등을 주장을 하는 전기(前期)적 운동을 이름이지만, 교훈이라 하면 사상·지식으로써만이 아니요, 기타 산업적, 경제적 또는 정치적 제 문제에 있어서 잠시간으로 당면적으로 향상·획득을 맛보이면서 점층적, 근원적 결성과정을 밟아 올라가야 할 것입니다.

이것을 잘라 말하면, 조선 농민의 문제, 즉 농촌문제는 계급인으로서의 각성 및 그 단결의 형태로 되어야 할 것은 물론이요, 그 단결의 과정은 교양적 또는 교훈적 계급을 밟아가야 하겠다는 것이니, 즉 XXX 단결을 그 시기에 바라보면서, 우선은 교양적 또는 교훈적 단결의 시기를 지나가야 하겠다는 것입니다.

여기에 있어서 그 최고 목적인 목적의식을 적나라하게 선명하게 내세워 고조하면서 나아가야 하겠지만, 사정에 따라서는 우선 향토성에 입각한 문화운동적 교양으로서 만족하면서 왕왕 정치적, 사회적 교훈을 치러 넘어가도록 하여야 할 것입니다. 정치적, 사회적 교훈이란 결국 현실상의 이해문제를 포착하여서 그들의 운동이 얼마쯤의 진취·획득을 가져온다는, 또 가져왔다는 경험을 주는 것을 의미하는 것입니다.

셋째는, 즉 XXX 결성운동과 한가지 교양적 결성운동, 또는 교훈적 결성운동의 병행성, 혹은 선행성을 지적 또는 주장하는 것으로 됩니다. 그리고 이러한 운동에 부수하여서 농촌소비조합 또는 협동조합운동이 필요하다고 봅니다.

【편자 주】 글 가운데 XX는 잡지 게재 당시에 이미 복자(伏字)로 되어 있던 것이다.

농민 대중에 대한 기대와 희망

─ 슴슴하고도 꼭꼭 필요한 세 가지 말씀 ─

《농민》 제1권 제1호, 1930. 5.

조선 농민 여러분에게 나로서 말하고 싶은 것이 몇 가지 있습니다. 아마 이 글이 실리는 《농민》을 손에 들게 되시는 분은 조선 농민 중에는 아주 가장 막막하신 분들은 아니겠음으로 더욱이 말하고 싶은 것을 말하려 합니다. 심거운 듯 매우 필요한 일이라고 생각하는 몇 가지입니다.

첫째는 농민 여러분이 너무 바쁜 생각으로 어떠한 허욕을 내어서는 아니 되겠습니다. '우리네는 농민이니까' 하고 너무 자기를 업신여기고 온갖 것을 희망 밖으로 생각하는 이는 아주 문제가 될 수 없으니, 그런 분은 더욱 사람으로서 이른바 새 시대의 주인이 될 농민 대중의 한 사람이노라고 크게 자각하시는 것이 좋겠지만, 그 밖에 내가 많이 보고 듣는 것은 농민들 중에 조금 귀와 눈이 열린 분들 중에는 어서 바삐 자기도 돈을 많이 벌고 또 호강하고 지내는 사람이 되려고 그야말로 자기의 힘에 벌고 자기들의 길에서 어긋나는 짓을 하는 수가 많습니다. 이것은 조선 농민이 결딴나는 많은 원인 가운데에 중요한 한 원인이 될 것입니다. 그러므로 어려운 농민으로 된 것을 한동안 급작스러이 억지로 면할 수 없는 일인 줄로 미리 알아차리고, 우선 순직하고 부지런한 농민으로 고생의 고개를 순히 당하기로 하고, 그리고 거기에서 모을 수 있는 대로 푼푼히 모아보려 하고 배울 대로 조금씩 배우기로 하고 단결할 대로 자꾸 단결해 나아가야 할 것입니다. 이것은 첫째 자기의 가지고 있는 처지를 두루두루 잘 자각하여서 동떼게 바쁜 짓을 하지 말고 떳떳[正常]한 길을 나아가라고 하는 것입니다.

둘째는 배울 대로 배우기에 힘쓰라는 것입니다. 첫째 위에 이미 말하였지마는 배운다는 것은 반드시 깊이 명심할 것입니다. 학사나 박사와 동갑되는 많은 지식만 가져야 비로소 사람 노릇하는 것이 아니요, 진실하고 정직하고 서로 도와서 배반하지 말고 무슨 일에든지 크게 상식에 버스러지지 않도록 몸과 마음을 가져서 천하에 번듯한 일이 있을 때에 홀로 꾀피지 아니하고 나아가는 꿋꿋한 용기가 있는 이면, 그것이 곧 많이 배우고 많이 아는 분일 것입니다. 그러나 그렇게 되기에는 쉴 새 없이 글자도 배우고 잡지나 책도 얻어 보고 남의 말도 귀담아 듣고 마음에 새겨 판단해 보는 정성의 공부가 있어야 할 것입니다. 바쁘게도 날뛰지 말고 내가 무엇을 하랴고 스스로 업신여기는 것은 천만 번 당치 않습니다. 여러분이 꾸준히 일하고 틈틈히 배우고 닥쳐오는 고생과 싸워 나아가는 동안 언제인지 여러분이 기다리고 있는 그날은 여러분 앞에 찾아올 것입니다.

셋째는 단결입니다. 농민 서로서로 진실하고 정직하게 속임 없고 의심없는 이들의 단결이 필요합니다. 남들이 다 하니까 나도 단결하여야겠다 함이 아니요, 참으로 날마다 보고 듣고 당하고 하는 일은 단결만이 여러분의 앞길을 열어주는 것이라는 것을 외쳐 일러주고 있습니다. 단결이 필요한 것은 더 말하지 말고 단결이 기초(基礎)로 경제의 실력[經濟實力]을 만들어야 하겠습니다. 경제의 실력이라 하니 무슨 큰 은행·회사의 힘을 겨루거나 어떤 나라의 경제의 힘과 맞설 만큼 그렇게 크고 엄청나는 힘을 만들자는 것은 아닙니다. 아무럼 그런 힘을 만들어 있다면 작히 좋겠습니까마는 그것은 결국 꿈이겠지요. 오직 여러분이 그 고단하고 잔약한 혼자의 힘보다는 몇 백 배, 만 배 될 수 있는 얼마쯤의 힘을 모으라는 것입니다. 이를테면 농민소비조합 같은 것은 여러분 중에 만들 만한 몇 사람이 있어 그 방법대로 어려움을 무릅쓰고 힘써 하여 나갈 것 같으면, 1년이나 이태 지나는 동안 언제인지 여러분의 하지 않은 힘도 티끌 모아 태산으로 제법 힘쓸 만한 힘이 될 것입니다. 무슨 일이고 5년이나 10년이나 되는 세월을 표준하고 좀 꾸준히 나아가야 되고 안 되는 일이 있는 것이지, 1년, 이태에 벌써 되고 안 되는 것을 바쁘게 생각하랴면 까닭 없이 쪼들리기나 하였지, 그런 짧은 동안에 무엇이 될 까닭이 없습니다. 그런고로 5년이고 10년이고 기한 되기를 기다리면서 먼저 경제적으로 기초를 세워 가면서 그것을 중심으로 잡아 한 걸음씩 단결하여 나아가는 공부들을 하여야 할 것입니다. 여러분의 조합에 저축되는 것이 있고 단결이 과히 낭패롭지 않게 되어 가거든, 그때에는 확실히 여러분의 앞길에 광명이 다가오는 것이라 믿고 기뻐하실 것입니다. 요컨대,

너무 바빠 마시오. 바쁘기로 걸어갈 길을 뛰어만 가는 것은 아닙니다. 뛰어야할 날은 따로 오겠지요.

배울 대로 배워 가면서 언제나 그날이 마음 있는 여러분 앞에 올 것을 믿으시오.

단결하여야 합니다. 미리 왁자지껄 하시지 말고 되도록 경제의 기초를 만들어 가시오.

조합하는 이야기는 따로 듣기로 하시오.

【편자 주】 '농민대중에 대한 기대와 희망'이라는 같은 제하(題下)에 〈농업의 신성화〉(韓龍雲), 〈농민동포께 드릴 말씀〉(李光洙), 〈자작자급〉(李克魯) 등이 같이 실려 있다.

현하 조선 농촌 구제의 3대 긴급책

《농민》 제1권 제2호, 1930. 6.

1. 현하 조선의 소작권 확립책
2. 농촌 금융의 완화책
3. 농민 문맹 퇴치책

오늘의 조선 농촌 구제에 긴급한 일이 한두 가지가 아닐 것이다. 그러나 우리 농촌은 나날이 피폐하여가며 더욱 금년에는 예년보다도 소작쟁의가 자꾸 일어나고 있다. 더욱 농민들은 5푼, 6푼의 고리(高利)로 빚을 얻어서 궁하(窮夏)에 농사 자금을 내지 않으면 안 될 처지에 다다르고 있다. 뿐만 아니라 그들은 눈 뜬 장님의 불쌍한 신세가 되어야 세상이 오는지 가는지, 자기가 어떤 위험한 곳에 서있는지 분간을 못하고 헤매고 있다. 그들을 어떻게 구제할까? 우리는 안타까운 심정으로 각 방면 인사의 의견을 물어 발표한다.

---

1. 소작료는 소작인 편만을 보면 훨씬 감하여서 적게 물을수록 좋은 일이다. 조선의 지주라는 이들도 다수를 표준하고 보면 토지 소출밖에 별 것이 거의 없으니, 아직은 턱없이 깎아내려서는 어려울 줄 압니다. 그러므로 소작료는 평균병작(平均竝作)을 반씩 가르기로 하고(5할제), 씨

나락은 적어도 반은 지주가 물고, 곡초라고 하는 짚은 소작인이 전부 차지하게 하고, 지세는 물론 지주가 물도록 하면 우선 불공평하다고는 못할 것입니다. 만일 봄여름에 두벌농사[二毛作]하는 땅에 보리나 콩 농사는 소작인을 온통 주는 것을 원칙으로 하고, 너무 우려먹어서 벼농사가 덜 될 경우에만 일정할 소작료 — 이를테면 곡식으로만 이황[2割] 지나지 않는 범위로 받아도 좋을 것입니다. 그러나 소작료가 싸지 않더라도 소작인이 어렵기는 마찬가지이니 거기에는 부업 장려가 필요할 것입니다.

2. 농촌 금융은 말로 쉬우나 여간 어렵지 않습니다. 우리 마음대로 한다 할지라도 재정문제가 앞서는 것이니까 얼른 잘 될 것은 아니요, 더욱이 희망으로만 말했지 별 수가 없을 것입니다. 시골 금융조합이 농촌 금융을 맡은 것이라고 하겠지만 그것은 조선서는 꽤 잘 산다는 중산계급이나 되는 사람들의 금융기관이었겠지 어려운 농민들에게는 아무 인연조차 아니 닿는 모양이니, 농촌 금융을 다만 얼마라도 자기들 힘으로 펴 나아갈 도리를 하자면 소비조합부터 시작하여서 약간의 저축이라도 만들어 서로 돈을 돌려쓰고 비싸지 않은 변리[利子]를 보태어 들여놓도록 하여야 할 것입니다.

3. 농민 문맹 퇴치 — 까막눈이가 없도록 글을 배워서 무식을 면하게 하려면 각 시골에서 청년들이 농촌 야학을 힘쓸 일, 농민사(農民社) 같은 기관에서 그 사업을 힘써 할 일, 또는 여름과 겨울에 시골 가는 학생들이 각각 자기 시골의 어른·아이 할 것 없이 무식한 이들을 언문부터 가르쳐 배우게 하도록 하는 것이 제일 좋은 것입니다. 이것은 모두 쉽고도 어려우니 하는 이가 장사지요.

【편자 주】 민세 이외에도 박희도(朴熙道, 중앙보육학교), 이정섭(李晶燮, 중앙일보사) 등이 같은 지면에 답을 하였다.

관용(寬容) · 진지(眞摯) · 침용(沈勇)

《신생》, 1930. 6.

금일의 비판이라 하니 무엇을 비판합니까? 어려운 것, 하기 싫은 것 다 그만두고 무슨 비판을 하여야 할는지 흥미가 적습니다. 하여야 하겠으면 일종의 도덕론으로 나아가지요, 그러나 이것이 아주 한(閑) 제목은 결코 아닙니다. 조선인은 관용성이 부족한 것 같습니다. 줄잡아 만근(輓近) 5백 년간 실제에 나타난 경력으로도 그러하였거니와, 지금 당장 사회에 나타나는 현상으로 보아 꼭 그렇습니다. 일론일동(一論一動)으로도 과대한 훼예(毀譽)를 붙여서 그로서 일 개인이나 일 단체의 전 가치를 판정하려는 경향이 있으니 그는 사회적 불관용이요, 정견·정책에 있어서도 혹은 시기를 따라 일진일퇴함도 있을 수 있고 각선(各線)이 있어 갑진을퇴(甲進乙退)를, 완급의 정책을 분담 병행할 수도 있는 것인데, 여기에 관하여 너무 고지식하고 빡빡하게 굴어 피아의 제휴·협동으로 그 당면당면(當面當面)을 통과하려는 정책적 냉정과 역사적 굴요(屈撓)의 기량을 가지지 못하는 것 같습니다.

물론 그렇다고 물 덤벙 술 덤벙의 아무 지조와 지개(志慨)도 없이 정치적, 사회적 주의(主義)의 계선(界線)을 툭 터놓고 그야말로 어중이떠중이가 국사(國士)와 선구자로 뒤범벅이 되는 근자의 괴현상을 의식적으로 시인하자는 것은 결코 아니요, 그 점으로는 도리어 숙청 쇄신하여 일반으로 하여금 판단에 어리우지 않도록 하는 것이 가장 필요하다고 믿지마는, 기타 동지적 견지— 자못 광의적으로 — 에서는 반드시 좀더 정치적 관용성을 가져서, 이를테면 무슨 주의 무슨 주의로서 병립하느냐 대립하느냐 하고 내외에서 문제 삼는 점에도 그러하고, 또는 동일한 한 주의라는 방면에서도 그 완(緩)과 급(急)이 과정적으로라도 관용과 신뢰로써 협진(協進) · 병진(並進)을 꾀함이 좋다고 나는 봅니다. 어려운 일에 자기 몸과 마음이 저리도록 겪어 나온 성의 있는 사람들은 아마 동감이리라고 생각됩니다.

그 다음으로는 현대의 조선인은 어찌 한지 진지성(眞摯性)을 결(缺)한 경향이 많다고 보입니다. 정치상 관용 · 불관용의 문제에도 실상은 진지 문제가 붙습니다. 전국(全局)으로 보아 어떠한 한 진로가 따로 필요하다고 하면, 자기 주의와 입각지는 그대로 지키면서 유연(類緣)이 가까운 다른 노선에 나아가는 자들에 대하여서도 동지적인 신뢰 · 관용으로써 하여야 하겠고, 급조(急躁)한 상호 배격과 그로 인한 총역량의 자기 저해(沮害)를 범하는 것은 불가합니다. 하물며 다소의 사견(私見) 혹 사리(私利)와 한껏 하여 자기 표준으로 본 일 기관 · 그룹의 사견을 위하여 왕왕 전연 무계(無稽)한 선전과 참무(讒誣)를 행하고, 결국 남의 좋은 일 시켜주고 마는 것은 우리들 전체의 이해휴척(利害休戚)에 관하여 뼈저린 생각이 있도록 생존의 앞길에 진지한 이들로서는 피하여야 할 줄 압니다. 무슨 일에든지 다른 이의 '험' 잡기와 배격하기에만 바빠하거나, 더욱이 저급의 취미에 끌리고 또 저급 취미에 영합하기 위하여 사회와 기관과 인물에 무용한 저해를 가하게 하는 행위는 삼가야할 줄 압니다. 진지한 선구자는 우선 자기의 힘이 자기의 앞길을 개척해나가기에 바빠야할 것입니다.

최종으로 조선 현하의 식자와 일부 선구자들이 대체로 보아 용기가 부족하고 어느 정도까지 대담하지 못합니다. 자기의 주의이고 정견 · 정책에 관하여 각각 당당하게 공개 성명하여서 자기도 비판하고 남더러도 비판하라고 할 것입니다. 그것이 선악의 문제로서는 아니요, 가부의 문제로 비판될 정견·정책이어야 할 것입니다. 실제의 운동이 전개되지 못하는 오늘날 우리에게 그런 것을 발표한다는 것도 도리어 우습다고 할 법하지마는, 그러나 오늘날 우리의 정세는 좌(左)한다거나 우(右)하겠다거나 우선 그 의견을 발표하여 소위 이론을 전개시키고, 그리고 그 입각지를 선명(鮮明)하고서 협진·병진의 길을 찾을 것이라고 믿습니다. 이를테면 누가 이제까지 주장하던 바와 퍽 다른 의견을 가졌다면 반드시 한 번, 혹 몇 번이라도 발표하여 훼예(毁譽) 찬부가 효연(囂然)한 가운데에서 나의 입각지를 선명히 하고 그 분야의 분해를 촉성하여, 그러한 후의 갑과 을이 갑과 을로써 협진·병진할 것이라고 주장하는 것입니다. 이 갑과 을이 만년토록 갑과 을로써 협진할는지, 을도 드디어 갑이었던 것을 발견하고 갑을(甲乙) 합체가 될 날이 멀지 않아 있을는지, 혹은 또 갑은 갑대로 을은 을대로 하나가 하나를 극복 흡취해버리게 될 것일는지는 전연 미래의 문제로 하고서라도, 각각 그 태도를 선명히 하고 그러한 입각지(立脚地)에서 양해하여 좋으면 양해도 하고 병진이 좋으면 병진하고 진전되는 과정이, 필경 배격하여야 하겠으면 배격이라도 할 심잡고 어찌했든 대담한 선명의 태도로 나아가는 것은 좋다고 주장합니다. 요컨대 금일 조선인에게 필요한 것은, 관용·진지·침용 그것으로써 좀 더 적극적으로 사회에 나아가는 것이 좋을 것입니다.

현대 조선인과 기독교 및 그 청년의 지위

《청년》 2월호, 1931. 2.

"사람은 빵으로만 살지 못한다"고 하는 말은 기독교의 일 표어일 것이다. 그러나 그는 결국 제일의 요건을 빵에 둔 것이다. '하늘에서 이룬 것 같이 땅에서도 이룰' 것을 기원하는 것이다. 그도 결국은 '땅에서' 이루기 때문에 '하늘'의 인용(引用)이라고 하겠다. '이웃 사랑하기를 내몸처럼' 하라는 것이 그 교훈의 주축일 것이다. 그것도 또한 내 몸 — 자기를 본위로서 추연(推演) 확대해 나아간 애(愛)의 도(道)일 것이다. 이 점에서 기독교는 '지상에서 현실을 사랑하면서 물적 번영 때문에 힘쓰면서 자기를 출발점 혹은 중심으로' 일정한 생활원리를 세워나갈 다분(多分)의 내재적 필연성을 가진 것이다. 세간을 벗어나고 현실을 떠나 수도삼매(修道三昧)의 은둔생활을 해버리던 중세류의 신앙생활은 중대한 시대와 환경의 지배를 받아서 필연적으로 조건 지어진 바이요, 기독교 본래의 취의(趣意) 경향이 아닐 것이다. 오늘날의 기독교도는 더욱이 빵을 주면서 그 정신의 길, 신념의 길 또는 사상의 길을 열도록 하는 — 연진(烟塵)이 일어나는 전장(戰場)적인 대지의 위에 굳건한 결속의 기초를 쌓으면서의 구제와 자기 구제를 위한 해방의 사도되기에 용감하여야 할 것이다. 구제와 자기 구제는 하나이어서 따로 뗄 수 없는 것이니, 독자의 이기적인 안전지대와 고립적인 향락의 생활에서는 자기 이외의 동포로서의, 또 동지로서의 인류애가 있을 수 없고, 구제라는 것이 있을 수 없으며, 따라서 자기조차 방종이거나 혹은 시들어가는 몰락의 도정(途程)에서 헤매는 것 외에 아무 것도 의의와 감격이 없을 것이다. 그는 어느 의미로 자연이 ― 기독교류로 말하자면 우주의 신(神)이 사회의 으스레한, 한구석에 방목해둔 전연(全然)히 인생적 의의가 폐기된 육(肉)의 생동 밖에 아무 의의를 가지지 못한 것이라고 하겠다. 현실로부터 이탈하고 급격한 전야(戰野)로부터 회피를 싫어하지 않는 것은 종교의 신도에게 항상 돌아가는 의혹이요, 경계이거니와, 단순한 소위 감상적인 인도주의로서는 아니요, 적극적인 구제의 감격·원망(願望)·기획 및 노력이 동무하지 않는 자기 독자적 신앙에 의한 안온(安穩)의 생활이란 것도 일종의 자기 마취로서 나무랄 것이거든, 더욱이 구제의 그 감격은커녕 독자(獨自)의 이기적인 배타 및 회피의 생활에 향락하고 있다 하면 여기에는 벌써 존귀한 의의를 벗어나서 대중적으로 지탄할 만한 처지에 빠지는 것이다. 요컨대 기독교는 지상의 현실에서 무변중생(無邊衆生)의 방황하고 고뇌하는 불합리한 현상에서 일어나는 그칠 수 없는 정의적 인도감과 그에서 진출하는 구제의 성곤(誠悃)을 떠나서 존립할 수 없고, 그 구제의 성곤은 다만 일편(一片) 주관(主觀)의 경지에서 감각적인 자기 위안만을 주려는 현실유리(現實遊離)적인 경향만은 아니요, 일층의 동작적 역량의 일 요소 노릇함으로써 비로소 현하 조선에서 그 역사적, 사회적 의의 및 그 가치를 가지는 것이다.

  조선에 기독교가 들어오기는 조선인의 정치적, 사회적 제 조건이 그들로 실망·암담에서 방황하던 시기의 일이었다. 그들은 그의 정서로서 무엇이고 위안될 때문에 신앙의 신(新) 대상을 구하였고, 또는 그의 사회적 고위(孤危)한 처지는 현실적으로도 유리한 비호자를 기독교에 찾았으매, 하물며 그의 정치적 불리한 제 조건은 신흥한 진보적 세력으로서의 기독교도 되고 또 기독교회에 들어가려고 하였던 것이다. 그래서 보다 더 봉건적, 보수적 그리고 압제적이던 전통적 또는 외래적인 제 세력에 대하여 일정한 진보적 또는 분투적인 요소로서의 할 노릇을 하고 있던 것이다. 그런데 조선 자체의 전통적이던, 봉건적인 보수와 압제의 제 세력이 완전히 대사(代謝)되고, 소위 외래한 자본주의의 제 세력이 조선에 전연 군림함에 인(因)하여 기독교로서의 지위는 상대적 후퇴성을 가지게 된 것이다. 그는 자본주의의 세력이 도도하게 진출된, 변동된 사회 정세의 밑에서는 보다 더 첨예한 정전(征戰)적인 본질을 가진 신흥한 시대의 의식과 사조에 대하여, 기독교는 도리어 보수적 혹은 완진(緩進)적 경향을 대표하게 되는 까닭이다. 그리고 기독교가 수입됨에 있어 가장 결정적인 매개 노릇을 하는 북미합중국(北米合衆國)의 사회적 제 정세와 또는 그에서 결정된 그들의 생활의식 및 그 양식이 기독교의 지도자들을 통하여 기독교 그것에다 일정한 색채 및 경향을 만들은 것도 간과할 수 없는 일 현상이다. 그는 즉 개인주의에서 출발한 가정 본위적인 생활의 향락을 보다 더 추구하는 경향을 나타낸 것이다. 이것은 아무렴한 사회를 몰아 전연 파산(破産)적인 황막한 세계에 전화(轉化)되는 것을 예찬할 수 없는 이상, 그러한 소시민적의 생활의식을 파악 및 구현하는 층의 사람들이 필연적으로 있을 일이나, 그러나 기독교를 신봉하는 신진 식자층에 이러한 경향이 많은 것은 조선과 기독교를 살피는 자의 한 가지 착안할 점이다. 이와 같이 개인주의적인 가정 본위의 생활의 향락은 그 본질로서 완진(緩進)적인, 혹은 어느 종류의 보수주의적인 요소로 될 수 있다. 다만 여기서도 그 소시민적 식자적인 본질에 의하여 보다 정전(征戰)적인 경향으로 어느 종류의 적극 진출을 기할 수 있는 것이다.

요컨대 사회적, 정치적 제 조건에 있어 기독교는 바야흐로 상대적 후퇴경향을 가지고 있다. 이것은 기독교를 중심으로 본 사회정세의 역사적 추진에 있어서의 필연의 일이거니와, 기독교의 식자 및 청년 제군은 이 점에 관하여 의식적으로 현대화하기에 노력하여서 그의 진보적 또는 적극 진출할 노릇을 회피함이 없어야 할 것이다. 그는 전 조선인의 통제적으로 되어야할 어떠한 분야에서 지레 이탈하는 과오를 짓지 말아야 할 것이다.

원래 종교 그것은 교회라고 하는 사교(社交)적 집단 혹은 자못 분산적인 우의(友誼)적 연결의 외에는 아무 집중 통제적인 유기적 기구를 가지기 어려운 점에서, 건듯하면 소시민적의 산만한 전원시인(田園詩人)적 취미로 기울어지기 쉬운 본질을 가지고 있다. 거기다가 소극적인, 정전(征戰) 회피적인 가정지상(家庭至上)의 행복주의로 전락하기 쉬운 본질을 가지고 있다. 바꾸어 말하자면 그리 될 수 있는 사회적 조건을 가진 자들이 보다 더 기독교 신도로 될 수 있는 것이다. 이것은 현하 조선에 있어 기독교도가 지금까지의 진보적 또는 적극·진취적 기대를 받던 대신 회피·□망(□望)·은둔적인, 비분투적인 소극의 요소로서 일반에게 경계되고 또 회의받기 쉽게 된 이유일 것이다. 여기에 대하여 기독교의 식자 및 그 청년들은 마땅히 그 전체적 합동·통일로써 전 교도들을 결합한 유기적 기구를 작성하고, 그리고 항상 전역(全域)적 동작으로 인하여 어떠한 세련된 신감격과 신의식과 그리고 전적으로 환발(喚發)되는 진출적인 의기에 의하여 결성되는 사회적 유대가 형성됨이 아니고서는, 그의 산만한 퇴영·회피적인 싫어할 경향을 막지 못할 것이다. 이것을 막지 못하는 동안 기독교와 일반 민중과의 거리는 멀어질 수 있고, 나아가기를 그치지 않는 현대사회는 그러한 기독교와는 잘 협동하려 들지 않을 것이다. 여기에 기독교의 식자 및 청년들의 일반의 각성이 필요할 것이다.

전술한 이유에 비추어 보아 조선의 기독교가 만근(輓近) 일정한 노력 및 그 작업을 하는 것은 그 자체 때문에 또는 조선 사회 때문에 자못 긴절한 일이 될 것이다. 이를테면 장로교회에 있어서 벌써부터 각파 합동으로 어느 정도의 통제적인 행동을 일으키는 것, 감리파에서 최근 각파 합동으로 새로이 그 통제적 조직을 실현한 것, 또는 그 교회 전체의 전위기관으로 된 기독교청년회가 그 독자(獨自)한 견지에 의한 농촌사업 — 농촌계몽과 조합운동 등 — 에 전력하는 것, 그리고 이러한 각 부문을 총합하여 전 조선적으로 조선야소교연합공의회(朝鮮耶蘇教聯合公議會)를 일으키어 차차로 전 기독교의 통일화·단일화를 가져오고, 그리고 그로써 전선(全線)적인 유기적 기구화하려고 노력하는 것 등등은 매우 잘 시대의 요구에 투응(投應)한 일이라고 생각된다. 이 모든 사업 및 그 운동은 금후에도 더욱 기획적으로 진행하여서 출세간(出世間)적, 회피적, 은둔·향락적 제 과오를 제척(除斥)하고 언제나 항상 진보적 또는 적극 진출적 의도를 가지고 있어야 할 것이다. 빵을 주는 것은 제일의 요건이다. 소비조합·협동조합 등 사업으로 교도와 함께 생활자원을 개척하면서의 통제적인 진보의 운동은 전 조선의 역사적 과정으로 보아서도 아직 일정한 전진의 길이 남아있는 것이다.

업(業)을 마치고 사회의 투사가 되려는
졸업생 제위에 대한 선배 제씨의 기대

《청년》, 1931. 3.

이렇게 민중에게 돌아가라.

올봄에 내외의 각 학교에서 나오는 졸업생은 실업, 전문학교 이상을 합하여 2천 5, 6백 명이 넘으니 많은 수입니다.

일자리는 가뜩 적은 판인데 졸업생은 이토록 많으니 취직·취업이 어려울 것은 당연한 일입니다.

원래는 자기에게 필요한 조선인으로서의 굳은 의식이 있어 어디를 가든지 변할 줄이 없는 터이라면 조선 현재 온갖 기관으로 진출 침투하라고 권해서 좋을 일이지마는, 그 의식에서도 불송(不送)하고 또 진출한다 할 길이 딴 사람들 때문에 꽉꽉 막혔으니, 그러한 진출·침투식의 취직의 권유는 그야말로 관념적인 난센스에 지나지 못할 것입니다. 취직·취업의 길이 없는 이에게는 사상적으로나 주의상으로 비상한 약진성(躍進性)을 가지게 되는 것인데, 그 반면에는 룸펜적인 경향에 빠지기도 매판 쉬운 것입니다. 그런데 조선 현하의 사회는 원래 매우 수난적인 과정에 들어 있어 누구나 영화와 향락을 바랄 수는 없습니다. 의식이 있는 이로서 현대의 영화와 향락을 남처럼 기대할 수는 없을 것입니다. 결국은 자기 자신이 영화를 등지고 개척자·선구자의 길로 들어서야 할 것입니다.

조선과 같이 현대에 있어 사회적 후진성을 보다 많이 가진 사회에서는 진보적인 문화운동·계몽운동이 다른 무엇과 쌍행 병행되어야 하는 것인데, 청년 남녀 제군은 자기에게 가깝고 자기들을 신뢰하는 민중의 한구석씩에 뚫고 들어가서 문자보급으로부터 지식, 상식 및 일상 관리의 제 지식 등을 사행(射行) 실천하여가면서 그들의 인간적 향상 때문에 면밀한 봉사적 노력을 할 것입니다. 소비조합·협동조합 등 지도·실천에 필요한 지식·경험을 얻어서 그런 방면에도 견실한 실행을 함도 좋을 것입니다. 개인으로서는 극히 무력한 것이 사람의 일인 까닭에, 그룹적으로 다수의 표현적 단결로써 세속의 간섭·지장을 피하면서 각 지역에 들어가서 경험과 신뢰와 생장(生長)을 가지는 것이 좋을 것입니다. 이러한 진보주의적인 다수 그룹의 각 지역 단위의 개별적인 사업이라도 세대의 빠른 진행을 따라서 어떻게든지 또 전환되는 날이 있을 수 있는 것입니다. 사람이 아무리 필연의 도정에 휩쓸려 들어간다 삼더라도 그저 다만 의식도 기획도 없이 채에 맞은 팽이 본으로 얼음 위에 미끄러지는 유의 생활뿐은 아닙니다. 이러한 견지에서 일정한 시기를 앞에 놓고 나는 그러한 사업을 필요한 일 과목으로 추장(推奬)하는 것입니다.

【편자 주】 같은 제목 아래 신흥우(申興雨), 김창제(金昶濟) 등의 글도 실려 있다.

상조권(商租權)보다도 입적(入籍)이 양책(良策)

《동광》 24호, 1931. 8.

재만 조선인 문제를 해결할 방도는 있는가, 없는가. 목하 유혈의 참사까지를 일으키게 된 이 사건에 대하여 우리는 심심 고려할 때가 되었다. 이에 수씨의 의견을 들어 일반을 점묘(點描)하는 바다.

재만동포(在滿同胞) 문제는 중대한 문제입니다. 이번 만보산(萬寶山) 사건과 또 그로 인하여 생긴 사건은 새 좋은 두 민족 간의 의외의 불상사이지마는, 이것이 우리에게 일층 심각한 자극을 주어 이것을 계기로 하여 재만 백만 동포 문제의 절호한 해결책을 얻게 되었으면 행심(幸甚)이겠다고 생각합니다.

일본 정계에서는 종래에 상조권(商租權)을 획득하려고 노력해오며 이 상조권을 얻게 되면 재만 조선인 문제도 따라 해결되리라고 생각하지마는, 그것은 현하 중국에서 관민(官民) 공히 국권회수에 열중하는 차제(此際)이니 도저히 가망키 어려운 일입니다. 비록 상조권을 획득한다 하더라도 남북 만주 넓은 땅 방방곡곡에 산재하여 오직 농사를 위업(爲業)하는 조선민족에게는 아무 이용꺼리도 될 수 없을 것이외다.

그러므로 나는 재만동포의 영주(永住)적 계책을 위해서는 하루바삐 중국에 입적(入籍)함이 득책이라 합니다. 중국 정부에서도 상당히 고구

(考究)한 결과 귀화를 권하는 것이 아니겠습니까. 모두 입적을 한 후에 우리 조선민족은 동향인이라 하여 자치권을 획득하게까지만 되면 그만일 것입니다. 이것을 목표로 정하고 나가야 할 것이라고 생각합니다.

그러나 여기에도 난관이 있습니다. 그것은 이중국적 문제입니다. 일본 국적에서 확실히 이탈이 아니 되면 중국 시민으로서 가질 권리를 완전히 가질 수 없을 것이외다. 이것은 장차 일본 국법이 개정되던가, 또는 특수한 방법이 생겨야 할 것이외다.

【편자 주】〈내가 본 재만동포 문제 해결책〉이라는 큰 제목 아래 〈국부적 행동 때문에 오해〉(金炳魯), 〈이적(離籍)을 안 해줄 까닭이 무엇?〉(李鍾麟) 등의 글이 같이 실려 있다.

구조선과 신조선
— 신조선주의(新朝鮮主義)의 전주곡(권두언) —

《신조선》 제4호, 1932. 11.

니콜라이 김군이 모스코[Moscow]에서 돌아왔다. ○○노동조합의 피의(被疑)사건은 사회의 신경을 뾰족하게 한다. 이 신조선의 시대적 영상이냐? 단발의 마리아 권양이 뉴욕에서 돌아왔다. 영롱한 데사트 코트가 환영객의 갈채를 자아낸다. 이 신흥 조선의 첨단적 풍경이냐? 아리랑고개에 살롱을 짓고 소연(騷然)한 재-스[Jazz]의 교향(交響)이 황폐한 구(舊)시가에까지 울려온다. 이것도 현대화하는 조선의 일 단상(斷相)이냐? 신조선? 신조선의 새파란 생명의 떡잎은 어디서 움돋아 나오는가?

"유단군왕검(有檀君王儉) 입도아사달(立都阿斯達) 개국호조선(開國號朝鮮)……" 하니 아사달에서 민족 결성의 제일보를 떠난 것은 그 요원한 이끼[苔] 덮인 조선이냐? "을지문덕파수환(乙支文德破隋還) 만국화이진담한(萬國華夷盡膽寒)……" 하니 그 케케묵은 조선이냐? "이 몸이 죽고 죽어 일백 번 고쳐 죽어 백골이 진토 되어 넋이라도 있고 없고 님 향한 일편단심이야 가실 줄이……" 없었으니 이 봉건도덕의 조선이냐? "삼척서천산하동색(三尺誓天山河動色) 일휘소탕혈염산하(一揮掃蕩血染山河)", "한산섬 달 밝은 밤에 수루(戍樓)에 혼자 앉아 큰 칼 옆에 차고 긴 파람 하……"였으니 낙일(落日)에 불봉이통제(不逢李統制)! 임진전란(壬辰戰亂)도 옛적이다. 이 회고(回顧) 무용(無用)의 감상이냐? 가! 가! 가! 묵은 조선은 설설히 지나간다. 새 조선은 누구들이 어떻게 요리하고 지도

할 것인가? 와! 와! 와! 신조선을 형극(荊棘)의 덤불 속에 갱생 재생케 할 시기는 짜장 언제인가?

"용손십이진(龍孫十二盡) 입해작제왕(入海作帝王)." 신조선의 신인(新人)들은 이 곰팡이 슨 고문자를 아는가? 몽고인의 침략의 철화(鐵火)가 전 세계를 진감(振撼)하던 때, 20년 항전의 혈전을 겪은 후 필경 강화도(江華島)의 농성(籠城) 지대로부터 출육구화(出陸媾和)하던 즈음 불안에 흔들린 민중들은 이러한 참언(讖言)을 퍼트리면서 격심한 북방대륙에서의 쟁투에서 입해안식(入海安息)의 별천지를 구하던 비명의 소리였다. 강화도로, 진도(珍島)로, 제주도(濟州道)로 입해은둔(入海隱遁)의 소동을 일으키던 편영(片影)으로 남은 것이다. 대륙북진(大陸北進)의 적극 운동과 입해남천(入海南遷)의 퇴영적 기세가 일진일퇴 연장되던 것은 반만 년래 조선인의 민족적 소장(消長)의 자취를 역력히 이야기하는 것이다. '입해작제왕(入海作帝王)'은 신천지 신제왕(新帝王)으로 기반(羈絆)이 없는 신조선을 동경하던 일종의 민족적 피로(疲勞)의 소리이었다. 이에 대한 남조선(南朝鮮)의 갈앙(渴仰)은 비과학적인 잡박미(雜駁味)를 섞은 세속적 신앙이었던 것인 만큼 근대 조선에 적지 않은 파문의 핵심도 되었고, 도리어 근대문명의 섭취 및 소화에 지장을 준 바도 없지 않았었다. 그러나 오늘날의 신조선은 방위불명(方位不明)의 남조선도 아니요, 해도신비(海島神秘)의 별천지도 아니다. 조선인은 그러한 몽환의 세계로부터 해탈된 지 오래려니와, 현대의 조선인은 이러한 수심화열(水深火烈)적인 비상(非常) 시 세계의 일 구역으로서의 수난(受難) 조선의 엄중한 현실에서 스스로 각각 그 사유와 행동과 직업과 생활에서 자옥자옥의 신조선을 행진하고 건설하고 또 창조하여야 하겠다.

조선인은 백만여 겁(劫)으로 부딪겨 나온 인민이다. 그동안의 역사적 제 경과는 결코 스러진 과거가 아니어야 한다. 모든 과거는 색채로 되고 성분으로 되어 우리들의 생리적, 심리적 및 사회적 본질을 형성하고 있는 것이다. 허구한 세기 동안의 생활과 그 문화는 필연으로 이 지역, 이 인민의 전통적 혹은 생래적 특수한 경향을 이루고 있는 것이다. 현대인의 투쟁이나 혹은 운동의 구체·실천적인 정책은 여기에서 말할 겨를이 없다고 하자! 그러나 오인은 신조선 생장의 색태(色態)와 경향과 그 자질의 상대적 차위(差違)에서 그 국제적 독자성을 탐구, 구명 또 강조할 수 있는 것이다.

"삭의천하(數意天下) 탐구인세(貪求人世)"라고 상천현묘(上天玄妙)한 세계에 신어(神御)하면서 인간세(人間世)에 강락(降落)하기를 '탐구'한 환국(桓國)의 서자 환웅천왕(桓雄天王)은 태고 조선부터의 조선인이 이미 현실세계에 맹자(猛者)이어야 할 습성을 가진 것을 표징(表徵)함이다. "홍익인간(弘益人間) 재세이화(在世理化)"는 그들의 인자(人子)로서의 목적이요, 의식이요, 사명이었다. 봉사와 부조(扶助)의 사회도덕의 극치를 말함이다.

환웅천왕의 아들인 단군왕검은 신수혼합(神獸混合)의 산물이다. "웅득여신(熊得女身) …… 주원유잉(呪願有孕) 웅내가화이혼지(熊乃假化而婚之) 잉생자(孕生子) 호왈단군왕검(號曰檀君王儉)"(《삼국유사》)은 이것을 말함이다. 그는 결국 민족의 원조요, 건국의 태조인 단군을 신수혼합의 산물로 신숭(信崇)하고 관념하니, 인류 그것을 신수혼합의 속성을 가진 존재로 인식한 것이다. 신성(神性)에서 '홍익인간'하는 도의심(道義心)을 볼 것이고, 수성(獸性)에서 영맹과감(獰猛果敢)한 쟁투성을 피울 것이다. 인간은 원래 쟁투의 역사로써 존속된 것이요, 오늘날의 조선인은 '홍익인간'의 사회봉사의 염원에서 눌함매진(吶喊邁進)하는 쟁투성을 가져야 할 것이다. 범과 같이 사납게, 곰과 같이 억세게, 이리와 같이 매섭게! 현대의 조선은 5~6세기 이래의 역사적 습성으로 무던히 문약(文弱)하게 되었다. 그러나 그들은 용자(勇者)이어야 한다. 이쯤에서 문명인의 야만성인 수성을, 쟁투성을 새로이 발휘할 것이다. 인생을 신수혼합의 산물로 인식한 조선인의 인생관과 따라서 그들의 생활의식은 엄정하였어야 할 것이다.

최수운(崔水雲)은 근대 조선이 낳은 일 위인이다. 그는 이 신조선 의식을 선지(先知)하였고 민중발흥의 선구로 된 자이다. 그의 걸은바 '광제창생(廣濟蒼生)'의 깃발은 홍익인간의 원류를 계승한 자이어야 할 것이다. 그러나 신조선의 배양·생성과 홍익인간의 사회적 염원은 종교의 형태로서도 가(可)하였고, 또 정치적 교양의 목표로서도 적호타당(適好妥當)한 것이다. 그리고 이러한 숭고한 이상적 충동의 저면(底面)에는 반드시 수성(獸性)적인 투쟁력의 병행이 있어야 하는 것이다. 그러나 투쟁력은 반드시 살벌적인 전란(戰亂)적 경향을 지칭함이 아니니, 모든 업무적, 기술적, 연찬(硏鑽)적, 영위적인 사회 각반(各般)의 생활에서 적극적인 전진의 태도를 가짐을 요하는 것이다.

위난(危難) 중국을 어느 정치가에 맡길까?

《삼천리》 6권 8호, 1934. 8.

파인(巴人) 형,

왕왕 주문(注文)을 하시되 하나도 수응(酬應)치 못하여 미안합니다. 현하 위난(危難)의 중국을 구출키 위하여 어느 정치가의 출현을 대망하느냐고요? 이것도 파인 식(式)의 좀 기발하신 설문이겠지요. 중국도 아닌 해동은 조선에서 내 일도 못하여 두문병거(杜門屛居)하는 사람으로 장개석(蔣介石) 정권을 지지하느냐, 또는 공산계의 어느 정치가냐 하는 것은 당치가 않은 이야기 같습니다. 근일(近日)은 흔히 고서를 들추어 평독(評讀)하기에 착미(着味)한 까닭으로 신문·잡지를 전처럼 탐독치 않고 주요한 기사만 골라 섭렵하는 터이니까, 귀문(貴問)에 대하여 횡수설거(橫竪說去)하는 것이 걸맞지 않는 일입니다. 그러나 현하 중국의 국정(國情)과 그의 외곽에 둘러있는 국제정국은 한동안 장개석 정권을 중심으로 어느 시기까지 행진될 것이라고 보는 것이 가장 타당하겠지요. 무슨 기화(奇禍)가 있어 장(蔣) 씨 개인이 절명이라도 하는 일이 없는 한에 반드시 그리될 것이라고 연래(年來)로 보고 있던 바입니다. 왜 그럴까? 신기치도 않은 상식담을 길게 말할 나위 없지만은 첫째 XX을 대신할 조직적 정치적 기구를 장악할 인물이 아직 없습니다. 현하 중국의 갈 곳을 언뜻 보아 두 가지 분기점이 있다고 하겠으니, 하나는 비상한 국제시국으로 보아 항X개전(抗X開戰)까지도 할 수 있는 국민적 강경수

단을 취하느냐, 장개석 정권이 가지는 태도와 같이 구체적 정책(그 실현
가능 여부는 어찌되든)을 동무한 점진수단을 취하느냐가 한 분기점이고,
강서성(江西省) 서금현(瑞金縣)에 쏘베트 정부를 건설한 주덕(朱德)·모
택동 등의 공산주의 적색 정권이 대세를 지배하는가, 국민적 적개심이
울발(鬱勃)하게 된 현하 도정(途程)에서 자국에서 가장 정예한 직속군대
를 다수 장악하고 손문의 유촉(遺囑)을 떠메는 국민당의 삼민주의(근자
이 점에 다소 수정을 계획하는 모양이나)의 지도정신 밑에 더구나 독재
지지세력인 남의사(藍衣社)의 일대(一隊)까지 끼고 있어, 강(江)·절(浙)
재벌을 중심으로 한 거의 전국적인 최대한 민족적 재벌을 그 배후의 지
지세력으로 하여, 내(內)로 화평통일의 도덕적 구호를 걸고 외(外)로는
친미 혹은 기타 열강 세력과의 이용을 그 정책으로 하는 상술(上述) 장
개석(蔣介石)의 '부르'적, 국수적 독재정권이 우선 당면의 도정을 수습하
는가가 또 하나의 분기점입니다. 그런데 설명의 편의상 중국 현하의 국
제적 지위를 말하여 장(蔣)의 태도에 미치고, 각파 수령의 인물·세력
관계를 일별하면서 중국과 장의 성패의 최대 관계를 가진 공산군 토벌
문제에 미치는 것이 좋겠지요.

　너무 상식적이지만 먼저 깨트릴 것은 장 씨와 그의 중국이 작금 수년
비상한 국제 제회(際會)에서 전 국가·국민을 제물로 창끝에 꿰어 국제
전국(戰局) 대전개의 의식적 고육계(苦肉計)에 내버릴 수는 없는 일입니
다. 상해사변(上海事變)과 같이 특수한 구역 내에서의 악착스러운 시가
전은 어찌하였든, 작년 5월 장성(長城) 이남 하북성(河北省) 북부 소지대
(小地帶)의 결전에서 중(中)·일(日) 양군의 현하의 전수력(戰守力)은
아주 잘 표명된 바거니와, 승산은커녕 방비력조차 우선 도저(到底) 자신
이 없는 그들에게 무력적 정면충돌은 국가적 무모(無謀)이요, 이 국가적
무모를 뛰어넘어 그 국가 자신을 국제정국의 희생으로 내놓는다는 것은
아직은 예상할 수도 없는 바이니, 장(蔣)의 만주방치·실력양성, 즉 소위

'할비구국(割臂救國) 안내양외(安內攘外)'의 정책은 차라리 필연의 코스이겠지요. 일(日)은 1927년 3월 25일 남경사건(南京事件)에 되돌아가 그들의 국제적 처지를 검색할 것입니다. 즉 남경사건 당시 장과 그의 일련의 지도하에 있는 중국은, 그러한 비상시기에서 국민적 저돌주의(猪突主義)로 제국주의 열국과 마주 받아 그 자기 파괴의 황야로 매진할까, 그렇지 않으면 차제에 필연으로 열국과의 타협을 요하는 민족 부르적 점진정책을 위하여야 할까의 첫 기로에 섰던 것인데, 그들은 두말없이 후자를 골라 금일까지 온 것이요, 그 당시 후자를 고를 수밖에 없던 그들의 처지는 또다시 작금 수년래의 국제 비상시국에 다닥뜨린 것입니다. 남경사건 이래의 역사적 도정은 필연 현하 시국에까지 연장되는 것인지라 현하에도 의연히 장개석의 등장을 요하는 것이 또 필연한 일이지요.

자복(雌伏) 중의 호한민(胡漢民)이 장개석 대신으로 출현할까? 일시 과도형태라면 몰라도 안 될 일입니다. 첫째, 호한민은 손중산(孫中山)의 고족(高足)으로 국민당의 원로라고 하더라도 피(彼)는 부르 데모크라시의 순리파(純理派)입니다. 현하 국제 열국의 선진사회에서도 가장 '시수' 가 안 나가는 것이 부르 데모크라시의 순리파인데다, 호(胡) 씨와 같이 편편(翩翩) 문인적인 이상가 바탈로써[바탕으로서—編] 더구나 중국 같은 혼란시기에서 인텔리층의 지지를 요하는 자본적 민주주의의 순이론을 주장하니, 그가 좌(左)하여는 주(朱)·모(毛) 등 공산파에 뒤채고 우(右)하여는 장개석 일련의 무력 독재세력에 밀리며, 중간에서는 왕조명(汪兆銘) 등 개조파에게도 건듯하면 일주(一籌)를 비켜주어야 할 사회적 숙명을 차지하게 되는 것이외다. 그 경위는 객동(客冬)에 퉁겨졌듯 복건(福建) 독립소동에서 역력히 나타났던 것입니다. 이미 묵은 일이지만 당시 복건사건이 터졌을 때 조선의 언론계는 어지간하지 않게 이를 과대평가한 편도 있었고, 그 혁명정부라는 명칭에 그저 찬의만 표하면 좋은 줄로 여겼던 지 불과 4, 5순(旬)에 이것이 타도된 것을 볼 때 수(隋) 양

제(煬帝)가 궁첩(宮妾)을 울던 본으로 질질 우는 시늉을 낸 곳도 없잖아 있었으나, 복건 정부 일파의 사람들이 요컨대 오합(烏合)의 중(衆)이었을 뿐더러 장두특미(藏頭慝尾)를 채 다 못한 얼치기적 존재로서 결국 국가 다잡한 제회(際會)에 내쟁화국(內爭禍國)의 죄명을 천하에 무릅쓰게 되었고, 사유재산 몰수 하는 등의 급진 사회주의적 색채는 첫째, 복건성 내에서도 현실 유력층의 공포적 증오를 일으키며 외타 전국 자본층의 방면에게도 공동 경계의 발분력(發奮力)을 재촉하였으며 관계 열국으로도 혐오의 정을 내이게 되었으니 그들의 정치적 불리가 가장 컸고, 그 지리상으로는 양광(兩廣)[廣東과 廣西－編]·운귀(雲貴)[雲南과 貴州－編] 서남(西南) 제성(諸省)처럼 천애일각(天涯一角)에서 중원풍진(中原風塵)을 멀리 피하는 편도 없고, 강서(江西) 산지험조(山地險阻)를 애(阨)하여 내선(內線) 작전의 교(巧)를 발휘하는 이(利)도 가지지 못하였으며, 동남(東南) 일각 고립 포위된 땅에 앉아서 패망을 보게 된 것이라, 이것은 최초부터 자명한 이(理)이었거니와 호한민은 향항(香巷)에 앉아 남경·복건 양비(兩非)의 논(論)만 방송(放送)하고 아무 적극 태도를 취치 못하였습니다. 이것은 곧 호한민의 전적(全的) 운명을 시사하는 바, 금후에도 용이히 능동적 활동을 할 수 없는 것을 말함이라, 피(彼)는 현하 혼란한 중국에서 장개석을 대신하여 천하를 취할 역량을 가진 자 아닐 것입니다. 부천(溥泉)·장계(張繼) 비록 당국(黨國)의 원로이나 물론 그 역량이 없는 자이요, 현재에는 장 씨와 한가지로 행동하고 있는 중입니다. 요컨대 복건사건을 통하여 나타난 것은 동일한 수평선상에선 각파의 인물들로서는 아직 장을 대신하여 천하를 장악할 역량을 가진 자 없는 것을 증(證)함이었고, 이 풍운제회(風雲際會)에서 예에 빠짐없이 세력을 증장(增長)하였다는 공산파만이 장(蔣)과 중국에게 일대의 존재인 것을 표명하는 것입니다. 장과 중국의 금후가 소위 '초비(剿匪)공작'의 성패 여하에 있다는 것은 명백한 일이지요.

중국 현하 시국을 평하는 데 흥미 있는 것은 그들의 역사적 대조입니다. 중국사상(中國史上) 현재와 같은 장면은 많이 찾아낼 수 있습니다. 무한혁명 이래 벌써 수십 년에 외부에 미증유한 강적의 비예(睥睨)를 놓아두고 그저 다만 내쟁에만 몰두하여 한 걸음씩 경패(傾敗)에 쏠리던 것은 요(遼)와 금(金)의 북방의 강(强)에게 연(連)하여 위압되면서도 경력(慶曆)·원우(元祐)의 당의(黨議)라고 여이간(呂夷簡)과 구양수(歐陽脩), 사마광(司馬光)과 왕안석(王安石) 등의 당쟁만 반복하던 그것과 같고, 2백 수십만이라는 각파 군대가 세계 최고의 수량을 보이면서 장성(長成)·상해 각지에서 일시의 훤소(喧騷)는 겨우게[極]하되 원래 그 대립의 실력을 표(表)하지 못하는 것은 6, 7만의 금국(金國) 병마가 변경(汴京)을 포위하였는데 충사도(种師道)·이강(李綱) 등의 20만의 근왕병이 수하에 현존하면서 견성강벽(堅城强壁)의 밑에 일대 결전을 할 수도 없이 휘종(徽宗)·흠종(欽宗) 양대 황제를 필두로 제(帝)·후(后)·비(妃)·빈(嬪)·태자(太子)·왕손(王孫)이 속수취박(束手就縛)하여 북만(北滿)으로 끌려가던 정강(靖康)의 화(禍)란 자와 같고, 외환이 여사한데 그들 수뇌부 사이에 왕왕 결속이 깨어짐은 토번(吐藩)의 환(患)이 제경(帝京)을 조린(躁躪)하려는 판에 이덕유(李德裕)의 서변경략(西邊經畧)을 저해하고 항장(降將)을 적국(토번)에 돌려주어 국가의 성패를 당쟁으로 바꾸던 당(唐)의 계세(季世)의 우승유(牛僧孺)·이덕유의 각립(角立)과 방불하고, 한편에서 혈전하는 파(派) 있거늘 한편에서는 은연 반기를 날리는 자 있는 것은 청태종의 철기(鐵騎)가 이미 연경(燕京)을 빼앗고 의종(毅宗) 황제는 자살까지 하였는데 복왕(福王)을 남경에 추대하여 방전(防戰)에 혈심(血心)하는 사가법(史可法)의 고충(苦忠) 밑에 유적(流賊)은 산서(山西)·섬서(陝西)에 들끓고 좌량옥(左良玉)·허정국(許定國) 등은 무창(武昌)·휴주(睢州) 등지에서 반기를 들던 명말(明末)의 그것과 방불합니다. 독서자(讀書子)적 안공(眼孔)으로 보고만 있더라도 감상(感想) 천용(泉湧)하는 것은 현하 중국의 시국이라 자기들은 내쟁에 몰두하는데, 해외의 한인(閑人)들의 이러니 저러니가 깜냥에 없는 일입니다. 요컨대 장개석 정권이 차라리 현하 중국 제(諸) 인자(人者)의 속에는 차승(差勝)한 편이요, 그 외에 별 세력이 대두할 것 같지 않습니다. 광서(廣西)에 자복(雌伏)한 현하 중국 최대의 지(智)라는 백숭희(白崇禧)일지라도 자칫하면 좌량옥 구실을 하고 청태종의 웅도(雄圖)만 도와주는 결과나 안 짓는 것이 좋을 것입니다.

　최종으로 강서(江西)의 공산군에 관하여 일언하여 귀문(貴問)에 마감키로 합시다. 중국은 상대(上代)에 있어 자기를 일천하(一天下)로 관념하여 국가로 인식치 안 하였고 현대에 와서는 자본주의 민족국가로 하련(鍛鍊) 결성되기에 성공하지 못하였으매, 당・송・명의 역사(歷史) 새외(塞外) 제 민족과의 각축에 실책하던 복철(覆轍)을 방금도 그대로 밟고 있는데, 그 균열된 사회적 지반과 이완된 정치적 기구의 틈을 비집고 튕겨 나온 공혁(恐嚇)적 존재가 그의 공산정권입니다. 중국의 공산정권은 이와 같이 혼란한 시국, 불안정한 생활의 제회(際會)를 타서 나온 것이 그 역사적 필연성인데, 그것이 과연 돌차(突嗟)에 천하를 완전히 장악하도록 될 수 있을까? 중국의 국민성이 상술과 같이 산만한 원심적 경향으로 되어 밑창으로부터 조직하여 올라가는 당적(黨的) 행동으로 졸연 대세를 번복하기는 용이한 일 아닐 것은 재언할 바 아니요, 요는 중국이라는 국가적 존재가 전연 붕훼(崩毁)되는 역사적 제회에 닥뜨리어 일대 비약을 가져올 시기가 가깝게 다가오느냐 않느냐의 문제입니다. 중국의 나라 됨이 비록 광대하나, 망망한 대막(大漠)이 빙양(氷洋)에 연접하여 적국의 철기(鐵騎)가 장구(長驅) 침입함을 허치 않는 노국(露國)의 지(地)의 이(利)와는 형수(逈殊)하고, 대(大)슬라브인의 강인맹한(强靭猛悍)한 풍이 차르와 그 귀족 군벌의 지도하에 세계라도 정복하려고 도도(滔滔) 매진하던 제정(帝政) 당시의 노국 그대로의 통일적 및 돌진적 기백(氣魄)에 벅차는 그것과 동일치 못하며, 열국은 대전역(大戰役)에 피폐하고 대중은 헐떡이는 지배세력에 반심(叛心)을 품는 데 집중 및 결성된 병대(兵隊)와 공장노동자가 각각 수백만의 압도적 세력으로 일거에 케렌스키정권을 탈취하던 데 비하여 용이히 그 시기를 요행(僥倖)할 수 없는 것이니, 현하 중국의 공산정권이 북에는 적화하였다는 외몽(外蒙)을 두고 서에는 역시 적화 경보가 날로 높아지는 신강(新疆)을 놓고서도 용이히 천하의 대세를 지배할 수 없는 것은 이유가 있는 일이외다. 오직 그들에게 유리한 것은 뇌동성(雷同性)이 많은 중국인을 불안정한 시국에 처한 것이외다. 목하 장(蔣)은 남창(南昌)에 행영(行營)을 두고 자기의 심복 부하 80만의 대병으로써 사면포위의 작전을 계획하여, 고지대에는 망루와 보루와 군대로써 수비하고 사면으로부터는 소위 초공도로(剿共道路)란 자를 건축하여 한 걸음씩 강력인 포위전을 준비하는 터이매, 전후 4회의 초공공작이 실패에 돌아갔음에 돌아보아 제5회 초공공작도 벌써 실패에 돌아갈 것을 예단하는 자 많은 터이나, 그러나 이것은 아직 예단하기 어려운 자로 좌우를 실제에 징(徵)할 밖에 없습니다. '안내양외(案內攘外)'가 장의 목하 최대 관심처이니 만큼 그 성패는 중국 그것의 역사적 거취를 판단할 최대 관령(關領)이요, 장의 지위는 더 말할 것 없습니다. 장과 그 일련의 지배자들의 중국을 토대로 한 현하의 정세가 이러한 이상 왕조명(王兆銘)의 외교 코스는 시비를 떠나서 다만 필연의 일이요, '할비구국'이 내하(奈何)할 수 없는 일 코스라고 하면, 왕(王)의 코스를 배격하고 그 이상의 천마행공(天馬行空)적인 통쾌사(痛快事)를 기할 수 없을 것입니다. 너무 용장(冗長)하여졌으니 각필(擱筆)하지요(7월 21일).

【편자 주】 잡지 설문에 대한 답글로, 함상훈(咸尙勳) 등의 글과 함께 실려 있다.

조선민(朝鮮民)의 운명을 반영하는
정다산(丁茶山) 선생과 그 생애의 회고

《신동아》, 1934. 10.

고종제(高宗帝) 신미(辛未) 8년 4월 22일 경복궁 연생전(延生殿)에서는 19세의 소년 군주이신 고종을 뫼시고서의 《중용(中庸)》 진강(進講)이 끝났었다.

고종 : "미이(美夷, 米國)가 우리나라를 침범하는 것은 극히 통완(痛惋)하도다."

우의정 홍순목(洪淳穆) : "이 오랑캐는 본디 표한(慓悍)한 고로 그 수는 그렇게 많지 않다는데 형세가 창궐하다 하오니 더욱 통분합니다."

고종 : "그 오랑캐가 꼭 화친하자는 것은 웬일인고? 그렇지만 이약수천년예의지방(以若數千年禮儀之邦)이 어째 견양(犬羊)으로 더불어 화친할까? 비록 몇 해 상지(相持)하더라도 반드시 통절(痛絶)하고 말아야지. 만일 화친 말을 내는 자가 있으면 마땅히 매국률(賣國律)을 써야 할 것이야."

홍 : "아(我) 동방이 예의지방인 것은 천하의 소공지(所共知)라, 그런데 지금 일종 음사지기(陰邪之氣)가 사방에 유독(流毒)하되 오직 이 청구일편(靑丘一片)이 홀로 깨끗을 보존한 것은 실로 예의로 서로 지킨 까닭이외다."

　신미 4월 중순에는 소위 양요(洋擾)란 자—미국의 동양함대(東洋艦隊)가 병인(丙寅)년 대동강에서 깨진 서어맨[Sherman] 호의 소식도 알 겸 로쩌[J. Rogers] 제독의 거느린 미국 아세아함대가 강화도에 와서 조선 중군(中軍) 어재연(魚在淵)과 광성진(廣城津)에서 격전하고 추후로는 성이 가시어 슬금슬금 떠나버리는 때의 일이다. 연생전에 모인 임금과 대신은 미이(美夷)의 드센 것을 근심하고, 그 화친＝수호통상하자는 까닭을 알 수 없어 궁금해하고, 결국은 조선은 예의지방이므로 오랑캐와 화친할 수 없을뿐더러 일종 음사지기는 태양과 같은 조선 문명에 비추면 곧 녹아 스러져버리라고 믿으려 한 것이다. 조선의 문명을 그처럼 든든하게 자신하였던 것은 지금에 듣기에도 마음에 구수하다. 그러나 그 문명은 정주지도(程朱之道)를 말함이었다. 정주의 도란 것은 대체 형식을 좋아하고 변폭(邊幅)을 꾸미고 공리(空理)에 달아나고 논의하기를 즐기며 매우 배타적이어서, 송에 있어서는 경력(慶曆)·원우(元祐)의 당의(黨議)란 자 그 행진의 전주곡이었고 요(遼)·금(金)의 철기(鐵騎)의 앞에 너무도 무기력한 망국적 관념 경향이었다고 극언하여 알맞을 만한 자이다. 홍(洪) 우상(右相)뿐 아니니 영의정 김병학(金炳學)은 "한번 상통하면 사학(邪學)이 과연 치성(熾盛)할 것이외다. 그러나 부자지도(夫子之道)는 해가 중천에서 뜬 것 같으니 그 따위 요사지기(妖邪之氣)가 태청(太淸)을 감히 더럽힐 것입니까?"하고 장담하였다. 사학은 양이(洋夷)들이 받드는 야소교(耶蘇敎)를 말함이요, 실제에 있어서는 구미(歐米) 학술 전체를 가리킴이다. 여기에서 나타나는 것은, 일국의 대신들이 국가 존망의 때에 앉아 내 나라는 어떻고 저 나라는 어떻고 세계대세는 어떻다는 것을 명백히 인식키는커녕 어둔 밤 마루청을 더듬으며 무엇이 있을 법 없을 법 까닭 없이 헤매는 어설픈 생원님들과 같은 짓이었다.

　이보다 앞서 고종 3년 병인(丙寅) 8월에 북경을 갔다온 정사(正使) 유후조(柳厚祚)는 중희당(重熙堂)에서 고종께 보이며 북경성(北京城)에 양이가 매우 거세게 횡행하는 형편을 아뢰고 "양외가 비록 교추(狡醜)하나 사불승정(邪不勝正)이니 무어 오래 가겠습니까" 하고 의견을 붙였다. 이 것도 세간 정세에는 그저 어두면서 덮어놓고 사불승정이라고 어리무던 한 장담을 한 것이 분명하다. 유(柳) 우상이 홀로 어둔 것이 아니었으니, 고종 10년 계유(癸酉) 8월에 역시 북경을 갔다온 정사(正使) 이근필(李 根弼)과 부사(副使) 한계원(韓啓源)은 이렇게 말했다.

　　고종 : "양이의 북경 있는 자들이 우리나라 사람들을 보면 그냥 피
　　　　　하더라니, 그래 그러던가?"
　　근필 : "현저히 회피하는 것이 아니오라 거리에서 만나면 못 본 체
　　　　　하며 상간(相干)을 안하려드니, 아마 기탄(忌憚)하는 마음이 있
　　　　　어 그렇겠지요."
　　계원 : "양추(洋醜)가 우리를 피하는 것은 우리가 양추를 피함과 같
　　　　　을 것입니다."

하고 모두 뱃속 유한 주달(奏達)을 임금께 하였던 것이다. 피하기는 무엇 을 피해! 고종 10년은 서기 1874년으로 아편전쟁은 고사하고 영불연합군 이 북경·천진을 유린한 지 이미 십수 년에, 노국(露國)은 이리(伊犁)를 점령하고 일본은 대만을 정벌하고 하던 한참 판이라, 그들 서양인은 조 선에 대한 흥미가 그리 켕기지 않으므로 소 닭 보듯 노상에서 놓고 지나 가던 것이요, 오직 조선에서는 병인·신미 두 번 양난(洋亂)에 불행한 요 행으로 조금 왔던 불(佛)·미(米) 동양함대를 물리치고 턱없는 자부심이 도리어 한심한 웃음을 유심인(有心人)에게 자아내던 내력을 말함이다.

　신미미란(辛未米亂)보다도 병인불란(丙寅佛亂)보다도 앞서기 수삼 년 에 홍봉주(洪鳳周)는 집정(執政) 대원왕(大院王)을 달랜 일이 있었으니 이는 어림없는 독단도 아니요, 정주학(程朱學)에 골병들은 예에 의한 앵

무(鸚鵡)놀이도 아니었다. 대원군이 집정하던 때는 청의 세력이 오히려 조선을 누르고 동해의 새로 이는[興] 기세는 장래가 매우 걱정되던 때이라 홍봉주는 대원왕을 찾아 왈(曰), "공이 금일 천하대세에 서양 제국이 중원에 웅시(雄視)함을 하는가?" 대원왕이 깜짝 놀라 왈, "서양국은 어데 있누?" 홍봉주는 그제야 구미 제국의 형세를 연방 이야기하고 이어서 말하기를, "지금 우리나라가 반드시 한구석에서 편하게 지낼 수 없을 것이오니, 만일 저 나라(서양 제국)들과 통상을 하게 하고 더불어 교결(交結)하여 서로 무천(貿遷)을 하고 그 기술을 배우면 그것은 곧 부국이민(富國利民)의 책(策)입니다!" 대원군이 홍(洪)을 끌고 정실(政室)에 들어가 하는 말이, "서양을 통하려 하되 해로(海路)가 절원(絶遠)하고 동서가 현격하니 어쩌면 좋소?" 홍이 왈, "공이 그렇게만 하면 중흥의 위업이 단박에 될 것이요, 조선의 생민(生民)이 복이 있을 것입니다. 생(生)과 우인(友人) 남종삼(南鍾三)과 이신규(李身逵)는 모두 동지의 사(士)이라 원컨대 국가를 위하여 서국(西國)에 소개하렵니다. 들은즉 일본 장기항(長崎港)은 서상(西商)이 폭주(輻湊)하는 데라고 하니, 만일 명공(明公)의 분부를 얻었으면 부산으로 해서 장기 있는 서상에게 통신할 것이요, 그들을 불러오기는 어렵지 않을 것입니다." 대원왕이 고개를 끄떡이어 좋다고 하고, "이것은 대사(大事)이라 마구할 바 못 되니 내가 숙사(熟思)하기를 기다려서 할 일이며, 군은 아예 말을 말고 내가 결정한 후 군을 찾을 것이니 집에서 가만히 기다리라." 대원왕은 첫마디에 척 알아듣는 총명 특달(特達)한 대정치가의 깜냥이 있어 보였고, 홍봉주는 '나의 성심(誠心)이 헛되이 스러지지 않는다'고 믿어 기뻐 날뛰며 간 것이었다. 그러나 일은 이와 아주 딴판으로 벌어지고 쇠망의 길을 밟아가는 조선은 끝내 오늘날의 국면을 나타내고 만 것이다.

　홍봉주가 돌아간 후 대원왕은 두 어깨에 떠메고 있는 1국 1민족의 안위 때문에 개국진취(開國進取)의 중흥의 대사업을 벌이려고 애쓰고 궁리하고 하며 단잠을 못 이루는 대신, 슬쩍 자기가 기르는 계명구폐(鷄鳴狗吠)의 배(輩)로 홍봉주의 뒤를 밟고 그 비밀을 기찰(機察)케 하여 필경 홍봉주의 집을 에워싸고 일망타진하는 경찰정치의 어비 수단을 부리기로 되었다. 그리하여 홍봉주·이신규는 홍의 집에 숨었던 불국 서인(西人) 선교사 베루느[張敬一]와 함께 서소문 밖에서 거열육시(車裂戮屍)를 수레에 찢어 죽여 도막치고 각(脚)을 떼는 형을 당하고, 그의 처자는 모두 잡혀 죽고, 나이 어려 못 죽인 자들은 옥에 가두어 길렀다가 나차기를 기다려 죽이고, 남종삼은 벼슬이 승지(承旨)요, 역시 학식이 있는 인물이라 그와 그 아버지 84세의 남상교(南尙敎)[호 우촌(雨村), 농학자, 유명함]와는 모두 잡혀 처참(處斬)하고, 그의 족계는 반벌(班閥)의 열(列)에서 도려내고, 남종삼의 부인 이씨는 창녕현(昌寧縣)에, 9세 여아는 산청현(山淸縣)에, 7세 여아는 영산현(靈山縣)에 돌려주어 비자(婢子)로 박고, 4세 아자(兒子)는 의녕현(宜寧縣)에 노자(奴子)로 하기로 하였더니, 결국 이씨 부인과 2녀(女) 1자(子)는 창녕현에서 노비로 박게 되었다. 남종삼은 일찍 노국(露國)의 북방강압(北方强壓)을 저어하여 대원왕께 영·불 양국과 수호통상하면 노국을 견제할 수 있을 것을 헌책하였던 터이라. 또한 우국개세(憂國慨世)하는 선구자이었거늘 대원왕은 어찌 이를 죄역으로 몰고, 당시 정부의 요로와 간원헌부(諫院憲府)의 사람들은 사갈(蛇蝎)같이 미워하며 구수(仇讐)로써 해내었는가? 그 고루와 편견과 무자비는 생각할수록 안타까운 일이다.

대원왕은 일대의 호웅(豪雄)이요, 강과(剛果) 영매(英邁)한 질(質)로 국태정(國太政)의 존(尊)을 차지하여 집세(執勢)하는 첫 서슬에 벌족(閥族)을 타파하여 인재등용의 길을 열고, 탐관열반(貪官劣班)의 인민정폭(人民政暴)을 엄금하여 그들의 못자리요 소굴이던 서원을 철폐케 하고, 재정을 개혁하며 군제를 혁신하여 국난을 광구(匡救)하려 하였으니, 만일 홍봉주·남종삼 등의 헌책을 들이어 구미 열국과 수호통상하고 그 기술을 배우며 그 정법(政法)을 본떴던들 비록 수백 년 쇠세(衰勢)에 피폐가 겨운 극(極) 조선이었더라도 반드시 소위 갱생의 길을 되돌아서 대원왕은 중흥의 위업을 짜장 이루었을 것이요, 조선민은 복이 있었겠는데, 대원왕의 생각은 이에 갈 뻔도 아니하고 마치 일(一) 경무행정관의 두뇌로밖에 움직이지 아니하였다. 그러나 주자학의 외에 다시 학문도 사상도 식견도 없고, 중국의 외에 다시 세계도 문명도 인류의 역사도 없는 것으로 알아, 《직방외기(職方外紀)》일세 《해국도지(海國圖誌)》일세가 간신히 그 책상의 견문을 보태는 데 지나지 못하였고, 당쟁이면 국가도 민족도 다 내놓아도 아깝지 않게 생각하던 인간적 혈성을 떠나서의 인물들로 둘러싸여 있는 그때의 조선 정계이라. 대원왕이 고루치 아니할 수 없고, 그에게는 외국의 인여물(人與物)은 모두 시의(猜疑)요, 외구(畏懼)요, 증오이요, 또 모욕일밖에 없었던 것이다. 그가 홍봉주의 헌책을 들을 때에 일대의 정치가로 국면변환·역사회전의 대심법(大心法)을 가지기는커녕 사학배격(邪學排擊)·추류망타(醜類網打)의 악착스러운 기경(奇警)한 안식(眼識)과 수단밖에는 머리에 떠오르지 아니하였을 것이다. 대원왕의 당년(當年)은 지금부터 70년 전의 일이라, 70년 전에도 이러하였으니 그보다 더 먼저에는 가위 아득한 옛날이라 의례로 이보다 더 기막힌 일이 있었을 것이다. 그렇다면 이토록 악착스럽고 어둡고 어림없는 판에 홍봉주·남종삼·이신규 등은 어찌하여 남다른 식견이 있고 해외 사정을 짐작하며 진취구국(進取救國)의 열과 성이 있었던가? 그 이유가 없지 않을 일이다.

당시 의금부(義禁府) 공장(供狀)에 나타난 것을 의하더라도, 홍봉주의 부(父) 수영(粹榮), 부지부(父之父) 락민(樂敏)이니, 홍락민은 정조 때의 사람으로 다산 정약용, 정헌(貞軒) 이가환(李家煥) 및 이승훈(李承薰) 등 세계의 사정을 짐작하고 서구의 문물과 사상을 즐겨하여 일대의 명류·석학으로 천고(千古)의 선구자가 되던 제 인물과 교유하여 그 성가(聲

價)가 낮지 않은 사람이요, 동(同) 모(母)는 정소사(丁召史), 모지부(母之父)는 약현(若鉉)이니 정약현은 즉 다산 정 선생의 백형으로 이제(二弟) 약종(若鍾), 삼제(三弟) 약전(若銓), 계제(季弟) 약용(若鏞)을 두어 상기 양 이씨의 '양이(兩李)'와 한가지 '삼정(三丁)'의 명칭을 받던 터로, 다산 선생은 이미 말할 것도 없고 자산(玆山) 정약전도 견식·학문이 일세에 높아, 그가 흑산도에 유배한 지 수십 년에 조사 연구한 결과를 편술한 《자산어보(玆山魚譜)》란 것이 현대에 있어서도 조선 수산학계의 무이 (無二)한 진적(珍籍)으로 중용됨을 보아 알 것이요, 홍봉주는 그 본조(本祖)·외조(外祖)가 아울러 신진기범(新進起凡)의 명사이었으니 그 대지 고견(大志高見)이 유래가 있고, 이신규는 전기 이승훈의 아들이니 이승 훈은 이가환의 생질이요, 정조 조(朝)에 그 부친 이동욱(李東郁)의 사행 (使行)을 따라 연경에 왕복할 때 연경에 있는 서양 선교사를 만나 서국 사정과 세계정세도 듣고 역상(曆象)에 관한 말도 묻고 《기하원본(幾何原 本)》·《수리정온(數理精蘊)》, 시원경(視遠鏡)·지평표(地坪表), 기타 의 기(儀器)도 얻어왔으며, 문제되는 《천주실의(天主實義)》 등의 야소교 서 적의 기증을 만나 그것이 사학(邪學) 요서(妖書)로 지척(指斥)되고 이로 써 당인망타(黨人網打)의 좋은 구실을 주게 된 것이며, 신규의 모 정소 사요 모의 부는 재원(載遠)이니 재원은 정다산의 아버지요 신규는 다산 의 규예(逵詣)이라, 남종삼의 아버지인 남상교가 또한 서학에 통하여 당 시 농학의 조예가 깊었던 것에서처럼 홍봉주·이신규·남종삼은 세 사 람이 모두 그 학문, 사상 및 의도(意圖)의 유래가 깊었고, 결국은 그들의 진보주의적이요 국가 민생을 생각하던 성념(誠念)이란 것이 당시 섬사 (憸詐)한 무리에게 시의와 증오의 거리로 되어, 대체 모두 예외 없이 조 부손(祖父孫) 삼대와 일문(一門) 노유(老幼)가 멸종절족(滅宗絶族)의 형 화(刑禍)를 당하였을 뿐 아니라, '음붕추류(淫朋醜類), 흉적사당(凶賊邪 黨), 무부무군(無父無君), 관상이금수(冠裳而禽獸), 구궐죄범(究厥罪犯),

만육유경(萬戮猶輕)'하는 최대급의 악명을 쓰게 되어 선류(善類)를 장해(戕害)하는 일련의 도배(徒輩)로 하여금 도리어 그 유취만년(遺臭萬年)의 행위로 합리화하게 장식하게 한 것이다.

다산 정약용은 영종(英宗) 38년 임오(壬午) 6월 16일로써 광주군(廣州郡) 두척리(斗尺里)에서 났으니, 어려서 영오(穎悟)하고 어언(語言)이 출중하여 장로(長老)를 놀랜 것은 말할 것이 없고 자란 후에 성호(星湖) 이익(李瀷)의 유서(遺書)를 보아 크게 감동되었으므로 그 학(學)하는 바 이미 범인(凡人)의 추종할 바 아니었으며, 정헌 이가환은 이성호(李星湖)의 종손(從孫)이요 총명·영오는 정다산에 지남이 있었고 또 연령(年齡) 열력(閱歷)이 다산보다 선진(先進)이라, 이승훈이 역시 일시 명류 이재(異材)로써 정헌(貞軒) 이씨의 생질이요 정다산의 자부(姊夫)라, 이러한 관계는 3인으로 풍기(風期)가 친하고 정의(情誼)가 통하고 그 취상(趣尙)이 한가지로 되었으니 기(奇)하다 할 것이며, 다산은 이승훈 등 연경 왕래의 편을 따라 연경을 매개지로 삼는 서양 학문과 학풍 수입의 선구자의 하나이요, 또 그 집대성의 위업을 이룬 분이다. 이것은 당시 울발(鬱勃)하는 종국의식(宗國意識)에서 이미 사회의 질곡이요 사상을 재갈 먹이는 주자학에 대하여 염기(厭忌)의 정이 나고 참신연심(斬新淵深)하여 신생면(新生面)을 열게 되는 서양 학문에 대한 필연 또 당위의 일이요, 양이(兩李)·삼정(三丁)을 아울러 자연일철(自然一轍)로 향하게 한 바이라, 정조(正祖) 21년 섬인간당(憸人奸黨)들의 격제(隔擠)함에 대하여 선생이 그 자인(自引)한 소(疏) 중에 '원유일종풍기(原有一種風氣), 유능설천문역상지가(有能說天文曆象之家), 농정수리지기(農政水利之器), 측량추험지법자(測量推驗之法者), 유속상전(流俗相傳), 지위해흡(持爲該洽), 신방유묘(臣方幼眇), 요독모차(窈獨慕此)!'라고 그 실학(實學) 추구와 부국이기(富國利己)의 도(道)를 다하려던 의도의 일반을 표출하였다. 이것이 선생의 자명(自鳴)의 말이지만, 그 학문인즉 당대 사류(士

類) 필수의 과목인 철학·윤리 등, 즉 경학(經學)에서 단연 그 해박명철(該博明哲)의 단안(斷案)을 가진 것은 당연의 일이고, 그의 가장 광채 나고 가치 있어 조선 학계의 지보(至寶)이요 민족문화의 자랑인 것은 현대 논객들이 조선학이라고 하는 제학(諸學)이다. 그 대표적인 자로서는 《경세유표(經世遺表)》·《목민심서(牧民心書)》·《흠흠신서(欽欽新書)》 등은 정치·경제·재정·조세·형정·병마·군현·성곽·축산·광물·교린(交隣)·교화·행정·임민(臨民)·치옥(治獄)·재판 등 위정 백반(百般)에 뻗쳤으되, 조선 고금의 역사·민도(民度)에 대응하여 구체 실천의 이론과 실제를 역력지장(歷歷指掌)한 것이 그 단연 발군하는 내용의 특색이요, 중국의 당우(唐虞) 삼대(三代)로부터 당·송·원·명·청의 역대 사실(事實)을 그의 과학자인 명석 견실함과 위정가인 일상 실천의 점에서 현대의 전문가로서도 경희 찬탄함을 아끼지 않게 하는 바이요, 《강역고(彊域考)》·《대동수경(大東水經)》에서 삼한·삼국·백산(白山)·패수(浿水)·사군(四郡)·오가야(五伽倻) 등등 동방강하(東邦江河)의 지(誌)를 보이어서 혹 미몽(迷蒙)을 깨치고 혹 장중(掌中)에 보이듯 하였으며, 《아언각비(雅言覺非)》는 어사(語辭)의 용례와 물명(物名)의 정해(正解)로서 언어 정리와 민혼앙게(民魂昂揭)에 좋은 저술이요, 《문헌비고정어(文獻備考正語)》에서 그 고증의 해박이 학계에 비익(裨益)하고, 《악서고존(樂書孤存)》에서 악학(樂學)·악제(樂制)에 대한 그의 포부를 보이며, 《마과회통(麻科會通)》과 《의령(醫零)》에서 그 의학에 관한 풍부한 조예와 위생 보건에 관한 경륜을 발로하였으며, 종두(種痘)의 술(術)은 쩬너[E. Jenner]와 아울러 높게 되었고, 《풍수집의(風水集議)》에서는 조선인의 큰 관심도 되고 거대한 폐해를 이루는 지상학(地相學)과 화복설(禍福說)에 대한 명상연심(明爽淵深)한 논변을 보이었으며, 그의 책(策)·의(議)·기(記)·논(論)·시(詩)·서한(書翰)·강학기(講學記)·기행, 기타 예론(禮論) 제설(諸說)에 자못 초인적인 경륜·견식을 보이었으니 그는 순연한 학자로도 조선학의 대표적인 위대한 인물이다. 그러나 그는 일개의 거대한 순학구(純學究)만이 아니니, 그가 임민치정(臨民治政)하는 [곡산부사(谷山府使)]직에 당하여는 호적을 고치고 교육을 일으키고 세제를 바로잡고 도절(盜窃)을 금(禁)하여 백성은 안도하여지고 관고(官庫)에는 여재(餘財)가 있었으며, 형조참의(刑曹參議)로는 중난(重難)한 형옥(刑獄)을 판결하되 시비가 밝아지고 곡직(曲直)이 쪼개내듯 되며 번무(煩務)가 남음이 없고 인민에게는 원왕(寃枉)이 없었으며, 정조께서 수원성을 쌓을 새 상중(喪中)에 있는 정다산을 불렀더니, 그의 물리학과 기계의 이(理)에 관통함은 인중기중(引重起重)의 법에서 일거 4만 민(緡)을 절약하는 기효(奇效)가 나타났다. 그는 위정가뿐 아니요, 군략군정(軍略軍政)에 있어 장재(將材)가 있는지라. 정조께서는 그를 장상위재(將相偉材)로 그예 대용(大用)코자 하였던 것이다. 그럴수록 그를 시기(猜忌) 배제(排擠)하는 일대(一代)의 섬인요배(憸人夭輩)들은 더욱 사학요교(邪學妖敎)로 그를 몰고 대역부도(大逆不道)로 그 동배(同輩)를 구함(構陷)하여 망타도륙(網打屠戮)의 참화가 사상(史上)에 거듭하고, 국운은 드디어 쇠세(衰勢)를 구하지 못하여 필경 내하(奈何)할 수 없음에 미친 것이다. 선생이 한번 넘어진 후 서학의 서(書)를 불 지르고 구미의 의기도표(儀器圖表)를 금알(禁遏)하며 세계의 성식(聲息)을 막고 가리어 조선에 들리고 나타나지 못하게 하고, 병인·신미의 난에는 형세 이미 그 고질을 고치기 힘들 때이거늘, 오히려 모두(冒頭)에서와 같은 진기천루(珍奇淺陋)한 문답을 당당 묘당(廟堂)의 위에서 주고받게 되었으니 실로 비통한 고소(苦笑)를 금치 못할 바이다.

정다산과 이정헌과 이승훈은 130~140년 전에 있어서의 조선의 대선각이요 대선구자이라. 그때에 있어 일거의 개신(改新) 진취는 워낙 바랄 수도 없는 바이지만 점진의 공(功)이 그 엄엄수망(奄奄垂亡)의 국(局)을 한 걸음씩 만회함만 있었더라도 우리들의 조선은 훨씬 그 면목이 달랐을 것이요, 대원왕의 당년 홍봉주·남종삼·이신규 등의 포부가 채용되었더라도, 또 그 차선은 되었을 것이다. 그러나 정다산의 대에 다산과 상기 수씨(數氏)만이 그 발심(發心)을 한 바 아니니, 선생이 그 만사일생(萬死一生)의 참담한 화액(禍厄)에서 18년 유배의 슬픈 길을 떠나던 순조(純祖) 원년 신유(辛酉) 춘(春) 정월에 조선 최초의 잠입한 선교로 그 혈루의 기록을 남겨둔 중국 강소성인(江蘇省人) 주문모(周文謨)와의 관련 사실에서 볼 수 있다.

　동년 하(夏) 4월 병인(丙寅)에 〈사학죄인추국안(邪學罪人推鞫案)〉에 "김건순(金建淳)은　본이명관현족(本以明官顯族)으로　세습부후(世襲富厚)하고 연소총명(年少聰明)하며 무박상기(務博尙奇)하여 다축부경광탄지객(多畜浮輕誑誕之客)하며 호간방술부경지서(好看方術不經之書)"라고　연소총명을　허(許)하고 '호간방술부경지서(好看方術不經之書)'라는 가장 관대한 논고(論告)를 한 것은 당시 정권을 잡은 자 그 연인지척(連姻持戚)을 비호하는 이면을 알려니와, 김건순은 청음(淸陰) 문정공(文正公) 김상헌(金尙憲)의 현손(玄孫)으로 공분(公憤)만이 아니요, 병자의 역(役)에 김상헌이 심양(瀋陽)에 가 있기 5년에 갖추어 신산(辛酸)을 겪었으니 가문의 원한으로도 그 정감을 충격함이 있었을 것이요, 당시의 혈성(血性)이 있고 재식(才識)이 높은 이는 모두 서국의 문물을 흠모하고 진취구세(進取救世)의 염원과 그 정진(精進)이 있었던 것이다. 요(要)까지 병자(丙子)까지 양역(兩役)의 후에 조선의 민중은 격앙하고 충동되어 모두 일어나 동경(憧憬)의 신세계를 찾으려할 새, 그 하우(下愚)인 자들은 '해중유도(海中有島), 병마강장(兵馬强壯)'의 기상천외 같은 든든한 구원의 힘을 허풍으로 바라고, 혹은 '해중진인(海中眞人), 둔갑지술(遁甲之術)' 같은 몽환병적인 황탄설(荒誕說)을 옮기기로 하며, 중(中)으로 '연소총명(年少聰明) 무박상기(務博尙寄)' 하는 김건순류의 인물들은 '해중공도(海中空島), 양병선갑(養兵繕甲)' 하는 공상적인 계획에도 저 혼자 열중하여 '다축부경지객(多畜浮輕之客)'으로 그 동류를 기르고, '호간부경지서(好看不經之書)'라고 싫증이 난 정주학설의 외에 서국의 학설과 사상을 섭취하기에 급급도 하였고, 상지(上智)의 사람으로 다산과 정헌과 이승훈과 외에 이학규(李學逵)·권일신(權日身)·홍락민 또는 순암(順庵) 안정복(安鼎福) 같은 인물들은 혹은 묘당에 앉아 그 역사의 기축(機軸)을 돌리기를 기도도 하고 실의하며 두문폐적(杜門廢跡)하여, 스스로 명리를 사(辭)하고 연찬(硏鑽)과 저작으로 천하 후세를 계유(啓牖)하려 함이었던 것이다.

그러나 권병(權柄)을 잡아 이파(異派)의 엿봄을 근절하고 민중을 귀먹히고 눈 멀리여 그 대두(擡頭)의 길을 미리 막아 자손 만년의 영행(榮幸)을 누리려는 도배(徒輩)가 반근착절(盤根錯節)로써 사회의 추기(樞機)를 잡아, 정조와 같이 다산 일류의 지(志)와 재(材)와 학(學)을 만폭(滿幅) 신임하는 분으로도 필경 내하(奈何)치 못하였고, 정조께서 일단 안가(晏駕)한 후 그 시신이 미처 식지 않은 동안 일련의 두국해민(蠹國害民)하는 도(徒)가 일대의 명류선각(名流先覺)을 몰아 멸종절족의 전대미문하던 참화에 넘어지게 하였으니, 유심인의 한루(恨淚)가 옛임으로 무딜 수 없는 바이다. 다산·정헌·이승훈 및 기타의 제씨 망타(網打)의 액(厄)을 본 지 10년에 홍경래가 순조 11년 신미로써 관서(關西)에 거병(擧兵)하여 청북일경(淸北一境)이 혈화(血火) 속에 흔들렸고, 이어서 도도한 형세 일비(日比)하는 비탈을 굴러내렸던 것이다. 여기에서 현대의 식자와 선구자와 청년의 학도들은 조선 사회의 병들은 유래를 돌아보고, 현대 조선에 씻겨 다하지 않은 구사회의 잔재를 그 자신들의 혈관에서부터 청산게기(淸算揭棄)하고, 스스로 지성보세(至誠報世)의 구원(久遠)한 봉사의 길을 나가야 할 것이다. 오호 다산! 그는 실로 무(武)의 이충무공(李忠武公)과 겸칭할 문(文)의 제1인자이요, 그 일신의 조제(遭際)에서 조선민의 운명을 반영하였다고 하겠다.

퇴조적인 소련 극동정책의 진상

출처미상, 1934년 11월 초 집필.

1. 퇴조적인 소련의 근일

근자 국제정국을 싸고도는 위국(危局)의 소용돌이가 현대인의 큰 관심을 자극하는 자 몇이 있으니, 그 세계적 화란의 일대 중심되기는 마찬가지면서 극동에서 먼 거리에 동떨어져 있는 것은 독(獨)·불(佛) 관계를 중심으로 한 구주(歐洲)의 위국(危局)이요, 하나는 태평양을 중간에 놓고서의 일(日)·미(米)의 갈등이요, 또 하나는 만몽(滿蒙)을 그 평천광야(平川曠野)의 훌륭한 야전지로 맞건너보면서의 일(日)·소(蘇) 관계의 일긴일완(一緊一緩)하는 감칠맛 있는 국면이다. 전(前)의 양자는 잠깐 논외로 하고 최후의 일·소 관계의 일방의 웅(雄)인 싸벨 노국의 극동정책에 관하여 일필을 가하려는 것이다. 이것은 현대 조선인으로서도 필요한 관심사인 까닭이다. 근자(10월 15일 이래) 그 양도 세목(細目)에 관하여 예상 이상의 새로운 승갱이가 생긴 소(蘇)·만(滿) 간의 북철(北鐵) 양도교섭이란 자는 아직 그 확고한 귀결을 못 본 터이나, 그러나 소련 그것의 극동진출의 물력(物力)적 기구로 되어 있는 북철이 제정 노국 이래 30여 년의 역사를 걸머지고 양도교섭의 절충의 준조(樽俎)에 올랐다는 것만이 우선 소련 동진정책의 퇴조적인 경향을 명백하게 보여주는 바이다. 1926년 2월 당시 장작림의 봉천정권에 의하여 단행되었던 동중철도(東中鐵道) 장관 이와노푸의 체포 사건 이래 만주국 성립 이전까지 때로는 그로 인한 무력충돌까지 보게 되던 북철은 싸볠 노국으로서 워낙 심상하게 내놓아버릴 터가 아니었던 것이다. 이제 세목에서 승강이가 있다손 치더라도 북철은 결국 양도될 것이요, 북철의 양도는 분명한 퇴조이다. 그러나 퇴조는 퇴조이라, 저들 '북방의 곰'으로 질기고 끈덕진 슬라부인의 민족성은 언제 또 어떠한 형식으로 다시 만조(滿潮)적인 동진 운동을 재거(再擧)할는지 모를 것이다. 아니 그들은 그 지리상의 진로를 전환하여 혹은 북로로부터 남로에 옮김일는지도 모를 것이다. 거기에 본문을 초(草)하는 흥미요, 또 가치가 있다.

2. 맹진하던 당년

1917년 10월 혁명이 성취되어 싸볠 정권이 수립된 후 영·불을 필두로 서구의 대소 열국은 이 신성된 적색 국가에 대하여 최대급의 적의를 표하였다. 동에서 콜차크[A. Kolchak]의 극동정부, 서와 서북에서는 떼니킨[A. Denikin]·우랑겔[P. Wrangel] 등등 반혁명세력을 선동 지지하여 싸볠 정권의 복몰(覆沒)을 획책할 뿐 아니라, 전승(戰勝)의 연결 기구이던 국제연맹에서는 소련만을 따돌리고 기아에 넘어지는 소련 내의 인민조차 탐탁스러이 구조하려 하지 않았다. 소련인들의 실망과 불만은 짐작할 만하다. 그들은 서구에서 일어나던 칼 리북네히트[K. Liebknecht], 로자 룩셈부륵[R. Luxemburg], 아이스네르[K. Eisner], 베라 쿤[Béla Kun] 등등을 잃고 서방으로 얼굴을 돌이키는 것은 상심과 분노를 동무하는 것이었다. 그들은 '동방의 피압박 민족'에게로 그 감정과 이지가 쏠리기 시작하게 되었다. 1920년 빠쿠우에서 열린 아세아인대회 석상, 당시 싸볠 정부의 거두 지노뷔엡 씨는,

"참된 세계혁명은 8억의 아세아 인민이 우리 운동에 참가하기
까지는 시작되지 않을 것이다"[차(此) 일절(一節) 《외교시보(外交
時報)》에 의함]

고 외쳤다. 이는 직재(直裁)한 선동적인 태도이었다. 1919년 7월, 동(同)
1920년 9월 소련 외교인민위원 차장 카라한 씨의 명의로써 발표한 대중
국 선언 ― 영토의 대중(對中) 환부(還附), 특권 방기(放棄), 기타 중국민
이 부당타고 하는 부분의 구치(救治) 등을 약속하는 대중국 선언을 획시
기(劃時期)로 중국 방면에의 진출을 활발히 하였고, 1921년도에 토이기
(土耳其)·아푸까니스탄·파사(波斯) 등과의 친교로써 대등조약을 체결
하고 드디어는 불가침조약까지 맺어(후문 참조) 우호친선과 약소민족 원
조의 취의를 선명함이 있었고, 특히 후이자(後二者) 아·파 양국에 대하
여는 그의 반영(反英) 자립의 운동에 심대한 조력을 아끼지 않은 셈이
다. 그러나 그것이 그들 신성(新成) 싸벹 인민의 정치적 의협만으로서보
다도 소위 자본주의 열국의 포위·침습의 복판에서 그 호조(互助)·병
존(竝存)의 정략적 가치로서도 십분의 의의가 있던 것임을 간과하여서
는 아니 될 바이다. 1925년 5월 모스코바에서 당시 인민위원장 루이콥
씨는,

"세계열강의 사이에 배치되는 이해관계는 이제 다시 동양 식민
지에서의 전전(戰前)과 마찬가지인 전통적 진부(陳腐) 정책의 적
용으로 되어 새로이 장래의 충돌을 준비하고 있다"(당시 신문의
통신)

고 성언(聲言)하였다. 이는 지노뷔엡 씨의 노골적인 데 견주어 소위 의
미심장한 방송이었던 것이다. 그 익년인 1926년 추기(秋期)부터는 장개

석 씨 총사령의 밑에 중국의 국민혁명군이 보로틴[M. Borodin], 까론[현 극동군 사령 뿌률헬 씨의 변명(變名)] 등 싸련인[소련인―編]의 고문으로 '연로용공(聯露容共)'의 북벌의 전투를 단행하여 장강 이남을 석권하게 되던 극동 방면의 사정은 식자들의 기억이 또렷한 터이다. 그들은 동방을 향하여 이러한 적극적 공작을 진행하는 최중(最中) 왕왕 서구를 돌아보며 '무산자에 반대하는 세계 비적의 연합', '국민을 매매하는 외교적 취인소(取引所)'라고 국련(國聯)에 대한 냉매(冷罵)를 보내던 것이다. 노서아 사람은 사람이다. 그들은 사람 제대로의 걸어갈 길을 걸어왔다. 사람은 현실의 동물이요 역사의 동물이라, 그들과 그들의 타고 있는 경우 조제(遭際)와 역사의 바퀴는 쉬지 않고 돌았다. 그들은 지금 ― 1934년 9, 10월 경 ― 서에서 "얼마라도 전쟁을 방지하고 평화를 얼마라도 굳게 하는 것이라면……"[객동(客冬) 스탈린 씨 담(談)]의 희망 때문에 성립 16년만인 퇴세(頹勢)적인 국련에 가맹하였고, 동에서는 홀왈의 백색 장군조차도 눈물지며 연합 열국 측의 정치적 '희(噫) 무정(無情)'을 하소하던 고심수호(苦心守護)의 북철을 양도키로 협정한 것이다.

3. 세계 진출의 실패

> "반동의 물결은 높았다. 동무여 다음의 시기의 때문에 준비하
> 라"(당시 신문의 통신)

고 당시의 지노뷔엡 씨가 부르짖었던 것은 아직도 기억하는 자가 적지 않을 것이다. 지노뷔엡 씨는 현금 그 당내(黨內)에서도 계속하는 실의(失意) 중에 있는 터이지만, 그 부르짖던 반동은 이만저만한 기세가 아니다. 그 서구 방면에서의 장애는 원래부터이거니와, 그들은 근동 방면에서, 극동 방면에서 차례차례 그 실패의 복철을 되돌고 있었다. 지금 이

것을 연대표(年代表)적 방법으로 서술하면 그 요령을 일별할 수 있다. 즉 1919년으로 그 익년인 1920년, 동 1921년까지에 대중국 선언 및 그 정치공작, 아세아인대회의 주재, 토이기·파사·아푸까니스탄 제국(諸國)과의 대등조약 체결, 그의 반영제국주의운동에의 지지 등은 전술함과 같고, 이 동안에 빨틱 제국(諸國)과의 평화공작이 진행되었으며, 1922년 4월 독일 외상 라테나우[W. Rathenau] 씨와 소련 치첼린[G. Chicherin] 씨와의 사이에 성립된 라팔로조약이란 자는 아직도 국련을 중심으로 삼는 구연합국 측에 대한 대항공작으로 볼 바이었는데, 1925년 10월 쉬트레제만[G. Stresemann] 외상에 의하여 지도되는 독일의 외교가 그 전년래의 도쓰안(案) 성립의 뒤를 받아 로카르노 안전보장조약의 체결로 되고, 또 그 뒤를 이어 국련에 참가한 것[1926년 가입—編] 등은, 간신히 더듬어 잡았던 소련 유일의 구주에서의 강대한 맹방조차 사실에 있어 놓쳐버리는 도정을 밟게 되었던 것이다.

그리하여 1924년으로 동(同) 25년 1월까지 영(英)·이(伊)·낙오(諾奧)·희(希)·서전(瑞典)·중국(中國)·정말(丁抹)·묵서가(墨西哥)·불(佛)·일(日) 등 열국의 소련 승인은 싸뼬 국가의 국제적 공인—그의 정상화의 단계에 들어 소련으로서는 정히 일비일희(一悲一喜)의 경지에 있게 되었거니와, 그 기회를 타서 서구 열국에도 그 적색 진출을 획책하고 동방에 향하여서도 그 피압박 민족에의 영도적 공작이 자못 왕성하던 도정[1926~1927년도의 중국혁명 등 상문(上文)]을 지나왔던 것이다. 그러나 1927년 4월 이강(以降) 장개석 사령에 의한 청당운동(淸黨運動)과 그 배소(排蘇) 정책을 필두로, 1928년 조춘(早春) 장작림의 북경 소련 대사관 강제 수사와 동 시기 영경(英京) 윤돈(倫敦)에서의 아코쓰 하우쓰의 강제 수사, 파쓰시티[Fascista] 이태리에서의 사회당 의원 마테오티 [G. Matteotti]의 암살 및 그 후를 이은 의회의 사실상 폐지에 의한 뭇소리니 독재정치의 완성, 국권당(國權黨)의 대두와 필경에는 1933년 1월로써 나티쓰[Nazis] 정권이 정면으로 나타나게 된 독일의 강렬한 국가주의에의 복귀 등등은 혹은 노동당을 통하여 혹은 직접 합법적인 공산당의 존재[독일은 작춘(昨春) 나티쓰 정권 출현 당시 합법적인 공산당의 당원 30만을 산(算)하였다], 그 타(他) 좌익 노동단체의 조종 등 수단으로써 그 획책과 책동을 게으름이 없이 하던 그들 콤인탄[Comintern]의 운동이 차제로 낙세돈좌(落勢頓挫) 및 두색(杜塞)되게 되었다. 근동 방면에서의 토이기·파사·아푸깐니스탄 등 제국조차 소련과의 맹호(盟好)에 의하여 그의 대영(對英) 반제국적 운동이 일단의 주효(奏效)를 본 후에는 그들의 독자적인 국가주의적 정진 때문에 삼국 상호 간에는 수년래에 별개의 우호조약을 결성하여 은연 그 소련에의 섭취될 것을 경계하고 있는 것이다.

그들 파란·리퇴니아·라트비아·에스트니아 등등 빨틱 제국과 발칸 방면의 신성(新成) 제국과 근동·중동의 후진적인 제 소국의 근간세력을 잡은 인민들은 어데서나 모두 국가주의적 — 애국주의적 감정과 의도에서 바야흐로 열중하고 있는 것이다. 그들 중에는 제국주의 열강이란 자에 대하여서도 일응(一應)의 내심의 경계를 부리지[弛] 못하고, 소련에 향하여서도 항상 소심익익(小心翼翼)하게 그 난관에 부딪히지 않기를 경계하고 있는 것이다. 장구한 동안 국민적 피예속상태에서 시달리던 그들이 독자적 국가 구성으로 모처럼 자립자존의 단일문화 생애에 들어간 것인즉, 그의 감정과 의도에서 그는 차라리 당연한 일이다. 그리고 거기에서는 왕왕 '배은(背恩)'의 문제가 부르터난다. 그러나 아직까지 국제적 정확한 신의란 자를 견고하게 믿을 자 없으니, 강대한 자가 약소국에 대하여 그러하였고 소약한 자가 강대한 자에 대하여 필연으로 거기까지 가고 말게 하는 것이 오늘날까지 모순의 현실이요 변전의 지속인 것 같다.

이것을 전연 공정한 제삼자적 냉안으로써 비판한다 하면 소련의, 또는 콤인탄의 세계적 진출, 특히 '동방 피압박 민족'에의 진출공작은 다만 일편 순정의 정치적 의협이 아니어서 그 자신의 국제적 존립과 그의 강고화의 외곽운동으로서의 정략적 의미가 동무한 것이니, 이것은 참이요, 또 무슨 정치적 악업(惡業)도 아무것도 아니다[이것은 한필(閑筆)이 아니니 조선의 대명(對明), 대청(對淸) 외교 관계에 관하여 식자는 일고의 흥미가 있다]. 지상의 속물인 인간 사회의 일은 여시관(如是觀) 하는 것이 가장 타당한 그의 본태, 본능 또 본질인 것이다. 이것을 간단하게 요약하여 말하자면 1924년도의 세계 주요 국가들을 합쳐서 싸볕 연방을 승인하게 된 것은 국제 정정(政情)이 이미 대소련 감염의 정치적 면역성을 십분이나 자신한 데서 나왔음이요, 1925년 10월 로카르노 안전보장조약의 성립을 획시기로 금일에 오기까지 10년에 세계는 소위 '제3적 위기'의 외치는 소리를 그 각자의 내포적인 민중의 속에서 듣고도 못 들은 체하면서 바야흐로 반동—복귀의 완고한 단계에 들어간 것이요, 소련과 그 콤인탄의 세계적 진출은 이제 전면적으로 그 돈좌의 시기에 들어간 것이다. 이는 물론 천하 주지의 가두(街頭)의 지식이어서 아무것도 기할 바 없는 바이다. 다만 긴절히 알고 싶은 것은 그 세계 진출과 필수적으로 병행하여야 할 듯싶던 싸볕 노국의 독자적 존재가 가능하냐 불가능하냐는 점이다.

4. 일국사회주의 문제

"개개의 나라에서 사정(事情)은 독창적으로 발전한다"고 근자에 굳세게 주장한 자 있다. 그들은 수입된 국제 원리라고도 할 '경전적인 공식주의'와는 '싸우겠다'고까지 주장하는 것이다. 소위 일국사회주의라는 것은 최근의 신유행인 것처럼 취급되는 터이나, 그러나 이것은 그의 국제적 총본산인 노국에서조차 1917년 10월 혁명을 상망(想望)할 수도 없던 1903년, 볼쎄비키파와 멘셰비키파의 불레하놉[G. V. Plehanov]과 레-닌에 의하여 일국사회주의의 가능·불가능이 논쟁되던 터로서 이미 30년 진부한 구문이다. 1915년 8월 레-닌 씨는 연래로 일국 단독의 사회주의 불가능을 주장하는 불레하놉 씨에 대하여 "경제적 및 정치적 발전의 불균형은 자본주의의 절대적 원칙이라, 따라서 최초에 자본주의에서부터 착수한 수국(數國) 내지는 특정한 일국에조차도 사회주의의 승리는 가능하다⋯⋯"고 입론한 바 있었다. 다만 그것을 출발로 '이여(爾餘)의 자본주의국'에까지 진취하려는 '세계혁명'에의 포부를 제2차적으로 고조한 것만은 예에 벗어나지 않는 바이다. 1915년 8월에 있어 레-닌이 1917년의 10월혁명 성취를 예단하였다고 볼 수도 없는 바이겠고, 하물며 그는 "그러나 이것은 — 즉 세계 진출 — 서서히 실현할 것이라"고 스스로 주석을 가하였던 것이다. 1924년 1월 21일 레-닌 서거한 후에 레-닌주의를 가장 정확하게 계승한다고 자임하는 스탈린 일파와 벌써 그 전년부터 그 반대적 처지에 섰던 트로츠키 일파와의 사이에도 그 당내의 독재 문제와 한가지 이 일국사회주의 가능·불가능의 문제에서 후자의 패퇴를 보고만 것이니, 즉 트로츠키 일류(一流)의 신국제주의란 자에 대하여 스탈린 일파는 "⋯⋯트로츠키안(案)에 의하면 우리들은 자기의 모순 중에 연명하면서 세계혁명 대망의 중에 썩고 말게 되지는 않는가?"라고 반박하여, 자본주의란 자의 생장도궤(生長倒潰)와 그의 도정 중에서 필연으로 일어나는 제국주의 국가 간의 대립적인 전쟁과 전쟁의 산물로서의 정치적 파탄 등을 열거하고, '이여(爾餘)의 나라가 의연(依然) 자본주의를 보유하고 있더라도' 자기들의 주의의 승리는 '대체로 가능'하다고 주장하여 우선 '노서아 일국에서의 주의의 실현'을 한동안의 목표로 하고 '열국과 평화유지가 노서아의 산업 혁신의 실현에 요건으로 된다'고 성언(聲言)하였던 것이다. 불레하놉과 레-닌, 트로츠키·지노뷔엡과 스탈린 간의 일국사회주의의 가능·불가능의 논쟁은 자못 긴요한 정세 전망의 지침인 자이나 여기서는 이상 더 소개함을 피키로 하고, '1920년대를 지나 강화 후의 국제정세가 소위 자본주의 안정의 도정을 되돌아 들어 가면서부터 그들 스탈린 일파의 간부파의 사람들은 실은 '세계혁명에의 돌진'을 완화하고 점차 타협적 코-쓰를 쫓아 '노서아 일국에서의 주의 실현'을 견고히 하기에 힘쓴 것이니, 10년 후의 오늘날 그 퇴조적인 동향 이 뚜렷한 것은 처음부터 괴(怪)할 바가 없다.

1921년 레-닌 재세(在世)의 당시 신경제정책의 시행과 1925년 스탈린 일파에 의한 신(新)신경제정책의 채용은 일종의 사볫 입국(立國)의 기초 를 다짐이요, 이래(伊來) 2회째 고쳐 되는 산업 5개년 계획이란 자가 주 로 군기군계(軍器軍械)의 제작 능률의 약진적 발달을 목표로 삼은 것은 그 적위군의 확장과 한가지, 그 내정적 방면에서 먼저 경제적 토대를 견 고히 하고 겸하여 군국적 방위를 견고히 하고자 함이니, 이는 그 국내에 서 반혁명세력에 대한 만일의 경계가 될 뿐 아니라, 백색의 강대 국가의 포위의 속에 있어 얼마큼이나 그 자기 수호에 급급하고 있음을 이야기 함이다. 그 내정적 방면에서 이러할 뿐 아니라, 그의 외교에서도 치첼 린 · 카라한 · 리트비놉 등등을 통하여 십수년래의 고심이 실은 그 싸볫 정권의 본산으로서의 소련의 수호라는 소극적인 견지에서 보다 더 초민 (焦悶)한 것이다. 이제 다시 번(煩)을 피하여 그 연대표적 경과를 일별키 로 하건대 증술(曾述)한 근동 수국(數國)과 중국 방면에서의 관계의 외 에 1922년의 라파로조약으로 독일과 제휴하여 우선 파란(波蘭) 등 빨틱 제국을 배면(背面)에서 견제케 하였고, 1925년 독일의 로카르노조약 체 결 및 국련 가입에는 다시 의연 고립의 고민을 느끼면서 독일로 하여금 국련의 '공동제재 참가의무'의 유보를 협정케 하여 익(翌) 1926년 4월 24 일에 노(露) · 독(獨) 중립조약의 성립을 보게 되었으며, 1922년 3월 왈쇼 [Warsaw] 개최 국제위생회의를 개시로 '기술적, 비정치적' 문제의 협력 으로 국련에 비공식적인 출석을 빈번히 하여 증술(曾述) 1924~1925년 열국의 대거 소련 승인의 막(幕)에까지 갔었고, 동 1925년 이후 소련은 불침략조약의 형식으로 지방적 평화책을 강구하기에 급급하였으니, 즉 1925년 12월 17일 노(露)·토(土) 불가침조약, 1926년[4월에는 상술 노(露)·독(獨) 조약] 8월 31일 아푸까니스탄 조약, 동 9월 28일 리퇘니아 조약, 1927년 10월 1일 파사(波斯) 조약, 1932년 2월 분란(芬蘭) 조약, 동 7월 파란(波蘭) 조약, 동 11월 불·노 조약 등등이 그것이요, 1933년 7월에는 그의 발안으로 '침략국정의조약(侵略國定義條約)'을 제국(諸國) 간에 체결하였고, 이 외에 만주사변 이후 일본의 불침략조약의 체결을 제안하였고, 금년 4월 4일에는 전기(前記) 리퇘니아 등 빨틱 제국과의 불침략조약을 금후 10년간 연장하는 의정(議政) 조인을 보게 된 것이다. 만일 그 작년 11월 미국의 소련 승인으로 국제적으로 그 성세(聲勢)(성세만이다)를 조장한 것 같은 것도 유의할 점이다.

요컨대 본 항에서 지적한 바로도 그들이 그 내치·외교에서 얼마나 그 소련 방수(防守)에 초려(焦慮)하고 있음을 알 것이요, 그것은 즉 일국사회주의의 가능의 수호인 것이다. 일국사회주의의 급급한 수호는 그대로 퇴조적인 동향을 국제정국에 나타내는 것이다. 여기에 부기(附記)치 아니하면 아니 될 것은 노국의 지리적, 역사적, 정치적, 경제적 제 조건이 그의 이른바 일국사회주의 달성 가능에 가장 우량한 경우에 있는 것이다. 두말할 것까지도 없이 종횡 수만 리의 광망(曠茫)한 영토가 끝이 없는 북방의 대막(大漠)으로 연(連)하여 국경의 대반부(大半部)가 천연(天然)으로 차단되고 그 경제적 조건이 하여튼 자급을 도(圖)할 수 있으며, 제정(帝政) 수백 년에 궁정을 중심으로 봉건영토(대지주)를 겸(兼)한 에서의 귀족·승려·군인들로 구성한 독재적 지배에 관성화하여 온 슬라부인의 성능(性能)적 경향이 합처서, 그들로 하여금 '노서아 일국에서의 주의 실현'을 가능케 하는 그것이다. 1789년 7월 파스티어[Bastille]

옥의 파괴로 불집을 터트린 불란서의 민권혁명이란 자도, 그 1848년의 2월 혁명을 지나고 1871년 제3차 공화(共和)를 기다려 비로소 확립한 것을 돌아본다면, 시대가 비록 변하고 그 정치적 의의가 크게 다르다 하더라도 소련 금일의 되돌고 있는 역사적 도정은 차라리 당연한 것이다.

5. 결론 ― 소련 금후의 동진(東進)의 방향?

오인은 본론에서 소련의 퇴조적인 목하의 정책에 관하여 애오라지 그 유래와 진상의 일반을 표명하였다고 생각한다. 그러나 목하에 있어 퇴조적인 그들은 언제 또 만조(滿潮)적인 재진출을 할 것인가? 아니 그들은 북철의 양도로써 아주 그냥 극동 방면에서의 진출의 파의(罷意)를 한 것일까? 작금 동경의 모 잡지에서는 '연해주 매수론'을 발표한 바 있는 바, 오인은 아직 그 독파의 기회를 얻지 못하였으나 소련은 그토록 극동에서 퇴영키로 관념하였는가? 이것도 흥미 있는 과제이겠지만, 그들 소련과 콤인탄의 사람들은 만근(輓近) 중국의 적화운동에도 당년과 같은 적극의 태도를 안 갖는다고 한다. 또는 입론이 좀 다른 바이지만, 작금 장개석 씨에 의한 중국의 공산군 토벌은 그 강서(江西) 방면에서 착착 성공함이 있어 서금(瑞金)의 몰락도 목전에 다가왔고, 그들 공산군은 사천·귀주 등 변강에 가까운 지방을 향하여 방금 대거 이동의 도중에 있다고 한다. 이 서북 변강지대 ― 신강과 서부 몽고에 인접하여 소련과 연접되는 사천 방면에의 공산군의 이동이란 자는 강서의 중복부(中腹部)에 반결(蟠結)되었던 34년래의 정세보다도 혹은 보다 이상의 중대 사태로 될 수 있는 것이다. 소련의 퇴조적 경향은 그 자신으로 인접 대강국과 일부러 전단(戰端)을 일으킴과 같은 일은 단연 기피하는 사정이지마는, 인접한 후진 열약(劣弱) 민족의 사이에는 서슴지 않고 그 적색적 진취를 그 국시(國是)요, 또 당시(黨是)로 하는 것이다.

작금 신강(新疆) 일경(一境)에는 민족청년단이란 자 있어 성장(省長) 성세재(盛世才)를 그들의 망석중이로 삼고 소련과 결연하여 중국에 대해서의 일대 민족운동을 일으킨다고 내외의 통신에서 보도되는 터이거니와, 외몽(外蒙)에서 진행되는 십수년래의 사실에 돌아보아 이 방면에 부식(扶植)되는 소련으로서의 세력을 짐작할 것이요, 하물며 전연 후진적인 — 미결성된 국민적 집단으로서의 신강의 국민들에게서 토(土)·파(波) 등 근동 제국에서나 혹은 장개석 씨 등 중국 국민정부에게 당하고 있던 '배은(背恩)'적 반로(反露)의 기구가 성장되기는 거의 불가능의 일일 것이요, 따라서 소련인의 이 방면의 진취는 그 제삼국과의 충돌이 없는 한에 자못 결정적인 자일 것이다. 그리하여 소련의 금일은 만주·중국 등 극동 방면에서 퇴조하면서 서북의 변강지대에서 그 일국사회주의의 잠식(蠶食)적 확대·강화의 도정을 걸어나가면서 이르거나 늦거나 다음의 시기를 기다리기로 할 것이다. 다만 몽고·신강 등의 지리적 및 정치적 역량이 그 현유력(現有力)만으로는 국제적 주동의 전위부대 될 수 없는 조건에서 아직 중대시할 가치가 없을 뿐이다. 어찌하였든 기성·보수 측의 국가의 지도자들로서는 장래할 국제 위국에 대한 최대의 용심처(用心處)가 여기 있게 되는 바일 것이요, 여기에는 다만 일(日)·소(蘇) 혹은 소(蘇)·만(滿)의 관계뿐이 아니어서 일(日)·미(米), 일(日)·중(中)의 장래도 심절한 관계가 있고, 남경정부로써 영도되는 중국의 정치적 동향도[차점(此點)은 《신조선》지 11월호 졸고 참조] 매우 관계 깊은 바이다. 중국에 있어서의 국민군·공산군의 결정적인 승패와 전 극동에 있어서의 소련의 동향은 열국의 정치가들의 의연 심절한 관심사가 될 것이다.

송구영신의 감회

《신동아》, 1935. 1.

1. 가장 큰 폐풍이라고 생각하시는 점
2. 실행하시는 일로 남에게 권고하시고 싶은 일
3. 가장 좋아하시는 현철(賢哲)의 훈언(訓言)
4. 신년의 소감

---

(1) 조선인의 가장 큰 폐풍은 생존욕이 매우 희박한 일입니다. 만사에 머리 악쓰고 억척스럽고 영악스럽게 달려드는 맛이 없습니다. 모든 것이 시대 탓, 시대 탓은 보통 사람의 일입니다. 조선인은 민족적 비상제회(非常際會)에 있는 고로 보통 이상의 영악스러운 생존 노력을 할 때입니다.

(附) 훌륭하게 차린 신사(紳士)까지도 길거리에 다니면서 맨손으로 코를 팽 풀어 내던지는 것, 이것도 여간한 폐풍이 아닙니다.

(2) 되도록 늘 일하고 틈 있는 대로 늘 읽을 것입니다. 독서하는 것은 '샌님'이나 하는 특수한 일인 줄 아는 것도 큰 폐풍입니다.

(3) 가장 좋아하는 현철의 '훈언'으로는 역시 야소(耶蘇)의 훈언입니다.

인생이란 '자아에 대한 선량한 관리자'밖에 아니 되는 것이요, '손을 피면 묶이어 원치 않는 곳으로 끌리어 갈' 필사의 약속에서 우주에게 생(生)을 받은 것입니다. 부지런히 모두 자기들의 사회 때문에 최선한 봉사를 할 것입니다.

(4)는 귀지(貴誌)에 신년의 기원(祈願)[이 글 다음에 실려 있다─編]을 쓰기로 약(略)합니다.

【편자 주】 장혁주(張赫宙), 고유섭(高裕燮) 등의 회답도 같이 실려 있다.

신년의 기원
— 조선의 신인식(新認識)에의 정진 —

《신동아》, 1935. 1.

신년의 기원을 많이 늘어놓고서도 그것을 실천 구현하지 아니하면 마치 목록만을 문청 발표하고 그 저술은 진행하지 않음 같아 사회적으로는 아무 의의를 이루지 못합니다. 여기서 나는 가장 실현성이 많고 또 가장 시대에 긴절한 최소한의 요구로 되어 있는 조선의 신인식(新認識)에의 정진을 '사업적 및 기업적인' 수단에 의하여 꼭 개시하자는 것입니다. 얼른 미리 깨처둘 것은 사업은 워낙 사업이지마는 기업적이란 것은 무론 영리적 수득(收得)의 때문만은 아니요, 그 방식이 일정한 기금도 있고 따라서 건물·가구, 기타의 필수한 비품을 갖추어 일정한 동지(同志)·동학(同學)의 선택한 사녀(士女)로써 그것을 업무적으로 집행 진행하자는 뜻입니다. 즉 예의 사회의 지명지사(知名之士) 모모 씨 등의 발기로써 회명(會名)을 짓는다, 위원·상무(常務)·위원장 등을 선정 발표한다 하는 외 타일반(他一般)의 것이 아니요, '상식사혼(商式士魂)'의 진지봉사(眞摯奉仕)의 기관을 만들었으면 하는 것이 신년도의 일대 기원입니다.

근자에는 조선학(朝鮮學)이란 것이 식자나 선구자 간의 일건의 관심사쯤은 되어 있는 모양인데, 이것이 한 유행심리의 과정적 반영으로만 되고 만다면 안 될 일입니다. 그러므로 조선을 정확하게 신인식하는 신출발로서 학구적인 공동연구의 기관을 만들고, 그 기구를 생장 진전시킬 수 있는 대로 따라 그 □통합제(□統合制)적인 분과부문(分科部門)적 조사 연구를 진행하였으면 그 장래의 수확이 매우 좋을 것입니다. 조선의 연구는 당연 두 갈래가 있을 것이니, 하나는 현하 사회의 객관적 동태— 통계적, 숫자적 변동을 주재(主材)로 한 정치적, 경제적, 기타 각반(各般)의 유기적 동향이 포괄된 것이요, 또 하나는 조선 과거의 문화적 제 전통, 즉 역사와 문물의 진적(眞的)한 자취를 냉정 엄숙한 과학자적 견지에서 조사, 연구, 비판, 천명하는 것입니다. 이는 나의 말을 기다려 비로소 알 바도 아니요, 그 필요성과 가치성에 관하여서도 전연 각계 사녀의 동감되는 바이겠지만 그러한 추상적 문제는 이미 논의의 여지가 안 남았고, 신년도에는 최소한도로 이것 하나만은 꼭 실천·구현의 길을 출발하였으면 좋을 일입니다. 그 구전(具全)·완비(完備)의 것이 아니면 우선 일 부문(部門)서부터라도 확고한 기업적 출발을 하면 매우 기쁠 일입니다.

현하의 조선인은 실로 중대한 사활관두(死活關頭)에 서서 있으면서 의외에 매우 불진실한 경지에서 스스로 유리(遊離), 관망 및 방황하고 있습니다. 이 점에서 조선인은 아직도 그 생존의 문제에 뼈아픈 자기인식이 없이 그날그날 되는 대로의 무사유, 무의식, 또 무계획한 생활을 하는 것이라고 극언할 수 있습니다. 아직도 시대변천을 모르는 '희황(羲皇)' 꿈꾸는 군, 사회적 무풍지대에서 독선자연(獨善者然)하는 군, 소소한 기성(既成) 명예가 뇌옥(牢獄)으로 되어 전전긍긍하게 마음 조이는 무위(無爲)의 도(徒), 제목은 큼직하게 걸면서도 먼저 대중의 불신임거리부터 마저 지르는 도(徒) 등등의 비좁게 늘어선 틈에서 이 한 일을 개시할 필요가 꼭 있다고 봅니다. 단 4~5인이 함께 시작하여도 우선 좋겠지요.

조선과 조선인

― 문화적 정진을 요하는 현하 과정 ―

《신동아》, 1935. 1.

1. 국제주의와 민족주의

인류동포주의와 국제주의는 20세기에서의 역사적 일대 추세로 된 것이다. 19세기로부터 20세기의 벽두 1915년대 전후까지에 그 최고조에 달하였던 국민주의란 자가 1917, 1918년 구주전란(歐洲戰亂)의 종결기를 획시기(劃時期)로 붕괴·전환의 비약의 비탈에 들었던 것인데, 1926년 영제국의 탄갱부(炭坑夫) 파업에 발단된 일반적 총파업과 1927년 중국의 연소용공주의(聯蘇容共主義)에 의한 북벌혁명의 발전을 최고봉으로 다시 급각도의 반동 복귀의 경향을 나타내었고, 극동에 있어 만주사변의 발발 및 만주국의 건설과 또는 이 도정에 있어서의 모든 군사적 외교적 사태와, 구주에 있어서 영제국의 재정·경제적 재충실에 의존하는 제국주의적 적극정책의 재수립과, 불(佛) 공화국의 구대륙(歐大陸)에서의 패제주의(覇制主義)의 강화와, 파시스타[Fascista] 이태리(伊太利)의 강고화와, 나치쓰 독일의 맹렬한 활동과 소련의 일국사회주의로서의 독자적 안정 코-쓰에의 행진과, 미합중국의 후-버 경기(景氣)의 뒤를 받아서의 NRA운동을 기축(機軸)으로 삼는 루스벨트 대통령의 독재적 강력 정치의 진행 등등은 만근(輓近)의 전 세계로 하여금 드디어 선명한 국가주의에의 복귀를 보게 되었다. 이것은 현하 국제정세의 지극히 대모한 전모

(全貌)적 관찰이거니와 주로 선진 강대국가의 사이에서의 국가주의 또는 국민주의에의 복귀의 형세인 것이다. 국제주의 혹은 국민주의의 일진일퇴의 자취는 이렇다 하더라도, 국제주의 또는 인류동포주의에의 행진은 결정적 역전을 상상할 수 없는 터이요, 사회의 내면적 형세 여하는 또 별론(別論)으로 두어둘밖에 없는 것이다.

인류는 역사적 산물이거니와 일 국민 일 민족은 더욱 뚜렷한 역사적 생성물로서 그의 성립·존재·생장·발전이 모두 구원(久遠)한 역사적 행정(行程)에서 그 의의를 가지는 것이다. 인류가 역사적 산물인 것은 허구한 세월에 자연과의 상대에 무수한 도태과정을 밟아온 점으로서 혼연(渾然)한 인도적, 종교적의 박애의 정감에서 친애감을 가질 수 있는 것이지만, 일 국민 일 민족은 일정한 연대(年代)에서 그의 민족적 혹은 국민적 공동한 생활의 역사에서 더욱이 비상한 변란(變亂)·전란(戰亂)의 제회(際會)에서 공동한 감격과 연대적 이해감과 그의 견고한 동류의식에서 그 정열이 연소되고 있는 점으로서 가장 강렬 선명한 대립적인 역사적 생성물로 존재한 것이다. 이러한 견지에서 일 인민이 그의 다닥친 많은 간곤(艱困)의 속에서 국민적 혹은 민족적 정열·의식 및 그 염원을 갖는 것은 필연의 세(勢)이요, 동시에 또 당위의 도(道)인 것이다. 일개의 국민으로서의 독자적 단치(團治)(?) 경우에는 더욱 그러하겠지마는 후진적인 독자적 단일 단치(團治)를 향유 형성치 못하는 일 민족인 경우에 있어서도 (1) 동일한 역사적 생성물로서, (2) 동일 언어의 집단으로서, (3) 동일 지역에서의 정주(定住) 집단으로서, (4) 따라서 동일 경제체계 내에서, (5) 동일한 사회심리와 동일한 감정·의도·속상(俗尙)·취미의 아래에, (6) 줄잡아서 대다수 동일한 염원의 밑에 생활 또 생존하고 있는 것이 그 구체적인 객관적 특징으로 되어 있는 것이니, 이는 식자의 인식이 종료되어 있는 바로 새로운 정의와 해석을 요(要)치 않는 바이다. 국민 혹은 민족의 의의를 대체 상술(上述)과 같은 것으로 보아

착오가 없는 바거니와, 인류동포주의와 민족주의, 국제주의와 국가주의
란 자는 교호표리(交互表裡)하여서 거연(遽然)히 기계적 순일화(純一化)
를 기할 수 없는 것이다.

　요컨대 국제관(國際觀)에서 서고[立] 인류애에서 사는 것은 현대 문명
인의 정상한 이념이지마는 실제에서는 많은 경우에서 그것이 추상적임
에 그치는 것이니, 각 민족 각 국민이 세계적(국제적)인, 또 인류인 처지
에서 결국은 자기의 민족 혹은 국민을 직접적, 구체적 또는 효과적으로
사랑하고, 그리고 그것은 편협한 배타이기(排他利己)적 처지를 힘써 벗
어나서 국제적 공존과 호애(互愛)를 하려 하는 데에 현대인의 진면목이
있는 것이다. 국경을 초월하여 동지적 그리고 국제적으로 친애하고 결합
되는 계급적 단결의 목표가 사회도 개조하는 동력으로 되는 것은 신시
대를 계유(啓牖)하고 창조하는 새로운 주조(主潮)인 채로, 전술한 민족
혹은 국민의 동일 역사, 동일 언어, 동일 지역에서의 동일 경제체계 및
동일한 사회심리와 동일한 의도·염원에서 독특한 친애(親愛)와 협동과
결합의 요구 및 그 운동은 아직 드디어 초세간(超世間)적 해탈을 만연
(漫然)히 강요할 수 없는 것이다. 약(略)하여 말하자면 국제주의와 민족
주의는 현하 과정에서 그의 병재성(並在性)·중층성 및 그 실제의 적용
에 있어서의 회통성(會通性)을 의미하는 것이다. 무릇 인간 현실의 일은
시간과 공간과 인과법을 초월하여서의 독단적, 고답적의 기계적 통일화
를 즉지성불(卽地成佛)시킬 수는 없는 것이다. 그리고 이에 부기(附記)
할 것은 선진 강대국가의 국가주의 또는 국민주의란 자와 후진인 예속
된 혹은 억압되는 인민의 민족주의란 자는 동근이질(同根異質)의 것으
로 그 동기·염원 및 의도와 따라서 그 장래의 귀취(歸趣)가 전연 다른
그것이다.

　그러한 의미에서 후진적인 일 인민이 그의 허다한 간곤(艱困)의 속에
서 민족적 공통된 고락을 겪으면서 민족적 정열에 불타는 의식·염원

및 그 의도를 가지는 것은 그 인민 자체의 주아(主我)적 향상만이 아니라 그 인민을 일부의 구성 요체로 삼는 세계의 인류 — 국제(國際)의 열국민(列國民)으로서의 구체적 진보·발전 때문에 반가워할 유용한 동력으로서도 일정한 가치를 이루는 것이요, 특수한 형태에서 보담 큰 이해관계가 맺어진 어느 국민과의 사이에 설지라도 또한 동일한 가치를 가질 것이다. 무릇 일 인민이 무위자연한 산만한 상태에서 평범 무반성한 생활을 거저 지내는 것보다도 그 자기들을 정애(情愛)하고, 의식하고, 또 격려하면서 공동한 분위기 속에서 일정한 운동의 도정을 통과하는 것은 그를 포용하고 있는 전 국제적 혹은 특수한 정치적 블록으로서도 매우 반가운 전적(全的) 향상의 일 부문을 이룰 것인 까닭이다.

2. 조선인의 다다라온 과거

조선인은 방금 민족적으로 중대한 위기에 다닥뜨리었다. 이것은 신년에 임하여 또 한번의 각성의 기회를 갖는 일반의 식자·선구자가 다시금 유의할 점이니, 사람은 늘 쉴 새 없는 각성 — 재각성과 신(新)인식으로 정체(停滯) 없는 생존노력의 전진이 있어야 하는 것이다. 개인에게 그러하고 민족으로도 그러한 것이다. 그리고 각성의 제일보는 자기의 지위를 정확하게 인식하는 데서 출발하는 것이니, 조선인의 국제적 혹은 대립 국민과의 지위가 상대적으로 가대(加大)한 저락(低落) 상태에 빠지는 것은 엄폐할 수 없고, 또 범연(汎然) 간과(看過)함을 허(許)치 않는 각각(刻刻)으로 박도(迫到)하는 객관의 위력이다. 이를테면 '임진·병자 양역(兩役)의 뒤에 국민적 진작의 기운을 확립하였더라면……' 하는 유(流)는 이미 우원(迂遠)한 문제이요, 정다산(丁茶山) 시대의 '신아구방(新我舊邦)'이나 '발난반정(撥難反正)'의 개혁 포부 같은 것도 이미 백 년 이전의 창고(蒼古)한 일이라고 하겠고, 대원왕(大院王)의 집정 당시 서

정혁신의 의도가 개국진취(開國進取)의 중흥의 위업으로 되어 병인양란(丙寅洋亂, 서기 1866)과 같은 것이 그 좋은 계기로 되었더라면 퍽은 기뻤겠는데 당시 이것이 전연 불능하였고, 그 시대 전체로 본다 하면 다분의 비관 재료를 갖고서도 오히려 성패 미지의 조선이었다. 갑신정변(1884)의 조선은 성패의 기로가 최대 관심을 요하는 조선이었으니, 그 운동의 방법과 형태가 공소조율(空疎粗率)을 극(極)하였던 것은 부인할 수 없었지만, 소위 일모도궁(日暮途窮)하여 드디어 내하(奈何)치 못할 바는 아니었던 것이다. 갑오(甲午)의 조선(1894) — 동학란과 일청전역(日淸戰役) 시기의 조선은 가위 광란을 기도(旣倒)에 돌리는 회천(回天)의 사업이 될 수 있느냐, 없느냐의 빈사의 조선이었다. 만일 그 갑진(甲辰)·을사(乙巳)의 조선(1904~1905) — 일로전역(日露戰役) 당시의 조선은 아마 누구로 비판케 하더라도 극동의 고립된 국면에서 그 퇴세(頹勢)가 이미 만회키 어려운 시기이었다. 그리고 경술변국(庚戌變局, 1910) 이래 구주전란이 종결되던 기미(己未, 1919) 전후로 오늘날 만주국의 출현 및 기타 국제정세의 변동[본문 모두(冒頭)에 개설] 등은 조선 및 조선인의 상대적 저락(低落)된 지위가 범안(凡眼)으로도 모두 인식되고, 실은 사실 이상의 과대인식 경향조차 현저한 사정이다. 이것이 조선인이 그 각성의 도정에서 가장 강렬한 자기인식으로 명념(銘念)하여야 할 바이니, 이는 그 만근(輓近)의 객관적인 지위변동에 관한 일이다.

또 하나는 조선인이 그 극동대륙에서 반만년이란 유구한 시기에 어떠한 역사적 경로를 밟아왔느냐의 일종의 주관성의 객관 조건이다. 이를테면 만몽(滿蒙)대륙과 조선반도와 그 외연 일경(一境)에 번식하던 조선계의 선민(先民) — 동방의 종족(종족이다)이 유사 이전 황하의 중하류 지대에서 한종족(漢種族)의 선민과 혹은 동방문화 창시의 공동한 기여자도 되고, 혹은 옥야천리(沃野千里) 천부탕지(天府湯地)의 세계를 각축도 하던 것은 그 창고(蒼古)한 시대의 일이요, 혹은 동호(東胡), 혹은 흉노,

혹은 연(燕)·제(齊)로부터 진(秦)·한(漢)·위(魏)·수(隋)·당(唐)의 한민족(漢民族)과 선비(鮮卑)·거란(契丹)·금(金)·몽고(蒙古)·청(淸) 등등 북방의 제 민족과 왜구(倭寇) 시대부터 시초된 동남의 해양세력과의 사이에 전후 수천 년의 장구한 시대에 걸치어 호대영맹(浩大獰猛)한 침략자와의 민족적 대혈전으로 그 백전승패(百戰勝敗)의 억척스러운 과정을 치러온 것은, 동방 열국민은 두말할 것 없고 전 세계 민족 성패의 자취에 돌아올지라도 일찍 하나도 이에 차등(此等)할 자 없는 터이니, 한(漢)·수(隋)·당(唐) 등 한족(漢族) 3왕조의 시대에는 3~4차로부터 혹은 수십 차의 강국(强鞠)한 대거 침입이 있었고, 몽고 백 년의 침학(侵虐)과 기타 각 시대를 통하여 중중(重重)한 침입의 화란(禍亂)의 중에는 그 항쟁의 견인(堅忍) 강용(强勇)한 기백이 실로 절무근유(絶無僅有)한 파(派)의 특색을 보이는 자이다. 최초부터의 최대 대립 민족이던 한족과의 항쟁은 벌써 7세기의 중엽(서기 658)에서 고구려의 패몰(敗沒)로 제1건 대화액(大禍厄)을 이루어 만한(滿韓) 통일, 대민족국가 건설운동의 좌절이 조선인 최대의 재액으로 된 자이요, 고려 4백 년간 북방의 화란(禍亂)의 끝에 몽고와의 40년간의 항전과 그 백 년 동안의 재란(災亂)은 제2건의 대화액(大禍厄)으로 중고(中古)에 있어 민족적 정력 손모(損耗)와 기백 좌절의 거대한 재액을 이루었고, 임진·병자의 역(役)은 제3건의 대화액으로 다시 일대 진작·분흥(奮興)을 요하는 원인으로 된 것이니 병자의 역은 차라리 그 부수(付隧)[附隨—編]적인 사건인 것이다. 이러한 제 문제는 이상 더 용설(冗說)할 바 아니지만, 한양조(漢陽朝) 세종(世宗)의 대(代)로부터 완성된 '한글'과 그로써 된 독자적 문장 및 문학(아직 완성되었다고 할 수 없으나)을 가진 것만이 유일의 문화적 자본으로 전술(前述) 백전여각(百戰餘却)의 피폐한 말세(末勢)를 순치(馴致)한 것이요, 한편으로는 사회적으로 반갑지 않은 역사적 부산물을 현대에까지 지니고 오게 된 것이다. 이것이 그 조선인으로서 지금까지에 다다라온 과정의 자취의 대교(大較)인 자이다.

석자(昔者) 인조(仁祖) 정묘(1627)에 만주의 침입군이 의주(義州)를 습파(襲破)하고 안주성(安州城)에 이르매 평안병사(平安兵使) 남이흥(南以興)과 안주목사(安州牧使) 김준(金俊)은 용전(勇戰)한 지 다일(多日)에 과능적중(寡能敵衆)의 위명(威名)을 날리고도 필경 성이 함락되매, 남(南)은 임사(臨死)하여 탄(嘆)하여 왈(曰),

> "조정평시(朝廷平時), 사아(使我), 훈일장련일졸(訓一將鍊一卒),
> 기지어시호(豈至於是乎)"

라고 하였다. 임진·병자의 중간 내외 다사(多事)한 그때 여수(閭帥)의 임(任)을 현직으로 한 자 오히려 훈장연졸(訓將鍊卒)을 감행치 못하였다. 당쟁과 반역위언(反逆危言) 중에 무비(武備) 있으되 무비를 기휘(忌諱)한 것을 보임이다. 영종(英宗)·정조(正祖)의 제(際)에 좌상(左相) 최석항(崔錫恒)의 영손(令孫)으로 문장재학(文章才學)이 당대에 현혁(顯赫)하던 최수원(崔守元)의 사적(事蹟) 중에 "이차자부(以此自負), 기어진기재(期於盡其才)"하던 인물로서 "회(會), 대옥루기(大獄屢起), 이문자위기휘(以文字爲忌諱)"하는 상태이매,

> "시역유명(時亦有命), 강지불상(强之不祥), 수불복유의언(遂不
> 復留意焉)……"

하는 문학 기휘(忌諱)의 태도를 가졌음에 보아, 한양조 5백 년에 문장·학식을 숭장(崇奬)한 양하면서 그것조차 위미부진(萎微不振)한 유래를 알 것이요, 그간에 특출한 대학자·대선각의 모두 감가(轗軻) 종신(終身)한 소식을 알 것이며, 만일 그 농림·공예 등 사회 백반(百般)에 뻗치어

조잔영락(凋殘零落)하게 된 역사적 경로는 우기(右記)[원문은 세로쓰기로 되어 있다—編] 문무 양도(兩道)의 기액(昆厄) 및 쇠퇴(衰頹)와는 그 선(選)을 달리 하면서 또, 또 마찬가지의 정치적 화인(禍因)에서 결과한 것은 용설(冗說)할 바 아니다. 요컨대 조선인은 그 극동대륙에서의 중중첩첩(重重疊疊)한 국제적 대쟁투에서 벗어[抗] 나오면서, 고려조의 말기 원구(元寇)·왜구(倭寇) 및 금산(金山)·금시(金始)의 난(亂), 홍건적의 난, 납합출(納哈出)의 난 등 수다한 전란을 치른 것이 이유로, 한양조 태조와 그 일련의 인물들에 의하여 쇄국고립과 존명자안(尊明自安)의 소국안분주의(小國安分主義)적 과오된 정책을 채용한 이래의 필연으로, 그 종국의식(宗國意識)의 쇄마(銷磨)와 그에 따른 가족지상주의적 경향을 파생케 하였고, 편협한 공리(空理)·공론벽(空論癖)의 파지자(把持者)이라고도 할 주자학 편중 및 그 맹목적 적용의 사상적 경향과 서로 아울러 악착스러운 잔인성의 당쟁을 지속하는 동안 백폐병흥(百弊竝興)·개혁무로(改革無路)의 쇠퇴사(衰頹史)를 되돌아오기로 되었고, 그 결과는 상류사회의 인물들은 대체로 공론벽(空論癖)과 구안성(苟安性)과 정치적 불관용과 저열(低劣)에 가까운 파쟁성을 습관성으로 가지게 되었고, 하층의 인민들에게는 절망적 염세성과 단념적인 생활상의 산만성을 그 획득성 혹은 부착성(付着性)으로 갖게 된 것이다. 상(上) 일항(一項)은 조선인의 자기반성 혹은 자기인식에 있어 일건(一件) 유의의 점이 되는 것이다.

3. 조선의 금일과 역량 집중의 3장해(障害)

전항 서술의 점에서 동일한 실패사(失敗史)이면서 오인은 오히려 자기주장(긍정)의 일 반면(半面)과 자기 부정의 또 일 반면을 가진 것을 보았다고 하겠다. 전자는 상하 수천 년 비상한 국제항쟁에서 거푸거푸 고난을 쌓아온 것은 그 역사적 생성물로서의 비상 심각한 잠축의식(潛蓄意識)을 그 혈관 속에 벅차 있는 것이겠고, 후자인 또 일 반면의 쇠퇴의 제 사실(史實)은 또 문화적 왜곡한 잔재로서 차라리 미워할 역사적 폐습으로서 현대에까지 계승되어 있는 자가 적지 않은 것이다. 그러나 후자로 인하여 오늘날의 일 인민이 불합리한 정치적 조건하에 영속함을 적법 혹은 타당하다고 결정지을 이유로는 결코 성립되지 않으니, 그는 일 인민 자신의 의도와 신념 문제에서 그러하고 일 인민과의 상대관계에 대립되어 있는 측에게도 그러한 것이다. 무릇 정치적, 경제적, 또는 사회적 수평운동은 금일의 당면의 현실에서의 인간으로서의 천성적인 문제이요, 무슨 신원신분(身元身分)의 문제가 아니다. 그리고 그들의 구원(久遠)한 과거의 허다한 고락의 과정은 역사적 생성물인 그들 1인으로서 금일부터 이후 그 집단 유기적인 신생활의 도정에서 그 특수한 색채·경향 및 기타 풍토적 독자의 적응성을 조건 지을 이유로서 의의와 가치 있는 것이다. 그는 그렇다고 하고 오늘날 조선인의 정치적 지위로서 타고 있는 — 허여된 현실을 전제로 하고 그 생존운동의 금후를 전망하는 처지에서 관감(觀感)한 바 몇 가지를 파악하려 한다.

어느 국민이나 어느 민족을 묻지 말고 그의 역량 집중이 문제되는 것이니 역량 집중은 즉 사상의 통일이요, 염원의 일치이요, 혹은 또 총의(總意)의 통제를 의미하는 것이며, 일 인민이나 일 사회의 생장·발전은 항상 전 구성원의 총의(總意) 통제에 의한 역량의 집중 여하와 그에 의한 운동의 여하에 의한 것이니, 이는 평상 확고한 진리이다. 그리고 선진 기성국가에서는 일정한 제도의 체계를 중심으로 역량이 집중 통제될 수 있으되 후진적인 특수한 정치 상태하에 있는 인민에게는 그것이 인물과 기관을 중심으로 비로소 집중 생장될 수 있는 것이며, 그러나 그 실제의 생장과정에 있어서는 인물이 기관보다 앞서게 되는 것이니, 그러므로 일 인민 일 사회의 운동은 사회적 또는 인민적 역량의 집중·통제 및 그 표현 활용을 기다리어 비로소 전개 발전되는 것이요, 역량과 인물은 반드시 서로 따라다니는 것이라고 단언하겠다. 이것은 전대(前代)에 있어 영웅대망(英雄待望) 혹은 영웅숭경(英雄崇敬)의 이유로 된 바이요—실은 현대도 동일하지만—현대에 있어서 조직의 힘과 우수한 지도자가 요구되고 또 경앙(敬仰)되는 이유이다. '영웅이 시세(時勢)를 짓느냐? 시세가 영웅을 짓느냐?'는 이미 진부한 말이지만 인물—기관—역량을 중심으로 그 주위에서 회전하는 시대정세를 피상으로만 보면 미상불 인물이냐, 시세이냐의 문제가 붙는 것이다. 요컨대 일정한 주의와 목표를 핵심 삼아 인민적, 사회적 신뢰와 결합으로 역량이 집중 통제되고 그것이 현실적으로 표현 활용되는 데서 시국이 비로소 회전 발전되는 것이다. 다만 이것이 선진국가에 있어서도 용이한 일은 아니지만 후진적인 특수 지대에서는 더욱 그 곤란을 보게 되는 것이다.

조선인은 그 시대의 사정이 호되게 집중·통제를 요구하면서도 그 현실에서는 집중·통제가 매우 곤란한 정세이니, 그는 현하 소위 객관의 정세가 종래의 관습적 제 경향을 조장하여 전 조선인으로, 민중적 또는 민족적의 구체적인 이상에로, 귀일(歸一) 집중케 할 만한 굳센 단결을 형성키 어렵게 하는 것이다. 조선인은 그 세련된 의식과 선택된 정견(政見)으로 기획적인 당적(黨的) 결속을 대중의 사이에 수립하기에는 아직 이른 편이요, 귀의(歸依)적 숭앙적인 영웅 중심적 단결을 이루기에는 조금 늦었다. 조선인은 새로운 당적(黨的) 결성을 대중화시키는 과학적 현명을 가져올 주비(籌備)를 하기 전에, 벌써 우선 숭앙의 우상부터 멀끔히 파괴해버렸다. 하물며 다난한 사회적 제 정세는 인물로 순조(順調)적인 성장—그 정치적 사회적 성장을 보기에 자못 지난한 형세에 있는 것이니, 이것은 집중통일이 없는 데서 나온 산물이요, 또 집중통일을 못 낳는 둘어미[불임신(不姙娠)의 모성]적 민중으로 되게 하는 시대의 해악이다. 이것을 알기 쉽게 말하자면 [이하 20자 검열에 의한 원문 삭제로 판독 불능―編] 식자·선각들의 비과감(非果敢)적 혹은 비견식(非見識)적, 또 비정열적인 무기력한 태도가 일 장해였고[최근 수삼 년 전까지 비교적 유위(有爲)하던 시기에서 더욱 그러한 사태였다], 그 주관으로서 급진적인 측의 무기획적, 비과학적, 또 비구체(非具體) 발전성적인 일파의 사람들의 소아병적 훤소(喧騷)한 행동도 또 일 장해로 된 것이요, 이 외에 사회적으로 빈곤의 영향이 그 전면에서 상당한 작용을 한 것이라고 하겠다.

[이하 20줄도 검열에 의한 원문 삭제로 판독 불능―編]

4. 말미(末尾)=그의 결사(結辭)

건양(建陽)·광무(光武)의 즈음 '독립협회'란 자 3, 4년간의 경성 중심의 왕성한 운동이 있었으니, 안으로 관계(官界)의 요인들이 그 우이(牛耳)를 잡음이 있었고, 밖으로는 오히려 이해관계에서 서로 결리는 열국의 관계에 의기(意氣)를 고무된 바 있었다. 그 후에 자강협회(自彊協會)와 대한협회(大韓協會)란 자 있었으나, 그는 또한 자국에서의 정권의 장악을 상망(想望)하면서의 정당적 결합으로 되었던 것이다. 오직 적나라한 평지에서 그 민중적 결합을 꾀하던 자로는 발육다난(發育多難)한 중에서 만연(漫然) 해소(解消)하고 말은 왕년의 신간회(新幹會)란 자 그것이었다. 이래 수삼 년에 형세는 다시 변환(變幻)된 목하이다. 만일 그 일진회(一進會)의 출생·확대 및 해체의 전말 같은 것도 조선의 만근(輓近) 정치를 생각하는 자의 사고의 범위 내에서 중요한 재료로 될 것이다.

오늘날에 있어 이를 입론한다 할지라도 전 민중적 결성체도 없이 또는 그를 통하여 수립 구현되는 민중적 총의를 파악함이 없이 절제적, 통제적 및 기획적인 시국에 적응하면서의 정상(正常)한 통과가 불가능한 것이니, 집중·결성의 필요성은 의연 긴절(緊切)한 것이다.

[이하 4줄 검열에 의한 원문 삭제로 판독 불능―編]

일세의 선량 현명한 사녀(士女)는 그 횐소를 떠나서의 문화적 연찬(硏
鑽)·함양에 정진함도 차선적인 과정적 과제요 임무일 것이다. 그러나
돌아보건대 이인들 어찌 용이하랴? 이인들 어찌 용이하랴. 조선인은 그
자기 자신의 향상(向上)적 생존에 아직도 진열(眞熱)한 자기의식이 박약
한 것 같다.

다산 선생 특집
―권두언―

《신조선》 제12호, 1935. 8.

구(舊) 6월 16일은 다산(茶山) 선생이 조선에 나신 기념할 날이다. 다산 선생은 조선 근세사상에 대표적인 대학자로 찬란하게 빛나는 우리의 자랑이다.

그분이 문예부흥의 기운이 무르녹는 영종(英宗) 38년 임오(壬午) 6월로써 나시니, 때는 마침 유신(維新)과 변혁(變革)으로 묵은 나라에도 새 생명을 몰려야 할 즈음에 마주쳤던 까닭에 그 학(學)은 경국소민(經國蘇民)의 온갖 책(策)을 다 세움에 넉넉하도록 뚫고 말았고, 그 성(誠)은 고금성패(古今成敗)의 희미한 자취를 알뜰히 뒤져서 남김이 없도록 밝았으며 그 성(誠)이 당대에서 그치지 아니하여 두어서 백세(百世)를 기다리자 함에 있었으니, 그 공(功)은 치민행정(治民行政)과 형옥치리(刑獄治理)와 축성건루(築城建樓)의 역(役)에 나타남에 그쳤으나, 그 개진조열(開陣條列)한 바 정치·군사·법제·경제로서 잠상(蠶桑)·원예·산림·목축·광산·전폐(錢幣)·미곡·조운(漕運)·조세 등 근세 재정·산업의 제 정책에 미쳤고, 축성·조루(造疊)와 병기(兵器)·기계와 주거(舟車)·복식과 전진대오(戰陣隊伍) 등으로부터 병농협동(兵農協同)과 사회개조(社會改造)의 합리한 제 방법을 마련하여 그 사상·학설은 근세의 정통적 경제학설로부터 국민적 사회공존의 오의(奧義)에까지 뻗쳤으며, 민본주의(民本主義)적인 정치의 이상은 귀족전제(貴族專制)에 향하여 일찍부터 반기를 들기로 하여 만민평등과 인재의 통색(通塞)(계급 타파)을 절규하였으니 룻소의 《민약론(民約論)》이 태서(泰西)에서 홀로 좋았던 바 아니다.

경의(經義)를 변석(辨釋)하여 보수자(保守者)의 탄망(誕妄)을 꺾고 사상 억압의 허위임을 깨치며, 혹 의료보건(醫療保健)을 설(說)하여 민중의 천연(天然)한 행운을 꾀하고, 혹 강역(疆域)의 변천을 고(考)하고 산수(山水)의 경락(經絡)를 술(述)하고 언어의 정부(正否)와 아속(雅俗)을 별(別)하여 문교(文敎)의 일조(一助)됨을 간과하지 안 한 등등, 크면 클수록 작으면 작은 채로 선생 천인(天人)을 꾀일 듯한 성곤(誠悃)이 백세의 후에 더욱 빛남을 깨닫게 하는 자이다.

선생은 일부 추모가 특심(特甚)한 자의 스승만이 아니어서 실로 조선의 국보적인 역사상의 존재이었고, 홀로 또 조선만의 광채가 아니어서 전 동방의 유수(有數)한 존재인 것이다. 선생이 당대에 이미 일생을 건둔(蹇鈍)한 불운 중에 지내었고, 몰(歿)하신 후 백 년에 여지껏 진애(塵埃) 속에 덥혀 둥그렇게 드러내지 못하였으니, 이 한 가지만 보더라도 현대 조선의 쇠퇴사의 일면상(一面相)을 알 것이다.

선생이 헌종(憲宗) 2년 병신(丙申) 2월 22일에 몰(歿)하사 금년이 꼭 백년기(百年忌)에 해당하니, 조선의 학계와 언론계가 마땅히 이를 기념하여 널리 천양(闡揚)시킬 바이다. 이제 신조선사(新朝鮮社)가 비록 미력이나 그로써 사(辭)할 바 못 되는지라, 다시 한번 선생 탄강(誕降)의 날을 맞추어 그 기념 특집의 호를 내기로 하였다. 무릇 신(新)을 세움이 여러 길이로되 그 하나는 실로 옛일을 찾아서 신인식을 일으킴으로써 신생명을 여는 데 있는 바이라. 어찌 다만 해외의 인(人)과 학(學)만이 홀로 그 선미(善美)를 의미할 수 있으랴. 크게 천하 식자에게 외쳐 보낸다.

【편자 주】 저산(樗山)이라는 필명으로 게재되었다.

정다산(丁茶山) 선생 연보

부(附) 아호소고(雅號小考), 병(竝) 저서총목(著書總目)

《신조선》 제12호, 1935. 8.

영조(英祖) 38년(서기 1762년) 임오(壬午) 6월 16일 사시(巳時), 광주군(廣州郡) 초부면(草阜面) 마현리(馬峴里, 말재) 금(今) 광주군(廣州郡) 와부면(瓦阜面) 능내리(陵內里)에서 탄생함. 이 해 장헌태자(莊獻太子)의 변(變)이 있음.

동(同) 44년 무자(戊子) 7세, 비로소 오언한시(五言漢詩)를 지어 "소산폐대산(小山蔽大山) 원근지불동(遠近地不同)"의 구(句)가 있음. 눈썹 위에 손터가 있어 삼미(三眉)로 되었으므로 삼미로 자호(自號)하고, 10세 전 저작으로 《삼미집(三眉集)》이 있어서 선배·장로가 탄상(嘆賞)하게 되었다.

46년 경인(庚寅) 9세, 모부인(母夫人) 윤씨(尹氏) 상(喪)을 만남. 윤씨는 고산(孤山) 윤선도(尹善道)의 후(後)임.

47년 신묘(辛卯) 10세, 경사지학(經史之學)을 배움. 경사(經史)를 본받아 작문 저서(著書)함이, 1년 내에 등신(等身)의 양(量)에 달함.

50년 갑오(甲午) 13세, 두시(杜時)를 방(倣)한 수백 수의 한시를 지음.

52년 병신(丙申) 15세, 2월 무승지(武承旨) 풍산(豊山) 홍화보(洪和輔)의 여(女)와 결혼함. 이 해에 부친 재원(載遠)의 다시 출사(出仕)하심을 따라 경성(京城)에 주(住)함.

정조(正祖) 원년(元年) 정유(丁酉) 16세, 비로소 성호(星湖) 이(李) 선생의 유고를 독(讀)함. 추(秋)에 부친을 따라 화순임소(和順任所)에.

동(同) 3년 기해(己亥) 18세로, 6년 임인(壬寅) 21세까지 경(京)·호(湖)·영남(嶺南) 각지에 다니되 소재(所在)에 독서연학(讀書研學)함을 거두지 아니함.

7년 계묘(癸卯) 22세, 4월 회시과(會試科)에 생원(生員)으로 입격(入格), 선정전(宣政殿)에 사은(謝恩)할 새 상(上)이 특히 거안(擧顔)하라 하시고 연령을 물으심. 이 해 9월 12일 장자 학연(學淵)이 생(生)함.

8년 갑진(甲辰) 23세, 하(夏)에 《중용강의(中庸講義)》를 진(進)함. 광암(曠菴) 이벽(李檗)에 의하여 서국(西國) 학문의 풍(風)을 앎.

11년 정미(丁未) 26세, 중희당(重熙堂)에 입시(入侍)하였더니, 추후(追後)로 정조께서 승지(承旨) 홍인호(洪仁浩)를 시키사 병학통(兵學通)을 하사(下賜)하시며 '겸유장재(兼有將材), 특사차서(特賜此書)'의 교(敎)가 있음.

30년[13년의 오기-編] 기유(己酉) 28세, 전시(殿試)에 급제(及第)함. 동(冬)에 주교(舟橋)의 역(役)이 있어 그 규제(規制)를 진(陳)함.

14년 경술(庚戌) 29세, 3월 엄지(嚴旨)로 해미(海美)에 정배(定配)됨. 유환(宥還)하는 도차(途次) 온양온천(溫陽溫泉)에서 장헌태자(莊獻太子) 수식(手植)한 괴수(槐樹)를 축단(築壇) 기념케 함. 9월 사헌부(司憲府) 지평(持平)으로 훈련원(訓練院) 무시(武試)를 감찰(監察)하여 지방(地方) 원인(遠人)의 재기(才技) 우수한 자를 다수 선출함.

15년 신해(辛亥) 30세, 호남(湖南) 권상연(權尙然), 윤지충(尹持忠)의 옥(獄)이 있어 이기경(李基慶), 홍락안(洪樂安) 등의 구화(搆禍)가 있음.

16년 임자(壬子) 31세, 홍문관(弘文館) 수찬(修撰)으로 부친(父親)의 상(喪)을 진주(晋州)에서 만남. 동(冬)에 수원성제(水原城制)를 진(進)함. 기중가설도(起重架說圖)·활차(滑車)·고륜(鼓輪)의 제(制)를 사용한바 정조께서 4만 민(緡)의 경비를 생(省)함을 추장(推奬)하심.

18년 갑인(甲寅) 33세, 경기암행어사로 연천(漣川) 방면을 순(巡)함.

19년 을묘(乙卯) 34세, 동부승지(同副承旨)로 병조참의(兵曹參議)를 배(拜)함. 7월 주문모옥사(周文謨獄事)로 선생의 삼형(三兄) 손암(巽菴) 정약전(丁若銓) 등이 모두 좌(坐)하고 일파의 구송(搆訟)이 심하므로 폄(貶)하여 금정도찰방(金井道察訪)이 됨. 어시(於是)에 선생이 목제(木齊) 이삼환(李森煥) 등과 온양(溫陽) 석암사(石巖寺)에 모이어 축일강학(逐日講學)한바 〈서암강학기(西巖講學記)〉가 성(成)함. 성호(星湖) 유고(遺稿)를 수교(讐校) 완성(完成)함. 《도산사숙록(陶山私淑錄)》 33칙(則)을 세움.

20년 병진(丙辰) 35세, 이 해에 몽환(蒙還)하여 병조참지(兵曹參知),

좌부승지(左副承旨)를 제(除)하다.

　21년 정사(丁巳) 36세, 일파(一派)의 사학구소(邪學搆訴)로 인하여 자인소(自引疏)를 올림. 6월 2일 곡산부사(谷山府使)에 폄(貶)함. 정조께서 "정욕일번진용(正欲一番進用)이나 의론(議論)이 방다(芳多)하니 부지하고(不知何故)로다. 약지(略遲) □년(年)이라도 무방(無防)하니 행(行)하라, 차소지의(且召之矣)리라"의 敎가 있음.
　동(冬)에 《마과회통(麻科會通)》 12권이 성(成)함.

　22년 무오(戊午) 37세, 4월 《사기영선집주(史記英選集註)》를 진(進)함.

　23년 기미(己未) 37세, 곡산부사(谷山府使) 수년(數年)에 민정·재정·형정 등이 대치(大治)하여 택국이민(澤國利民)의 포부가 크게 실현됨. 4월에 병조참지(兵曹參知)에 내제(內除)되어 입경(入京)하매 형조참의(刑曹參議)를 배(拜)함. 중다(衆多)한 의옥(疑獄)에 판결이 정명(精明)함. 6월 지우(知遇)가 높아가매 일파(一派)의 구화(搆禍)가 우심(尤甚)하여 선생은 상소자명(上疏自明)하고 포체(包遞)함.

　24년 경신(庚申) 39세, 선생 귀전(歸田)의 계(計)를 결(決)함.
　6월 28일 정조께서 승하하심. 이 해에 《문헌비고간오(文獻備考刊誤)》가 성(成)함.

　순조(純祖) 원년 신유(辛酉) 40세, 2월 9일 서학안(西學案)에 좌(坐)하여 나수(拿囚)됨. 시옥(是獄)에 손암(巽菴)은 신지도(薪智島)에 배(配)하고, 중형(仲兄) 정약종(丁若鍾)은 피화(被禍)하고, 선생은 3월로 장기(長鬐)에 배(配)하여 《이아술(爾雅述)》 6권을 저(著)하고 《기해방례변(己亥

邦禮辨)》을 지은 바, 각(各) 옥중(獄中)에 일(逸)함.

하(夏)에 《백언시(百諺詩)》가 성(成)함.

10월에 동옥(冬獄)이 재발되어 손암은 흑산도에, 선생은 강진(康津)에 유배함. 허다한 시(詩)의 음영(吟詠)이 있음.

2년 임술(壬戌) 41세, 사자(四子) 농장(農牂)의 요절한 부(訃)를 접함. 선생 나수(拿囚)의 제(際)에 초천향제(苕川鄕第)에는 계견(鷄犬)이 남지 않고, 정조 하사의 서(書)도 일(逸)함에 지(至)함.

3년 계해(癸亥) 42세, 춘(春)에 《단궁잠오(檀弓箴誤)》가 성(成)함, 하(夏)에 《조전고(弔奠考)》가 성(成)함.

4년 갑자(甲子) 43세, 춘(春)에 《아학편훈의(兒學編訓義)》가 성(成)함.

5년 을축(乙丑) 44세, 하(夏)에 《정체전중변(正體傳重辨)》이 성(成)함. 일명 《기해방례변(己亥邦禮辨)》이니 3권임.

동(冬)에 장자(長子) 학연(學淵)이 내근(來覲)하므로 보은산방(寶恩山房)에서 역례(易禮)를 강(講)하여 《승암문답(僧庵問答)》 52칙(則)을 지음.

7년 정묘(丁卯) 46세, 7월에 형자(兄子) 학초(學樵)의 부(訃)를 접함. 동(冬)에 《상례사전(喪禮四箋)》의 〈상구정(喪具訂)〉이 성(成)함.

8년 무진(戊辰) 47세, 춘(春)에 다산서옥(茶山書屋)에 이거(移居)함. 《다산문답(茶山問答)》 1권, 《다산제생증언(茶山諸生贈言)》을 짓고 하(夏)에 〈가계(家誡)〉를 서(書)함.

동(冬)에 《제례고정(祭禮考定)》이 성(成)함. 동(冬)에 《주역심전(周易

心箋)》 24권이 성(成)함. 〈독역요지(讀易要旨)〉 18칙을 저(著)함, 《역례비석(易禮比釋)》을 술함, 《춘추관점(春秋官占)》을 보주(補注)하고 동역(同易) 전해(箋解)[《주역전해(周易箋解)》—編]를 별저(別著)함 외에 《주역서언(周易緖言)》 12권을 저(著)함.

9년 기사(己巳) 48세, 춘(春)에 《상례사전(喪禮四箋)》의 〈상복상(喪服商)〉이 성(成)함. 추(秋)에 《시경강의산록(詩經講議刪錄)》이 성(成)함.

10년 경오(庚午) 49세, 춘(春)에 《시경강의보(詩經講義補)》·《관례작의(冠禮酌儀)》·《가례작의(嘉禮酌儀)》가 성(成)함.
추(秋)에 〈상손암공서(上巽菴公書)〉를 서(書)함.
9월 장자(長子) 학연의 명소(鳴訴)가 있어 은유(恩宥)를 받았으나 섬인배(憸人輩)의 저해(沮害)가 있어 몽방(蒙放)치 못함.
동(冬)에 《소학주관(小學珠串)》이 성(成)함.

11년 신미(辛未) 50세, 춘(春)에 《아방강역고(我邦疆域考)》가 성(成)함.
동(冬)에 《상례사전》의 〈상기별(喪期別)〉이 성(成)함.

12년 임신(壬申) 51세, 춘(春)에 계부(季父) 가정(稼亭)의 부(訃)를 승(承)함. 춘(春)에 《민보의(民堡議)》 3권이 성(成)함[홍경래난에 감(感)한 바 있음이라].
동(冬)에 《춘추고징(春秋考徵)》 12권이 성(成)함.

13년 계유(癸酉) 52세, 동(冬)에 《논어고금주(論語古今註)》 40권이 성(成)함.

14년 갑술(甲戌) 53세, 하(夏) 4월에 금부(禁府)가 해환(解還)코저 하다가 섬인배(憸人輩)의 저해로 중지됨.

하(夏)에 《맹자요의(孟子要義)》 9권이 성(成)함. 추(秋)에 《대학공의(大學公議)》 3권, 《중용자잠(中庸自箴)》 3권, 《중용강의보(中庸講義補)》가 성(成)함.

동(冬)에 《대동수경(大東水經)》이 성(成)함.

15년 을해(乙亥) 54세, 춘(春)에 《심경밀험(心經密驗)》·《소학지언(小學枝言)》 2서(書)가 성(成)함.

16년 병자(丙子) 55세, 춘(春)에 《악서고존(樂書孤存)》이 성(成)함. 하(夏) 6월 6일 삼형(三兄) 손암 선생의 부(訃)를 승(承)함.

17년 정축(丁丑) 56세, 추(秋)에 《상의절요(喪儀節要)》가 성(成)함. 《방례초본(邦禮草本)》·《경세유표(經世遺表)》 편집 중이었으나 미료(未了)함[범(凡) 49권].

18년 무인(戊寅) 57세, 춘(春)에 《목민심서(牧民心書)》가 성(成)함. 하(夏)에 《국조전례고(國朝典禮考)》가 성(成)함. 추(秋) 8월에 이태순(李泰淳)의 상소에 의하여 9월에 다산을 떠나 14일에 열수(洌水) 본제(本第)[즉 마현(馬峴)]에 귀환함.

19년 기묘(己卯) 58세, 하(夏)에 《흠흠신서(欽欽新書)》가 성함. 동(冬)에 《아언각비(雅言覺非)》가 성(成)함.

20년[21년의 오기－編] 신사(辛巳) 60세, 춘(春)에 《사대고례산보(事大

考例刪補)》가 성(成)함(26편).

추(秋) 9월에 백형(伯兄) 정약현(鄭若鉉)의 상(喪)을 만남.

22년 임오(壬午) 61세, 〈광명(壙銘)〉을 자찬(自撰)함.

6월에 신작(申綽)에 답하여 육향지제(六鄕之制)를 논함.

34년 갑오(甲午) 73세, 춘(春)에 《상서고훈(尙書古訓)》, 《지원록(知遠錄)》 개수(改修) 합편(合編) 21권이 성(成)함.

추(秋)에 《매씨서평(梅氏書平)》[《매씨상서평(梅氏尙書平)》-編] 개정(改正)이 성(成)함.

헌종(憲宗) 2년(서기 1836) 병신(丙申) 75세[거금만백년(距今滿百年)].

2월 22일 진시(辰時) 열상정침(洌上正寢)에서 졸(卒)함.

시일(是日) 진각(辰刻)에 대풍(大風)이 권지(捲地)하고 일광(日光)이 박암(薄暗)하고 매기(霾氣)가 포황(舖黃)하였다.

동년 4월 1일 여유당(與猶堂)의 당후(堂後)인 마현리(馬峴里, 陵內里) 자좌지원(子坐之原)에 장(葬)함.

순종(純宗) 융희(隆熙) 4년 7월 18일 정헌대부(正憲大夫) 시(諡) 문도공(文度公)을 증(贈)함.

저서총목(著書總目)

《모시강의(毛詩講議)》 12권 《모시강의보(毛詩同講議補)》 3권

《매씨상서평(梅氏尙書平)》 10권 《상서고훈(尙書古訓)》 21권

(《상서지원록(尙書知遠錄)》은 상(上)에 합함)

《상례사전(喪禮四箋)》 50권　　《상례외편(喪禮外篇)》 12권

《사례가식(四禮家式)》 9권　　《악서고존(樂書孤存)》 12권

《주역심전(周易心箋)》 24권　　《역학서언(易學緒言)》 12권

《춘추고징(春秋考徵)》 10권　　《논어고금주(論語古今註)》 40권

《맹자요의(孟子要義)》 9권　　《중용자잠(中庸自箴)》 3권

《중용강의보(中庸講義補)》 6권　　《대학공의(大學公議)》 3권

《희정당대학강록(熙政堂大學講錄)》 1권　　《소학보전(小學補箋)》 1권

《심경밀험(心經密驗)》 2권.

　이상 공(共) 232권.

《시율(詩律)》 6권　　《논의책등제문(論議策等諸文)》 60권

《경세유표(經世遺表)》 49권　　《목민심서(牧民心書)》 48권

《흠흠신서(欽欽新書)》 30권　　《아방비어고(我邦備禦考)》 30권

《아방강역고(我邦疆域考)》 10권　　《전례고(典禮考)》 2권

《대동수경(大東水經)》 4권　　《소학주관(小學珠串)》 3권

《아언각비(雅言覺非)》 3권　　《마과회통(麻科會通)》 12권

《의령(醫零)》 1권　　《문헌비고간오(文獻備考刊誤)》 1권

　이상 259권.

　양부(兩部) 합계 491권으로 미성(未成)한 자를 제(除)하고 적의합편(適宜合編)하여 약 150권 70 수(數) 책의 대저서로 될 자이다. 시문(詩文)에서도 선생 독특의 포부·경륜을 발표한 것으로 실로 공전(空前)한 저작이다.

아호소고(雅號小考)

아호는 《신조선》 잡지를 통하여 소개된 바 있거니와 이를 열거하면

1. 삼미(三眉) : 유년시대의 호.

2. 사암(俟菴) : 이것은 청년 시대의 칭호로 "군자불수물(君子不隨物)
…… 백세오가사(百世吾可俟)"의 시와 강진에 유배된 후의 "갈역전적
내(竭力典籍內). 이사백세후(以俟百世後)" 등 시로서 그 취의를 잘 알
것이니 대표적 아호의 하나이오.

3. 다산(茶山) : 순조 8년 무진(戊辰) 춘(春)에 다산서옥에 이거하신 후
의 지명 잉용(仍用)의 아호로서 가장 널리 알리어진 자이다. 선생은
다(茶)를 기호(嗜好)하셨고, 또 산다화(山茶花)를 좋아하여 그 음영
(吟詠)에 가장 많이 드러났다.

4. 죽옹(竹翁)·탁옹(籜翁)·균옹(筠翁) 등의 아호를 겸용하셨다.

5. 여유당(與猶堂) : 다산에서 마현(馬峴) 고리(故里)에 돌아온 후 노자
《도덕경》의 "여혜(與兮), 약동섭천(若冬涉川) 유호(猶乎). 약외사린
(若畏四隣)"의 의(意)를 따서 그 '불가득이(不可得已)'의 우의(寓意)를
표한 만년의 호이니, 마현 고리에는 여유당 고택이 있어 왕년[1925년
－編] 을축홍수(乙丑洪水)에 전가(全家)가 표류되기까지 보존되었던
바이다.

6. 열수(洌水) : 선생 고거(古居)가 즉 열수(洌水)인 한강물의 가이므로
지명을 좇아 열수라고 한 것이다.

   선생 수정(手定)하신 《여유당전집(與猶堂全集)》에는 〈열수집(洌水
集)〉, 〈사암집(俟菴集)〉 등의 제호로 된 자 많다.

－6월 25일 근고(謹稿)－

【편자 주】 이 글은 저산후학(樗山後學)이란 이름으로 발표하였다.

　　정약용의 〈자찬묘지명(自撰墓誌銘)〉에 따르자면 다산의 저작은 경집(經集) 232권, 문집(文集) 267권으로 되어 있다. 여기에 빠진 《민보의》 3권, 《풍수집의(風水集議)》 3권, 《문헌비고간오》 3권을 합하면 문집은 276권이 되어, 도합 508권의 대 저작이다. 1936년 신조선사에서 정인보·안재홍 등이 교열한 활자본 전질(全帙)인 《여유당전서》는 〈자찬묘지명〉의 차례와 다르게 편집되었다. 1960년 문헌편찬위원회에서는 《여유당전서》에 《민보의》를 더하여 국판 상·중·하·보유(補遺) 4권으로 《정다선전서(丁茶山全書)》라 개제하여 영인하였다.

조선 학생에게 주고 싶은 말

《학등(學燈)》, 1935. 12.

1. 학생 제군(諸君)은 조선 청년으로서는 우선 행운의 제일보를 걷는 사람을 자인하시라.

2. 늘 읽고 늘 일하는 것이 식자로 또 선구자로 될 제군의 생활의 태도이어야 할 것입니다.

3. 오늘날의 시대에 이 조선 땅에 태어난 것이 그것이 깊은 인연이요 책임인 것을 깨달읍시다.

4. '과학, 기술, 관리의 간능(幹能)'은 신시대 수학(修學)의 일 표어로 됩니다.

【편자 주】이 글은 해외의 조선인 유학생에게 당부하는 것으로, 〈해외유학인상기(海外留學印象記)〉에 현상윤(玄相允)의 글과 함께 덧붙여져 있다.

아사달 사회의 발전
— 조선 개국사(開國史)의 측면관 —

《조광》제2권 제2호, 1936. 2.

아득한 옛날이다. 그 시대는 대체 지금부터 50세기 이전에 가까운 때이었다고 생각되나, 이를 숫자적으로 판단키는 쉽지 않을 만치 매우 오랜 옛적이다. 동북아세아의 진인(震人)으로 일컬을 종족이 몰려 살고 있었으니, 그는 '퉁그쓰'라고 범칭되는 사람들이다. 그들은 서방에서 옮겨 온 아직도 미개한 인민들로, 그 생활은 초근목실(草根木實)과 수륙의 동물을 얻어들임과 잡어들임으로써 지탱하여 가는 수집과 어렵(漁獵)의 경제상태로서 '내 것, 네 것' 하는 사유(私有)의 관념이 미처 성립치 않은 원시시대에 있는 사회이었다. 그들은 맨 처음 이 동방에서 남다른 생활의 아퀴를 지어가는 선진(先進)의 인민이었던 것이다. 북방의 땅이 산 높고 들 넓고 풍기(風氣)가 굳세고 찬 편인데, 높고 깨끗한 하늘에 낮에는 장엄한 태양의 햇발이요, 밤이면 찬란한 별과 돌[달—編]과 소리 없이 돌아가는 은하의 웅대함 등의 숭엄웅박(崇嚴雄博)한 자연계의 광경인고로, 이런 시대의 다른 겨레들처럼 자연숭배적인 신앙감정이 그들의 노동행위의 이면을 지배하되, 천계(天界)에 문(問)한 신앙은 어렴풋한 '대신(大神)' 숭신(崇神)의 개념으로 하누님을 믿게 되었고, 덩그렇게 치솟아 푸른 하늘을 꾀일 듯 높은 봉에 감돌은 구름이 뭉칠락 슬어질락 표묘(縹渺) 신비한 느낌을 그들의 가슴속에 자아 일으키는 동안, 산악은 하늘의 신이 오르내리고 땅의 영(靈)들이 모여 의지하는 속계(俗界)의 성

소(聖所)로 여겨 산악숭배의 민속이 갈수록 깊게 되었다. 그들의 사회에
는 이렇다 할 조직이 없고 오직 그 혈족관계라는 본시적인 조건에서 한
‘겨레’가 서로 믿고 ‘결리’어 지내게 되었으니, 부부와 부모와 이를 출발
로 삼은 가족제도도 생기기 훨씬 전이므로 오직 온 겨레의 가장 조거리
‘아주머니(아지어머니)’되는 대모(大母)를 어른으로 모시어 자기를 낳신
‘어머이’의 외에 ‘언니’와 ‘누이’와의 수많은 동렬이 있고, ‘어머이’의 ‘어머
이’는 ‘한어머’이라고 해서 근대 조모(祖母)인 어의(語意)와 동일하게 쓰
던 것이다. 그들은 처음에는 멀리 바라보아 적을 경계하고 또 생활의 자
료를 두루 살피고 하는 필요에 따라 대개 높다란 산지대에 많이 살았으
니, 그러므로 ‘따’(地, 地域)가 즉 산봉(山峰)[따, 達], 산봉 즉 ‘지역(地域)’
으로 일정한 생활근거지라는 개념을 구성하였다. 이는 후세의 사유(私
有)의 제(制)가 확립한 조건에서 건설된 영토와 인민과 주권의 결성으로
서의 ‘나라’와 크게 그 취지를 달리한 바이었다.

　그들의 사회에서 가장 긴요 중대한 일은 한편에서 먹고, 입고, 몸잡어
드는 의·식·주의 영양계통의 일이고, 또 한편에서는 ‘아이’를 낳아 길
러내는 생식계통의 일이니, 이미 부부·부자의 제(制)가 없었는지라 여
성인 ‘엄어이’가 퍽은 소중하게 대접되게 되었고, 인명(人名)이 ‘배[孕]’어
자라나는 ‘배[腹]’가 인체에서도 매우 소중한 부분이 되었으며, ‘아이’가
‘해산’되어 나오는 문을 ‘종(種)’의 ‘관구(關口)’로 여기게까지 되었다. 이
미 아버지가 없는 세상이요, 어머이 홀로 존귀한데, 혈족 중에 추장(酋
長)의 지위에 서게 되는 ‘아지어머이’가 그 사회의 일을 모두 보살피는
어른일뿐더러 따로 하늘과 신을 섬기고 그들의 재난을 ‘푸리’하며 ‘복’을
비는 신사(神事)의 어른으로도 되매, 그는 마치 신앙 수호자인 듯한 갸
륵한 특권적인 지위에 올라앉게 되어 그 사회에서 더욱 존귀하게 되었
다. 이것이 한 제도상에서의 ‘아지어머이’로 되니, 즉 여계추장(女系酋長)

으로서 혈족사회의 군장(君長)적인 기관인 자이었고, 거기에 차차 어지[仁]신 '아씨'로서의 존호(尊號)적인 경칭을 붙이게 되매, 그는 마치 '임금', 혹은 '제왕(帝王)' 마찬가지의 그때의 존재로 되었다.

  그러나 언제까지든지 한 혈족의 사람들이 한 고장에서만 움적움적 들끓고 있기에는 여러 가지 생활수단이 이를 허치 않는 것이매, 그 소속한 성원이 불어갈수록 그들의 떼[部]는 인근의 따에서부터 점점 더 멀리 퍼져나아가게 되었으니, 퍼져나간 지파(支派)적 떼가 살고 있는 모든 따에서 보거나, 또는 그들 모든 '따'를 통틀어 올 때에는 그 본거요 고향인 '아씨'가 있는 '따'가, 즉 '아씨다' 또는 '아지따'로 관념되고 칭호되게 될 밖에 없었다. 다만 '따'라고만 일컬을 바 아니어서, 평원이면 '아씨벌'이요, '개[浦]'면 '아지개', 나루이면 '아씨나루', 이 모양으로 경우를 따라 각각 변할 수 있는 것이었나니, 산악일 경우에는 아사달이요, 평원인 경우에는 음즙벌(音汁伐)[국(國)]이요, '개'인 경우에는 아진포(阿珍浦)요, '나루'인 경우에는 아사진(阿斯津)이요, '마을'인 경우에는 아시촌(阿尸村)이요, '성읍'인 경우에는 아진함성(阿珍含城)인 등, 상고사서(上古史書)에 헤어져 보인 바가 하나 둘로 헤아릴 바가 아니다[아사달은 아사산(阿斯山)으로만 역(譯)할 바 아니니 '달(達)' 즉 '지역'으로 볼 수 있고, 또는 '아씨' 지역의 대표적인 진산(鎭山)으로 이 명칭이 붙을 수도 있는 것이다].

  '아지, 어머이'는 현대에서 '소모(小母)'이지마는 고대에서는 성모(聖母)이니, '아씨'의 존호는 당연 성모일 수 있는 것이다. 맨 처음 혈족의 어른으로, 즉 그의 어른으로, 즉 그의 수장으로서의 지위가 그의 신앙의 수호자인 점에서 신사(神事)의 집행기관이자 또 신의(神意)의 대행자로 되는 것이니, 이것이 그 시대에서도 문화적 상념이 진보됨을 쫓아 성모인 개념이 구성될 수 있는 일이려니와, 만일 1단계의 진보된 사회형태로서의 다음인 시대에서 이를 회고할 때이면, '아씨'는 분명한 성모인 존재이었을 것이다.

백두산(白頭山)이 최고위의 성모산(聖母山)일 것은 백악(白岳)의 일명이 반드시 아사달 되는 예에서 의심이 없고, 구월산(九月山)이 백악이자 일 아사달이요, 경성의 백악도 일 아사달이요, 대동강(大同江)[민세에 의해 가운데 '同'자가 지워지고 '大江'으로 고쳐져 있다—編]의 고명(古名)이 아사달이요, 합이빈(哈爾濱) 부근인 송화강(松花江)의 지류에는 아십하(阿什河)가 있다. 신라 탈해왕기(脫解王記)에 아진포(阿珍浦)가 있으니 '아짓개'로서 성모포(聖母浦)이요, 동문(同文)에, "시(時)에 포변일구(浦邊一嫗)가 명(名)은 아진의선(阿珍義先)이니 내혁거왕지(乃赫居王之) 해척지모(海尺之母)"라고 하였으니 '아진의선'은 '아지오머'의 이두식(吏讀式) 한역(漢譯)이다. 신라 본기 파사왕(婆娑王) 23년에 음즙벌국(音汁伐國)의 기사가 있으니, 음즙벌은 '으지벌'로 아사원(阿斯原)의 별역(別譯)이요, 성모원(聖母原)을 의미하는 자이다. 동(同) 지증왕(智證王) 15년에 '치소경어(置小京於) 아시촌(阿尸村)'의 기록이 있으니 아시촌은 '아씨마을'이요, 동 문무왕(文武王) 7년조에 '역(歷) 아진함성(阿珍含城)하여 지한성(至漢城)하다'의 문구가 있으니 한성의 서린(西隣)에 '아지암'성이 있었음이다. 혁거세(赫居世) 임금의 어머니가 선도성모(仙桃聖母)로서 아진의선인 '아지오머'이니 이는 부가장제도(父家長制度)인 남계 중심의 사회로 되자 혁거세 임금이 근세적 국가를 창설하게 되기 이전 여계 중심인 성모시대가 있었음을 의미함이요, 영일군(迎日郡)에 있는 남해왕(南解王)의 모후(母后)라는 운제산(雲梯[어지]山) 성모(聖母)도 이와 동일한 자이며, 지리산 천왕봉에 성모천왕의 석상이 있어 전역무축(全域巫祝)의 성지와 본존(本尊)으로 되었으니, 이는 성모가 신앙의 수호자요 신사의 집행자이던 유풍을 이음이다. 아사달의 하나인 경성의 백악산에도 석주(石洲) 권필(權鞸)의 시대(광해 임금)에까지 이 성모의 유운(遺韻)을 이은 정녀사(貞女祠)가 있어 그에 관한 일편의 이야기를 남기고 있다. 이상 성모산(山)·성모진(津)·성모하(河)·성모포(浦)·성모원(原)·성모촌(村)·성모성(城) 등등은 모두 여계 중심 시대인 아사달 사회의 문화적 모습이 머무른 자이다.

아사달의 사회는 필연으로 발전되어가는 것이었으나, 다만 지극히 느린 그 진보의 보조는 여러 10세기의 동안 마치 달팽이 걸음처럼 답답하도록 더디었다. 그러나 그들은 그 얻음[蒐集]과 잡어들이[漁獵]는 원시적 생활수단에서 차차 원시적인 무기의 발명과 올무·그물 등의 창작을 지나 드디어 수렵과 목축의 경제형태까지 과정하고 원시적인 원예농업에까지 그 문화형태가 앙양(昻揚)하게 되었다. 그들의 사회에는 책(柵)으로써 둘러막은 공동가옥인 '울'(?)이 없어진 대신 차차 부부와 그 가족을 일단(一團)씩 담는 주택으로서의 '움'과 '집'들이 생기었고, 어머니·아버지와 언니·누나와 숙부인 아저씨와 숙모로서의 아주머니와 조카와 며느리 혹은 사위 등의 분별이 생기게 되었으니, 그는 후세 가족주의의 배종(胚種)으로서 차차 그 문화적 형태를 갖추어오게 된 것이다. 그들의 사회에는 목축의 목적물로 개와 소와 말과 돼지와 닭 등의 길짐승·날짐승이 그의 공동소속으로부터 차차 일 가족의 소유로 되게 되었고, 경작만은 각 부락에서 각각 그 부족들의 공동경작의 원예농업지로서 조솔(粗率)하나마 점점 정리되고 있었다가, 그들의 경제생활이 이처럼 변동됨과 아울러 그들의 사회조직은 이미 저급의 형태인 혈족집단의 생활로부터 각개의 씨족적 집단을 총합하는 부족사회가 생겼고, 부족간의 연락 때문에 공동한 기관으로서의 세습적인 수장(首長)의 선거가 있었고, 그러고도 공동한 연결 및 그 대외적인 전수(戰守)의 사무 때문에 신앙의 수호자요, 겸하여 군무(軍務) 수장인 앙양된 형태로서의 중요한 기관이 나타나게 되었다.

그들의 씨족은 후세 무수한 혁명적인 사변에 인하여 그 원형을 머무르지 못하였으나, 대개 범씨족·곰씨족 혹은 돗씨족·소씨족·닭씨족 등등 동물에 인연된 바 많았다. 그리고 그들의 사회에서는 그 수장이나 또는 존귀한 신분 및 지위를 가진 자를 '기'[후세 공(公)을 기] 혹 '지'라고 일컫게 되었으매, 여계(女系)의 분파적인 수장을 지어머이[후세 부(夫)를 지아비]라고 하여 남녀의 수장이 왕왕 병립하는 전연 과도적인 형태로 되었다.

이러한 사회발전의 혁명적인 형태는 당연히 그 전시대를 들어 역사적, 정치적 일대 비약과정을 밟게 되었으니, 사회의 정세는 필연으로 남성을 중심으로 일단(一段)의 통제 집중적인 신(新)사회를 구성하게 되고 말은 것이었다. 그들은 아득한 옛날부터 지극 완만한 걸음으로 추진해오던 원시사회의 껍질을 벗어치우고, 이제 일대 혁명적인 시설(施設) 도정(途程)에 뛰어들게 되었다.

그들의 사회에서는 사람에 관한 일에서부터 비롯하여 차차 그 주위의 자연인 산하와 천계(天界)에까지 그 관찰과 상념과 모든 의식이 미치게 되었던 것이다. 그들은 빈약한 원시적인 생리(生理)의 지식과 극히 조솔(粗率)한 사회생활의 개념에서 살(생활) 때부터 생식기능의 함축의 곳인 배[腹]와 배[孕]어서 낳는 생식행위의 매우 존귀 신성함을 믿었고, 한편으로 자기들이 오랫동안 모여 살아 이미 그 구원(久遠)한 발상지를 믿게 되던 높은 산, 맑은 내[川]와 편편한 벌이 싸돌고 감돌은 고장은 즉 자기들의 갸륵한 원생지(原生地)로 여기고 믿게 되었으매, 그 고장을 잉양(孕壤)·복야(腹野)로 관념하게 되어 '배따', 혹은 '배들', 또는 '배어들' 등으로 일컫게 되었으니, 그 고장은 대체로 예전부터 대대로 전하여 내려오던 '아씨따' 혹은 '아씨벌'이었으매, '아사달(阿斯達)'·'아사진(阿斯津)'의 사회는 어느덧 백악(白岳)·백아강(白牙崗)·평양(平壤) 등등으로 고쳐 일컫게 되었다.

악(岳)·강(崗)은 즉 산(山)으로 고어(古語) '달(達)'과 통하고 양(壤)은 '따' 혹 '들'에 통하니, 백악은 배달로 '배' 따, 백아강은 '배어따', 평양은 '폐들' 즉 '배들'에 상당하고 또는 '배내'에도 통함.

그들의 원생지가 '배들'뿐 아니라 그의 진산(鎭山)은 배달이었고 그 내는 배내이었으니, 백산(白山)·패수(浿水)·백악·백강(白江)이 평양·평나(平那)의 후대(後代)적인 지명과 전연 동일 어의인 것이다. 그런데 남계(男系) 수장으로써 이미 이 사회의 정치적 영도권을 장악하게 되었던 역사적 정세는 그 중에서 가장 영웅적인 인물이 나타나서 그의 신앙 수호자로서와 군무 수장으로서의 사회적 우월한 지위를 자(藉)함까지 있어, 드디어 전 부족사회의 사람을 모아 일대 획기적인 문법(文法)과 약속으로 부족 연합의 근세류(近世流)의 국가의 선구를 형성하게 되었고, 추대되어 그 태조(太祖)적인 지위에 오른 자 있었으니, 그는 즉 단군왕검(檀君王儉)이시었던 것이다. 단군왕검이 처하시던 고장은 아사달 사회의 중에서도 가장 지상(至上)적인 아사달로 후세류(後世流)로는 제도(帝都) 황경류(皇京流)의 거대한 지위이었으매 그 세력을 계승 및 확대함이 자못 유리한 형세이었나니, 그 거하신 곳은 즉 왕검성(王儉城)인 평양이었고, 그 산은 모든 백산에 대한 태백산(太白山)이었고, 그 내는 패하(浿河, 또는 백강)이었고, 이러한 도시국가의 형태로서의 평양(배들)이 더욱더욱 그 연결·통제와 번연(繁衍)·광무(廣袤)를 보게까지 되매, 드디어는 부여국 '배어나라'로서의 통치권을 형성하게 되었다. 빈아병(貧兒兵)[兵은 岳의 오기인 듯—編]·비류수(沸流水)가 그대로 백악(白岳)·패하(浿河)이자 또 평양·부여와도 동일 어원에서 먼저 나온 바이다. "내왕이천재(乃往二千載)에 유단군왕검(有壇君王儉)하여 입도아사달(立都阿斯達)하고 개국호조선(開國號朝鮮)"이라고 하고, 아사달(阿斯達)은 "적운백병(赤云白兵)"[赤云·白兵은 亦云·白岳의 오기인 듯—編]

이라고 주석한 일연(一然) 사(師)의 《삼국유사》는 실로 그 고사(古史)의 정곡을 전한 것이요, 북부여·동부여 등 많은 부여국의 기록을 한토(漢土) 문헌에 머물던 것은 그 유래 연원이 깊고 먼 것을 알 만하다.

이와 같이 발전되는 아사달의 사회는 드디어 백아강의 사회로, 백악의 사회로, 그리고 또 평양의 사회로 되어 한 개의 나라의 형태를 갖추게 되었으니, 단군왕검은 즉 '당걸왕곰'으로서 황제·천자적인 지위에 임하게 된 바이다. '왕곰'은 대군(大君) 혹 대왕 또는 제(帝)에 해당한 지위이요, 지방의 수장으로 그 봉건적 분거상태에 있는 '따곰'으로 일컫던 터이었나니, 그 유풍은 고려시대까지도 전혀 없어지지 않아 《고려사》 성종 6년의 조(條)에는 9월 무진(戊辰)에 "개제촌대감제감(改諸村大監弟監)하여 위촌장촌정(爲村長村正)하다"의 기록으로 나타나 있다. 한양조(漢陽朝)에 와서 정2품 이상의 고관에게 존칭으로 쓰게 된 대감도 실은 이 지방 수장인 '따곰'에서 기원된 바이요, 이것이 혹 '따기'로도 병칭되었던 바이니, 즉 지방공(地方公)[기]·후(侯)로 □역(□譯)할 수 있는 자이다. [박계관청(朴鷄官廳)은 시골 '따기'의 관청이란 말의 이두식의 오훈(誤訓)이다.] 그러나 복잡화한 사회의 형태는 벌써 이미 각층(各層)적인 조직으로 되어 아지엄 시대의 간소(簡素) 단조(單調)하던 자 아니었나니, 그 국가적 영조(營造) 형태에서부터 그 전에는 공동가옥에 외곽으로 둘러막았던 목책(木柵)이던 자로부터 일정한 구역으로서의 울과 평원에 있는 토축(土築) 혹 석축(石築)으로서의 '불'이 있어 그 도시인 수부(首府)에는 어디보다도 완고한 '불'(성벽)로 방호(防護)되었고, 그중에도 '덩걸'천왕이신 '왕곰'의 계신 곳에는 성채(城砦)인 '실'이 건조되었으며, '배어'신궁(백악궁)이나 '나을'신궁(奈乙神宮) 유(流)의 '굳'인 제전(祭典)을 집행하는 '굳실'이 따로 있게 되었나니, 대체로 사회조직이 병정(兵政)의 부(部)와 신사(神事)의 도(都)로 분화적 발전을 이루었고, 외

(外)에 산업경제의 방면을 담당하는 부대(部隊)도 있게 되어 원시사회가 이에서 새로이 각종의 분업적인 계급형태를 나타내게 되었으니, '왕곱'의 상거(常居)하시는 성채는 '배어실'(평양성)이라 거기에 상임(常任)적 봉사로 병사(兵事)·민정(民政)의 방면에 진력하는 무사계급적인 자들은 '배어실'─'아치'로서 후세에 공경(公卿) 귀족에 비길 자이었고, '굿실'에 상임(常任)의 봉사로서 신사(神事)·제정(祭政)의 방면을 담당한 자들은 '굿실'─'아치'로서 승려계급과 비길 자이로되, 다만 조선의 특수한 사회적 조건은 이것으로 외타 사회의 전형적인 승려계급 그것과 그 형태 및 기능을 달리하게 된 바일 것이다. 벼슬(배어실)─아치와 굿실아치가 이미 일정한 계급형태를 구성하는데, 그 외에 '배어'─'아치'라고 하는 생산자 계급이 있어 산업적인 기술과 근로로서 사회조직의 주요부로 되었던 것이니, 즉 바치[工]란 계급이라. 이것이 근세에 와서 한화(漢化)적인 외래 문화에 뒤쳐 밀리고, 또 노동 천시하는 사상이 세상에 벅차옴과 함께 '갓─바치, 노름바치' 따위 아주 천인계급으로서의 칭호에로 도태(淘汰) 전락(轉落)된 것이다. '벼슬─아치, 굿실─아치'의 외에 따로이 지방의 수장으로 토호(土豪)적 세력을 지속하는 자는 '따금' 혹 '따기'로서 지금 '시골따기'의 속어(俗語)를 남긴 자이나, 고려 5백 년의 정치적 변천과정을 밟아 한양조 초기까지에는 기인(其人)인 '기'로서의 정력(情力)적인 존재로까지 그 잔해만 남았던 것이다.

평양은 '배들'로서 또 '배내'로서[평나(平那)는 명백한 '배내'의 사음(寫音)일 것] 그 후의(厚意)를 볼 수 있고, '배어실' 즉 '벼슬'로서의 그 고운 의(古韻意)를 찾을 수 있나니, 부여국·평양성은 원래에는 유일 특별의 지명·국명이 아니었을 것이요, 바치 '서울' 혹은 '나라' 쯤의 어의(語意)로 되었을 법하다. '배어들' 혹 '배어실'은 종족 자식(孶殖)의 성지(聖地) 상도(上都)인 자이라 마땅히 지상에서의 영계(靈界)려니와, 머리 위에 찬란하게 그 광채를 드리우는 성신(星辰)은 무엇인지 인세(人世)의 흥(興)은 영고(榮枯)를 맡은 신비적 존재로서 생명의 고향을 상징함과 같은 자이니, '별'은 '배어-얼', 즉 잉령(孕靈) 혹은 '생(生)의 영(靈)'의 뜻이어서 성신(星辰) 숭배는 태고(太古) 적부터서의 조선 선씨(先氏)의 민속이었다. 따에는 '배어들' — 그중에도 '배어실'의 공경(公卿)이요, 하늘에는 별과 별인 생명의 신의 경경(耿耿)하는 경상(景像)이 나열된 것은 그 당시 사회의 신권론(神權論)적인 로맨틱한 상념의 근원으로 되었을 것이라. 그리고 소박한 생리(生理)의 식(識)이 그 저급한 사회의 형태로 한 가지 오직 '복지(腹地)'로서 '배따' 혹 '배어들'을 관념하였더니, '박'인 두뇌의 영지(靈智)적인 활동이 인생에게 신성적인 기능을 대어주는[供給] 신귀(神貴)한 부분임을 명백히 여기게 되자, 그들은 복지에 대한 '두지(頭地)'로서의 '박따'[박달(朴達), 백산]를 관념하고, 인(因)하여는 '밝따' 혹은 '밝달'이 신산(神山) 혹 성악(聖岳)으로 관념하게까지 되었던 것 같다.

이 점에서 태백산은 한박산 될 수 있고 태백산 단군목(壇君木) 하에 신인(神人)이 하강이라는 신화적인 기록이 단군 건국설화에 얽혀있는 이유이다. 그런데 '재세이화(在世理化)'는 그 현세주의적인 종교적 의도가 담긴 자이요, '홍익인간(弘益人間)'은 살신성인적인 자기희생과 민중봉사의 사회도덕의 큰 표치(標幟)인 것이요, 신라 문무왕(文武王) 비문(碑文)으로 표현된 "성한왕(星漢王)이 항질원궁(降質圓穹)하고 탄영선악(誕靈仙岳)이라" 하는 것은, 그 형질(形質)이 궁창무한(穹蒼無限)한 우주의 물질계로부터 왔고 그 영혼은 선악□묘(仙嶽□渺)한 정토(淨土)로부터 탄부(誕賦)되었다는 것을 말함이니, 여기 이것은 천지가 합일하고 인신(人神)이 일체라는 유(流)의 독특한 사상경향을 보이는 자로 흥미 있는 바이다. 아사달의 소박 간솔(簡率)한 사회가 일단의 사회형태에까지 발전하자 '배어실'에 전거(奠居)하시는 단군-왕검의 태조(太祖)적인 유재(有在)의 도정(途程)까지 추이(推移)된 고대사회의 상망(想望)은 흥미 깊은 학계의 비오(秘奧)일 것이다.

본편은 일개의 고증적인 논문으로서보다도 산일(散逸)된 고문헌으로서 고사회의 진보 발전하던 형태 및 그 □경(□徑)을 상상하여 본 바이니, 도리어 학계 대방(大方)의 유의(留意) 및 그 완성을 기(冀)하는 바이다.

−1월 4일, 평동서실(平洞書室)에서−

대전환기의 민족과 국가
— 방황하는 동서 열국(列國), 발화점은 아직도 남은 제2대전 —

《삼천리》, 1936. 2.

1. 전비(戰備) 도중의 열국의 모순

1935년도의 전 국제의 정세는 자칫하면 큰 동란이라도 부르터날 듯한 위급한 서슬이었다. 동아(東亞)의 전국(全局)이 이미 암운저미(暗雲低迷)하는 형편이었는데 3월 16일 나치쓰 독일의 폭탄선언[베르사이유조약 무효선언—編], 10월 2일 파시스타[Fascista] 이태리의 에디오피아 진격 등등은 생소치 않은 국제통의 사람들로도 제2의 대전이 일촉직발(一觸直發)로 금시에 툭 터질 듯한 첨예한 감각을 품게 되었다. 이즘의 사람들은 전쟁에 대하여 너무 과민한 히스테리에 걸린 셈이다. 벨사이유조약은 제2대전의 폭약을 싸 넣은 채로 그 거죽만을 미봉한 터이니 대전은 필경 나고야 말 바이지만, 정작 본무대에서 그 주역을 맡을 열강의 사람들은 누구나 그 자기흥망의 중대 모험인 것을 이 부르터날 제2대전에서 예감 또는 확인하고 있는 것이다. 현상 타파를 열망하는 2, 3의 후진적인 제국주의 국가가 없지 않다손 치더라도 대전이 그토록 손쉽지 못할 것은 두말이 없다. 자신은 전연 이러한 전사(戰事)의 국외(局外)에 떼쳐져 있으면서 입으로만은 기왕이면 준론장담(峻論壯談)의 불꽃을 피우려는 '인테리' 배격(排擊)의 결국의 이 땅의 '인테리'들과는 달라서, 자신으로 사활성패의 대지 위의 코-쓰를 열한(熱汗)으로 걸어가는 사람들은 그렇게 일막물(一幕物)인 촌극에서 박수갈채로 마감하고 말 여유를 갖지 못한 것이다. 그는 쏘베트의 스탈린 일당이건 영제국(英帝國)의 뽈드윈[S. Baldwin]·이-든[A. Eden] 일파이건, 외타(外他) 이에 준할 미아(米亞) 수주(數洲)의 정사가(政事家)·군인들이건, 또는 그들의 배후에 바짝 다가선 각각의 지배자군 등등이건 누구나 모두 여상(如上)한 사정은 잘 알고 있다. 한 말로 가린다면 제국(諸國)의 농민·노동자는 그 대부(大部)에서 한결같이 전쟁을 안 좋아하는데, 지배자 층에서도 내가 꼭 이기고 놈팡이만을 영락없이 집어세우리라고 장마다 꼴뚜기 날 줄 믿는 멍청이식의 자신을 가질 수 없는 것이 일촉직발의 유행어로 외우면서 실은 대기(待機)상태에서의 연기(延期)공작에 진땀을 빼고 있는 사정이다. 현하의 각국은 예외 없이 육해공의 군확(軍擴)에 몰두하는 현상이지마는 그것도 그 뱃속인즉, 독자적인 압도적 우세로서 전쟁 발발을 불가능케 하려는 달콤한 염원에서 그 주관의 세계는 둥개고 있는 것이다. 이는 독일의 무장제한(武裝制限)에서 안전을 찾으려는 불국(佛國)이나, 대일(對日) 5：5：3의 비율에서 자기는 고침안와(高枕安臥)하면서 세계제일을 독차지하려는 미국이나, 또는 언제부터 이 심법(心法)에서 잔뼈가 굵어 이젠 늙어 꼬부라지게 된 영제국이 모두 그러한 것이요, 외타의 적백(赤白) 각국의 정사가도 거의 동일 의도에서 서로 오르내리고 있는 것이다. 이의 오산으로 동아세아와 동아프리카에서 벌써 5~6년 이래의 각양의 분규가 일고 지고 한 것이다. 이것이 막연한 대로의 한 개의 국제적 예비 상식이다. 요컨대 동서 열국은 망설이고 있다. 망설이는 만치 실전의 발화점은 아직도 사이 떠 있는 것이 원칙적인 국제관(國際觀)의 일 요약이다.

2. 반발 현상인 일·영 관계

지난 10월 28일이다. 동아 풍운지대에서의 일대 국제적 요시찰인인 리-스로쓰가 송자문(宋子文)·공상희(孔祥熙) 등 소위 구미파의 요인들과 상해에서 연일 회합한 끝에 1천만 방(磅)(1억 3,800만 원)의 영(英)·중(中) 크레딧을 설정하고 중국의 폐제개혁(幣制改革)을 단행키로 되었다. 1926년 무한정부(武漢政府) 출현 이래 낙조(落潮)적인 일로를 걷고만 있는 노대(老大)한 영제국이 그야말로 최후 발동선에 접근할 만치의 외교적 저돌을 중국에서 시작하고 있음을 의미하는 것이었다. 그리고 11월 3일 동(同) 중국의 재정부장 공상희의 명의로써 은(銀) 국유(國有)와 중앙은행에의 은 집중을 단행할 것을 돌연 발표케 되었다. 이것이 '동아의 안정세력'의 지도자로서 자임함이 큰 동경의 정사가와 군부의 수뇌자들에 의하여 억세게 지탄 배격됨은 필연의 순서이었고, 주중(駐中) 무관 기곡(磯谷) 소장으로서도[동(同) 8일] '금차의 폐제개혁에는 단연 반대이다'라고 성명하게 되었나니, 동아와 태평양 방면에 있어서의 국제정세의 꼬투리는 이것을 핵심으로서도 찾아낼 수 있다. 에디오피아의 무장탄압(무력탄압과 다르다)이 뭇소리니의 중대한 위산(違算)으로 되어 영(英)·이(伊) 양 제국이 까딱하면 지중해에서 포화로 마주보게 되는 것만도 일대사(一大事)이거든, 하물며 해륙 수만 리 동아에서 또 일대 사극(史劇)을 만들어낸다는 것이 영제국으로서도 심상치 않은 거대한 각색인 것은 긴 말 할 바 아니다. 그런데 그 일이 생기자 북중(北中) 자치운동이 일어나고, 파리 방면에서의 영(英)·이(伊) 화협안(和協案)이 재토의되고(비록 실패에 마쳤으나), 미국의 헐[C. Hull] 장관의 중대 성명(12월 5일)이 되고, 장개석 위원장의 대일(對日) 조정(調定)방침 표명으로 되어 쏘베트 노국(露國)이 여기에 지대한 관심을 가짐과 한가지 전 국제의 중요한 관능(官能)은 어느 거나 긴밀한 연관성에서 발로되는 동일체계로서의 동근이지(同根異枝)적인 생장 발전의 길을 찾아 걷고 있는 것임은 식자의 관심을 깊고 크게 모으는 자인 것을 다시 한번 인식하게 하였다. 그런데 리-스로쓰가 상해 방면에서 활약하고 광전(廣田) 외상과 기곡(磯谷) 소장 등이 내외에서 외치고 있는 그때 런던에서는 정부의 대신들이 각의에서 깜짝 놀랐더라고 한다. 뽈드윈 수상과 이-든 무임소상(無任所相, 현 외상)이 몬셀[B. Eyres-Monsell] 해상(海相)을 쳐다보며 "네놈이 대이(對伊) 관계 절박하다고 하면서 동양함대를 다 끌어들임으로 일본이 저처럼 마구 나댄다!"고 덤벼들었다. 몬셀은 "아니! 동양함대를 불러들이기는 불러들였으나 동양함대 따위 전쟁에는 소용이 없다. 그보다도 문제는 리-스로쓰의 인식 부족이다. 문제의 군더더기를 해군에게 몰아붙이는 것은 성가시다"고 반박하였다. 일(日)・영(英) 양 제국(帝國)은 트각이 났다. 그들은 친한 듯, 틀린 듯, 없이 여기는 듯, 서로 겁내는 듯, 자못 작시금비(昨是今非)의 야릇한 코-쓰를 걸어가고 있다. 20세기 벽두 20년간에 걸쳐서 동서의 양 제국의 결합이 극동 방면에서 허다한 풍운을 자아내어 몇몇 국민의 격심한 흥망사(興亡史)를 결[編]어 내었는데, 그동안 서로 버름한 지 10여 년에 지금 다시 양 제국의 사이에 한 개의 커다란 사극(史劇)이 차차로 전개되려고 하고 있는 것이다. 시방 천하의 대세는 한편에 지중해에서의 영(英)・이(伊)의 갈등이 있고, 다른 한편 동아에서는 세계전(世界戰)을 불러내는 듯한 폭탄 중국의 연소과정이 무럭무럭 추진되고 있는 것이다. 여기에는 또 국제의 최강한 세력만이 모조리 등장하고 있는 엄청난 상세(狀勢)이다. 가로되 일・중, 일・미, 일・소 등등의 대치가 그것이다. 그러나 논자 만일 일・영 양 제국의 대립되는 신형세를 간과하는 자 있다 하면 그는 오히려 면밀을 결한 나무람을 면치 못할 자이다. 보라! 일・중 관계가 핵심부인데다가 일・미 관계가 한 연쇄이요, 일・소의 갈등이 한 화근이요, 그러나 영제국의 거취는 여기에서 결정적인 역량으로 그 정치적 및 역사적 구실[역할]을 하고

있는 것이다. 그런 고로 여기에 있어 동아의 정세가 국제 안위의 핵심이
요, 일·중의 관계가 또 그 핵심인데, 목하에서는 지나간 스팀손 원칙
[Stimson Doctrine]의 미합중국보다도 보수당의 영제국의 동향이 그 시
국 발전의 열쇠로 되는 것이다. 왜? 미합중국이 그 한편의 주력부대인
것이 의연히 변함이 없다고 하더라도 필경은 영제국의 거취에서 그 풍
운의 비기(秘機)가 오고 가는 것인 까닭이다. 논자여 잊었는가? 영제국
은 만근(輓近) 수삼 세기 동안 국제정국을 혼자서 리-드하고 있었던 것
을?

3. 영제국의 국제적 영도력

‘자본주의의 발전과정이 일정한 단계에 들어가면……’ 운운하는 판에
박은 듯한 논법은 이제 도리어 구문(舊聞)이다. 어째서냐고? 그것이 만
일 틀림없는 진리라면 줄잡아서 그는 이미 식자에게는 상식화한 준비
지식인 것이니, 구태여 ‘유세차(維歲次)’식의 집정(執定)적 모두(冒頭)를
삼음으로써 비로소 등신이 풀릴 일이 아닌 것인 까닭이다. 전 세계에서
의 선진인 자본 제국주의의 국가인 영제국의 사람들은 그 절대한 해군
력(예 : 2대 해군국 표준의 압도적인 함대)을 가장 노골적인 구현 세력으
로 18세기 이래 항상 전 세계의 국제정국을 영도함으로써 자국 본위의
세계정책을 여행(勵行)해왔나니, 이를 저해한 자 패하였고, 이에 협조한
자 생장한 것이다. 그 대모한 자를 건정건정 들건대 대(大)나포레옹이
세계정책으로 그에게 결[抗]어서 패하였고, 윌헤름 2세[Wilhelm Ⅱ]가
그의 급진적인 세계정책[패제주의(覇制主義)]으로 영(英)에게 싸워서 넘
어졌고, 뭇소리니의 이태리가 지금 바야흐로 상술 2인자의 복철(覆轍)을
밟고 있는 사정이다. 1921년의 와싱톤회의가 하딩 미 대통령의 발안(發
案)인 양 실은 영제국의 사주(使嗾)이었고, 윌손 대통령의 국제연맹도

결국은 영제국의 시사(示唆)로 생겨나와 그의 세계정책의 커다란 무기로 되고 말았다. 1899년 12월 중국의 영토보존·문호개방을 선언한 미국 국무경 쫀 헤이[J. Hay]의 정책도 그 음밀(陰密)한 창안은 영제국의 정치가들(예 : 베레스포드 외 수인)에 의하여 지도된 것이라고 한다. 만일은 19세기 초기(1823년 12월 2일 선언) 이래의 미합중국의 몬로주의란 자조차도, 실은 신성동맹과 노제국(露帝國)이 신대륙에 간섭하려는 형세에 인하여 캐쓸레이[R. S. Castlereagh]와 컨닝[G. Canning] 등 영제국의 정치가가 그 이미 포만하여 가는 제국적 기구에 의하여 북미의 독립 후의 라틴계 제 국민의 독립을 방임함으로서 그 득책이라고 여겼음에 말미암은 것은 외교사가가 이를 증언하는 바이다. 즉 영제국 함대의 거대한 포문이 이를 수호함이 아니런들 신성동맹이 우선 미주(美洲)에 입맛을 다셨을 것이다. 그래서 영제국이 그 선진 강대한 자본주의 국가로서의 세계적 독점경향을 밟은 지 수세기에 아직 일찍 그를 타도하고 대신하는 용맹한 후진국가가 안 나선 것이다. 다만 그 본루(本壘)에 바짝 다가들어 간일발(間一髮)의 점에까지 그 존립을 위협하였던 자 오직 불(佛)·독(獨) 수국이 있었고, 거대한 항쟁자로서는 구(舊) 노제국(露帝國)이 하나이었다. 전란 이후 세계적으로 제1위를 다투는 미합중국이 또 하나이다. 그런데 영제국의 사람들은 그 특성인 음험노회한 정략에 의하여 상대국과의 관계가 그 위기 절박을 깨닫게 하는 경우에는 단연(斷然)한 그의 타도전(打倒戰)에 맹진하는 것이요, 그 협위(脅威)적인 적의 세력이 마구 다루기에는 좀 미심스러운 때에는 곧잘 절(節)을 굽히어 타협 호양(妥協互讓)의 일조(一條) 활로를 찾는 것이니, 대전(大戰) 당시 대독(對獨) 정책은 전자인 실례이요, 대전 이후 대미(對米) 정책은 후자의 예인 것이다. 이제 영제국은 일·미 양국의 사이에 서[立]서 이 전통적인 국책에서 자못 중난한 시련에 든 것이요, 태평양의 풍운이 영제국의 거취를 따라 일저일앙(一低一昻)하려는 까닭도 오로지 여기에 있다. 영제국은 방금(1936년 전후) 태평양 방면에서는 바야흐로 양개의 협위적 세력과 마주쳐서 잘못되면 타협호양을 찾으려는 뱃심으로서의 일단의 적극책을 쓰려는 것이다.

대전이 보둣이 끝난 1920년대에는, 영제국은 하마터면 신흥 독일제국에게 호되게 타도될 뻔한 위난만은 가까스로 벗었지만, 그 자연 붕괴의 헐떡대는 도정에는 스스로 제 몸을 가눌 수 없었다. 우선 미합중국의 일대 약진으로 해서 그 최후 직접적인 역량의 구현인 절대 우세 해군력의 상대적 감퇴와 금융패권의 미국에의 이동을 보게 되었고, 세계적 공장지대이던 산업적 우위의 쇠퇴, 특히 그 만체스터 방적공업의 상대적 쇠퇴, 국제무역액의 감하, 식민지 공업화에 의한 영 본국의 경제적 열세화, 각 식민지 독립국화 경향에 의한 제국적 기반의 균열적 상세(狀勢) 등등은 누구나 열거하는 영제국 쇠퇴경향의 현저한 조건이었다. 이것이 1921년으로, 동 27년 중국 북벌혁명의 발전 및 무한정부의 혁명외교란 자의 발동을 획기로 삼아 그들의 동아와 태평양 방면에서의 진출도 전연 쇠퇴·낙조의 경향만을 되돌고 있었던 것이니, 이는 1926년 그 본국에서의 탄갱부(炭坑夫)의 총파업을 중심으로 일어난 전국 노동자의 일반적 총파업과 호응하여 더욱 그 추풍낙막(秋風落寞)의 감을 일으키었던 바이다. 그런데 1935년도에 있어 동아의 형세가 다시 심상치 않은 바 있어 그들을 놀라게 한 것이다. 즉 일본제국의 대륙진출이 장성(長城) 이남에서도 자못 남북으로 분방함이 있어 남경정부로서(동년 2월 29일) 장개석 위원장이 유길(有吉) 공사(현재 대사)와 영목(鈴木) 무관과의 회견이 있었고, 뒤를 이어 '방교돈목령(邦交敦睦令)'의 발표와 일·중 경제제휴의 성랑(聲浪)이 높아가던 바가 그것이니, 이는 동아의 형세가 언뜻 보아 심상치 아니한 전개이었던 바이요, 1932년 상해사변 전후 스팀손의 미합중국이 중대한 결심이라도 할 듯이 그의 극동정책에서 서둘던 당시의 정세에 비하면 자못 격세의 감을 일으키는 바이었다. 그래서 이 일·중 경제 제휴의 성랑이 높아지는 때에 제1착으로 놀란 것이 즉 영제국이었고, 대사 카트깐을 보좌케 하고자 갑자기 파견된 리-스로쓰가 실은 실추만 되어가는 동아에서의 영제국의 상권(商權)의 만회 때문에 그 최후적인 공작을 해보려고 한 것이다. 헌데 영제국의 동아진출에는 필연 일·미·노와의 상관적 관계가 생기는 것이니, 이는 동아정세의 국제성이 가장 거대하게 되는 이유로 되는 것이다. 뭇소리니의 이태리가 에디오피아 침략을 개시하여 한편에서 홍해의 목을 조르고 또 지중해의 해상권을 횡단하려 하매, 영제국은 단연 그 해군력의 전 위력을 동원하여 일거에 이태리와 수영(輸贏)을 다투려고 하는 기세를 보였고, 호-어 외상이 대이(對伊) 화협을 전의(詮議)하여 국제연맹의 기구를 거세하려 하매 영제국의 지배층은 강경한 반대로서 그의 퇴직을 요(要)하게 하였나니, 그 관계가 비상 중대함을 증(證)하는 바이다. 지중해로부터 인도양에 통하는 해상권과 그의 '힌터라인' 배후선이 합쳐서 영제국의 동방제패의 생명선이 되는 것은 한 개의 국제상식인 것이다. 그러나 동아와 태평양의 북서부의 문제에 있어서는 지중해의 그것과는 경중(輕重)도 있고 또 열국의 교착되는 관계가 단일치도 않은 바이다. 영제국과의 관계를 별 문제로 하고 이러한 객관적 복잡성은 전 국제성에서는 그것이 곧 일층 거대함과 동일 어의로 되는 것이다. 그는 동아 방면에서의 영·미와 일·영과 일·미의 이해관계에 의하여 서로 결린 것이요, 쏘베트 노국의 적색적인 동진운동(東進運動)이 다시 이에 교착됨에 의하여 더욱 심중한 것이다.

4. 미국 극동정략(極東政略)과 일·영의 격돌

대전 이후 영·미 양국의 제국주의가 전 세계적으로 대립하여 있고 태평양과 동아의 방면에서도 첨예하게 대립하는 것이니, 난령(蘭領) 인

도의 광대한 영토는 거의 영제국의 영향하에 놓여 있는 터이요, 그 지방
의 석유업의 쟁탈전을 싸고도는 영·미의 암투는 실로 심상치 않은 바
이다. 중국대륙에서 기득 세력범위를 갖지 못한 만진(晩進)적인 미합중
국은 독점적인 일본제국과의 필연의 충돌이나 마찬가지로 영제국의 독
점적인 기득권과도 당연 충돌되는 것이다. 영제국이 만주사변 이래 국제
회의 석상에서의 엉거주춤하던 태도를 필두로, 1934년 해군군축 예비회
의에서 일·미 간에 부즉불리(不卽不離)함으로부터 때로는 일본과의 접
근을 미국으로 시새워할 만치의 태도를 가진 것은 잘 저간의 소식을 이
야기함이다. 그러나 영·미 양국의 사이에는 소위 동문동종(同文同種)의
실제적인 연결로서 '물은 피보다 진하다'는 정감상의 관계가 경시할 수
없는 바이니, 일·미 간의 갈등은 순연(純然) 이해감(利害感)인 것과 달
라 영·미 간의 관계는 때로 인정자연(人情自然)적인 경향이 그 이해의
위에 작용할 수 있는 바이다. 하물며 일본제국의 대륙정책이 장성 이남
에서 분방하는 적극적인 진출로 재변(再變)하는 판에 있어 영제국은 그
이해관계상 스스로 안연(晏然)할 수 없는 것이요, 또는 일본제국의 '동아
의 안정세력'으로서의 자임과 그 자주적 외교국책의 발동은, 일로전쟁
이래 대전 당시까지의 전연 추수(追隨)적이던 그것을 단연 파기하는 오
늘날에 있어, 영제국의 정치가들은 이미 일본으로서 한 개의 '동아의 신
사국'으로만 다룰 수 없이 된 모양이다. 그러면 일영 관계가 이같이 작시
금비(昨是今非)를 생각게 하는 이때, 일·미 관계가 당연 또 그 전고(詮
考) 속에 들어온다. 봉건적 말버릇으로 보아 미합중국은 한 개의 시정상
고(市井商賈)적인 성공자인 것이니, 그들의 국책은 되도록 전란을 피하
고 되도록 그 상업적 발전만을 독차지하려 하는 것이다. 그의 평화정책
이 그렇고, 인도(人道)·정의(正義)가 그랬고, 중국의 문호개방 정책이
그런 것이다. 그들은 강대국과의 개전을 모험할 만용이 있을 수 없는 자
이니 그 과거에서 만만한 멕시코를 시달리었고, 자차분한 중미(中米)의

제국(諸國)을 들볶았고, 칼리삐안[Caribbean] 바다의 조그만 섬나라들을 집어삼키려고도 하였고, 노쇠하여 볼꼴이 없는 서반아제국(帝國)을 제쳐 내어 비율빈 군도를 차지하여 두고 하면서 최소 저항선로(抵抗線路)에의 진출을 가장 타산적으로 하는 자이니, 저 구주의 대전이 5년의 고개가 다 넘어 독일의 피폐가 가장 결정적인 때에 비로소 틀림없는 필승의 사(師)를 내어보내던 그것으로서도 넉넉히 그 태도를 짐작할 바이다. 이제 1931~1932년 만주사변을 중심으로 일어난 동아정세의 급격한 변동과 국제연맹의 활동이 한참 부품하던 때에 스팀손의 미합중국은 벨사이유 당년과 와싱톤회의 당시의 활기 있는 동작을 일으키어 보았으나, 결정적인 동아의 형세가 이미 좀체 요정 지을 수 없음을 간취하자, 그는 이래 처녀와 같은 심정상태에 배돌고 있는 것이다. 장개석 위원장을 총령(總領)으로 한 남경정부와 국민당의 요인들이 4, 5년래 발동되는 국제적 중압에서 한참 친일(親日)적인 자상(雌狀)을 지속하는 동안 한풀이 꺾인 듯하던 구미파의 사람들이 리-스로쓰 경제사절의 나타남을 얻어 일시에 약기(躍起)하는 듯한 대파문(大波紋)을 일으킬 때, 루스벨트의 미합중국은 오직 12월 5일의 성명으로 그 원칙적인 취의(趣意)를 재환성(再喚醒)시키는 데 그치고 말은 것이다. 미합중국은 배돌고 있다. 그는 윤형진법(輪形陣法)을 자랑하는 태평양 우위 해군의 건설로써 도양(渡洋) 공세작전의 위력을 실현하여 칼날에 피 칠 아니하는 승리를 얻기는 의도하는지 몰라도, 현하에서는 드디어 침묵하고 있다. 다만 그러나 그것이 폭풍 전의 정적(靜的)인 침묵인 것만은 드디어 부인할 수 없다. 그런데 런던에서의 해군군축회의가 영·미·불·이 4국 대(對) 일본제국과의 계쟁(係爭)으로 결렬의 막이 각각으로 다가올 때, 1월 8일 《대판조일(大阪朝日)》의 뉴욕 특전(特電)은 이젠 옛날인 1921년 와싱톤회의에 앞서 미합중국의 일대 신문인 뉴욕타임쓰사(社)의 고(故) 옥쓰 사장과 영제국의 리- 해군대신과의 사이에 다리를 놓아 결성되었으리라고 하는

일영동맹의 폐기와, 일·미 간의 유사(有事)한 때에 영미 해군의 공동작
전을 기축으로 삼는 영·미 비밀제휴의 존재한 사실을 적발하여 와서
동서 각국의 외교계에 적지 않은 쇼크를 주게 된 바 있다. 일·미는 험
악한 침묵의 대치를 하고 있는데 영제국은 새로운 행동을 일으키었고,
일·영의 국교는 일진일퇴하는데 영·미의 관계는 제휴냐 소격(疏隔)이
냐 속단할 수 없는 막에 들었다. 일·미 양국의 단독 상대는 문제 오히
려 평이한 편이나, 그러나 영·미가 합한다고 하면 평이의 도(度)가 멀
리 깨질 수 있다. 문제의 꼬투리는 여기에 박혀 있다.

5. 소극적인 그러나 험악한 침묵

1935년도에 있어 태평양 방면에서의 주요한 새 사건은 비율빈이 어찌
했던 한 개의 공화국으로 독립의 체세(體勢)를 갖추게 된 사태이다. 미
합중국의 경제사정과 현대 해군 기계기술의 비약적 발전은 미(米)로 하
여금 비약(飛躍) 일본의 근린(近隣)에서 잘못되면 전략적 빈위(瀕危) 상
태에 빠지게 될 비율빈을 놓아, 그러나 한 개의 독립국 되게 하려는 것
이다. 요컨대 1932년 2월 상해사변, 동 휴전협정과 1933년 일본군의 장성
월경(長城越境), 동 5월 31일 당고(塘沽) 정전협정 등은 동아형세의 일시
의 결정적인 변동을 초래하였고, 중국에서의 제국주의 상호관계가 이미
복잡한데다가 일본의 이러한 핍근(逼近)한 적극 진출과 미국의 격원(隔
遠)한 소극 태도는 피상(皮相)에서 우선 안무(安撫)되는 듯한 정세를 나
타내었다. 가뜩이나 미 본국에서의 특별한 경제공황과 중국 내에서의 정
치적, 경제적 변동은 근년 미국의 자본 세력으로 중국에서의 경제적 적
극 활동을 망설이게 하였나니, 만주국의 성립 및 거기에서의 일본제국의
자본 세력의 독점의 확립 등은 미합중국으로 더욱 평상(平常)한 진출의
흥미를 잃게 하였다. 면맥차관(綿麥借款)이 불성공으로 되자 구미파의

수뇌자인 송자문(松子文)이 일시 실세한 것은 그것이 곧 미·중 관계의 일시의 낙세(落勢)를 의미한 것이요, 미국의 무기탄(無忌憚)한 은(銀)정책은 미·중 소격의 형세로조차 변하였다. 미국 극동정책의 기축인 문호개방정책은 낙세 경향이었고, 9개국 조약조차 김빠진 기세로 되어 왔다. 스팀손 원칙이 어쩐지 거탈로만 남은 것 같은 때에 '천우성명(天羽聲明)'이 홀로 홍청대임과 같았다. 오늘날의 일·미 관계는 구설로서 응수하기에는 너무 중대할 만치 절박하여졌다. 일본이 삼가서 구설을 일삼지 않고 미국이 또한 구태여 구설을 놀리려고 아니하니, 때로 태평양세력 양분론(兩分論)도 무책임한 언론으로 튀어나오는 바이요, 하우쓰 대좌 등의 세계 재분할론이 굵직한 고언장담(高言壯談)으로 날 뿐이다. 요컨대 미합중국은 일본제국과 단독 대전을 벼름과 같은 일은 매우 삼가는 바일 것이요, 영제국이 홀로 일본제국과의 결전을 하겠다고 하는 유의 생각도 아직은 있으리라고 속단할 수 없다. 영·미 양국이 전연 동맹적 결성을 이루어 동아와 태평양에서 그 공동의 상대자를 소탕함과 같은 일도 일반적 현하 정세와 영제국의 전통의 국책이 아직 단정함을 허치 않는 바이다. 그러한데 1929년 말일까지에 중국에 대한 영의 투자액은 1억 9,796만여 방(磅)[963,380,000미불(米弗)]의 거대한 액에 달하여 당시 만주 투자를 합한 중국에서의 각국 투자총액의 38%의 압도적인 수량을 보이고 있는 터이니 동아(東亞)에서의 권익이 그의 생명선임은 아닐망정 또한 매우 중대한 관계임을 알 것이요, 적면(覿面)하여 급격 진출하는 일본과의 관계에서 적극 적대하느냐, 타협 병진하느냐의 양극 중의 하나를 꼭 골라야 하게 되었다. 이 문제는 동시에 친미배일(親米排日)이냐, 친일배미(親日排米)이냐의 정책의 분기로도 될 수 있는 필연한 정세(情勢)인 것이다. 그러하매 북중자치(北中自治) 문제가 한참 급격화하는 도중에서(지난 11월 19일) 린제 주미 영대사가 미국 국무성을 방문하여 필립스 국무차관과 30분의 대책협의를 하였는데, 런던에서는 "영국 정부로서는 효과적으로 일본 정부에 항의를 제출할 수 없는 실정에 있다……"
고 하며, 한편으로 그의 주불 대사가 파리 정부와의 사이에도 빈빈(頻
頻) 왕복(往復)하고 있었으되 급속히는 무슨 결정적 태도가 없던 것 같
은 것은 그 사체(事體)의 일반(一斑)을 엿볼 바이다. 영·미 수국(數國)
의 동태가 이러한데, 모스크바 방면에서는 신문·잡지와 영화·연극 등
에까지 배일적 기세는 높아지고 최근(1월 상순)에는 일(日)·독(獨)의
군사동맹으로 소비에트 노국(露國)을 동서 협격(挾擊)할 계획이 성립되
었다는 설까지 그곳으로부터 유포될 즈음이다. 그러나 미의 유명한 평론
가 워터 리푸맨[W. Lippmann]이 말하는 바, "극동에 있어서의 미국의
이해는 영국의 6분 1밖에 아니 되고 중국에 투하한 열국의 자본 중 미국
은 겨우 그 16분 1밖에 아니 된다. …… 일본과 충돌되는 미국의 이해관
계는 겨우 일(一) 소부분(小部分)에 지나지 못한다"고 한 것은 미국의
전쟁준비를 엄폐하는 투어(套語)임이 틀림없으나, 일면에서 영·미 양국
대중(對中) 관계의 물력(物力)적 근거를 해명할 수 있다.

6. 과도적 국제블록 출현의 가능성

그러므로 동아의 시국은 갈수록 복잡성을 가하였다. (1) 무엇보다도
긴절(緊切)한 것은 중국 자체의 정치·군사적 동향이니, 장개석 일련의
국민당 정권이 얼마큼이나 그 가능한 역량의 집중으로 무력의 효과적 준
비를 할 수 있는가? 목하에서는 일본과의 상대가 아니 되는 것이 훤소
(喧騷)를 극(極)한 채 현세(現勢)를 유지하는 근본 이유이요, 그 실력적
생장(生長)은 아직도 주목할 가치가 남아있다. (2)는 중국에서의 공산군
의 활동형세이다. 공산군의 장강(長江) 중복부(中腹部)와 운귀(雲貴)·사
천(四川) 방면의 활동까지는 이 즈음에 오히려 과대평가를 피한다 하더
라도, 그의 섬서(陝西)·감숙(甘肅)으로, 영하(寧夏)·신강(新疆)과 산서

(山西)·수원(綏遠) 방면에의 진출은 그 소비에트 노국과의 연계(聯繫) 공작과 적화된 외몽고와의 결합될 가능성과, 또는 만주국과 및 북중(北中) 정권과의 접촉 발화의 가연성이 충분한 점에서 매우 주목을 요할 점이다. 현하 노국은 자발 적극의 대외전은 극력 회피하여야 할 사정임이 분명하나, 즉 극동 방면에서의 서로 결린 관계는 스스로 또 동일치 않은 바 있는 것이다. 그리고 모든 점에서 그의 상대자에게는 이 방면이 국제 윤리상 또는 국제전략상 자못 유리한 최소 저항선로임을 여길 수 있는 것이다. (3) 일·영·미의 3국 관계에서 미국은 차별적 비율주의(比率主義)로써 그 해군정책을 고집하나니, 이는 미국의 세계제일 정책의 발로로서 결국 영제국과의 천하이분(天下二分)함을 실현하려는 정책임을 의미함이다. (4) 그러나 일본의 군비평등권의 요구는, 즉 동아 방면에서 국한적 우위(優位) 해군을 기도(企圖)하는 바이니 그 결과는 이른바 동아 먼로주의의 수립 때문인 것이요, 일·미·영 3국의 천하삼분(天下三分)을 상정하는 바로, 미·영 양국의 극동에서의 제2류적 지위에의 만족을 권진(勸進)하는 셈으로 되고 마는 것이다. (5) 파시스타[Fascista] 이태리는 지금 일종의 빈위(瀕危) 상태에 빠졌다고 치고, 불국은 구대륙(歐大陸)에서의 웅(雄)이요, 나치스 독일은 아직 자라가는 범이라고 두고, (6) 소비에트 노국은 그 방대한 영토·인구와 사상의 무기에서 다시 추궁 불능한 천연지리상의 유리한 조건을 가져 스스로 1개의 세계를 형성하는 고금에 깔볼 수 없는 세계적 협위(脅威)로 된 것이니, 줄잡아서 역시 천하의 한 모퉁이를 떼어 차지하려는 강력자(强力者)로 일·미·영·노의 천하사분(天下四分)의 블록적 형세를 만들어 가는 것이라, 이는 현하 식자 간의 상식화하는 국제 공안(公案)인 자이다. ① 그래서 북방대륙이 가장 촉급다사(促急多事)한 편이겠는 채로 ② 영·미 양국의 거취는 아직도 단안(斷案)할 기운에 달하지 못하였다. ③ 일·미 양국의 해군세력이 큰 차이가 생기되 미의 해군력이 도양 공세작전 가능선에까지 도달하려

는 때가 의미하는 바 비상시인 것이요, 만주국에서와 북중(北中)에서의 그의 상대국의 정치·경제 등 각계의 공작은 또 그동안의 형세를 변동할 수 있는 바이라, 그 결론과 더구나 일정한 발생 연월일을 촌탁(忖度)하는 것 등은 평론가로서의 삼가야 할 객기에 지나지 않는 것이다. ④ 영제국은 가장 금종(擒縱) 자재(自在)한 완급의 정책을 가질 수 있는 국정(國情)이니 그는 일·미 간에서 아직도 결정·편파적인 거취를 한동안 아니할 것이다. ⑤ 그러면 나날이 생장되어 가는 제2대전의 화근은 어디로 귀결될 것인가? 오인은 가장 심원한 사유에서 두 가지 길을 전망할 수 있다. (1) 하나는 발전되는 시국이 어느 때인가 자유의사로 돌아설 수 없도록 거대한 파국을 차제(次第)로 만들어내어 그야말로 전 국제적, 전면적인 비상한 국면을 조만(早晩)에 나타낼 수 있는 일이다. 이는 일반적인 범연한 사유의 결론인 것이다. (2) 그러나 허구한 연대 동안 적축(積蓄)된 역사적 제 조건은 아직도 급전직하하는 추상적인 발전형태를 실천에서 보여주지 않는 대신 세계 최대의 3, 4 또는 4, 5의 세력이 목하에서 형성하고 있는 경제블록에서 보는 것처럼 천하분할 사분(四分) 혹은 오분(五分)하는 과도적 신형세를 일정한 기간까지 지속할 수 있는 것이니, 이는 경시할 수 없는 일건(一件)의 가연(可然) 형태이다. (3) 요컨대 천하의 대사는 일편(一片)의 관측으로 용이히 단언할 바 못 되는 바이니, 이는 강전(岡田)이나 스탈린이나 볼드윈[S. Baldwin]이나 루스벨트나 혹은 장개석이나 히틀러, 라발, 또는 무솔리니 등을 불러 그 흉중을 파본다고 치더라도 누구나 역시 예단할 지견(智見)도 역량도 못 가진 바일 것이다.

－1월 12일 평동서실(平洞書室)에서－

다산(茶山)의 사상과 문장

《삼천리》, 1936. 4.

다산(茶山) 선생은 조선이 가졌던 최대 학자이나, 개혁적 정치가로서 실제의 국(局)에 당(當)하여 그 '택국이민(澤國利民)'으로 '신아구방(新我舊邦)'하는 대경륜을 펴보지 못한 것은 거듭 거듭의 한사(恨事)라, 이제 되풀이 하지 말고 그 사상·학식의 점에서는 근세 조선의 유일인(唯一人)인 것을 믿게 한다. 한(韓) 교리(校理) 치응(致應)을 연경(燕京)에 보내는 서(序)에 "이여관지(以餘觀之)컨대 기소위중국자(其所謂中國者)는 오부지(吾不知) 기위중(其爲中)이요 이(而) 소위동국자(所謂東國者)로 오부지(吾不知) 기위동야(其爲東也)라"고 그 지구의 원체(圓體)임과 열국(列國)의 병존함을 천문지리상으로부터 입론한 후, "지오(知吾)의 소립(所立)이 득남북지중의(得南北之中矣)라 부(夫) 기득동서남북지중(旣得東西南北之中) 하였으매 즉(則) 무소주이(無所住而) 비중국(非中國)이라, 오도소위중국재(烏覩所謂中國哉)아"라고 하여 중국의 칭(稱)이 이유 없음과 중국을 까닭 없이 '탄이흠미(歎詑歆美)'함을 비의(非議)'하고, 다만 그 실제상의 수종(數種)의 장점을 거(擧)하여 "금(今)에 소의취익어(所宜取益於) 중국야자(中國也者)는 사이이(斯而已)라"고 단(斷)하였다. 이것은 중국을 숭외찬앙(崇畏贊仰)만 하기에 여념이 없던 당시 속배(俗輩)의 속에서 일두지(一頭地)를 단연 벗어난 독립자존적 태도를 선명히 표시한 자로서, 선생이 근세 국민주의의 선구자인 것을 잘 설명함이다. 담헌(湛軒) 홍대용(洪大容)이 《의산문답(醫山問答)》에서 천문지리를 설(說)하여 천하의 제국(諸國)이 중국으로 독존(獨尊)할 수 없음을 갈파(喝破)하였고, 속류시배(俗流時輩)가 그를 잘 알아주지 못함을 그 편백(篇百)에 풍(諷)한 바 있었으니, 그 사상의 계통에서 동지적 위치에 있는 것이요, 선생에서 더욱 명백하다. 선생의 학(學)이 성호(星湖) 이익(李瀷)에서 연원한 것은 두말하면 번거롭고 그 《경세유표(經世遺表)》로써 표현되었고, 정치·경제의 책(策)은 반계(磻溪) 유형원(柳馨遠)의 〈직관지(職官志)〉와 기타 전제(田制)·병제(兵制) 등에서 배발대성(胚發大成)한 바 있을 것이요, 초정(楚亭) 박제가(朴齊家)의 《북학의(北學議)》와 그의 사(師) 연암(燕岩) 박지원(朴趾源)의 《열하일기(熱河日記)》 등은 혹은 지기상합(志氣相合)한 점으로 또는 숙연기경(肅然起敬)한 점으로 선생의 학과 식견을 대성하는 도움이 되었을 것이다. 그 《통색의(通塞議)》의 속에서는 동서남북의 전역(全域)의 인물과 각 파의 사(士)와 적서귀천(嫡庶貴賤)을 모두 타파하여 학국(學國)[擧國의 오식인 듯—編]의 지(知)와 역(力)을 합해서의 국가적 진취(進取)를 주장하였고, 〈민정고속(民政考續)〉의 송(頌)과 인재선거(人才選擧)의 제(制)와 문무장원(文武獎援)의 식(式)과 둔전양병(屯田養兵)의 제(制)로써 병농(兵農)이 병진(竝進)할 것을 기획하고, 단일 농법의 오(誤)를 지적하여 산림·천택(川澤)·강해(江海)·지저(地底)의 부원(富源)을 순차로써 개발할 책(策)을 조열(條列)하되 잠상·목축·원예·어렵(漁獵)과 광산·토목·도시·농촌의 제(諸) 정책을 세우고, 구부(九賦)의 제(制)를 세워 문란한 세제(稅制)를 개혁하고, 금동(金銅)·은(銀) 등 전폐(錢幣)의 법을 세워 외국 무역을 조성하며, 성곽을 수축하고 병제를 혁신하며, 기계를 개량하고 민력(民力)을 소생케 하여서 민여국(民與國)을 쇠망에서 건지려고 한 것 같은 것은 근세 자본주의적 국가사상(國家思想) 발흥기에 있어서의 정통파적 경제사상에 입각한 재정·경제·식산(殖産)·흥업(興業)의 책

(策)과 교육발전과 강병자위(强兵自衛)의 정책임을 볼 것이니, 이런 점
에서는 선생이 뚜렷한 근세 국민주의의 선구자임을 인식할 것이다. 선생
이 축성(築城)·조루(造壘)와 병거(兵車)·총포(銃砲)의 제(制)와 인중
(引重)·기중(起重) 등 제법(諸法)에 전문가적 견식·방략을 가졌던 것
은 일찍이 소개한 바 있었지만, 그 〈답계절도민수서(答季節度民秀書)〉
[季는 李의 오자인 듯—編] 나타난 윤선(輪船)의 제(制)는 반복 진술 3, 4
차에 자못 정상(精詳)한 바 있었으니, 비록 서인(西人) 근대 기선(汽船)
의 정예(精銳)에 비할 자 아닐 터이나, 오히려 경이할 만하다.

　선생은 따로 유(兪) 판서(判書) 집일(集一)이 황해도감사로 일찍 윤선
을 지어 "전후유륜(前後有輪)하고 수미설타(首尾設舵)하여 양륜격수(揚
輪激水)하여 취기신질(取其迅疾)……" 운운의 설(設)이 있기에 그 진퇴
자재함이 범선으로 추급(追及)할 수 없음을 논하였다[차문은 《문헌비고
(文獻備考)》에 출(出)함]. 선생 정법(政法)의 제책(諸策)은 반드시 경제
시설의 기초 위에 두려하였고 병비(兵備)로써 그 종(終)을 지은 것 같으
니[선생 연보에는 《아방비어고(我邦備禦考)》 30권 미성(未成)의 문구가
있는데, 비어고종(備禦考種)은 대체로 《경세유표》와 《목민심서》 중에
들어있는 부분 외에 독립한 저서로는 현존이 없는 것 같다] 병비에 관한
바는 지금 논외로 두고, 전기(前記) 경성(京城) 읍성 수(數) 리(里) 내지
수십 리의 거성(巨城)으로 둔전병(屯田兵)의 제(制)를 개진한 바 외에,
미곡정책에는 일층 그 경세적 포부를 기울여 사창(社倉)의 한(限)을 정
하고 상평(常平)의 법을 세우며, 주거(舟車)의 제(制)를 개신하고 해륙교
통의 책을 열어 저축운수(貯蓄運輸)와 출입교천(出入交遷)의 방(方)으로
비황구빈(備荒救貧)의 법을 비술(備述)한 바 있어 그 택국이민(澤國利
民)의 일대 안목으로 삼은 바 있었으니, 이것은 전연 현대 사회정책과
그 궤를 한가지 하는 바이다. 그 호적법의 명상(明爽)함과 도량형 등의
엄명정평(嚴明正平)함과 전폐(錢幣) 통용의 제를 논하여 정밀함을 기타

온갖 산업정책의 실시·시설의 책과 아울러 전술(前述) 자본주의적인 근세 국민주의의 선구자로서의 포부인 것을 잘 알 바이니,《통색의(通塞議)》와 기타 인물고선(人物考選)의 조(條)에서 계급타파와 만민평등으로 공농소민(工農小民)까지 모두 국가정치에 한가지 등장하여야 할 것을 열렬히 주장함 등은 즉 이것을 증(證)함에 넉넉한 자이요, 그 사회정책적 시설을 논한 데서 근세 자유주의자의 거대한 개조(開祖)로서 일보의 선구임을 보이는 자이다. 선생 저《경세유표(經世遺表)》에서와〈향리론(鄕吏論)〉과〈과거론(科擧論)〉[五學論] 등에서 이런 점은 가장 잘 발견할 바이다.

그러나 선생〈평부경유(平賦經由)〉의 제과(諸科)와 그〈전론(田論)〉등에서 조열(條列)한 여전제(閭田制)의 여전(閭田) 경작의 법과 10분 1의 국안(國案) 징수로써 전조(田租)를 대신할 것을 가장 그 정치개혁의 근본책으로 역설한 점은 근세 토지국유론에서 출발한 일부 사상과 공통하면서 그 실제 적용의 점에서는 일층의 진보적인 정책사상을 보이는 자로, 다만 왕실을 중심하고 국가를 단위로 한 점에서만 근세 사회주의 사상과 서로 다른 자이다. 그러므로 그 함축의 내용이 다르나, 이 점으로서는 일종의 국가적인 사회민주주의의 명백한 사상체계를 방불케 하는 것이다. 선생의 시집 중에 보이는 빈민생활의 묘사와 그에 대한 공분심의 발로와 그 풍자·암시에서 이것을 잘 영득(領得)할 수 있다. 선생의 이러한 과도적 존재는 그가 타고 있는 역사적 도정이 가장 잘 이것을 해□(解□)하여 주는 것이다. 그런데 자못 간단하니, 오히려 명백하게 선생의 사상을 표시하였다 할 자는《여유당전서(與猶堂全書)》문집 중〈원목(原牧)〉편이라고 할 것이니, 즉 이를 초(抄)하면,

"목(牧)이 위민유호(爲民有乎)아? 민(民)이 위목생호(爲牧生乎)아? 민(民)이 출속미마사(出粟米麻絲)하여 이사기업(以事其業)[以

事其牧－編]하고 민(民)이 출여마추종(出輿馬騶從)하여 이송영기
목(以送迎其牧)하고 민(民)이 갈기고혈진수(竭其膏血津髓)하여
이포기목(以胞其牧)[以肥其牧－編]하나니 민(民)이 위목생호(爲
牧生乎)아? 왈부(曰否)[曰否否－編]라. 목(牧)이 위민유야(爲民有
也)니라"

고 소결(小結)하고,

"수고지초(邃古之初)에 민이이(民而已)라 기유목재(豈有牧哉)
아? 민(民)이 우우연취거(于于然聚居)할 새 유일부(有一夫)가 여
인투(與人鬪)하여 막지결(莫之決)이러니 유수언(有叟焉)[有一叟
焉－編]하여 선위공언(善爲公言)일 새 취이정지(就而正之)한대
사린(四隣)이 함복(咸服)하여 추이(推而) 공존지(共尊之)하니 명
왈이정(名曰里正)이라. 어시(於是)에 수리지민(數里之民)이 이기
리투(以其里鬪)하여 막지결(莫之決)이러니 유수언(有叟焉)하여
준이다식(俊而多識)일 새 취이정지(就而正之)한대 수리(數里)가
함복(咸服)하여 추이공존지(推而共尊之)하니 명왈당정(名曰黨正)
이러라……"

고 하여, '현이유덕(賢而有德)'한 자로 인하여 주장(洲長)·국군(國君)·
방백(方白)·황왕(皇王)까지 미치고,

"황왕지대(皇王之大)[皇王之本－編]가 기어이정(起於里正)하니
목(牧)이 위민유야(爲民有也)라. 당시시(當是時)하여 이정(里正)이
종민망(從民望)하여 이제지(而制之)[而制之法－編] 민상지당정(民
上之黨正)[上之黨正－編]하고, 당정(黨正)이 종민망(從民望)하여

제지법상지(制之法上之)[而制之法上之-編] 주장(洲長)하고, 주상지(洲上之)[洲長上之-編] 국군(國君)하고, 국군상지(國君上之) 황왕(皇王)이라. 고(故)로 기법(其法)이 개편민(皆便民)이러라"

고 하였다. 이것은 루이쓰 모-간[R. Morgan]의 《고대사회(古代社會)》에서처럼 씨족정치에서 부족에서 포족(胞族) 연합에, 그리고 부족 연합의 중요한 입법으로 상고(上古) 종족적 국가의 성립에, 그리하여 근세 민족 국가 성립의 선구를 이룬 자와 서로 방불한 자이요, 한편으로 에밀 룻소[J. J. Rousseau]의 《민약론(民約論)》과 유사한 자이다. 그리고 전술(前述)에 계속하여,

"후세(後世)에 일인(一人)이 자립(自立) 위황제(爲皇帝)하여 봉기자약제(封其子若第)와 급기(及其) 시어복종지인(侍御僕從之人)하여 이위제후(以爲諸侯)하고, 제후(諸侯)가 간기사인(簡其私人)하여 이위주장(以爲州長)하고, 주장(州長)이 간기사인(簡其私人)[薦其私人-編]하여 이위당정(以爲黨正), 이정(里正)하니 어시(於是)에 황제(皇帝)가 순기욕(循己欲)하여 이제지법(而制之法)하여 이원제후(以援諸侯)하고, 제후(諸侯)가 순기욕(循己欲)하여 이제지법(以制之法)하여 이원주장(以援洲長)하고 …… 고(故)로 기법(其法)이 개존주이비민(皆尊主而卑民)하고 각하이부상(刻下而附上)하여 일사호(一似乎)[壹似乎-編], 민(民)이 위목생야(爲牧生也)니라"

고 단락한 후, "금자수령(今之守令)도 고지제후야(古之諸侯也)라"고 시작하여,

"고(故)로 왈(曰) 민(民)이 위목생(爲牧生)함이 기(豈) 이야재 (理也哉)아? 목(牧)이 위민유야(爲民有也)니라"

로 총경(總經)하였다.

이것은 홍담헌이 그의 《임하경륜(林下經綸)》에서 '군택공(君擇公)[首相], 경택경(卿擇卿)[平大臣], 경택사(卿擇士)[事務官]' 운운으로 비롯한 입헌주의적 정치사상과 좋은 대조거니와, 원시사회 이래의 민주주의적인 합의제의 정치가 붕괴되고 찬탈자인 폭군적 오토크라씨[autocracy]의 출현을 서술하는 현대 역사사회학에 합치되는 바이요, 룻소의 《민약론》 중에는 '최초의 사회'로부터 '강자의 권리'와 '노예'의 발생 등 제 학설을 주장한 바와도 일맥상통되는 점이다. 더구나 룻소의 별편(別篇)인 《인간 불평등기원론》과 서로 유사함은 매우 주목할 점이다. 선생의 탄생하던 영종(英宗) 38년 임오(壬午)는 서기 1762년으로 '룻소'의 《민약론》이 세상에 발표되는 해이나 당시 동서문물의 교통은 선생으로 직접 그 영향을 받았다고 할 수 없는 터이요, 이주(梨洲) 황종희(黃宗義)의 《명이대방록(明夷待訪錄)》(청조 초)에 설(說)한 바가 선생의 정치사상에 영향한 바는 의심할 바 아니다. 〈원목(原牧)〉편에서 매우 선명한 선생의 탁월한 사회관을 알 것이다. 연박(淵博)한 학(學)의 부고(府庫)는 접촉할수록 더욱 그 위대(偉大)를 경이(驚異)하는 바이나, 이제 홀망(忽忙)함이 그 일반(一班)을 소개함에 그칠밖에 없음을 유감으로 여기는 바이다. 다시 후일의 기회를 기다리려 한다.

【편자 주】 본문의 〈원목(原牧)〉 인용문은 편자가 대조한 《국역 정다산 문선》(이재호 옮김)과 약간 차이가 있다. 차이가 나는 구절은 편자주로 표기하였다.

현대 조선과 율곡 선생의 지위
— 율곡 성패(成敗)와 역사적 연관성 —

《조광》, 1937. 2.

1. 율곡의 전모

지금으로부터 353년 전인 한양조(漢陽朝) 선조(宣祖) 17년 갑신(甲申) 정월 16일에 율곡(栗谷) 선생 이이(李珥)가 졸(卒)하였다. 율곡은 희유(稀有)한 영재로서 정주학파(程朱學派)에는 퇴계(退溪) 선생 이황(李滉)과 병칭되는 한 대가이었고, 또 호조·병조와 이조의 장관으로서 재정·군사 및 기타 내정 방면에 일시 당로(當路)하였던, 자못 현찬(顯燦)한 실제 정사가(政事家)이었던 분이다. 이조판서의 현직에서 필경 졸서(卒逝)하매 선조께서 부음을 듣고 애통하셔서 곡성이 밖에까지 사무쳤으매 궁향(窮鄕) 촌맹(村氓)도 머리를 모아 거애(擧哀)하지 않는 자 없고, 태학(성균관)생과 군졸·시민과 치품서관(治品庶官)과 각사(各司) 이서(吏胥)까지 죄다 와서 거애(擧哀)를 하고, 발인하는 날에 횃불을 잡은 자 수십 리에 뻗치고 거리와 골목에 울고 부르짖는 자 들어찼었다고 한다.

선생의 시대는 명종(明宗) 말(末)로 선조 초에까지 수십 년 동안이요, 북에서 야인(野人)의 난이 남았을 뿐더러 미구(未久)에 터졌던 미증유한 대국난(大國難)인 임진란(壬辰亂)의 직전이었고, 3백 년래 쇠망의 일 화인(禍因)인 동서 분당(分黨)의 발생 및 그 격화의 도정에 당하였던 터이라, 그 졸서 후의 반향은 마치 송(宋)의 '경력당의(慶曆黨議)'의 진행 도

중인 '원우경화(元祐更化)'의 당시 낙당(洛黨)의 수령 온공(溫公) 사마광(司馬光)이 들어와 철종(哲宗)의 상(相)이 되었다가 졸하매 수렴(垂簾)한 태후(太后)가 통곡하고 그에 따라 중외(中外) 민서(民庶)가 애통오열(哀痛嗚咽)하였음과 그 인물, 지위 및 시대가 틀리기로 방불한 자이다. 사마광의 인물·덕행은 한양조 5백 년간 유자(儒者)들의 추앙이 도리어 맹목적이던 터이었거니와 이것을 엄정 비판하는 현대인의 눈에는 다분(多分)으로 그 평가를 달리하게 되는 바이다.

율곡 이이 선생은 그 도학(道學)·문장과 포부·경륜과 또는 우국의 염원이 다시 일 두지(頭地)를 벗어나, 고매한 견식과 아울러 그의 추앙자에게는 '산하간기(山河間氣), 삼대상인물(三代上人物)'[우계(牛溪) 성혼(成渾)의 평]이라고 추칭(推稱)키에 이르렀던 바이라. 오인이 솔이(率爾)한 비평을 마구할 바 못되나, 이에 삼가 그 소견을 피력키로 한다. 세간의 논자 혹은 전대의 인물 사력(事歷)을 듦으로써 만연(漫然)히 '복고주의'인 규정 및 비난을 가하는 자 전혀 없지 않은 모양이나, 그러나 이는 용허키 어려운 과오이다. 조선과 같은 후진 특종(特種) 사회의 문화적 특수 과정은 지금까지 포기하였던 전연 황무지인 전대(前代) 허다한 사실(史實)에 관하여 이에 대한 과학적 비판도 귀중하고, 다만 일반적인 소개(紹介), 천양(闡揚) 및 음미만으로도 매우 귀중 유용한 현하 과정에서의 문화적 공작으로 되는 것이다. 내 이러한 취의에서 율곡 선생 일대의 생애에 돌아보건대 그 정치·역사적 의의가 오히려 현대에서도 되살아남을 볼 수 있다.

2. 선생과 그 인물의 특질

선생이 19세라는 혈기발발(血氣潑潑)한 청소년으로서 그 모부인(母夫人)의 서세(逝世)에 자격(刺激)되어, 표연(飄然) 금강산(金剛山)에 들어가 불문(佛門)에 귀의하여 인생의 진체(眞諦)를 정각(正覺)코자 하였던 일은 당시 반대파의 사람들의 매척(罵斥)의 재료로 되었던 바이다. 그러나 여기에서 냉정히 보아 그 일로써 선생이 세속 성법(成法)에 고개 숙여 순수(順守)하는 풍품(風品)이 아님을 볼 것이요, 불문으로부터 단연 환속하여 당시의 유종(儒宗)인 이퇴계의 문을 두드려 '거경궁리(居敬窮理)'하는 전환(轉換)한 생애를 열고, 그리하여 유림의 종장(宗匠)으로 일세를 영도하는 지위에 스스로 그 자신을 앙양케 한데 돌아보면, 그 영탈(潁脫)의 호세(毫勢)가 워낙 상인(常人)의 추종할 바 아님을 나타내었다. 선대의 유자(儒者)들이 필생의 고심으로 추구하기에 바빠하는 이기(理氣)의 철학이란 자는 속배(俗輩)가 공총(倥偬)히 논할 바 아니나, 퇴계 선생의 '이발기수(理發氣隨), 기발이승(氣發理乘)' 하는 이기이원론(理氣二元論)을 변박(辯駁)하면서 '이통기국(理通氣局)'의 일체양성론(一體兩性論)을 수립한 것 같은 일은 일개의 학구(學究)로서도 안여(晏如)히 다만 선철(先哲)을 추종할 유(流)의 안온(安穩)한 인물이 아닌 것을 증(證)하는 바이다. 대체 선생은 천품호매(天禀豪邁), 재기영발(才氣英發)하는 편으로서 뛰는 듯한 혈성(血性)이 멀리 제배(儕輩)에 벗어나는 간세(間世)의 영재이던 것은 의심 없다. 선생의 이러한 천질(天質)은 당연 그 평생 생애에 나타난 것이니, 그 면목(面目)은 사건과 인물에 대할 때마다 명백하게 나타난 것이다. 이제 약간 그 주요한 자를 뽑아 선생 인물의 일반을 대관(大觀)하고 다음 본론에 들어가고자 한다.

선생과 동서분당조제운동(東西分黨調劑運動)은 가장 대표적인 정치 생애인 자거니와, 그 인물과의 관계에서는 5백 년간 명상(名相)의 한 사람인 동고(東皐) 이준경(李浚慶)과의 대립에서 그 이채를 이룬 자이다. 퇴계 선생은 순수한 학자적인 인물이라 걸퇴(乞退)의 즈음 선조의 하문(下問)에 응하여 동고의 역량·식견이 주석지신(柱石之臣)이요, 유일의 의임(倚任)할 자임을 역설하였나니 퇴계의 이 말씀을 기다릴 바 아니나,

동고는 당시 이미 노성(老成)하고 세사(世事)에 익은 대정치가이었다. 선조께서 즉위의 처음 16세의 유충(幼沖)으로 문정왕후(文定王后)와 윤원형(尹元衡)의 실정(失政)의 뒤를 이어 국가 시비와 인심 거취에 밝지 못하였고 안으로 태후(太后)가 있어 은연 구세력의 지지가 될 수 있는 터이니, 윤원형 을사난정(乙巳亂政)의 번복은 즉위 벽두에 경조거사(輕燥擧事)키가 어려웠던 바이요, 이를 주장한 동고의 견(見)이 또한 노련에 인함이었다. 그러나 교리(校理)인 율곡은 동고의 특중(特重)하는 말에 직정(直情)적으로 "대신지언(大臣之言)이 어찌 함호불명(含糊不明)하냐?"고 맹렬 반박하였고, 동고 임종(臨終)의 유차(遺箚)로써 '붕당지사(朋黨之私)'가 일어나는 조짐이 있음을 논하였을 때 율곡은 그것을 곧 '반복소인(反覆小人)'으로써 계(啓)하였고, "장두치형(藏頭置形), 귀담□설(鬼談□說)"이라고 척소(斥疏)하였고, "금인지장사(今人之將死)에 기언야(其言也) 악(惡)이라"고 극론(極論)하였다. 《석담일기(石潭日記)》에서 동고를 평하되 "공(公)이 무□□지재(無□□之才)"라고 하고, 예의 붕당문제에 관하여 "유시(由是)로 사림(士林)이 지공(指公)하되 위추정지인(爲醜正之人)"이라고 한 것 등은 그 규각(圭角)을 드러냄이 자못 날카로움을 볼 것이다.

대개 선생은 현대 과감한 논객과 같이 인물 비판을 그 능사로 삼았던 분이니 전술 퇴계를 평하되 "정신기백(精神氣魄)이 품득부강(稟得不强)이요, 재조기국(才調器局)이 성유소불급(誠有所不及)"이라고 지적하였고, 서애(西崖) 유성룡(柳成龍)을 평함에는 "불능일심봉공(不能一心奉公)하여 시유고담이해지의(時有顧瞻利害之意)하니 군자(君子)가 이시(以是)로 단언(短焉)"이라고 결(結)하고, 소재(蘇齋) 노수신(盧守愼)의 상업(相業)을 평함에는 "공수공창자야(拱手空蒼者也)라"고 설(說)하고, 남명(南溟) 조식(曺植)을 평함에는 "어학문(於學問)에 무실견(無實見)하고 소상(所上)한 소장(疏章)이 역비경제지책(亦非經濟之策)"이라고 해서

“수사행호세(雖使行乎世)라도 유소시설(有所施設)을 미가필(未可必)”이라고 서(敍)하고, 고봉(高峯) 기대승(奇大升)에 관하여는 “대승(大升)이 수□실재(雖□實才)나 이영특(而英特)은 과인(過人)”이라고 논하고, 휴암(休菴) 백인걸(白仁傑)을 평함에는 위기(圍碁)에 비하되 “이유시난착(而有時亂着)하니 비가의시지재야(非可倚恃之才也)”라고 결(結)하였으매, 외타(外他) 대소 인물에 향하여 종횡한 결척(刱剔)이 거의 여온(餘蘊)을 아니 둠과 같았다. 물론 선생의 인물평은 열거한 단점 지적에 그친 바 결코 아니니, 상술 제 인물의 평으로 지적하지 아니한 다른 대부(大部)는 전혀 그 칭예추장(稱譽推獎)으로 되어 그 영명(英明) 쾌상(快爽)한 평어(評語)임을 수긍케 하는 바이다.

그러나 그 자임(自任)의 큼과 봉예(鋒銳)의 드러남이 실로 심상치는 아니하였던 바이니, 그러므로 지천(遲川) 최명길(崔鳴吉)의 이른바 “일편충곤(一片忠悃) 단단무타(斷斷無他)”하던 선생의 심사로서 선조(宣祖) 무쌍(無雙)한 권주(眷注)와 신임을 받아 “□□천재(□□千載)에 군신(君臣)이 상우(相遇)하여 득철공업(得澈功業)한 자가 절무이□유(絶無而□有)”라고 그 출사(出仕)를 돈유(敦諭)하는 하□(下□)를 받들음에 이르렀으나, 그를 비의(非議)하는 측으로는 “지대(志大)하되 백재소(百才疎)하고 양천(量淺)하되 이의편(而意偏)”을 비롯하여 “도임일기지견(徒任一己之見)하고 위□거국지정(違□擧國之情)”한다는 지탄을[동강(東崗) 김우옹(金宇顒)] 당하게 된 바이다. 선생은 확실히 간세의 영재이요, 또는 일세를 평치(平治)하고 민여국(民與國)에 택(澤)과 이(利)를 맞으려고 혈심분투한 명현인 분이니 이는 누구나 이의할 나위가 없다. 그러나 그 실패의 원인은 어데 있는가? 지대재소(志大材疎)가 전연 적평(適評)인가? 시대의 조류가 어찌할 수 없었음인가? 이로 다시 그 정치가로서의 진력하던 경륜과 전말의 일반을 엿보고 그 현대 조선에 연관되는 역사적 지위를 음미하려 한다.

3. 선생의 역사적 지위와 그 정견(政見)

선생의 역사적 지위를 범론(泛論)한다면 그는 중세기식의 현인(賢人) 정치를 이상으로 한 일개의 학자 정치가인 것이다. 일찍 선조께서 율곡을 향하여 "한문제(漢文帝)가 어째서 가의(賈誼)를 아니 썼는가?" 하고 물으실 때, 율곡은 "문제가 비록 현(賢)하나 지취(志趣)가 높지 못하였기로 가의가 말이 큼[言大]을 보고 의심하여 쓰지 못함입니다" 하고 대답하였다. 이것은 우연일는지 모르나 그만치 선생의 역사적 지위가 중세기적인 가의류(流)와 서로 멀지 않음을 자못 똑똑하게 풍시(諷示)하는 바이요, 이 의미에서 그 본질적으로 현대 조선에는 심대한 역사적 관련이 없음과 같다. 그러나 첫째, 그 조우한 정세가 정치적 견지에서 현대 조선의 어느 모와 공통되는 바 있고 그 곤고(困孤)하던 심사가 현대의 식자와 동일한 형태로써 됨이 있으니, 이 모든 점에서 아직까지 선생을 현대에서 신(新)인식할 귀중한 가치가 있는 바이다.

우선 선생 정치방략의 대표적인 자로 선조 7년 갑술(甲戌)《만언봉사(萬言封事)》를 들 바이니, 그 요약을 소개하건대, "문폐불구(文弊不救)한 연후(然後)에야 천하(天下)가 회란(懷亂)"이라는 진보주의적 지도원리의 밑에 일종의 유심(唯心) 변증법적인 역사관을 중국 역대 흥망사에 붙인 후, "대저(大抵) 임시가변(臨時可變)할 자(者)는 법제야(法制也)라"고 단(斷)하고, 조선 상대(上代) 이래의 소략한 문헌을 대략이나마 지점(指點)한 후, 한양조 창업 이래 200년의 변천을 서술하여 "식자(識者)가 의이조종지법(擬以祖宗之法)하여 불감개(不敢開) 경장지론(更張之論)하니 차(此) 소위(所謂) 부지시의야(不知時宜也)라"고 단락을 짓고, 서정(庶政) 부패의 실제상의 제 정세를 열거한 후 공안(貢案)을 고치어 민력을 소생케 하고, 선상(選上) 즉 세민(細民) 비천계급의 부담과 사역을 공평히 하여 인민의 질고(疾苦)를 덜고 써 상하협동의 근원을 지으며, 군정(軍政)

을 혁신하여 내외의 국방을 굳게 할 실천적인 제 안건을 조진(條陣)한 것이 그 대체(大體)이다. 그 도도(滔滔) 만여 언(言)이 이로 매거(枚擧)할 바 아니나, 경제적 '안민(安民)'책으로 그 안목을 삼은 자이요, "금일즉(今日則) 조종유택(祖宗遺澤)이 이진(已盡)하고 권간유독(權姦遺毒)이 방발(方發)"이라고 해서 "승쇠폭발(乘衰暴發)"하는 만년[노년에 비(比)함임]의 "장해지독(戕害之毒)"이 "불출십년(不出十年)하여 화란필발(禍亂必發)"할 것을 외침으로써 "구시이국(救時利國)"의 필요를 절규한 자이니, 이는 세간에 알려진 율곡 소민(蘇民)의 책(策)이요, 또는 양병(養兵) 10만으로써 다가오는 국난을 방호하자 하는 이론의 근거를 이룬 자이다. 선생이 일찍 경연(經筵)에서 선조께 면대하여 미리 10만 병을 기름으로써 완급(緩急)에 방비할 것을 청하되 그렇지 않으면 10년이 다 못되어 장차 토붕(土崩)의 화(禍)가 있을 것을 갈파하였고, 또 호조판서로서 입시(入侍)하였을 때 경제사(經濟司)를 베풀고 대신(大臣)으로 영도케 하되 후사(後司)로써 시무를 효달(曉達)하는 사류(士類)를 뽑아 때때로 건백(建白)하는 일을 상의정탈(商議定奪)함으로써 폐정을 혁신할 것을 주장하였으니, 이는 선생 포부의 일단이던 것이다. 선조 16년 계미(癸未) 북방 야인 니탕개(尼湯介)의 난이 있을 때에 선생이 병조판서로서 급자기 사수(射手)와 전마(戰馬)를 초발(抄發)하여 그 격퇴에 향할 새 권의(權宜)의 편법이 취할 자 있었다. 이 방면에 있어 선생은 자못 비상한 탁견을 보였으나 대체로 구차한 시속(時俗)에 저해(沮害)된 것이다.

4. 선생과 당쟁조제(黨爭調劑)의 고심

그러나 선생의 역사적 지위가 현대에 통하여 오히려 맥동(脉動)하고 있는 자는 그 분당·당쟁의 초기에 있어 그 보합조제(保合調劑)의 진력과 그 결국 실패의 사실에 있는 것이다. 이 일이 또한 매우 호번(浩煩)하니, 오직 그 요약을 일별하고 그 역사적 의의를 고찰함에 그치려 한다. 동서 분당 발생문제에 관한 한 율곡은 동고에게 그 식견이 수(數) 보(步) 떨어졌음을 가릴 수가 없다. 동고의 노성(老成)한 대정치가적인 식견에 대하여 율곡은 자못 연소 신진 호사자(好事者)와 같은 처지에 섰던 것이다. 상인(上引)한 수 조(條)의 외에 율곡이 동고에 대한 평에 “무욕진물(務欲鎭物), 불능유위(不能有爲)”를 설(說)하고, “수교구철(守膠舊轍), 도상인순(導上因循)”을 변난(弁難)하고, 예의 《만언봉사》에도 “제록초년(第綠初年)에 대신(大臣)이 보도실의(輔導失宜)”라고 그 오국병민(誤國病民)의 적실(適失)을 말한 것 같은 것은 정치비판으로서 보다 나은 개혁을 대망(待望)한 열의는 남음이 있으나, 율곡 자신으로도 종래에 결국 “불능유위(不能有爲)”한 일생으로 그치고 만 것은 못내 호탄(浩歎)을 금치 못할 당시의 정세이던 것이다. 그런데 그 당면의 화인(禍因)인 당쟁에 관하여 동고가 말하되 “금세지인(今世之人)이 혹유차무과거(或有且無過擧)하고 사업위측(事業違則)하되, 이일언(而一言)이 불합(不合)하면 즉(則) 배척불용(排斥不容)하며 불사행검(不事行檢)하고 불무독서(不務讀書)하면서 이(而) 고담대론(高談大論)으로 결위붕비자(結爲朋比者)가 이위고치(以爲高致)하여 수성허위지풍(遂成虛僞之風)하니 종필위국가(終必爲國家)의 난구지환의(難救之患矣)”라고 한 것은, 시폐(時弊)를 지적하여 매람 적절 명상(明爽)한 자로서 동고가 5백 년간 명상(名相)의 1 인 되는 면목을 잘 보여준 바이다.

　외척인 심의겸(沈議謙)과 신진기예(新進氣銳)이던 김효원(金孝元)의 양 인간의 우연한 반목이 계자(契子)로 되어 드디어 왕양(汪洋)한 천파만랑(千波萬浪)처럼 번동(翻動)되어갈 때, 율곡이 “심야(沈也)는 시(是) 외척지소출두각자(外戚之梢出頭角者)라 고부족도야(固不足道也)요, 김야(金也)는 역시경량잔기(亦是輕量殘器)로 학술(學術)이 역단(亦短)하니 지가치지사류중이(只可置之士類中耳)라”고 하면서 그의 “타파동서(打破

東西), 보합사류(保合士類)"코자 하던 노력이 드디어 하나도 성취치 못하였을 뿐 아니라, 때로는 차라리 자연방임(自然放任)만도 못한 격동선양(激動煽揚)되는 객관의 결과로 된 형적(形跡)조차 있어, 선생의 소위 "질지태심(嫉之太甚)하고 공지태극(攻之太劇)"하는 상태로도 되고 "자시기견(自是己見)하여 영오국사(寧誤國事)언정 필욕구승(必欲求勝)"하는 유폐(流弊)로도 되고, 그동안에 또 "추시부세(趨時附勢)하여 부박부정(浮薄不正)"한 자가 이에 따름이 있어 "논핵인물(論劾人物)하는 자(者) 예필파급붕제(例必波及朋儕)하는 고(故)로 무핵일인(無劾一人)하매 거조(擧朝)가 소연(蕭然)"하는 거환(巨患)을 만들고, 선조(宣祖) 수교(手教)로 말하신 "조신(朝臣)이 붕비분당(朋比分黨)하여 국사(國事)가 일거(日去)"하는 결과로 되어서 그 말류(末流)의 폐가 조선 쇠망의 정치적일 이유를 이루었으되, 율곡 자신조차 "반위(反爲) 시배소의(時輩所疑)하여 전전상격(展轉相激)하여 내이(乃以) 고명오국등어(沽名誤國等語)로 작위죄목(作爲罪目)하여 공기이공지(共起而攻之)"하는[최지천(崔遲川)의 설] 궁지에 빠졌었고, 선생으로 드디어 "불견신어상하(不見信於上下)하니 내하(奈何)오?"의 절망적인 탄성을 발하게 된 것이다.

이제 동고 상공(相公)의 '붕당지사(朋黨之私)'를 논한 상문(上文) 이하의 제 조건은 명백히 현대 조선의 사회현상에까지 연장되어 있음을 세도(世道)에 유의하는 식자로서는 이미 간파하였을 바이다. 이 점만으로도 경조(輕躁)와 가찰(苛察)과 준예(峻銳)와 편굴(偏屈)로서 오직 분해(分解)와 천답(踐踏)만 일삼아 앉아서 어인(漁人)의 공(功)을 만들어주는 사회적 해악이 현대 조선에까지 살아있고, 그의 비상한 격량 속에 '전전상격(展轉相激)'하여 양방(兩方)의 시의(猜疑)를 받았을 뿐더러 한갓 '지대재소(志大材疎)'의 비평과 게다가도 '고명오국(沽名誤國)'의 누명까지 입은 율곡의 고분(孤憤)한 처지도 현대의 사회성에서 아직 해소되지 아니한 것이다. 그러나 동서 분당이 다만 심(沈)·김(金) 2인의 양성(兩性)

인격의 작용으로 된 바 아닌 것처럼, 실패한 율곡에게 반드시 '지대재소(志大材疎)'로써 평하기 어려운 곳에 당시의 사태가 현대에까지 연관되어 있는 역사적 비이(秘異)가 있는 것이다.

5. 율곡 성패(成敗)의 사적(史的) 의의와 그 현대 조선에의 연관성

각정(角亭) 조한규(趙翰逵)는 아직 숨겨 있는 과거의 명유(名儒)이다. 그가 옥하(屋下)에서 그윽이 정치 득실을 논할 새 한양조의 정치법제의 범주(範疇)이던 송조(宋朝)의 일을 빌어 말한 바 있었으니 "송지입국(宋之立國)이 전상언론(專尙言論)하여 백사(百事) 무실(無實)하고 이(而) 是非(시비) 顚倒(전도)하여 소인(小人)이 상위지주(常爲之主)하고 이(而) 군자(君子) 부득진기용(不得盡其用)"이라고 하고, "어시(於是)에 신진희사지도(新進喜事之徒)가 불식대체(不識大體)하고 이(而) 호위고론(好爲高論)하여 청기언즉출입삼대(聽其言則出入三代)하며 격려기자(激勵譏刺)하되 이(而) 고기실(考其實)하면 즉불과미문세절(則不過靡文細節)이요, 심자(甚者)는 내투합상의(乃投合上意)하여 교알경험(巧訐傾險)함이 무소부지(無所不至)하니 …… 어시(於是)에 재(宰) 췌췌어부서지말(惴惴於簿書之末)하여 이불감위(而不敢爲) 경원지모(經遠之謨)로다. …… 연(然)이나 초위경장즉(稍爲更張則) 군언(群言)이 답지(踏至)하여 부대이해지결(不待利害之決)하고 이주벌(而誅罰)이 기수기후의(已隨其後矣)라 수복정신임사(誰復挺身任事)하여 위(爲) 천하려재(天下慮哉)아?"냐고 도함(滔滔) 수백 언(言)이 호매(豪邁) 서리(犀利)한 바 있으니, 그 각 편의 명쾌한 사론(史論)과 한가지 실로 전대희유(前代稀有)한 문자이다. 그리고 그 원인으로서는 송태조(宋太祖)가 신료(臣僚) 시의(猜疑)함으로써 그들을 호상 견제케 하고자 대관(臺官)[諫官]과 정부가 서로 분권케 한 전제군주의 음험한 심법(心法)에서 출발한 것임을 단(斷)한 것은 정치제도 발달사상으로 보아 한 개의 주요한 주장으로 된 것이다.

　이제 이를 조선사에서 일론하건대, 삼국 이래 민강성패(民强成敗)의 역사는 오히려 창고한 편이라고 두고 고려 5백 년간 격심한 국제 화란(禍亂)의 속에 민강(民强)적 정력(精力)이 자못 쇄마좌절(鎖磨挫折)된 자 있어 한양조의 창업기에서는 쇄국고립의 극단의 소극정책을 채용하게 되었더니, 그들 봉건적인 치자계급의 사람들은 정권의 독점전제(獨占專制)로써 단조(單調)한 내정(內政) 본위의 고정생애(固定生涯)에 교착(膠着)된 지 수백 년에 어느덧 빼칠 수 없는 자체의 부패·분열의 도정(途程)에 전락되고 말아, 드디어 스스로 당쟁화국(黨爭禍國)하는 사지(死地)에 빠지고 만 것이다. 즉 친명수일(親明壽一)의 외교정책은 그 방면에 대한 반항적 의식을 차차 수면상태로부터 거의 거세됨에 이르게 하였고, 동남 해안의 엄존한 세력에 관하여는 허망한 '화외(化外)'시(視)의 국견(局見)에서 불행한 무관심의 상태 중에 지속하게 되어, 그들의 혈관 속에 이미 생동하는 생존의식으로 거의 국제 관념이 유리(游離)하게 되었다. 그는 그 일 반면(半面)에서 필연으로 종국의식(宗國意識)의 쇄침(鎖沈)과 그로 인한 긴장·경계·사구(思究)·충동의 공작이 종식하게 되어 국제의 일 국민으로서의 — 실은 그 영도층으로서의 필요 또 귀중한 협동호조와 분신진작(奮迅振作)의 기풍이 차제로 민멸(泯滅)되는 한 골수일 뿐이던 것이다. 국제적 상대관계에서 이미 이러한데, 그 국내 정세에 있어서는 전대(前代) 이래 정치·사회적 제 조건은 노예·천민 등 다대수인 하층계급의 사람들이 전 국제의 동일 사회단계에서처럼 이러한 봉건적 전제기구의 뿌리 깊은 중압의 속에 그 대세를 흔들어볼 길도 없이 오직 수탄(愁嘆)·굴종의 절망적인 생애에 교착(膠着)될 밖에 없었던 것이다[이는 고려조에 있어 만적(萬積)·이통(李通) 등의 조예(皁隸)계급의 전후미성(前後未成)한 반란과 선조 임진란에 진공군을 앞질러 그들의 손으로써 주요 관부(官府)가 회신(灰燼)에 붙인(그들의 경복궁 방화설은 오류) 사실을 보더라도 그 평상시의 처지와 심경을 충분히 엿볼 바인 것이었다]. 이와 같이 대내·대외에서 전연 안일·방종의 심리로써 장속(長續)한 그들 치자계급의 사람들은 오직 허여된 ─ 주관적으로 안온한 소천지에서 그 가문지상주의적인 그리고 전가(傳家)적인 악성의 당쟁에 몰두하고 있게 되었던 것이다. 그리하여 그 발생의 형태로서는 동고 이 상공(相公)의 지적(指摘) 우탄(憂嘆)함과 같았고, 그 적성(積成)한 유폐(流弊)로서는 각정 조 선생이 종횡논변(縱橫論辯)함과 같은 결과로 되었고, 그 발월(發越) 전개되는 각 단면으로서는 율곡 이 선생이 조제보합의 한(恨) 깊은 노력과정에서 '고명오국(沽名誤國)'의 무정(無情)한 지척(指斥)을 받으면서 "불견신어상하(不見信於上下)하니 내하(奈何)오?"의 고분(孤憤)을 품게 된 것이다.

 무릇 현대 조선은 이미 율곡 당시와 같은 중세기적인 사회적 단계를 지나온 지 오래다. 이 의미에서 율곡 선생은 이미 전연 과거의 인물인 것이다(이것이 당시의 선생의 역사적 지위를 말살함은 아니 된다). 그러나 조선인은 그 병자(丙子) 개국(開國)에서 공식으로 자본적 국제사회에 출항한 지 이미 60년이요, 자본주의적인 신세력이 또 함도(滔滔)[滔滔의 오식인 듯─編] 진출하는 현하 도정이면서도 그 자신으로 자주·자동적인 자본적 민주주의의 구전(具全)한 정치적 발전과정을 밟아오지 못하였고, 따라서 상술한 봉건 고립시대의 안일·방종의 산물인 열악한 당쟁의 습벽을 청산양기(淸算揚棄)하는 세련과정을 갖지 못한 것이다. 또는 시대의 어떠한 중압이 더욱 더 필요한 역사적 부산물로서의 왜곡한 불평아(不平兒)의 심적 경향을 그들에게 지속하게 되어, 그 유폐가 의연한 "일언불합(一言不合)하면 배척불용(排斥不容)"하는 가찰(苛察)도 되고, 신근자자(辛勤孜孜)로써 실천엔 힘쓰지 않되 "고담대론(高談大論) 수성허위(遂成虛僞)"하는 가장자류(假裝者流)의 배출도 되고, "영오국사(寧誤國事)언정 필욕구승(必欲求勝)"하는 일 소승(小乘)적 파쟁성도 되고,

"논핵인물(論劾人物) 파급붕제(波及朋儕)"하는 타성적인 훤소성(喧騷性)으로도 되고, "전전상격(展轉相激) 세사이거(世事已去)"하는 호탄할 국면을 자아내기도 하고, 혹은 "백사무실(百事無實) 시비전도(是非顚倒)"하는 적본(敵本)적인 상호천답(相互踐踏)으로도 되고, "부대이해(不待利害) 주벌기수(誅罰已隨)"하는 유(流)의 촉급(促急)한 지탄·배격으로 되고, 그리하여 "수부정신임사(誰復挺身任事)하여 위(爲) 천하려재(天下慮哉)아?" 하는 군축퇴피(窘縮退避)하는 인물을 접종(接踵)케 하는 분위기로 되는 것이니, 이는 율곡 당년의 사회적 조류가 그대로 남은 듯 현대 조선에서 다시 한번 율곡 선생의 생애와 지위가 추앙(追仰)되고 인식되는 자이다.

현대의 조선은 매우 다난한 자이다. 외래적 정세가 이미 위난한데 그 자신들의 경향이 다시 지리멸렬한 바이니, 사회의 식자 마땅히 그 응유(應有)의 힘을 기울여 그 시정(是正)·광부(匡扶)에 진력함직한 때이다. 그러나 유위(有爲)한 식자 다만 의위인순(依違因循) 전첨후고(前瞻後顧)함으로써 구안(苟安)과 함호(含糊)에 은둔(隱遯)하는 자 있나니, 그들의 생애와 그의 유약(儒弱)한 생활의식은 너무나 액혈성(額血性)적인 자이다. 율곡 선생이 그 조제(遭際)한 시국에 대하여 스스로 일일의 안여(晏如)함을 탐낼 새가 없을 새, 그 '전전상격'하는 중의(衆疑)의 틈에서 "종□고립(從□孤立)하여 부득어동서(不得於東西)"하는 쓴 세(世)를 도마시고 일편의 사람들이 필요하면 율곡에게 '유언시종(唯言是從)'하다가도 하수(下手)한 후에는 '내불용이언(乃不用珥言)'하였다는 '득어망전(得魚忘筌)'의 이용과 번농(翻弄)을 차마 당하기도 하고, "시론지편(時論之偏)함이 아(我) 역불능광구(力不能匡救)"라고 차탄(嗟歎)도 하면서, 그러나 쌍방의 비난이 격발하는 중에 "이(珥)가 거(去)하고 이사류(而士類)가 진산(盡散)하고 즉(則) 국사(國事)가 우패의(尤敗矣)라"고 해서 "금일지세(今日之勢)는 수종중의(須從衆議)"라고 찐덥지 아니한 주론(主論)을 하면서까지 결국 실패곤둔(失敗困鈍)한 막(幕)에까지 간 것은 그 복철(覆轍)을 반드시 되밟아야 할 바는 아니나, 현대 조선에 있어 도리어 성충강과(誠忠剛果)로써 혈휼(血恤)코자 아니하는 율곡(栗谷) 선(先)[先生─編]이 없음을 개탄할 바이다.

【편자 주】 저우산인(樗牛山人)이란 필명으로 발표. 원문은 문단이 나누어지지 않았으나 편의상 편자가 나누었다.

제3부
기 타

기행

탑산원(塔山園)의 전망
― 광주는 호남웅번(湖南雄藩) ―

《조선일보》, 1929. 10. 6.

삼년왕작옥중인(三年枉作獄中人)
임별유언장지신(臨別猶言壯志新)
고래남지다호걸(古來南地多豪傑)
차거원성춘외춘(此去願成春外春)

  기미(己未) 신유(辛酉)의 겨울이다. 대구의 그곳에서 수많은 광주의 청년들을 만기(滿期)되어 작별할 때 덩달아 별시(別詩)를 짓는다고 구음(口吟)으로 불러준 졸시(拙詩)이다. 내 원래 시인이 못되었고 더구나 한시(漢詩)에 소매(素昧)한지라 지상(紙上)으로 피로(披露)할 바 못 된다. 다만 당시 씩씩하게 작별하던 적의(赤衣)의 동무들이 이 땅에 십수 인이 넘고 전후에 친우(親友)가 적지 않으므로 이 땅이 나에게는 언제나 친숙미(親熟美)가 있다. 광주행을 할 기회도 여러 번 있었으나 쓸데없는 분망(奔忙)에 못 왔었고 이번이 처음이다. 26일 아침 세헌(洗軒) 댁에서 밥을 먹고 객실에서 회담하는 지국장 제씨와 오후까지 같이하고 넉 점(點)이 지나서 비로소 시가 구경 겸 고인(故人)도 방문하려 다시 자동차를 몰고 나섰다. 석초(石樵) 형과 지국의 김창선(金昌鮮) 씨가 동반하였다.

  서양인촌으로 별천지를 이룬 양림(楊林)을 지나 연합 '빠사'[바자회―編]로 우의(友誼) 관계 있는 스피어여학교[수피아여학교―編]를 찾으니 교사와 기숙사를 아울러 몇 채나 되는 양관(洋館)은 하릴없는 광주의 이화(梨花)학교이다. 교장 야곱 컴밍(金雅各)[D. J. Cumming] 씨가 친절히 향도해줌으로·각과 교실을 일주(一周)하고 나와서 역로(歷路)에 호은(湖銀)[호남은행—編]의 무송(撫松) 현준호(玄俊鎬)씨를 방문하고 서북으로 있는 탑산공원(塔山公園)에 올라 시가(市街) 형세를 대관하였다.

동남에서 서북으로 비스듬히 놓인 길쭉한 시가가 다가산(多佳山)에서 보는 전주 시가와 국세(局勢)가 비슷한데, 산하의 형승이 좀 소규모로 되었고 장원봉(壯元峰) 일대의 산악미가 그럴듯도 하지 않음 아니나, 남고산성(南固山城)에 북장대(北將臺)를 점(點)쳐 놓고 비장미를 띠운 만경대(萬景臺)의 준봉이 밑창으로 만마동(萬馬洞)에서 몰려닿는 다가천(多佳川) 물과 발리봉(鉢里鋒)의 기슭에 눌러 지은 한벽루(寒碧樓)의 그것과 알맞게 조화된 데 견주면 저절로 얼마의 손색이 있다. 그러나 동으로 무등산의 웅건한 체세(體勢)가 남주(南州)를 눌러 출색(出色)하는 바 있고, 서로 경호(鏡湖)의 즐번한 물은 광주천(光州川)의 조종(朝宗)하는 바로 시가 밖에 괴이어 놓인 것이 무던히 좋은데, 푸른 나무 그늘에 듬성듬성 솟은 높고 낮은 양관과 조선 기와집이 녹수진경(綠樹秦京)의 옛 광경을 어렴풋이 볼 만하다. 석자(昔者) 견훤(甄萱)이 무진주(武珍州)에 일어나 후백제라 일컫고 의자왕을 위하여 원수를 갚는다고 '서남주군(西南州郡) 망풍향응(望風響應)'하는 기세를 얻었거늘, 인하여 완산(完山)으로 옮겼으니 그는 북방경략을 위한 교통의 형세를 위함이 있으려니와, 또 양지(兩地)의 경중을 엿볼 것이다. 그러나 한양조 5백 년에 왕왕이 소위 명상(名相)들이 이 땅에 났었고, 임진역(壬辰役)의 때에는 김천일(金千鎰)·김덕령(金德齡)·정충신(鄭忠信) 등의 충의영달(忠義英達)의 인물들을 산출하였으며, 시방에는 농공(農工)에 걸쳐 앉은 전남 부력(富力)을 토대로서 광주의 발전이 자못 볼 만한 바 있으니, 5천 호가 넘어가는 주민은 2만 4천을 산(算)하게 되고, 조선인의 부력은 경성·대구를 제(除)

한 외에 역내(域內)에서 제3위를 바라보아 10만 인구의 평양과도 백중을 다툰다는 정세이다. 어떻든 광주는 의연한 호남웅번(湖南雄藩)이다. 그런데 일본인의 인구가 1천여 호, 4천 다인(多人)에 달하며 그네들이 각 방면에 진출하는 사정은 새삼스러이 말할 것이 없다. 이 사이는 종연방적(鍾淵紡績)의 분공장(分工場)을 이곳에 두고 호남의 면화를 농단(壟斷)할 것도 멀지 않으리라 한다.

공원의 한옆으로 칠층석탑이 있어 꼭대기가 무너졌는데, 규모가 증심사(證心寺)의 그것과 꼭 같고 연대도 동일할 것인데 그 내력은 상고할 길 없다. 이런 데서 안 보는 일 없는 일본인의 충혼비(忠魂碑)와 모(某) 여자의 기모노 입은 동상이 있고 단풍 든 사쿠라 나무가 몇 백 주(株)인 것 같이 보인다. 들으니 춘 4월 사쿠라 철이면 관앵(觀櫻)하는 광수목리(廣袖木履)의 손님들이 강산도 조붓하다고 이곳에서 나댄다고 한다.

시가에 내려와 다시 순회하니 날이 이미 저물어 신간회관(新幹會舘)도 문이 잠겼고 청년연맹과 근우지회(槿友支會)와 기타 각 단체 사무소도 대체로 모두 퇴출한 때이라, 이번에는 방문을 모두 그만두기로 하고 동고(同苦)하던 최한영(崔漢泳) 씨를 잠깐 찾아본 후 광양여관(光陽旅舘)에서 체류하는 지국(支局) 제씨를 방문하고 약속한 대로 무송 현(玄) 형의 초대에 응하여 다시 모(某) 요정에서 오찬을 함께하게 되었다. 호은(湖銀)의 김신석(金信錫) 씨의 한라산 등보(登踄)한 이야기도 듣고 세헌, 석초, 벽산 및 김창선 제씨와 함께 무송이 자랑하시는 호남의 명창(名唱)을 사계(斯界) 사(斯)이 있다는 아교(阿嬌)들에게 들었다. 여기에서는 〈동경행진곡〉이니 〈국경경비가〉이니 하는 얄궂은 노래란 일체로 없고 조선의 향토 정조(情操)를 담뿍 담은 신구(新舊)의 가곡을 듣는 것이 일 낙사(樂事)이다. 열 점이 지나매 나는 제씨와 작별하고 석초 형의 댁에서 은서(檼叙)한 후 하룻밤 유숙하였다.

서석산(瑞石山)의 부감(俯瞰) (1)
— 무등산 규봉암(圭峯菴)에서 —

《조선일보》, 1929. 10. 8.

"차 시간만 넘겨라!" 세헌(洗軒) 형의 만류하는 말씀이다. "예까지 와서 무등산을 안 올라가느냐?" 석초(石樵) 형의 꾀수는 말씀이다. 27일 아침 좋은 금슬로 유명하신 현덕신(玄德信) 부인이 나와 인사하고 세헌도 같이 와서 조반을 마친 후에 나는 서울서부터 그윽이 벼르고 온 무등산행을 단행키로 귀가 솔깃 마음이 돌았다. 결행이다. 세헌 형은 또 자동차에 향도인까지 주선하였고 석초 형은 등산화에 점심거리를 만들어주고 현(玄) 부인은 직업이 직업이신지라 만일의 필요로 위산(胃散)까지 몇 봉 지어주신다. 세헌, 벽산(碧山) 양씨는 다망(多忙) 중이요 등보(登跰)의 자신도 적은 듯하고 김창선(金昌鮮) 씨 건각(健脚)이요 수차의 선험(先驗)이 있음으로 동반하였다. 오전 11시가 다 되어 석초 형과 함께 일행 4인으로 떠난다.

증심사(證心寺)에 다다라서 석초는 정양(靜養)키 인(因)하여 떨어지고 향도자(嚮導者)까지 3인이 죽장(竹杖)을 꺾어 짚고 우보(牛步)같이 올라간다. 율림(栗林)을 지나 남으로 새인봉(璽印峯)의 우뚝 솟은 석대(石臺)를 바라보며 밑으로 송림(松林)이 앙상 다부룩한 작은 봉 너머로 지붕도 보임직한 약사암(藥寺菴) 일대의 곱고도 안존한 경치를 내려다만 보고, 군데군데 있는 오두막 초가 마당으로 지나 동복(同福)으로 넘는 잿길 새로 짓는 산점(山店) 앞 돌 틈으로 새어나는 물에 마른 목 축이고, 김덕령

(金德齡)이 어려서 새[雀] 보았다는 두어 다랑이 적은 논을 쳐다보며 '중(中)머리고개' 민틋한 봉에 가서 벌써 눈 아래에 내려 깔린 화순(和順)·남평(南平) 일경(一境)을 일모(一眸)에 거두면서 잔디를 자리 삼아 팔 베고 누었다. 여기는 해발 2천 척(尺)이 될락 말락 한데 마치 지리산 '민새등'에서 보는 것 같이 달[薄]포기가 삐드름이 들어서고 다소의 고원미(高原味)가 있다. 산 나무하러 가는 수많은 '지게꾼'들을 앞서 보내고 행심일경(行尋一逕) 올라간다. '쟝골이재'라고 하는 허리 잘록한 중봉인데 아래로 서남쪽에 임학(林壑)이 더욱 고흐어 솔 푸르고 골 깊숙한 곳에 광주천 상류를 이룬 용추(龍湫)폭포가 있어 여름이면 광주 여성들의 물맞이 터로 청유(淸遊)하는 낙지(樂地)로 되었다고 한다. 가볼 틈은 없으나 엊그제 밤비에 산 물이 더욱 새어 좌우에서 촬, 촬, 촬, 수루루 들리는 물소리가 속정(俗情)을 씻어버리라고 속삭이며 지나는 듯, 더욱 올라가매 시누대·철죽·진달래의 아직도 푸른 잎이 돌 틈 덤불 사이로 검성드뭇이 널려 있어 춘추(春秋) 풍경이 저절로 초속(超俗)한 바 있음을 알게 한다.

　지게에 나무 베여 징이고 샘물에 도슬기 밥 먹고 앉아있던 초동(樵童)에게 산 위의 소식 물으면서 등성에 올라서니 산화(山火)를 방지코자 도(道)에서 만든 등성이를 쪽 가른 큰길이 벌써 거친 풀에 덥혔는데, 북으로 먼 비탈에 원효암(元曉菴)의 수림(樹林)이 볼 만하고 '지실'이라고 하는 정씨촌(鄭氏村)의 번지르르한 지붕들이 멀리 보아도 탁탁하며 머리를 돌이키매 안계(眼界)는 더욱 넓어진다. 4, 5명의 학동들이 밥그릇 엇메고 지껄이며 북봉(北峯)으로 가니 돈 없어 박람회에 못 간 대신 작반(作伴)하여 탐승(探勝) 온 것이라, 소리쳐 불러서 동행키로 한다. 인왕봉(人王峰)의 말단인 서쪽 제일봉에도 일부 총석(叢石)이 깎아 괴인 듯한데 해발(海拔)은 3천 수백 척의 경지에서 비로소 많은 홍엽(紅葉)이 있고 허리가 묻히는 무성한 풀이 널따란 반석들을 잠그고 있는데 곳곳이해사한 산국(山菊)의 꽃떨기는 동떼게 청고(清高)한 의취(意趣)를 보여준다. '함석' 지붕으로 된 지장암(地藏庵)이 우편 언덕 아래에 놓여있어 아깝도록 자연일미(自然一美)의 조화를 깨치었는데, 얼마 가니 회백색인 수정상(水晶狀)의 총석(叢石)이 부해금강(部海金剛)을 반공(半空)에 옮겨놓은 듯 기수준초(奇秀峻峭)함이 명상(名像)키 어렵다. 이것이 곳 서석의 총림으로 무등산의 서석산 된 이유이요, 거석(巨石) 문화를 탐구하는 이들의 신석성림(神石聖林)으로 존중하는 바이다. 총석의 밑창으로 바짝 다다랐다. 해발 3,914척이요, 한라산(漢拏山)을 제하고서는 전남 제일의 고산절정이다. 학동들은 안전한 길로 돌게 한 후 바위열 꽂장다리 밑동을 더위잡고 낭떠러지로 된 서석의 꼰주선 벼랑을 엉큼성큼 올라간다. 아까부터 아침밥에 속이 볶이어 가까스로 참고 왔더니 이제는 청상고매(清爽高邁)한 높은 봉의 □기(□氣)에 싸여 심기일전 문득 표표(飄飄)한 느낌을 일으키는데, 다만 총석의 밑창 관목(灌木)의 덤불 속으로 돌아가는 4, 5 학동들의 길 찾으며 댕걸대는 소리가 그지없이 장상애(長上愛)의 미심한 걱정을 자아낸다. 아아 째여진 길[岐路]로 들어선 어린 벗들이여 잘 오는가? 길은 여기에 있다!

서석산(瑞石山)의 부감(俯瞰) (2)
— 무등산 규봉암(圭峯菴)에서 —

《조선일보》, 1929. 10. 9.

　서석(瑞石)의 꼭대기에 올라섰다. 거인의 칼로 단번에 베여 내친 듯이 높고 낮은 그 많은 총석의 머리들이 거의 예외 없이 판판하다. '뜀바위'를 지나 학동들과 합하여 이 총석의 머리로부터 머리에 차례로 순례행각을 한다. 동남(東南)으로 최고점에 가서 삼각대(三角臺)의 묵은 흔적 옆에 유달리 우뚝 솟은 선돌을 곁에 놓고 두 무릎 쭉 펴 암상(岩床)에 앉았다. 양치과(羊齒科)의 고사리풀, 태소류(苔蘇類)의 몽근풀·딸기풀의 동글고 갸름한 잎, '지기타리쓰'의 가냘픈 입새, 하얗고도 청상(淸爽)한 선미(仙味) 있는 암매초(岩梅草)의 방열(芳烈)한 꽃과 시방이 한철이라고 만판 벌어진 이 산 이즘 꽃의 주인인 양한 다부룩한 산국(山菊)이 기교(奇巧)·섬려(纖麗)를 아울러서 요찬(瑤璨)한 총석미(叢石美)를 더할 수 없이 장식하였는데, 북동의 산비탈 편편한 바닥으로 새빨간 신나무·옷나무·북나무·담작이의 진하게 든 단풍과 우너하게 붉어가는 철죽·진달래 잎이 개염·도토리·굴참나무·동백나무 등 아직도 시퍼런 활엽수의 즐번한 관목림 속에 천만 점(點)으로 들어박혀, 만록총중만점홍(萬綠叢中萬點紅)의 영롱점철(玲瓏點綴)한 광경이란 상청옥녀(上淸玉女)가 서석(瑞石)에 내려앉아 백 척(尺) 영침(靈針)에 천만 척 청홍(靑紅) 실을 꿰어 금심수두(錦心繡肚)를 마음껏 펼쳐 삭여놓고 바늘 끝 갓 뽑고 고대 다시 올라간 듯? 행여 홋홋하리 바윗돌 만져보니 따뜻한 볕에 매지근한 돌이 살에 닿아 다정하다.

오늘 비 개인 후의 가을날이 맑고도 고요[새침－民世]하여 4천 척 높은 봉에 따뜻한 해가[붉은 볕이 고요히－民世] 등을 쪼이고, 자고 있는 바람에 나뭇잎도 움직이지 않아 등산자에게 알맞은 기후인데, 연광정(鍊光亭) 밝은 달에 꿀 찍어 떡 먹는 몰풍치(沒風致)한 유람객 본으로 [게다가－民世] 원시시대에 되돌아가서 돌쪽으로 과실을 빠개어 어른도 한쪽 아이도 한쪽, 산하경개(山河景槪) 살펴보며 흥에 취해 이야기한다.

서(西)로 광주읍의 다닥다닥한 시가지가 인세(人世)의 악착한 성패도 한바탕 웃음으로 휘끈 돌아가게 하는데, 나주(羅州) 금성(錦城), 장성(長城) 백양(白羊), 담양(潭陽) 추월(秋月), 화순(和順) 백아(白鴉), 영암(靈岩) 월출(月出)의 모든 산이 우뚝 잘록하게 창해풍도(蒼海風濤)를 안개 속에 구부려보는 듯 동남으로 지리산 연봉(連峰)의 방전(磅磚) 웅대한 꼴이 하늘에 닿아 그 장엄을 극하고, 적벽(赤壁)·지석(砥石)의 뜰 같은 강과 서부 전남 12군의 도수구(都水口)로 되는 영산강(榮山江)의 힌 깁 같은 물이 산영(山影)과 함께 영대(映帶)하며 서남으로 목포(木浦) 바다 명랑 담백한 물나라의 광경이 구름과 연기 표묘(縹渺)한 중간에서 한껏 그 정원(靜遠)한 기백(氣魄)을 돕는데, 오직 서북으로 영광(靈光)·법성(法聖)의 저쪽 칠산(漆山) 바다 넓은 물이 아지리는 운무 속에 쉽사리 그 허광(虛曠)[浩茫－民世]한 기세를 드러내지 않는다. 아아, 장관이다.

산악미를 보는 데 연기별(年期別)이 있으니 뾰죽뾰죽 치솟은 봉에 암석이 괴려(瑰麗)하고 계곡이 윤활하여 보드라운 곡선미가 황홀하게 사람의 정을 끄는 것은 묘령의 처녀미이요, 우룽트룽하게 위봉(危峰)이 찬촉(攢矗)한데 험상스러운 암층(岩層)이 천인단애(千仞斷崖)도 이루며 어웅한 계곡(磎曲) 속에 독룡(毒龍)이 춤추는 듯한 것은 쇠년(衰年)인 노옹미(老翁美)일 것이다. 궁륭고대(穹隆高大)하다고 예전부터 일컬어오는 웅혼전려(雄渾典麗)한 토산(土山)으로 된 무등산이 곳곳에 반석이 있고 등성이에 5~7리(里) 총석을 내뽑아서 직절상(直節狀)으로 된 최찬(璀璨)한 암석미가 웅혼함에 다시 준엄한 기골로써 하니, 이는 장년기의 돈후장중(敦厚莊重)한 국사미(國士美)가 아니면 그 중년기의 전후(典厚) 청숙(淸肅)한 숙녀미(淑女美)인 자일 것이다. 오! 요조(窈窕)한 미인이여, 홀홀히 두고 가기에는 군자의 발자국이 잘 떼어지지 아니할 수 없다. 4, 5의 학동들이 단풍 든 숲 속에 들어 새빨간 열매 돋친 가지도 꺾고 푸른 잎 너울너울 고산식물의 숙근초(宿根草)도 뽑으면서 갖다가 교정에 심을 공론하는 것은 애교(愛校)의 마음이 자별(自別)한 것이요, 바윗돌 반지르르한 뺨에 명자(名字)를 새겨두고 갈 걱정도 한다[걱정을 하는 것도 고운 뜻인 것이다―民世]. 이 애들은 큰 자가 열두 살, 작은 아이 여덟 살로 벌써 4천 척의 고산절정을 밟았으니 유년(幼年) 자부(自負)의 마음이 자취라도 남겨두고 가려는 어여쁜 심사에서 나온 것이다. 이 아이들은 봉남(鳳男)·용남(龍男), 정섭(亭燮)·순종(順宗)의 최씨 형제의 두 패와 김재수(金在洙)라는 한 사람으로 광주공보(光州公普)에 재학 중이라 한다. 다망(多忙)한 뜬세상 생활에 일일한(一日閑)을 훔쳐서 이 순진한 벗들과 고산절정에 노는 것도 또한 일대의 승사(勝事)인가? 우로 명랑한 창궁(蒼穹)을 우러르고 아래로 장려한 산하를 굽어보며 곁으로 인생의 꽃인 순진한 어린이를 어루만지는 데에 회회(恢恢)한 회포가 비길 데가 없다.

【편자 주】본문 가운데 뒤에 민세가 직접 교정을 본 글귀는 해당 원문 옆에 [……―民世]로 추기(追記)하였다.

서석산(瑞石山)의 부감(俯瞰) (3)
— 무등산 규봉암(圭峯菴)에서 —

《조선일보》, 1929. 10. 12.

"내가 으-째서 꺼울어저야아?"

"나는 안 꺼울어저야아!"

천왕봉(天王峰)이라고 하는 서석산 제일봉에서 산하의 부감(俯瞰)을 마음껏 하고 김 군이 선두에 학동들은 중군(中軍)으로 향도자와 나는 전군(殿軍)으로 동남의 비탈로 하산한다. 자못 평탄한 길이지만 작은 아이들은 왕왕이 업들어진다. 업들어지는 자와 안 업들어지는 자들 사이에 자만(自慢)의 문답이다. 중로(中路)에서 따먹고 남긴 머루(산포도)의 넝쿨을 보았다. 현(玄) 부인(夫人)이 향도자에게 부탁하는 머루·개염·다래 등의 산과(山果)를 하나도 못 얻어가는 것이 생각되었다.

"머루-ㅇ게라우?"

"머루 산에 만이 잇서라우."

"만히 따먹엇서라우."

회뚝회뚝 달아나며 이처럼 주고받는 이 땅의 어린이들의 곱고도 가느단 말솜씨란 고저(高低)가 운(韻)에 맞고 억양이 율(律)에 합하여서 거연히 조그만 예술가와 노는 맛이 있다. 등성이를 우(右)로 두고 한참 내려와 문득 다시 일부 총석(叢石)이 체세(體勢) 더욱 찬직(攢直)한 자를 만나니 이는 무등산 입석(立石)으로 유명한 자이라. 높은 자 사오십 척, 얕은 자 십수 척으로 허구한 풍화작용에 동강져 금이 갔으되, 그대로 포개 놓인 자, 옆으로 쌜긋 빗긴 자, 마치 거대하고 둔백(鈍白)한 수정림(水晶林)을 연상하는 바 있다. 곁으로 곳곳에 모닥불 놓은 터에 검은 재가 아직도 흩어지지 않은 것은 고신도(古神道)의 여운을 긴[汲]는 자들이 불놓아 천제(天祭) 드리어 비도 복도 아울러 빈 자취인 듯, 서석의 머리마다 깨끔 뛰어다니면서 돌 위에 돌을 포개 놓은 것이 충장공(忠壯公) 김덕령(金德齡)의 옛 자취라고 향도자는 모든 것을 들어 김충장의 전설로써 설명한다. 원효암(元曉菴) 뒷봉(峰)에 '주검(鑄劒)등'이 있고 '지실'의 동남으로 당시엔 석저촌(石底村)인 충효리(忠孝里)가 있어 김충장이 생어사(生於斯), 장어사(長於斯), 또 사어사(死於斯)의 수많은 일화와 전설을 남긴 것은 무등산을 아는 자의 누구나 모두 추억의 거리가 되는 것이다. 풍신수길(豊臣秀吉)이 침입을 하느니 안 하느니, 이순신이 가(可)하니 안 가하니로부터 김덕령이 충(忠)이니 역(逆)이니, 나수(拿囚)한다 친국(親鞫)한다가 모두 허망(虛妄)과 구함(搆陷), 중상(中傷)과 배제(排擠)의 사적인 불순한 당쟁·파쟁에서 나왔다는 것은 시비를 말하는 것이 입내 나는 것을 보이는 일이거니와, 오늘날의 국면도 의연한 구설(口舌)의 당화(黨禍)의 연장인 것 같은 사회실정에 돌아보아서는, 앞에 찡그리고 업들어저 울면서 순정(純情)대로 표현하고 홍옥(紅玉)과 같은 이름 없는 가을 열매에도 한 가지 더 꺾자고 어리광하며 바쁜 길 돌아서는 어린이 동도(東途)들이 한층 더 귀여웠다.

이윽고 동봉(東峰)의 밑창을 한참 돌아 수십 장(丈) '선돌'이 둘려서 성곽을 형성한 곳에 다다르니 인왕대(仁王臺)의 표목(標木)이 적이 빈약하고, 속야(俗野)하나 퇴락해진 규봉암(圭峰菴)의 두어 채 집이 오히려 행객의 자취를 머무르게 하니, 여기는 광석대(廣石臺)의 총석으로 일산(一山)의 기승(奇勝)을 대표하는 곳이다. 깎아 세운 듯한 거대한 암석이 숭엄하게 치받는데 고송(孤松)이 돌 머리에 늙고 산앵(山櫻)의 취한 잎이 벼랑열에 번득이는데, 자연석대로 베어놓은 크고 작은 석탑이 간격

좋게 놓이었고, 따로 선 '선돌'에는 능엄(愣嚴)·법화(法華)·광석(廣
石)·풍혈(風穴) 등의 십대(十臺)의 명칭이 있으며, 중앙으로 가장 큰 삼
존석(三尊石)은 관음존(觀音尊)이 우뚝하게 그 주축을 지었으니, 고대사
회에 있어서 태양숭배로부터 생식기 숭배에, 생식기 숭배에서 '선돌' 숭
배에, 그리하여 부동상주(不動常住)하는 여래신(如來身)으로서의 숭배로
전화 변천한 신앙생활의 지나온 자취를 여기서 많이 볼 것이요, 무등산
이 거석문화 연구상으로 보아 성지(聖地)·신역(神域)같이 추중(推重)되
는 이유를 짐작할 것이다.

학동들은 광석대 넓은 돌에 앉혀두고 다시 층암을 기어올라 풍혈대의
기승(奇勝)을 밟기로 한다. 수 칸[間] 석성(石城)으로 석문(石門)을 때인
데를 지나 암층으로 몰기 수십 보에, 엎드려 암혈로 빠져 배로 다리를
대신하며 틈이 죽죽 벌어 밑창이 어웅하게 보이는 암옥(岩屋)의 위에 나
앉으니 화순·동복의 일경은 의연히 안하(眼下) 세계이요, 만일 맑은 밤
깨끗한 달 아래에 내리는 물에 발 씻고 이 위에서 놀았으면 그는 곧 연
하일민(煙霞逸民)을 활화(活畫)로 그리겠다.

무진왕국설(武珍王國說)

— 무등산 떠나면서 —

《조선일보》, 1929. 10. 13.

풍혈대(風穴臺)의 준초(峻峭)한 꼭대기를 더듬고 내려서 규봉암(圭峯菴) 승방 마루에 앉아 빵을 나누어 일행이 요기하고, 수십 척 암벽에서 내려 흐르는 물에 홈을 대어 석조(石槽)에 받는 석간수(石澗水) 받아서 두 대접 들이켜고, 서산에 걸린 석양에 서석(瑞石)이 있는 천왕봉 밑창을 서남 비탈로 돌아 '장골이재'로 넘어 증심사(證心寺) 길을 급작인다.

규봉사(圭峰寺)가 고래의 명찰로 의상(義湘)의 창(創)한 바라 하니 증심사와 거의 개중(個中)하고, 도선(道詵)이 이곳 은신대(隱身臺)에 앉아 송광산세(松廣山勢)를 살핀 후에 송광사(松廣寺)를 개창하였다는 전설이 있으며, 기타의 고승대덕(高僧大德)으로서도 이곳에 주석(駐錫)한 이 적지 않다 한다. 불교상으로 보아서 다수한 사원을 두고 구법자(求法者)의 귀의 안서(安接)하던 일대 영장(靈場)으로 되었던 것은 오히려 근고(近古)의 일이지만, 홍황(鴻荒)의 세(世)는 제쳐두고 '지엄어이, 지엄어이니'[후세 부부(夫婦)의 어의로 전화(轉化)된]를 중심으로 한 남녀 족장정치 또는 추장정치의 시대로부터 '마을지'·'머리지'·'신지'·'엄지'의 촌장·막리지(莫離支)·신지(臣智)·읍차(邑借) 등을 중심으로 한 부족국가 또는 부족연합국가로 진보 전환되며, 사회생활도 수렵시대·목축시대·농경시대 등의 소위 원시공산제도의 몰락된 때로부터서의 상태로 전변(轉變)된 후 하늘, 태양 또는 대지의 숭배 그리고 조선 고유의 산악

숭배의 관념과 한가지, 영산(靈山)과 '선돌'의 숭배는 자못 장구한 역사를 가져서 오늘날까지 그 여맥을 남긴 것이니, '기·지·치' 혹은 '시'까지가 모두 당시에 있어서는 군(君)·공(公)·후(侯) 등의 장상(長上)과 공민(公民) 혹은 귀인(貴人) 계급인 지배자로서 오늘날 소위 각종의 특권을 누리던 자들의 명칭이 되었던 것이다. 이에 관하여 조선 고문화의 천명과 이를 통해 본 인류 고대사회의 형태를 검토하는 데에 좋은 언어학적 또는 고문헌에 의한 고증적 재료가 되는 바이요, 서석·입석 및 광석대의 삼존석(三尊石)·십대석(十臺石)의 꿋꿋하고 헌걸차서 부동(不動) 상주(常住)하는 구원생명(久遠生命)의 표상으로도 되고 민물생식(民物生殖)의 중요한 기관(機關)처럼 된 자연의 물태(物態)가 원시적인 인류 신앙의 대상으로 되어온 과학적인 해석을 시인케 하는 바이다.

무등산의 어의가 무등(無等)이란 한자의 훈의(訓意)와도 관련된다고 못 볼 바는 아니다. 고신도(古神道)의 중요 직능을 가진 '무당'의 어의에서 나왔을 것이 하나이요, 남'지'국[南'지'國]의 진산(鎭山) 혹은 그 영산(靈山)으로서 '마시앙'산 등과 유사한 고어의 전와(轉訛)라고도 볼 것이니, 무등산의 고명(古名)이 무진악(武珍岳)(백제시대의)인 것이 그 흔적이요, 광주의 고호(古號)가 무진주(武珍州) 혹은 노지(奴只)(기)로 된 것 등에 비추어, 정씨(鄭氏) 세거의 대촌인 '지실'도 공성(公城) 혹은 지성(支城) 등의 족(族)·추장정치 혹은 추장정치시대로부터 부족국가시대까지의 '지' 혹은 '기'의 도시로서 오랫동안 변치 않는 명칭을 남긴 것일 것이다. '지실'이 원시적인 소추장의 도시로서 서석·입석·광석 등에 대한 고(古)종교의식의 거행자의 궁원(宮苑)으로 되어왔고 그를 중심으로 소소한 촌락 혹은 부락정치의 중심지를 형성한 기간이 한 잘 천세(千歲) 되었다 하면, 무진주인 광주의 널따란 원야(原野)에서는 남지국(南支國)인 무진나라의 공후(公侯)를 중심으로 이 부근 열읍(列邑)에 걸쳐서의 부족국가 혹은 부족연합국의 세습추장으로부터 진보된 문명시대 초기의 국가의 형태를 구비한 군장을 중심으로 한 정치, 경제 및 각종 사회생활의 중심지로 은밀한 일개 왕국을 형성하였던 것과 아울러 무등산의 신앙적 가치도 더욱 진화 또는 확대되었던 것을 추단(推斷)할 것이다. [이제 무등산의 동남에서 발원하고 화순 일경(一境)을 관류(貫流)하여 영산강에 들어가는 지불강(砥不江)의 '지불'도 공성(公城) 혹은 군성(君城)의 어의를 가진 것이 명백하니, : 이 부분은 민세에 의해 삭제된 표시가 있다—編] 사벌국(沙伐國)이 상주(尙州) 일경에 있고 실직(悉直)[셋지]국이 삼척에 있던 전후에서 무진국의 군장·공민들이 무등산을 주축으로 그 독특한 문화를 건설하고 있었던 것을 방불하게 생각할 만하다. 여기에 관하여 따로 일가견(一家見)이 될 바이므로 이에서 용설(冗說)함은 도리어 무용할 것이요, 이 산에 등림(登臨)하고 자연의 경상(景象)에 접촉함에 의하여 이 견해가 더욱 미덥다. 일행은 오후 6시가 되어 증심사에 도착하여 자동차를 재촉하여 광주읍에 들어와 학동들을 돌려보내고 제씨와 훌훌 작별한 후 다시 송정리(松汀里)까지 전송하는 차지(此地) 제씨를 뒤로 두고 처음으로 지인무몽(至人無夢)의 단잠 자는 하룻밤을 차중에 가지면서 일로(一路) 경성에 들어왔다. (끝)

오산(五山)의 교정(校庭)에서 (1)
— 정주기행적(定州紀行績) —

《조선일보》, 1930. 5. 9.

칠악산(七岳山)의 다닥다닥 붙은 시꺼먼 바윗돌을 바라보며 얼마 안 가서 고읍역(古邑驛)에 내리니 마침 고읍 장날로 장꾼들이 한참 모여든다. 시른 능 하나 등지고 그럴 듯이 포치(舖置)된 오산학원(五山學園)의 크고 작은 집을 서(西)로 바라보며 마중 나온 몇 분을 뒤따라서 허튼 이야기로 뎅걸대며 논들로 뚫린 길을 걸어간다. 봄비가 잦아서 수 점(點) 평호(平湖)같이 물이 실린 축동 쌓은 논둑 위에는 땅속에서 패어 내인 이탄(泥炭)의 검은 더미가 군데군데 널려있다. 좌편으로 송림(松林)의 밖에 지붕 높은 교회당이 있고 중간의 조그만 언덕 위에 하얀 벽이 산뜻한 병원이 섰는데, 그의 우편으로 저지(低地)에는 하숙촌이 새 부락으로 발전되고 학교용품과 기타 일용품의 상점이 또 소부락을 이루었으며, 회색의 교복 입은 학생들이 집집 마당마당에 웅긋중긋하는 것이 학교촌다운 기분이다. 이 하숙과 상점이 섞여 있는 부락을 누비어 북으로 넓은 그라운드 위에 그득하게 늘어선 8, 9채의 절충식 건물 앞으로 들어서니, '남강선생동상기념회엽서(南岡先生銅像記念繪葉書)'를 발매하는 고로 우선 한 벌 사고 콘크리트로 된 층계를 밟아 향도(嚮導)되는 강당으로 들어갔다. 교정에는 학생과 졸업생들의 애교심의 결정인 갖가지의 수목과 화분이 어울리게 재식(栽植)되었고, 한 떨기 홍도화(紅桃花)가 불붙는 듯 피어올라 가장 강렬한 색태를 자랑하고 있다. 많은 내빈들과 담화를 주고받는 동안 남강 선생이 와서 인사하신다. □삭(□鑠)하신 기품에 인애(仁愛) 소탈한 성격 그대로를 표상하시는 그 풍봉(風丰)은 언제 보든지 퍽은 친애와 기경(起敬)의 정을 일으키게 한다. 임시로 정한 처소에서 한동안 휴게키로 하는데, 이 지방에 이분이 계시다는 치당(耻堂) 백이행(白彝行) 노인이 88세라는 고령이심에 불계(不計)하고 학발창안(鶴髮蒼顔)의 고괴(古怪)하여지시는 풍봉(風丰)으로 경중(京中) 소식도 물으시고, 지명(知名)하는 인사들의 동정도 물으시고, 해외의 정황도 듣고자 하시고, 90년 생애에 하도 많은 진세(塵世) 열력(閱歷)의 회구담과 변국(變局) 전후 수십년래에 체험 목도하신 창상(滄桑)의 자취를 이야기하시면서 백성이요, 백발이요, 백의로서 비켜설 수 없는 조선의 백산족(白山族)이노라고 정취 깊은 해학을 섞으시며 이 초대면(初對面)의 속사(俗士)들을 놓아주지 않으신다. 운암(雲菴) 박문일(朴文一) 씨의 문인으로 이름 높은 유자(儒者)이시었고, 변국 이래에는 일심으로 기독교에 귀의하여 오늘까지 오셨으며, 부호(鳬湖)라는 30리 가까운 시골에서 왕왕이 '저근이'로 부르시는 남강 동상 제막식에 참석코자 도보로 오신 것이다. 왕년 나주(羅州)에 갔을 때에 칠관(漆冠) 백의(白衣)에다 지팡이 짚으신 7, 8인 노선배들이 학발(鶴髮)을 나부끼며 격려와 부탁을 정녕(丁寧)히 하시던 바에도 왕왕이 책임감을 느끼는 터인데, 이제 이 노선생의 은근하신 담화는 어디인지 기픅한 감회를 자아내는 바 있다.

이윽고 점심하고 나서서 욕탕과 이발관이 한집으로 설비된 하숙촌의 한 중간을 빠져 다시 교정에 들어서니, 넓은 그라운드의 한 귀퉁이씩 자리 잡아 천막 치고 탁자 놓고 제복·제모에 남색 휘장(徽章) 달고 내빈과 교우들을 구별하여 홍(紅)과 남(藍)의 휘장도 꽂아주며 순서지 쥐여주고 각각 작정된 휴게실로 향도해 보내는 청소년의 학생 제군들은 일층의 생신(生新)한 활기를 풍기어준다. 오후 1시 정각이 되어 종소리 울려나며 식장에 들어가니, 교정의 한 모퉁이 두드륵 솟은 비탈을 다듬어 동

상을 세우고 둘레에 가느다란 철선 금줄을 둘렀으며 밑창으로 정면 교정
에는 정방형의 대식장(大式場)을 벌였는데, 5백의 고보생(高普生)과 4백
의 보통생(普通生)을 중앙 평지로 앉히고 3면에 내빈석은 각지로부터 내
참한 기백(幾百) 내빈의 좌석이요, 그 밖에는 각처에서 이 희유(稀有)한
성사(盛事)를 보려고 모여든 남녀노유의 관중들이 무려 수천으로, 희고
해사한 백의인(白衣人)의 대총림(大叢林)을 이루었다. 서로 제석산(帝釋
山)과 남으로 남산(南山)과 동북으로 사인산(舍仁山)의 가깝고 먼 산이
퍼렇게 물들인 첫여름의 진한 놀에 그림같이 윤곽이 으스레한데, 가벼운
볏바람에 부드러이 나부끼는 만국기의 작은 깃발들의 그늘에서 이 극적
인 광경은 그윽이 전개되는 것이었다. 교우(校友) 제씨(諸氏)로 짜놓은
식의 순서를 지내여 남강 영손(令孫)의 제막으로 모두 박수하여 경의들
표하고 기념사의 뒤를 이어 많은 분들의 축사가 끝났고, 간단한 식탁을
대한 후 핍류(逼留)하여서는 폐가 된다고 대부의 내빈들은 차 시간 맞추
어 떠나간다. 각천(覺泉)과 나도 떠나려는 참에 남강 선생이 만류도 하시
고 또는 오산의 학원을 모처럼 찾은 우리로서 그대로 훌쩍 가는 것이 경
의(敬意)도 아니라고, 이날은 특히 남강 사제(私第)에 투숙하여 일석청회
(一夕淸誨)를 듣기로 하였다. 각천과 함께 남강 선생을 따라 용동(龍洞)
고개를 넘고 즐비하게 들어선 교원사택촌을 지나 다시 논들 하나를 건너
고 조그만 재를 넘어 앞이 멀찍이 터진 촌락의 남강 댁에 들어갔다.

오산(五山)의 교정(校庭)에서 (2)
― 정주기행(定州紀行) ―

《조선일보》, 1930. 5. 10.

5월 4일의 새벽이다. 밝어가는 잠결에 창이 이미 희어 밝은 줄은 알겠는데 멀리 들리던 개구리 소리도 스러진 대신에 밖에서는 새 소리가 무르녹고 내정(內庭)에서는 닭 삶는 소리가 새어 나온다. 게을러진 몸이 한숨 더 자고 일어나서 수세(漱洗)한 후 닭국과 고기반찬으로 선생의 환대(歡待)에 배불리 먹고, 찾아오신 치당(耻堂) 노인의 말씀을 더 듣다가, 각천(覺泉)은 남양동(南陽洞)으로 소성(小星) 현상윤(玄相允) 씨를 찾기로 하여 말에 부담지어 타고 동자(童子)로 견마 잡히며 '말탄네끗덕'[말 탔네 끄덕?―編]하는 어린이 때 유희본(遊戱本)으로 숨 밭게 길을 나서 간댕간댕 달아나는데, 나는 정주성(定洲城)을 찾아 홍경래(洪景來)의 혈전지(血戰地)를 답사키로 하고 차 시간이 아직 남았음으로 조금 뒤쳐저 있는 것이다. 다시 보기를 기(期)할 수 없노라고 감개(感慨) 깊은 작별하시는 치당 노인께 오랜만에 '본촌(本村)' 가시는 길을 잠깐 전송(餞送)하고 행장(行裝)을 챙기고 옷 갈아입고 나와 촌락을 돌아본다. 남강택(南岡宅)에서 백여 보(步) 앞에 주위가 20여 척(尺) 되는 대식수(大植樹)가 있어 누백년(累百年) 수령(樹齡)을 가진 것이라는데, 예전에는 남산산맥(南山山脈)의 저 밖에 있는 해곡(海曲)의 물이 예까지 들어와서 이 나무 가지에 배를 매었다고 전설이 있다.

서해(西海) 퇴거(退去) 3백 리(里)인지 3만 리인지 하며 정감록(鄭堪

錄)적인 전설이 서해에 붙어 다니거니와 동편에 척량산맥(脊梁山脈)을 가진 조선의 서해안은 하류(河流)와 요수(潦水)가 토사(土砂)를 몰아다가 곡지(谷地)를 메꾸고 해안을 돋우어서 물러나는 해안이 적지 않은 충적토층(沖積土層)을 이루는 것이니, 이러한 이야기는 흥미 있는 바이다. 남강 선생과 작반(作伴)하여 다시 오산(五山)의 교정(校庭)에 넘어가니 이날은 일요일이라 수많은 학생들은 백토(白土)로 줄 그리어 축구에 열중하는 자, 농구에 시새는 자, 철봉에 매달리어 1차 2차 넘다가 그대로 달려있는 자, 활기가 우정과 함께 솟고 평화가 용장(勇壯)을 싸고돈다. 저편 높은 터의 강당에서 약간의 학생들을 모아놓고 어느 분이 열심히 강설(講說)을 함으로 무슨 일요강단(日曜講壇)이라도 있으려니 믿었더니, 물어보니 그는 보결생(補缺生)들을 위하여 수학의 보강(補講)을 하는 것이라고 한다. 학교의 건물은 8, 9채나 되는데, 높은 언덕에 대강당이 있고, 그 다음으로 각 교실이 있으며, 화학교실의 설비는 경성에서도 거의 예가 드물 만큼 장치가 완전하다. 교원이고 학생이고 나가서 갈 곳이 없으므로 이처럼 학교에 모여 놀고 혹은 밥을 싸 등산도 하며 학력(學力)이 부치는 학생에게는 그와 같이 보습(補習)을 시키는 것이라 한다. 제석산(帝釋山)을 주산(主山)으로 남산(南山)과 사인산(舍仁山)의 모든 산이 사위(四圍)에 둘러섰는데, 중간에 평야가 벌어지고 부근에 평강눈록(平岡嫩麓)이 삼면(三面)으로 몰아서 더부룩한 □송□(□松□)이 귀인 있게 덮였으며, 동으로 고읍역(古邑驛)에 통하는 평야부(平野部)에는 통창(通暢)한 기색이 훨쩍 터졌으니 이 고장이 천성(天成)한 학원지(學園地)로 되었다. 정주는 관서(關西)의 문화향(文化鄕)이라 왕석(往昔)에는 □의소(□義所)를 여기 두고 □□□□□□은 고장이니, 교정(校庭)의 서(西) □□□□□□□한 고건물(古建物)은 □□□□□□□□□ 묵은 집으로 □□□□□□□□□ 만들어 영구히 □□□□□□□이라 한다. 이곳□□□□□□□□라, 그러나 남(南) □□□□□□□□□□□□가 오늘날 □□

□□□□□□ □하게 된 것이다.

순종(純宗) 융희(隆熙) □년(□年)에 개연(慨然) 감오(感悟)한 바가 있어 □□소(□□所)의 옛집에 8인의 유□생(有□生)을 모아 가르친 것이 오늘날 대소(大小) 8, 9동(棟)의 건물에다 1천에 가까운 학생을 수용하였고, 9백여 인의 고보(高普)와 보통과(普通科)의 졸업생을 내어 사회 각계에 봉사하게 된 것이다. 융희 이래 수 년에 문득 경술변국(庚戌變局)을 치르고 고심분투(苦心奮鬪) 24년에 기미운동(己未運動)과 같은 때에는 교사(校舍)가 전부 잿더미로 되었으되, 남강(南岡) 씨의 일관하는 □성(□誠)과 부근 인사들의 공명하는 노력이 드디어 오늘날의 성운(盛運)을 개척하게 된 것이라 한다. 학교를 중심으로 소비조합이 있고, 병원이 있고, 욕탕(浴場)과 이발관이 있고, 교회당이 있고, 교원의 사택촌(舍宅村)이 있고, 학생의 하숙촌이 번창해지고, 학교용품의 상점이 늘어가며, 부근에 다니는 자 남녀노유(男女老幼)로부터 교류(僑留)하는 중국 상민(商民)까지 길에서 남강 선생을 □하니, 이 학원을 중심으로 일개의 전원도시(田園都市)를 건설할 수 있게 된 물적(物的) 발전과, 한가지 남강 씨의 인격적 인상과 그의 노력의 자취는 영구히 쓰러지지 아니할 향토사(鄕土史)로 될 것이다. 오산 일대(一帶)가 일부 남강촌(南岡村)으로 된 것을 수긍하겠다. 그리고 오산의 학원을 찾으며 3난(三難)이 있음을 깨닫겠으니 남강 씨의 칠전팔기하는 대(大) 노력이 □□의 어려운 바이라 1난(一難)이요, 남강 씨의 성곤(誠悃)이 이미 출류(出類)의 □□에 걸맞거늘 그 의기(意氣)에 서로 감(感)하여 사재(私財)를 기울여 이 사업을 완성케 한 다수의 독지가(篤志家)가 또 일반(一般)으로 어려운 바이니 2난(二難)이다. 이제 오산재단(五山財團)의 전무(專務)로 되신 김기홍(金起鴻) 씨와 같은 분은 그 독지가 중의 하나이다. 셋째로는 다년 간곤(艱困)한 경우에서 경향 각지 식자(識者)·교육자들이 각각 다소의 세월을 이 학원의 생장(生長)을 위하여 봉사 노력한 바 있으니, 그는 3난(三難)이요, 평양의 조만식(曺晚植) 씨 같은 분도 그 중에 굴지(屈指)할 제 일인이라고 한다.

남강(南岡) 선생을 조(吊)함

《조선일보》, 1930. 5. 11.

1930년 5월 9일에 남강(南岡) 이승훈(李昇勳) 씨 돌연 장서(長逝)한 보도에 접하였다. 선생 심혈(心血)의 결정(結晶)인 정주(定州) 오산(五山)의 학원 청신(淸新)한 교정에서 그의 문인(門人)·지인(知友)들의 성심(誠心)과 우정으로 나온 동상(銅像)의 제막식이 거행된 지 겨우 일주간(一週間)에 그 익장(益壯)하신 기품(氣品)으로 활보(闊步)하시던 풍봉(風丰)이 아직 명료하여 흐려지지 안하였거늘, 돌연한 변보(變報)는 거연(遽然)히 믿고 싶지 않다. 그러나 인생 생사가 원래 떳떳함이 없는지라 이 일편(一片) 비보(飛報)가 드디어 부정할 수 없음을 슬퍼하지 아니할 수 없다. 선생은 정주 한미한 가문의 출(出)이라 어려서 이미 호시(怙恃)를 잃고 영정고고(零丁孤苦)한 일신(一身)으로 갖추어 세간(世間)의 풍상(風霜)을 겪었으되 강직불굴(剛直不屈)의 질(質)은 벌써 그 두각을 드러내었고, 그의 빈곤함이 젊어서 시정(市井)의 사이에 투신(投身)하되 일찍 속진(俗塵)에 점염(點染)치 아니하였으며, 누년(累年) 축적한 공(功)으로서 해외의 무천(貿遷)을 일삼아 문득 누만(累萬)의 자(資)를 탕실(蕩失)하고 적수(赤手)가 씨승과 같으되 안□(晏□)하여 거리낌이 없었으니, 성패궁통(成敗窮通)에 스스로 초월한 뇌락(磊落)한 심경을 인(因)함이다. 이러한 기우(氣宇)는 저절로 일반(一般) 외경(畏敬)의 염(念)을 일으키니 향당(鄕黨)의 자산가(資産家)로 결연(決然) 거자(巨資)를 던지어 그 운□(運□)에 맡기었고, 탕실(蕩失)의 나머지에 몰리어 거대한 교역의 기(機)를 삼았던 것이다. 그러나 상판흥리(商販興利)의 술(術)이 원래 선생의 장(長)한 바 아니요, 뇌락(磊落) 강직(剛直)하신 천품(天稟)은 드디어 시국(時局) 다난(多難)한 데 감(感)하는 바 없을 수 없었던 것이다.

순종(純宗) 정미(丁未)는 한말(韓末) 다사(多事)한 때이었고 근역(槿域)의 민중 스스로 시국의 동요에 앙양(昂揚)하던 즈음이라, 거리에 외치는 선구자의 정열에 공명(共鳴)함이 있어 개연히 시사(時事)에 헌신키를 결(決)하니, 선생의 광채완연(光彩頑然)하던 후반의 생애는 실로 이에 비롯함이다. 정주는 관서문화(關西文化)의 시골이요 유림(儒林) 보수(保守)의 기풍(氣風)이 용이히 전세(轉勢)될 바 아니거늘 선생의 강직은 그의 자산을 끌어 학원을 □□하매 신문화의 운동이 그 싹을 틔우게 되었고 보수자류(保守者類)의 외외(聵聵)함이 탁(度)하기 어려움에 미쳐서 번연(翻然)히 그 자(資)하던 바를 던지고 따로 진취할 길을 개척하니, 인인(因人)의 성사(成事)는 원사록록(元事碌碌)을 일컬음에 인함이다. 이래(伊來) 20이요, 또 4년에 경술변국을 만나 문득 제주(濟州)의 유배(流配)로 되고 선천(宣川)의 옥사(獄事)로 되고 지리(支離)한 10년 다시 기미(己未)의 시국(時局)으로 되어 몸은 세 번째 영어(囹圄)에 들었으며 신산(辛酸)은 개척자의 주위를 떠날 줄이 없었으니, 상하 천재(千載) 거푸 오는 역사의 노□(怒□)가 벗지 못할 필연의 인과(因果)를 우리 근역 민생(民生)에게 주며 저주의 올[가]미가 그의 선구자에게 임하거니 혈성(血性)의 사람 누가 그 면(免)치 못할 □을 순수(順受)치 아니할 자이뇨? 형문(荊門)의 찬 밤에서 선생의 꿈이 부질없이 잦아갈 때 오산의 학원은 하릴없이 초토(焦土)에 묻혔으니, 오호 축융(祝融)이 원래 무정(無情)하여 스스로 그 거취(去就)를 정하는 자 아닌지라, 누가 또 축융의 무정을 허물할 자이뇨?

　이제 오산의 학원은 선생 심혼(心魂)의 표상이라, 향당주리(鄕黨州里) 서로 의기에 감(感)하는 자 즐기어 사재를 기울여 그 사업의 완성을 □찬(□贊)하니, 선생의 위대한 성곤(誠悃)이 범품(凡品)의 □□할 바 아니거니와, 향당의 사군자(士君子) 동인협진(同寅協進)함이 또 세간(世間) 한유(罕有)의 일이다. 공고(鞏固)하는 학원의 기초 바야흐로 그 석과(碩果)를 거두려하는 때에 선생 만연(漫然)히 장서하심은 이 무슨 운명의 기□(奇□)이냐? 생각건대 선생의 대원(大願)은 따로 있는 바로 세국(世局)의 광구(匡救)가 그 잊을 수 없는 바이었을 것이다. 그러나 그 최대의 원(願) 차질악착(蹉跌齷齪)의 바퀴를 떠날 수 없었으니, 대국(大局)의 현세(現勢) 어찌할 수 없음이요, 육영(育英)의 업(業)은 그 최소의 원(願)이었을 것이로되 선생 최대의 노력은 그 성공의 날을 가져오게 된 것이니, 몸이 한번 오산의 땅에 들어가는 자 반드시 이 감(感)이 깊을 것이다. 선생이 이제 가시니 사회는 다시 그 원로(元老)를 잃고 후진(後進)의 도(徒) 더욱 낙막(落寞)을 걱정할 것이다. 오호 광명한 아침볕 제제(濟濟)히 뛰는 오산의 학도들을 볼 때 선생은 또한 그 명(瞑)하실지어다. 감히 무사(蕪辭)를 베풀어 선생의 영령을 조(吊)하나이다.

　【편자 주】 민세가 정주 오산학교를 방문한 것은 남강 이승훈 선생의 동상제막식에 참가하기 위함이었다. 공교롭게도 민세가 들른 지 일주일도 안 되어 남강 선생이 돌연 사거(死去)하여 이에 조사(弔詞)를 발표하였다.

소설

아 침
제6회 비통한 탈주

《별건곤》, 1929. 6.

1, 2, 3, 4, 5회의 개관(槪觀) — 김가지(金可之)라는 청년은 경남 울산군 장생포(長生浦) 사람이었다. 생래로부터 충용(忠勇)이 겸비하고 천하 위걸(偉傑)이 되겠다는 웅지(雄志)가 있어서 모든 무예와 병략(兵略)을 습득하고 20세 때에 집을 떠나 사방으로 주유하다가, 이충무공(李忠武公) 유손(遺孫)에게 충무공의 비장(秘藏)한 〈서북대지도(西北對地圖)〉를 얻어가지고 당시 광해왕의 총신이요 조선 유일의 무략가(武略家)인 평안감사(平安監司) 박엽(朴曄)[실존 인물인 박엽(朴燁)을 가탁했다—編]과 상모(相謀)하여 만주와 북지나(北支那) 일폭(一幅)의 공략을 계획하고 그 땅을 실지 탐사하다가 불행히 반정(反正)의 변을 당하여 광해주가 폐위되고 박엽이 또한 피주(被誅)하니, 그는 할 수 없이 귀국하여 순례승(巡禮僧)으로 변장하고 적막한 산중으로 돌아다니며 좋은 기회를 엿보다가 우연히 여진(女眞) 국왕의 제삼자(第三子)인 애친(愛親) 장군을 만났었다. 원래 여진은 명국(明國)을 정복하고 한토(漢土)의 천자가 되려는 대웅도(大雄圖)를 가졌으나, 다만 지용(智勇)이 겸전(兼全)한 대장이 없는 까닭에, 조선에서 그러한 인물을 구하라고 왕명으로 애친 장군을 파견하여 범(凡) 7년간을 물색하던 중에 김가지를 보고 크게 기뻐하여 여진으로 데리고 가라고 권유하였다.

김가지는 두루 생각다 못하여 애친 장군과 같이 여진국으로 갔었
는데 여진국왕은 일견(一見)에 그를 크게 신임하여 참모총장을 삼
고 정명군(征明軍) 동원령을 내리었다. 그런데 정명군이 명경(明
京)을 침입하는 중도에 불행히 노라치[누르하치-編]가 병사하매
본래 야심을 가지고 있던 제8황자(皇子) 태종(太宗)은 허위의 유조
(遺詔)로 왕위를 계승하는 동시에 국도(國都)로 돌아가서 부왕의
정명책(征明策)을 변(變)하고 참모 김가지를 감금하였다.

8월! 병인(丙寅)년 8월 초생이다. 한참 해날 제는 가을볕이 제법 깐깐
하게 더워서 가슴에 만고한(萬古恨)을 품고서도 부질없이 만군중(萬軍
中)에 갇힌 함정 속의 범의 몸이 된 김가지 장군의 얼굴에는 울분하고도
침통한 기상과 아울러 두어 줄기 피땀조차 내리는 듯하더니, 밤든 뒤의
심양(審陽)의 가을바람은 어느덧 베(布)로 지은 전의(戰衣)를 스며들어
강철같이 단련된 정사(征士)의 몸에도 쌀쌀하기 서리 철 같은 생각을 일
으키게 한다. 대륙기후에 지배되는 심양의 가을 밤은 차기가 울산의 첫
겨울 비스름하였다. 칼자루를 어루만지면서 '휘유-'하고 긴 한숨 내쉬는
김 장군의 가슴속에는 문자와 같이 만감이 걸러큼 들이닥치는 것이었다.
"음! 홍타시(皇太極)! 홍타시가 필경 여러 형제를 떼어 제치고 칸(汗)
의 위(位)에 나갔겠다. 홍타시가 주권(主權)을 삼으니 나의 운명은 당연
히 이리되어야지……. 그러나 금년 정월 영원성(寧遠城)에서 노라치 태
조가 내 말을 채 다 듣지 아니하고 무용(武勇)에 뜨여서 성중으로 달려
들었다가 원숭환(袁崇煥)의 묻어놓은 지뢰에 걸리어 중상(重傷)을 할 때
부터 나는 벌써 운명의 신에게 방재를 받은 것이 있었다. 그때에 나는
소위 견기이작(見機而作)이라도 할 것이 있었다. 그렇지, □□보(□□堡)
에서 노라치 태조가 엄연(淹然)히 간 후에는 장부의 거취가 어찌할 수
없었다…… 그러면 내 영원성에서 빠져서 해로로 발해를 건너지 못한

것이 후회이냐? 아니 장부 남에게 허신(許身)하여 천하사(天下事)를 경
륜(經綸)키로 안 하였으면 모르거니와 이미 허신하였거니 그렇게 진퇴
가 불분명할 수야 있나……. 그러면 내 홍타시의 군령에 목을 늘이어 칼
을 받아야 옳으냐? 아니 그도 또 아니다. 천지가 뜻이 있어 내가 간 것
이다. 내 전왕[광해]이 손위(遜位)하고 박엽 장군이 죽을 때에 따라 죽지
아니하였거니 시방 그다지 허무하게 죽을 줄이야 있나? 아아 그러나 당
년 평안감영 박 장군의 밀실에서 〈서북대지도〉를 지점(指點)하며 홍타
시와 다르곤(多爾袞) 형제들의 불화한 틈을 타서 이간 부칠 것을 고담준
론으로 주장하던 내가 오늘날 홍타시 휘하의 일개의 부수(俘囚)와 같이
되었단 말이냐? 허! 제에……!”

그는 장탄식을 하지 아니할 수 없었다. 그러나 남아(男兒) 죽으면 죽
었지 기백조차 꺾일쏘냐. 비통이 극하여 장탄식을 하였고 장탄식이 지나
매 무섭게 엄숙하여졌다. 그는 구부듬하였던 등을 펴고 호상(胡床)에 걸
터앉은 채로 왼손으로 칼머리를 잡고 밝은 손을 무릎 위에 얹어 늠연(凜
然)한 기상이 범할 수 없어 보였다. 그는 장엄하였다. 갇힌 사람 커녕은
차라리 일체에 승리한 개선장군이었다.

“움! 칼은 무인의 혼이다. 홍타시가 나를 가두되 나에게 칼을 허락하
였다. 제 — 나를 미워는 할 수 있으되 나를 업수이 할 수는 없던 것이었
다…….”

김가지 장군의 마음은 가을하늘같이 높고 맑고 또 무서웠다. 얼마 있
다가 ‘홍타시’의 명을 받들어 김가지의 동정을 엿보러 온 중사(中使)가
감금된 처소에 왔을 때에는 김가지는 벌써 칼 떼어 벽상(壁上)에 걸고
옷 끄르고 침상에 들어가서 가장 뱃속이 편한 듯이 코 고는 소리가 우
레같으므로 도리어 간담이 서늘하니 발자취 소리를 못 내고 돌아섰었
다. 김장군의 뱃속은 이러한 것이었다. ‘제 나를 죽이면 청천백일의 아래
만군중에서 죽이겠지 서절구투(鼠竊狗偸)처럼 어둔 밤에 암살을 할 것

이냐.'

자기(自己)를 허락하는 김 장군은 또 홍타시의 영풍(英風)을 허락한 것이었다. 이튿날 중사의 회보(回報)에 남달리 무릎을 친 것은 물론 청조(淸朝) 태종이 된 홍타시 그이었다.

'인물은 아깝다만……'

관운장(關雲長)을 아꼈다는 조맹덕(曹孟德)이 본으로 더욱 미워하고 또 더욱 감복하는 것이었다. 해는 또 기울었다. 김가지 장군의 처소에는 뜻하지 아니한 방문객이 왔다. 그러나 그는 후금국(後金國)의 사람이 아니요, 동포인 조선 사람이었다. 이렇게 보게 되는 것이 피차의 불행이라고 뒤를 까고,

"나는 전왕(前王)께 신임을 받자운 대장이오. 공도 전왕께 기탁(寄託)으로 받자옵던 영재이라. 그러나 나는 종국(宗國)을 배반한 조포(逃逋)의 몸이요, 공은 징빙(徵聘)을 받았던 빈객(賓客)의 처지이었는데……" 하며 되도록 정중하고 심통한 어조로 말을 내이는 방문객은 독자가 짐작해 알 만한 강홍립(姜弘立) 그 사람이었다. 광해왕 11년 기미(己未)에 노라치 태조와 명군(明軍)의 사이에 일대 결전이 되던 사르호산(薩爾獄山) 싸움 때에 명나라의 임진(壬辰) 동원(東援)하던 구의(舊誼)를 갚기 위하여 1만 5천의 장졸을 거느리고 만주에 나왔다가 심하(深河)의 싸움에 형세 이미 명에게 불리하고 장래의 경륜(經綸)을 가슴속에 묻어둔 광해왕의 밀칙(密勅)에 의하여 부득이하나마 후금에 돌아가 있던 당시에는 도원수(都元帥)이던 강홍립이었다. 갑자(甲子) 이괄(李适)의 난에 한명련(韓明漣)[실존 인물인 한명련(韓明璉)을 가탁했다ー編]의 아들 윤(潤)이 후금에 도망하여 인조(仁祖)를 받들어 정권을 잡은 편에서 벌써 강(姜)의 가족까지도 전멸을 시켰다고 속인 고로, 강은 전왕이 손위(遜位)한 후 아직도 일루(一縷)의 희망을 종국(宗國)에 붙이고 있던 것이 이내 바짝 돌아앉게 된 때의 일이었다.

"내 종국(宗國)을 돌아보되 이미 바랄 것이 끊어졌고…….."

이렇게 말을 잇는 강(姜)의 기색은 거짓 없이 비창(悲愴)하였다.

"장군의 가슴속에 품은 뜻도 필경은 수포에 돌아가지 아니할 것을 어찌 보장할 것입니까요?"

이렇게 말을 돌린 그 강의 얼굴은 실망과 고민의 빛에 쌓였다. 김가지는 번득 생각하였다. 강의 말도 구경(究竟)의 해결책은 없는 것이요, 홍타시는 또한 안전을 믿을 수가 없는 것인데, 다만 홍타시의 감정을 격동시킬 필요도 없는 것이었다.

"공의 뜻은 내 이미 알아차린 바거니와 나의 일은 억지로 할 수 없는 바이지요. 내 만일 홍타시 칸(汗)께 면진(面陳)할 시기가 있으면 애오라지 나의 회포나 풀 것이지요."

이렇게 대답한 김가지의 태도는 뇌락(磊落)한 대장부의 본색을 그리어 내었다. 강홍립은 반드시 홍타시의 밀지를 드됨도 아니지만 그로서는 이 말을 할 수도 있었고 또 없을 수 없는 일이었다. 다만 강홍립을 거처서 김가지 장군의 심사같이 한번 홍타시의 가슴에 비취어진 것은 의심 없는 일이었다.

탈주! 오직 탈주! 김가지의 결심한 오직 한 길은 이 탈주이었다. 요동 7백 리 광막한 들과 산을 필마단검(匹馬單劍)으로 탈주하여야 할 김가지의 가슴은 아득하였다. 그러나 오직 사생의 계선(界線)을 떠나서의 최후의 탈주는 그에게 아무 헤맴이 되지 않았다. 마음을 놓아라. 그리고 전력을 기울이라! 이러한 심경에 사는 유수(幽囚) 속의 김 장군은 가을 잎 같은 가벼운 목숨이 태산과 같이 안태(安泰)한 지경에 있는 것이었다. 바로 다음날이었다. 김가지는 의연히 장검을 띈 무인의 맵시대로 시방은 후금의 칸인 홍타시의 어탑(御榻)의 앞에 불리었다. 좌우엔 촌철(寸鐵)도 아니 가진 근시(近侍) 몇 사람이 있고 자신으로 평시의 편복(便服) 입은 홍타시는 태연한 태도로 이 장검을 빗겨 띈 김 장군을 대한 것이

다. 이 양인의 관계는 실로 지기(知己)가 적진 중에 있다는 말을 실물화
(實物畵)로 표현하는 것이었다.

"공이 기려(羈旅)의 몸으로 유악(帷幄)의 권(權)을 총임(寵任)하였거
늘 오히려 선왕 폐하의 은우(恩遇)를 감사치 않고 가만히 이지(異志)를
품어서 오직 종국(宗國)만 이(利)하려 하니 소위 선제(先齊)요 후진(後
秦)의 죄를 면할 수 있을까?"

가장 장중한 어조로 그는 불세출의 영걸인 본색을 잃지 아니하려고
하는 것이었다. 이때다! 김가지는 흉중의 심사를 말하고 그의 태도를 완
화시키어, 되면 되고 아니 되면 탈주의 길을 너그러이 하자 함이다.

"요동과 조선은 서로 떨어질 수 없는 형세이다. 요동과 조선에 걸어앉
으매 천하의 풍운에 휘두를 것이요 둘이 서로 떨어지매 천하의 풍운에
휘둘리는 것이니 고구려의 역사가 이것을 이야기함이요, 강한 자 요동과
몽고에서 일어나매 족히 중원천하를 휩쓸 것이니 요·금·몽고가 모두
그러했습니다. 그러나 소위 '입주중국(入主中國)'을 한다는 새외(塞外)
종족들이 많아서 백여 년을 지나지 못하는 동안에 도리어 중원 사람에
게 동화되어 자국의 근본까지 잊어버리니 오호십육국(五胡十六國) 이래
로 그렇지 않은 자가 하나도 없습니다. 지금 후금국(後金國)의 발흥하는
세력으로 허약과 문란의 극에 빠진 명조(明朝) 천하를 명석말이 한다 할
지라도 특별한 배포(排布)를 차리지 아니하면 백 년이 넘지 않아서 다시
후금의 말을 지껄이는 자도 남지 아니할 것이요 요동까지 아울러서 곱
게 선사하고 마는 결과로 될 것이니, 그러므로 선왕 폐하 때부터 신임을
받던 우견(愚見)을 말하오면, 먼저 명국을 도모하는 한편 요동과 조선으
로 완전한 맹국(盟國)을 이루어서 중원 천하의 밖에 영구한 종족의 근원
을 지으면 그 장래의 형승을 안고(安固)하게 제어하는 것은 더 말하지
않아도 알 것입니다. 이는 동족(同族)의 우의에 돌아보고 장래의 형세를
생각하여서 그리 안 할 수 없는 것입니다. 폐하의 소견은 미달일간(未達

一間)입니다.”

김가지의 혀끝에서는 불길이 피어오를 듯이 열이 있었다. 과연 불세출의 영걸인 홍타시는 감격이 있는 표정으로 왕왕이 회심의 웃음조차 띠면서 한동안 근청(謹請)하였다.

“그러나.”

이렇게 입을 열었다.

“그러나 과인이 그것을 모르는 것은 아니지만 조선의 상하가 이것을 모르는데야 내하(奈何)? 주자(朱子)허고 양반허고 그리고 존명(尊明)사상에 꿀병들은 조선 상하가 목전(目前) 삼 척(尺)도 못 보면서 우리들을 북호(北胡)라고만 노매(怒罵)하기에 겨를이 없으니, 공의 포부도 황량몽(黃梁夢)이 된 바에야 내하? 요동과 조선이 합하는 것은 중원 역대 제왕이 대기(大忌)하는 바이라. 신라가 당조(唐朝)와 호응하여 고구려·발해의 측이위협(側而危脅)을 하던 것이 동방 종족의 일대 재액이었는데, 조선 역대의 정사(政事)가 이 복철(覆撤)만 밟았으니 고여시(古如是), 금여시(今如是), 또 후여시(後如是)겠지. 과인이 반드시 미달일간(未達一間)은 아니여……?”

김가지의 태도가 정한(精悍)하다면 그이는 얼마큼 □□하였다.

김가지는 이 말을 듣고 다시 감개가 무량하였으나 그도 잠시에 돌리었다. 그러나 두 주객(主客)의 사이에는 말이 그 이상 진전될 수 없었다. 김가지는 또 유수(幽囚)된 곳으로 가는 것이었다.

“말의 흉금(胸襟)은 열 수 있었지만 성□(城□)의 흉금(胸禁)은 열 수가 없는데 범을 감금하매 어찌 허름이 할 수가 있나.”

홍타시는 해학을 섞은 말로 김가지를 다시 유수의 집으로 보내는 것이었다. 아아, 시대가 글러서 영웅이 용신(容身)을 할 수 없으니 아무리 하늘을 싸고 도리질할 기운이 있는 김가지로도 유수의 몸인 것은 그야말로 내하?

밤은 깊었다. 달은 보이지 않고 달빛만 창 밖에 황창하게 비추었는데, 창으로 내어다 보나 산이라고는 그림자 하나 있을 까닭이 없고, 요동벌판 넓으나 넓은 중간에 배포한 심양(瀋陽)의 하늘은 쌀쌀한 가을 기운과 함께 그지없이 공막(空漠)한 감상만 일으킨다. 이 밤의 김가지는 다시 코도 골 수 없이 다만 끝이 없는 우수(憂愁)의 속에 빠진 것이다. 홍타시의 두어 말은 실로 그 폐부를 뚫는 듯이 울려들어 왔었고, 김가지는 새삼스러운 듯이 조선의 장래 그리고 자기 일신의 궁극(窮極)한 운명을 느껴워 하는 것이었다. 그는 그로 인하여 견해가 변할 줄은 없었지만 그러나 골수에 사무치는 비통은 또 간헐적으로 그를 엄습하는 것이었다. 누웠다가 또 부쩍 일어나 호상(胡床)에 걸어앉았다가 하며 그는 저으기 초조한 기색조차 띠었다. 이때이다. 가볍게 두서너 번 닫힌 방문을 두드리고 사붓 방안으로 들어서는 것은 홍타시의 황매(皇妹)요 노라치의 황녀(皇女)인 김가지를 연모하여 잊지 못하는 그분이었다. 놀라지 아니할 수 없었다. 영웅루미인한(英雄淚美人恨)이라고 감시하는 병졸의 틈을 헤치고 들어온 이 고귀(高貴)한 미인과 유수의 속에 비통이 새로운 김 장군의 사이의 주고받고 한 말 사연은 이루 다 기록할 수 없다. 그러나 노라치의 조락(殂落), 홍타시의 찬위(簒位), 그리고 김가지 장군의 유수, 이 모든 사변은 심양 정국에 일대 태풍을 일으키어서 온갖 비극, 활극, 또 무언극을 일으킨 판인데, 남달리 불타는 정열을 가슴속에 숨기고 남모르는 고민을 하는 양개(兩個)의 젊은 여성이 있었으니, 하나는 그 군중(軍中)에 부식(扶植)된 호락호락하지 않은 세력으로 이 유수의 집에까지 잠행한 제9황녀 아니 지금의 제9황매이었고, 또 하나는 물을 것 없이 조령산(鳥岺山) 속에서부터 기이하게 동행한 김 부인 그 사람이었다. 김 부인은 물론 자기의 부군된 황(皇) 형(兄)을 통하여 무슨 묘책을 베풀을까 그럴지라도 홀로 따로 무슨 방책은 없을까 하는 초민(焦悶) 중이었고, 황매는 이만큼의 용기를 부릴 여유가 있었던 것이다. 그러나 황매 최종

의 말은,

"내 장군으로 하여금 나와 일생을 즐기도록 할 수 있을진대 오히려 장군으로 하여금 일생을 안전케는 할 수 있겠지요…….."

그리하여 그만 벌써 만사휴의(萬事休矣)라고 본 김가지와 황매의 사이에는 탈주의 계책이 결정되는 것이었다. 그는 물론 먼저 김가지의 안전한 탈주이었다. 탈주! 심양성 중 유수(幽囚)한 속에서부터 국경까지 6~7백 리 길이 되는 요동의 탈주는 용이한 일이 아니었다. 어느 날 홍타시가 처음으로 천조(踐祚)한 조하(朝賀)를 받고 문무 제신(諸臣)을 아울러 대연(大宴)을 치르고 처음으로 눅어진 마음이 주력(酒力)에 못 이겨가다가 깊은 잠 들은 뒤이요, 문무 제신으로 홍타시에게 충근(忠勤)한 자들도 저으기 계엄을 게을리 한 깊은 밤이었다. 김가지가 갇히었던 밀실 부근에서는 스무닷새 가까운 늦게 뜨는 새벽달이 미처 솟아오르기 전 으스름한 속에서 두 사람의 남녀가 있어서, 체격이 장대한 남자는 부리나케 변장을 하기에 겨를이 없고 젊고도 고운 여성은 무엇인지 남자를 위하여 그 신상의 안전할 기구(器具)를 지녀주기에 바쁜 것 같았다. 융복(戎服)을 벗고 통상복을 고쳐 입은 헌걸찬 장부는 허리에 찬 장검을 다시 만져보면서 서뿐 준마의 등에 올라타며 몸을 굽히고 여성과 뜨거운 악수를 사괴고 다시 손을 들어 장중한 하직의 예를 하면서, 두툼한 만주전립(滿洲氈笠)을 눌러 쓴 채로 눈물지어 전송(餞送)하는 여성의 그림자를 뒤로 두고 말의 옆구리를 직신 눌러 내친걸음을 바쁘게 하였다. 그는 소서문(小西門)을 벌써 다다라서 유창한 만주말로 기밀사건이 있어 황명(皇命)으로 무순(撫順) 방면을 급행하노라고 하며 옷자락 속에 감춘 병부(兵符)를 내어 보이고 닫는 말에 채질하여서 열어주는 문을 빠져 나갔다. 문을 나서서 한 솔터쯤 내닫다가 문지기가 안 보일 만큼 된 데에서 문득 말머리를 돌리어 성을 우편으로 끼고 멀리 대북문(大北門) 저쪽으로 해서 북동으로 북동으로 한정(限定)이 없는 광야의 밤길을 달려가는 것이었다. 그는 서를 가리키고 북동으로 달아나는 것이었다. 여진 사람이 만 명이 넘으면 천하가 당할 수 없다 하는 것이지만, 이제는 벌써 수십만의 종족으로 되었다. 그러나 넓으라 넓은 요동의 벌판에 이 망명객이 빠져 달아나는데 그다지 큰 장해가 없을 만큼 그의 성읍촌락은 희박한 편이었다. 심양성을 떠나기 수삼백 리에서부터 그는 흥경철령(興京鐵岺)의 중간선을 잡아서 서서히 백두산의 밀림지대를 목표로 이제는 가장 천연덕스럽게 시침을 떼고 가는 것이었다. 그는 사공을 재촉하여 휘발하(輝發河)의 상류를 건너 소소(簫簫)한 가을바람을 펄럭거리는 옷자락 위에 받으면서 한 많은 나그네의 길을 멈춤 없이 가고 있었다. 그의 행장이라고는 아무 것도 없었고, 칼과 병부와 그리고 만난(萬難) 중에서도 찾아 지니고 나온, 안장 속에 감춘 〈서북대지도〉 그것이었다. 그러나 그에게는 새삼스러운 듯이 최대의 고민에 다닥쳤다. 그것은 아무것도 아니요, 자기 자신의 고민이었다. 그는 압록강을 건너 종국(宗國)에 돌아올 수 없고, 더욱이 정면으로 적대하던 명국으로 갈 수 없고, 아무리 생각하여도 넓은 천지에 한 몸의 갈 곳이 없는 것이었다. 그는 밀림지대로 깊이 들어간 것을 잊어버렸다. 기름진 준마도 여윌 만큼 며칠 동안 장거리 기행(騎行)을 한 김가지 장군의 인마(人馬)는 이제 벌써 백두산의 중봉을 올라서 사고무인(四顧無人)한 지경에 다다른 것이었다. 곰비를 놓고 가는 대로 가는 준마의 등에 앉아서 삼림(森林)을 제치고 들어가는데, 만고에 도끼 소리를 듣지 못한, 하늘을 가리고 땅을 덮은 대삼림의 속은 그지없이 삼엄 정숙한 느낌만 준다. 그런데 해는 벌써 넘어가고 침침한 어둠의 장막이 이 만고의 비역(秘域)인 대삼림 속을 위싸게 되었다. 만군중(萬軍中)에서도 겁이 없던 김가지는 이 대삼림의 정적(靜寂)한 속에서는 저으기 갈팡대는 기색조차 있었다. 그런데 밤이 채 어둡기 전에 삼림이 툭 트이고 산벌이 편편한 곳에 커다란 쓰러져가는 집이 있는 것이 눈에 띄었다. 그는 말을 내려 곰비를 끈 채로 그 집에 들어갔다. 커다란 집이 휘휘하게 되었는데, 그 위로는 큰 단(壇)이 있어서 태반이나 무너졌는데 집 대청에는 '개천홍(開天弘)……'의 석자만 남은 썩은 현판이 달린 것을 보아 금국시대(金國時代)의 백두산 제천소(祭天所)이었던 것을 깨닫고, 김가지는 우선 하룻밤의 풍로(風露)를 피하기로 하였다. 전요(氈褥)가 펴졌고 불돌을 쳐서 마른 등걸에 횃불은 잡혀졌었다. 만일의 경우를 위하여 낮에 사가지고 온 떡 덩이는 그의 하루의 양식을 믿게 되었다. 그러나 깊고 깊은 무섭게 삼엄한 대삼림 속에서 반작반작 비추는 가느단 화톳불 빛과 마른 풀을 삭이는 말 입의 버석거리는 소리만이 숨 위로 지나가는 밤바람 소리와 한가지 번창한 위난(危難) 속으로부터 정적한 안전(安全)의 땅에 해방된 김가지 장군의 가슴속을 한없이 심각한 비통 속에 끌어넣었다. 그는 만고(萬古)를 통한 대적막(大寂寞)으로부터 문득 다시 만고를 통한 대비통(大悲痛)의 속에 굴러 떨어진 것이었다.

오— 조선(朝鮮), 흉노(匈奴), 위만(衛滿), 유철(劉徹), 동명성왕(東明聖王), 영락대왕(永樂大王), 환도성(丸都城)의 분탕(焚蕩), 을지문덕(乙支文德), 연개소문(淵蓋蘇文), 계백(階伯), 낙화암(落花岩)의 비극, 보장왕(寶藏王), 평양성(平壤城)의 몰락, 대조영(大祚榮), 홀한성(忽汗城)의 패망, 요란(遼亂), 몽고란(蒙古亂), 강화성벽(江華城壁)의 훼철(毁撤), 진도(珍島)와 제주도(濟州島)의 '입해군(入海軍)'의 패잔(敗殘), 홍두적(紅頭賊), 개성(開城)의 폐허, 그리고 '임진역(壬辰役)', 또 그리고 달팽이 뿔 위에서 존명(尊明)과 당쟁의 백일몽 속에 골아 자빠진 종국(宗國) 동포의 현상! 이 모든 것은 든든하나 오히려 약한 그의 가슴속에서 폭발되려는 비통의 불꽃으로 한꺼번에 와짝 솟는 것이었다.

"으흐흐, 이 무슨 역사적 대운명이냐? 나의 반생의 고심이 모두 몽상이냐? 오! — 우주의 섭리의 신은 나에게 아름다운 순도(殉道)를 재촉하느냐? 그럴지라도 이 운명의 바다 속에서 악착스러운 헤엄[泳]을 나의 숨이 붙어있는 최후의 날까지 하라고 하느냐? <u>으흐흐……</u>"

비통은 이내 전신에 사무치는 통동(痛疼)으로 되었다. 그는 탁 쓰러졌다. 천지는 아득하게 그의 머리 위에서 뺑뺑 돌고 있다. 그는 위난을 벗어나서 안전에서 그리고 명상에서 지쳐 자빠진 것이었다. 그러면 김가지 장군의 평생의 지원(至願)과 반생의 혈한사(血汗史)는 이제부터 어떻게 회전(廻轉)하여야 할 것인가? 그리고 그는 어디로 갈까?

【편자 주】 잡지 《별건곤》에서 명사(名士)들의 연작소설을 기획한 바, 제6회 분(分)을 민세가 맡아 창작한 것이다. 최남선(崔南善)·송진우(宋鎭禹)·이돈화(李敦化)·박희도(朴熙道)·김기전(金起田)·안재홍(安在鴻)·정대현(鄭大鉉)이 집필에 참여했다. 1928년 8월호에서 1931년 2월호까지 연재되었으나 미완으로 끝났다.

회고

명가(名家)의 좌우명

《신생》, 1929. 10.

나는 평생에 좌우명이라고는 없습니다. 그러나 평소에 마음속에 신조로 하는 바를 집어내자면,

1. 어디서나 늘 최선을 다하여라.
1. 마음속에 구김이 없이 하라. 누구에게든지 구김이 없을 것이다.
1. 쓸데 있는 것을 쓸데없이 버리지 말라.

상기(上記)의 것쯤이 그 중요한 것이라고 생각됩니다.

1929. 9. 7.

【편자 주】 같은 지면에 이광수(李光洙), 문일평(文一平), 장지영(張志暎) 등의 좌우명도 같이 실려 있다.

철창에 잠 못 든 수인(囚人)

《동광》 24, 1931. 8.

지금으로부터 꼭 10년 전인 신유(辛酉) ― 1921년 가을의 초저녁이었다. 남조선의 모(某) 도회[대구―編]의 감옥, 정치범만 따로 넣어두는 새로 지은 깨끗한 감방 안에 댓 사람이나 되는 수인(囚人)들이 낮의 작업을 마치고 맛없는 저녁밥이나마 바쁘게 집어먹고 저녁점검조차 끝나서 으스레한 전등 밑에 띄엄띄엄 앉았었다. 창 밖에는 가을의 늦장마가 시작하는 듯이 해질 골에 시작한 비가 주룩주룩 쏟아 붓는데, 복도에서는 칼을 절걱대는 간수가 구두소리를 안 내려고 '슬리퍼'를 잘잘 끌고 다니는 즈음이다. 이런 때에는 수인들이 이야기하는 좋은 기회로 된다. 부산항에 거주를 두고 일찍 온 만주의 벌에서 칼 차고 다니는 청년 수인이 지난 이야기를 시작하는 것이었다. 그는 함남의 태생으로 어른을 따라 부산에 와서 게서 보통학교도 마치고 또 상업학교를 졸업하여 소년 적 갓 지나서 회사와 금융조합 근무를 얼마 동안 하던 깨끗하고 밋밋하게 생긴 청년이었다. 그의 이야기다.

지금부터 한 10년 전에 함남의 XX에 가서 금융조합 서기로 근무하는 중이었다. 늦게 든 장마비가 한 사흘 들어부었는데, 그날 밤에 내가 자정이 넘도록 앉았다가 한잠 깊이 들어 얼마를 잤던지 잠결에 누가 바깥문을 냅다 두드리는 이가 있음으로 놀라 깨어보니, 헌병대에서 찾아와서

서문(西門) 밖으로 수많은 가옥이 불시에 물난리를 만나 사람이 마구 떠내려갔으며 헌병대에서는 구호사업을 하는 중이니 당신도 쫓아가보라는 통기다. 그래서 허둥지둥 옷을 입고 달려가 보니 남대천(南大川)의 장(長)둑이 터져서 전 같으면 물 들 근심이 없던 이 서문 밖으로 별안간 물벼락이 내린 것이었다. 개천가의 집은 죽담이 무너지고 지붕이 주저앉은 것과, 혹은 지붕 채, 벽 채 홍수에 쓸리어 한꺼번에 자빠진 집도 있고, 식목(植木)한 측동이 다 패어진 몇 십 길 올라간 포푸라가 북정물 위에 가로 자빠진 것 해서 수라장을 이룬 광경이 매우 참담한데, 해가 휘어 밝자 물에 치어 죽은 남녀의 송장이 여기저기 늘어져 있고 남녀의 곡성은 요란스러웠다.

그런데 저기서 귀융[구유의 강원 방언—編] 하나가 둥실둥실 떠내리는데, 조그만 아이가 둘이 타고 겁도 아니 나는지 풀이 없이 귀융 전을 잡고 물끄러미 물에 있는 사람들을 바라만 본다. 어떤 사람이 뗏목을 밀고 들어가서 귀융 채 끌고 나왔다. 아이들은 울 용기도 없는 듯이 말도 없이 귀융에 들어앉았다. 가엾어라 소리가 쏟아지며 붙들어 일으키어 수용하는 집으로 데려갔다. 새로 빨아 곱게 다린 옷을 갈아입힌 밉지 않은 두 사내아이, 큰아이는 일곱 살, 작은아이는 다섯 살. 그 아이들이 떠듬떠듬 울음 섞어 간신히 한 말을 들으면 아래와 같다.

어젯밤에 별안간 집에 물이 들어 방에까지 물이 차는데 집밖에는 벌써 허리에 넘는 북정물이 세차게 밀려 암만해도 벗어날 수가 없었다. 그래서 어머니와 아버지가 한참 공론을 한 뒤에 저것들이나 천행으로 살아났으면, 운수 좋으면 사람노릇 하겠지 하면서 장롱을 열어 새 옷을 갈아입히고 소의 귀융을 떼어 안을 말갛게 씻고 두 아이를 안아 귀융에 앉힌 후에 제멋대로 밀리는 홍수에 떠내 보낸 것이다.

그 청년의 이야기는 이만하였다.

나 : "그래 그 아이들의 부모는 어찌되었다나요."

청 : "그 부모들은 못 나오고 물에 떠내려가 죽었지요."

나 : "그 아이들은 어떻게 하였나요?"

청 : "동문 안에 장사하는 사람이 가엾다고 맡아 갔지요."

나 : "지금 그 아이들이 어떻게 되었는지 아시오?"

청 : "글쎄, 그때 나도 얼마 안 있다가 갈려왔고 다시는 XX을 안 가보
  았으니 그 아이들이 언제 어떻게 되었는지 알 수 있나요."

이 말을 묻는 나는 그때 마침 일곱 살 된 큰아이와 다섯 살 된 작은
아이를 집에 두고 한 삼 년째 못 보고 있는 터이었다.

'그 아이는 어찌 되었을꼬?'

'지금 살았나 죽었나?'

'천디꾼이[천덕꾸러기-編]가 되어 거지로 다니는가?'

이런 생각이 날수록 즐기는 독서도 안 되었다. '취침'의 명령을 받고
자리에 누웠으나 보송보송하게 긴장되어 가는 눈에는 잠이 올 생각도
안 한다. 자정이 지나 새벽이 되고 날이 휘어 밝아 '기상'의 명령이 날 때
까지!

수인의 피로해진 신경은 이처럼 자극성에 다을기 쉬운 것이다. 선하품
으로 그 이튿날 하루를 가까스로 지냈다.

몇 해 지나서 경성(京城)의 시가이었다. 황금정(黃金町) 1정목(丁目)
벽돌 층집이 많은 거리를 지나갔다. 첫가을 저녁이다. 층집 밑 돌우리 안
에 헌 자리를 깔고 누운 두 아이가 있었다. 하나는 언니, 하나는 아우인
듯 여남은 살 된 큰아이는 바깥을 향하여 모로 눕고 여덟 살쯤 된 작은
아이는 안벽을 향하여 누웠는데 구부린 등이 마주 닿았다. 첫가을 저녁
바람에 벌써 선선하던지 작은아이는 자꾸 옹숭거리어 새우등같이 구부

린다. 나는 발을 멈추었다. 한참 서서 들여다보았다. 숨소리가 색색 한다. 귀웅 탔던 그 아이들의 운명이 또 궁금하였다.

"애들아 – 너희 어머니 아버니 없니?"

"애들아 – 너희 춥지 않으냐?"

이렇게 물어도 도무지가 귀찮다는 듯이 들은 척도 않고 색색 하고 누웠다.

쓸데없는 값싼 감상이 도리어 심거워서 나는 무안스러운 듯이 뚜벅뚜벅 걸어 돌아왔다. 언제든지 그 귀웅에 탔던 두 아이와 또 황금정에서 보던 두 아이의 운명이 문뜩문뜩 궁금하게 생각이 난다.

나와 교우록(交友錄)

《삼천리》, 1935. 9.

나더러 교우록(交友錄)을 쓰라고 해서 쓰마고 승낙은 하였다. 그러나 교우록을 쓰는 것이 한 유행처럼 되었는데, 나는 유행을 쫓아 저앙(低昻)하는 것은 아주 안 좋아하는 터인지라, 쓰기로 하였던 교우록도 금시에 쓰기가 싫어 못 쓰게 되었다. 허나 교우하던 이야기조차 못 쓸 법은 없으니 몇 가지 공개키로 한다.

나는 시골사람이라 16, 17세 때까지 주로 나의 고향인 시골구석에 있었으니 어려서 죽마고우라고는 모두 시골사람이요, 서당에서 글 읽으면서 동문으로 사귄 사람이 이렁저렁 적지 아니하나 조그만 시골에서 인물이 배출할 수도 없는 것이요, 지금까지 죽마고우로서 이렇다하게 손꼽을 사람이라고는 매우 적다. 먼저 그때의 학우로서는 나의 일문(一門) 몇 형제를 따지겠고, 그 다음에는 모갑(某甲)이니, 한 20살 가깝도록 부모 그늘에 글은 읽었지만 글에는 맘이 없고 어려서부터 배운 버릇이 술이라 틈틈이 술 얻어달라고 조름으로 졸리다 못하여 한 보시기씩 어른 몰래 집에서 얻어주면 냉큼 들이켜고 시침을 뚝 따던 사람이러니, 그 후에 내가 서울로 혹 어디로 쏘다니다가 오랜만에 한번씩 고향에를 돌아가 보면, 그 사랑채가 팔어 헐리고 2칸 대청이나마 있던 번듯한 안채까지 남의 것이 되고 지금에는 오막살이 집 한 채를 간신히 부지하건마는, 원수의 술이 농간을 부려서 쌀말 보릿되 있는 대로 술집에 퍼들고 가다 못하여 나중에는 고초(苦草) 한 망태 매달아둔 것을 집안 식구 눈 속이어 들고 가려할 새, 망태에 새끼를 매어 새끼를 담 너머로 넘기고 담 너머로 돌아가서 새끼를 잡아당기는데 그 아내가 그것을 안고 얼른 고초는 쏟고 빈 망태만 넘겨주었더니, 노여움과 부끄러움에 아내에 볼치를 우려 일장풍파(一場風波)를 일으킨 자 그 하나이오. 모을(某乙)은 기골도 있고 재조도 좋고 엉뚱한 생각도 있어 글을 순한문으로 몇 십 행을 배워도 줄줄 외우고 손으로는 목수들의 하는 일을 곧잘 흉내 내는데, 어른을 속여 잔돈을 만들어 양도(洋刀)·왜도(倭刀) 드는 놈을 사들이어 마루청을 오려낸 후 딴 나무쪽으로 때우기와 전반[剪板]을 잘라서 기러기를 새기기와 온갖 짓을 다하였고, 귀한 나무를 식목하고 겨울에 짚으로 싸매두었거든 짚을 헤집어 껍질을 깎아도 보고, 빈 창(倉)집에 도둑 고양이 새끼를 치거든 붙들어다가 목통을 조금 따서 울고 기는 소리가 보는 눈이 참혹하거늘 자기는 홀로 재미있노라고 손뼉 쳐 웃고 하더니만, 요새는 돈을 움푹이 벌어야 하겠다고 어델세 어델세 떠돌아다니면서 허튼 기집을 얻어 주식점(酒食店)도 차리고 노름꾼을 불러 개장하고 불ㅅ적을 뗀다는 소문도 돌고 한다. 모병(某丙)은 키 크고 싱겁고 경중대고 건방지기로 남들이 이르더니, 그 후로 어찌어찌 하여 고향에 몸담아 있기 불편한 사정도 생기고 해서 서울로 동경(東京)으로 양복 입고 다니더니 판임급(判任級)의 모 관리를 수년 치른 후에 내놓고 거향(居鄕)하면서 농민에게는 '영감'을 바치고 관청 방면에도 긴하게 출입하며 '치부(致富)' 삼매(三昧)에 낙을 얻은 자 있고, 어떤 한 사람은 나잇살이나 더 먹었건만 짓궂은 장난이 일쑤이라, 웅숭그리고 앉아 대변보는 데를 알고, 쫓아와서 이마 획 떠밀어 털썩 더러운 데 주저앉혀 고의를 다 버리고 유년일망정 창피에 또 창피라 돌멩이를 들고 들쪼다 못하여 해질 골에 밥망을 메고 저의 마을로 가는 것을 길목을 잡고 지키다가 차돌멩이로 깨라 하고 후렸더니, 애꿎은 놈이 어설피 맞고 그자는 벌써 비켰었다.

이 작자는 경성 수십 년에 주로 실업계에 자못 이름을 내던 터이다. 내가 15, 16세 때에는 《손오병서(孫吳兵書)》일세, 《좌전춘추(左傳春秋)》일세, 《장자(莊子)》일세, 《□사(□史)》일세 향촌 서당으로는 고급의 서적을 펴놓고 읽는 자들도 있었고, 선생이 또 맹열 배외(排外)적 □구가(□舊家)의 준론(峻論)을 잘하던 터이라 밤중에 자는 학동들을 깨어 문창성(文昌星)이 이리로 비추니 이 다음에 문명(文名)을 나타낼 사람이 여기서 나리라고 장담도 하고 태백성이 번쩍대는 것만 보아도 미구에 병란이 나리라고 허풍선이적 예언같이도 하고 해서 상당히 기세를 돋우던 적도 있었으나, 죽마의 교우로서는 대체로 전술의 외에 의사 및 이료(吏僚), 회사원 등이 내외에 현존할 쯤이다.

그 다음부터의 나의 교우와 혹은 사우(師友)로서는 적다면 적고 많다고 하자면 상당히 많은 터인데, 중학시대를 당시 황성(皇城) 기독교청년회 학관에서 지내었고 동경에 건너간 후에도 의연히 기독교청년회에 간여하고 있었더니 만치 지금까지 기독교계의 선배·지우가 자못 많은 분수이요, 어찌했든 경성에의 학생생활이 나의 교우하는 데 한 시기가 되었다. 그 다음에 경술변국(庚戌變局)의 직후 전술같이 동경에 가서 5년간 있었던 고로 방금 내외 경향 각지 40세 대(臺)의 각계 인사들이 대부(大部)로 당시 동경의 교우인 자 많다. 23세이던 당시[계축(癸丑)]에는 중국 제2혁명의 도차(途次) 졸업을 1년 남겨놓고 동경에서 상해로 건너가서 청도(靑島)·제남(濟南)·천진(天津)·북경(北京)·산해관(山海關)·봉천(奉天)·안동현(安東縣) 등지로 약 70여 일 여행한 일이 있었으니, 그때에 해외에 있는 선배와 지우를 사귄 것이 또 일 시기를 이루었다. 동경에서 돌아온 후 수삼 년 턱이나 교원을 하여 경성 중심으로 교우가 늘 있고 그 후에는 기미(己未) 이후 대구의 옥우(獄友)가 일 부류이요, 갑자(甲子) 이래 신문인으로서의 교우와 신간회 이래의 각층의 교우까지 해서 열거하자면 많기도 한 것 같고 범위도 자못 좁지 않은 터이다. 3~4년 이래 내가 격심한 풍상을 치른 후에도 지면(知面)도 미처 못한 먼 나라에 계신 선배와 기타 인사의 사이에서도 적지 않은 격려가 있어 혹은 새로이 감사의 염(念)을 품게 하는 바 있다.

　조선서 교우를 말함이 흥미가 적으니 그 이유가 한둘뿐이 아니다. 교우는 첫째, 도의(道義)의 교(交)로 일상생활에서 심령상(心靈上)의 결핍을 서로 공급하고 인생의 나그네에 든든한 반려가 되는 것으로 귀중한 것이니, 이것이 용이히 얻을 바 아니오. 둘째, 정치와 사회의 교(交)이니 사정(私情)·사분(私分)과는 달라서 정우(政友) 혹은 동지로서의 교정(交情)이라, 이것이 그 극치에 가는 곳에 결국은 도의의 교로 될 수 있으나 정치가 우리의 손을 떠나고 모든 운동도 침체될 밖에 없는 이 판에는 그 방면의 교우도 많은 것을 자랑하기 어렵다. 사람은 일정한 코-쓰를 향하여 일정한 공작을 과제(課題)하지 않는 한에 벌써 부동(浮動)적인 병폐에 스스로 감기는 것이다. 셋째, 생사의 교(交)란 자 있으니, 이것은 세속적 이해를 떠나서 인격과 인격이 굳고 깊게 결합된 것이니, 이러한 순리순정(純理純情)의 교는 사상(史上)에 뒤져서도 많이 찾기가 어려운 바이오. 도의의 교와 비슷하되 또 다른 자이니, 현대에 올수록 더욱 어려운 터이다. 넷째는 중속(衆俗)의 교(交)이니 시민적 교우라고 할 것이다. 혹 서로 주식(酒食)을 향응하고 환락을 함께 하며 의례상의 애경(哀慶)을 서로 묻는 것이다. 현대의 조선인은 이 시민적 교우로써 우선 만족하는 것이다.

　석자(昔者)에 담헌(湛軒) 홍대용(洪大容)은 《의산문답(醫山問答)》을 써서 그 고독의 감을 술(述)하되, "은거독서(隱居讀書) 30년(三十年)에 궁천지지화(窮天地之化)하고 구성명지징(究性命之徵)하고 …… 경위인도(經緯人道)하고 회통물리(會通物理)한 연후(然後)에 출이어인(出而語人)한데 문자(聞者) ― 막불소지(莫不笑之)"라고 하였다. 그는 지기(知己)를 찾아 연경(燕京)에 갔었으나 만족치 못하였나니, "내서입연도(乃西入

燕都)하여 유담우진신(遊談于縉紳)할세. 거저사(居邸舍) 60일(六十日)에 졸무소우(卒無所遇)"라고 위연(喟然)히 탄(嘆)하였다. 그는 손용주(孫容洲)에게 보내는 서(書)로 조선인 사이의 교우하는 정황을 말하되 "학인(學人)은 긍고이자고(矜高而自古)하고, 묵객(墨客)은 조려이소실(藻麗而少實)하고, 귀주(貴胄)는 유어교일(狃於驕逸)하고, 한문(寒門)은 습어비순(習於卑順)하여, 순기심자(純其心者)는 멸기식(蔑其識)하고 부기재자(富其材者)는 색기행(嗇其行)하니 유시이(由是而) 반세교유(半世交遊)하되 기능추지성(基能推至性)하여 종시불체자(終始不替者)는 개무기인(盖無幾人)"이라고 호탄(浩歎)하였다. 교우의 쉽지 아니함은 고금(古今)이 없는 바일 것이요, 침체한 사회는 교우가 또 어려운 바이다.

작년의 여름 내 속리산에 놀고, 화양(華陽) 수석(水石)을 완상(玩賞)하고, 내장산(內藏山)의 절협(絶峽)을 건너고, 구암사(龜巖寺)에 자고, 운문암(雲門庵)을 거치어 장성 백양산(白羊山)을 향할 새 산로 자못 험준하니, 석전(石顚) 박한영(朴漢永), 위당(爲堂) 정인보(鄭寅普), 송계(松溪) 노병권(盧秉權) 수씨(數氏)는 그 동도(東途)이라, 제씨(諸氏)에 화(和)한 한시(漢詩) 중 하(下) 일련(一聯)이 있었다.

비열창상식현리(備閱滄桑識玄理).
관봉줄율부증수(慣逢峷崒不曾愁).

열시(劣詩)로되 사의(寫意)로써 족하다. 염열(炎熱)이 아직 높은 데 앉아서 교우록을 씀은 애오라지 무의미한 일이라. 이 몇 페이지의 글로 그를 마감함이 옳은 것을 깨닫게 한다.

학생시대의 회고

《신동아》, 1936. 5.

때는 세계대전이 같아져서[가까워져서—編] 가뜩이나 인심이 싱숭생숭하던 23년 전 늦은 가을 가랑잎이 덧없이 지는 철. 곳은 서울 어느 여관의 한 방이다. 나는 집을 떠난 지 벌써 여러 날에 새 옷도 갈아입지 않고 이미 고운 때 묻어 초라한 기색조차 보이는 홑 고의적삼에 베두루마기를 입었고, 마주앉은 한 사람은 그해 여름에 같이 졸업하고 동경을 떠난 나의 친우 모 군이었다. 두 사람은 벌써 피로와 오뇌의 속에 멀쑥하여진 얼굴을 물끄러미 서로 쳐다보며 맥맥(脉脉)히 있는 것이었다. 무언(無言)의 응시가 한동안 계속하던 끝에 간신히 말문이 열린 듯이 짤막한 대화가 시작되었다.

갑 : "여보! 동경(東京)은 공상의 낙원이요, 경성(京城)은 현실의 지옥이구료!"
을 : "허! 거리가 광명하기로 광명이 내 것인 줄만 여겼더니 나 혼자 돌아다녀보니 세상이 암흑하기 짝이 없소 그려!"

이 문답을 주고받는 24, 25세의 두 청년은 가슴속에 오히려 허름치 않은 자부심은 담았으나 그 외관인즉 자못 청승스러웠고 두 눈에서는 눈물도 떨어질 것 같았다. 그 후에 모군은 동경에서의 약속대로 다시 대판

(大阪)을 건너가서 당시 해마다 늘어가는 '조선동포'의 사이에 계몽적인 노동운동을 일으켜볼 뜻으로 D군을 작반(作伴)하여 분주하였으나 만사가 부족이 많은 그때 그리 잘될 일이 하나도 없었다. 다음해 봄에 군은 서신을 나에게 보냈다.

"도시의 표랑(漂浪)은 사람을 더욱 피곤케 하구료. 참으로 현실이 이다지 허무할 줄이야 나는 꿈에도 못 생각하였소!"

하며, 그때에는 향촌에 가서 우울(憂鬱)에 칩복(蟄伏)을 하고 있는 나에게 그 안타까운 심회를 하소연하였던 것이다. 그때 나의 선인(先人)은 '할 일이 없어 저렇게 있는 것이 보기에 가엾다'고 가다가 동정 있는 말씀을 하였지만, 모(某) 우(友)는 그 선친이 가끔 '얻을 수 있는 직업을 일부러 안 얻고 쓸데없는 고집을 부리고 있다'고 해서 힐책을 듣는 수가 드물지 않더라는 것이 있었다.

이러한 사정이 있으므로 감격성이 적지 않은 나로서는 경성이나 동경의 학창시대에 그리[描]고 꿈꾸던 모든 일이 그저 다만 한 개의 '유-토피아'로 스러지고 말려함을 볼 때, 애달프고 서글프고 혹 조마조마하고 또 화가 더럭더럭 나서 앉았다 일어났다 누었다 또 벌떡 일어서서 작대기를 끌고 논틀 건너 산마루 너머로 훼-적 훼-적 쏘다니다가 혹 으슥한 골 속에 들어서면 마치 목소리를 다듬는 젊은 성악가 본으로 몇 십 번이라도 줄기찬 소리를 지르고 나면 비로소 가슴속이 좀 시원한 듯하던 것이다. 학생시대가 가장 그립던 것은 지금이 아니요, 그때 몇 해 동안이었다.

"현실과 타협 말고 묵은 인습에 물들지 않고 끝까지 내 신념대로 매진하거라!"

는 것이 우리 몇 동배(同輩)의 학생 때에 품고 있는 정열이요, 의도요, 또 긍지였던 것이다. 이제 그 정열이 적축(積畜)되던 경로를 회고하건대 나는 시골 사람이라 어려서부터 근로로 사는 부여조(父與祖)와 자모(慈

母)의 생애를 지켜보았었고 배우는 선현의 말은 꼭 참으로 지켜야 하는 것으로만 여겼었다. 하다 못하여 《소미통감(少微通鑑)》이나 《동국사략(東國史略)》(이 순서로 배우고 보았었다)에서 배우고 들을 때 울발(鬱勃)하는 흥망사상(興亡史上)의 감격 같은 것도 순정적으로 끝까지 안고 나아감이 사람의 갈 길인 줄로만 꼭 믿던 것이다. 이처럼 고지식한 바람이었으매 퍽은 주관으로써 현실의 세상을 촌탁(忖度)하고 묘사하려는 경향도 있었으며, 또 그만치 순열(純熱) 진지(眞摯)한 신념가적인 바람이 있었다. 그래서 16세까지 향촌에 들어 묻혀 독서만 하다가 17세에 처음 10리도 못 되는 사립 모(某) 의숙(義塾)에 갈 때에는 선인의 교훈하는 말도 있었고 해서 거의 7, 8군(郡) 내의 지명(知名)하는 집안의 청년들이 모인 곳이므로 반드시 고붕앙우(高朋仰友)가 존경할 사우(師友)로 될 이가 있을 것을 그윽이 기대하였고, 그리고 그들은 대체로 모두 우심충충(憂心忡忡)하는 정열의 사람들이요, 시국에 대하여서도 아마 모두 큰 관심과 토구(討究)를 가지는 사람들일 것이라고 믿고 있었던 것이다. 그러나 그 기대는 어림없도록 깨어져버렸었다.

다음으로 경성의 객창(客窓)에서 얻은바 경험도 전연 동일하였다. 그 주위에 전개되는 사회의 풍모로나 또는 동학(同學)하는 대부(大部)의 학생들을 통하여 보는 조선인의 현상이 대체로는 너무 진지성이 없는 엄벙덤벙하는 축인 것을 볼 때, 그것이 퍽은 하염없는 노릇이라고 느껴졌었다. 그러므로 그중에서 같이 이야기할 만한 수삼 혹은 4, 5의 지우가 생길 때이면은 그것은 참으로 꿈같이 아름답고 으늑한 별세계가 그 수 3, 4, 5의 지우를 중심으로 독자적으로 생장되는 것이었다.

그런데 이러는 중 경술년(庚戌年)이 되었으니 나는 그때 꼭 스무 살로 혈기가 한참 팔팔한 때이었다. 이러니저러니 하고 그 수 3, 4, 5의 지우들과 애태우고 숙덕대고 하다가 결국은 가서 자리 잡은 데가 동경이었다. 그래서 동경의 학생생활은 경성의 그것의 연장이요, 또 확대이었느니 만치 필연으로 매우 정열적이요, 또 '유토피아'적인 미래에의 동경(憧憬)의 시대이었다. 그리고 부형장상(父兄長上)의 절제와 지도를 아주 벗어난 전연 자유로운 개성의 자주생활이었더니 만치 더구나 동경과 몽상적인 방면에로 도덕적 분방을 마음껏 하였던 것이다. 그리하여 스물한 살 전후까지의 학생으로서의 생애는 열심으로 지식을 탐구하면서도 그의 넋인즉 공연히 '시베리아'와 지나대륙과 태평양과 대서양을 꿈길로 왕래하는 듯한 공막(空漠)하기 짝이 없는 생활이었고, 그러나 그 정열적인 태도인즉 자못 100%에 달하여 있었던 것이다. 이를테면 그때 나의 조촐한 수첩에는 '자경(自警)'하는 수삼(數三) 칙(則)이 적혀있어 조석으로 늘 들추어보는 것이었고, 또는 장래 일생에 하여야 할 일을 미리 다 적어두고 때때로 펴 보였고, 학과보다도 흥망사를 읽어 행진(行進)의 노정기(路程記)가 어찌될 것인가를 마음 조여 어림해보고, 그리고 일기장에는 오늘은 할 일을 꼭 하였는가, 못 하였는가, 잘못한 일이 있는가, 잘한 일이 많은가, 잔뜩 공과표(功過表)를 적어두며 어떤 때는 단잠이 아니 들고 거의 온밤을 새우도록 누워 고시랑대며 내처 사안(思案)만 하였다. 그 결과 자못 격심한 신경쇠약에 걸려 한 1년간은 그 섭양(攝養)에 매우 조심을 아니하면 아니 되게 될 시기도 있었던 것이다. 그러는 중에 국제정세로 말하자면 중국에는 무한혁명(武漢革命)이 성취되자 또 제2혁명이 발발되고, 북미주(北美洲)에서는 가끔 배일이민법안(排日移民法案) 등이 가주(加洲)의 지사(知事)이던 쫀손 등을 중심으로 적지 않게 세상 사람의 충동을 일으키는 도정이었으므로, 저 혼자 무슨 시국의 일 가견이라도 가진 듯이 그 공상의 왕국을 주관계(主觀界)에 건설하고 스스로 그 왕국 속에서 지내기에는 마치 알맞은 시기이었다. 이러한 동경(憧憬)의 시대는 매우 존귀한 인생의 경험이다. 그때에 있어 끊일 새 없이 자기를 편달하며 그 의기를 고무케 하던 것이 이 작열하는 공상적인 동경이었고, 지금도 추억에 되살아나서 가끔 자아(自我)인 속물을 정화

하는 꺼지지 않는 영화(靈火)처럼 되는 것이다.

　내가 졸업이라고 하던 것은 스물네 살 때의 일이다. 그러나 그 임시 (臨時)에는 공상이라도 무던히 현실적인 형(型)이었고, 또 사구변별(思 究辨別)을 상당히 하노라고 자신하는 편이었다. 그리고 그 전년인 스물 세 살 때에 남중국으로 남만주의 일부를 별견(瞥見)하고 돌아온 70여 일 의 여행은 나에게 ‘시베리아, 태평양’ 하는 낭만적인 공상을 씻어버리고 고토(故土)에 집착하겠다는 결심은 굳게 하였으나, 그러나 오히려 담담 한 의욕과 정열은 의연 공상적인 충동을 누를 줄이 없었다. 그래서 17, 18인의 동배와 졸업기를 앞두고 가끔 구수응의(鳩首凝議)도 하고 혹은 고인(古人)의 본을 받아 신복(新服)을 전당 잡아 친지와 일석(一席)의 간담도 벌이고 하며 늘 동경한 정회(情懷)를 꺾지 못하였다. 그런데 현 해(玄海)를 건너 고토를 밟아야할 시각이 자꾸자꾸 다가올수록 정열은 점점 비애로 변해오는 것이었다. 하관(下關)에서 동도(同途)한 지우를 작별하고 홀로 여창(旅窓)에 기대앉아 질펀한 현해의 물결을 바라보며 마음껏 감상의 실마리를 풀던 것도 그때의 일이었다. 그리고 현실사회의 첫걸음을 내려놓을 때 맨 먼저 느껴진 것은 개인으로서의 자력(資力)의 빈약이요, 또는 자신(自身)으로 자금을 가진 자가 침체(沈滯)한 사회에 서 얼마만큼이나 유리하고 우월한 지위에 선다는 것이었다. 그래서 해가 가고 달이 쌓일수록 맨주먹으로 떠들고 정감에 맡기어 날뛸 수 있던 공 상적인 의제(擬制)의 사회로서의 학생시대의 생활이 얼마나 그립고 그 립던지 형언할 수 없었다. 이로 인하여 혹은 지금 사회 각계에 봉사하는 제우(諸友)와 겸창(鎌倉)의 해안이나 엽산(葉山)의 별장지대에서 한 5, 6 일씩 모여 놀며 만담도 하고 토론도 하고 배를 몰아 창파를 헤치며 다니 던 그때의 일이 무럭무럭 생각나던 것이다. 혹은 수양(垂楊)이 늘어선 대륙정서가 듬뿍한 양자강변의 광경이나 푸라타나쓰의 그늘 두터운 황포공원(黃浦公園)의 한 복판에서 개울에 부듯한 열국(列國)의 함박(艦舶)을 쳐다보면서 부질없는 이국정조(異國情操)에 사유의 세계가 걷잡을 없이 확대되는 꿈같은 자취가 진하고도 걸게 되살아나던 것이다.

혹은 또 장성(長城)의 저문 날과 안봉(安奉)[안동(安東)—봉천(奉天) 철도—編] 연선(沿線)의 짙어가는 가을에 헤매고 있는 백의인(白衣人)들의 정경을 보고 허공을 잡는 듯한 부동(浮動)하는 투지를 발양하여보곤 하던 청년학생으로서의 까닭 없는 자부(自負)와 자려(自勵)하던 그때의 순열(純熱)하고 경건하던 적[頃]이 픽은 잘 추억되는 것이다.

이러한 추억의 밝은 길은 꿈틀이고 또 올곧게 뻗어나가는 것이다. 어려서(12세) 향산(鄕山)에 올라 멀리 해산(海山)의 풍경을 바라보면서 우렁차게 소리치고 내닫는 신개통(新開通)한 기차의 우람스럽던(그때에는 확실히 우람스러웠다) 꼴을 멍하니 쳐다보며 오히려 그 능히 백 년의 뜻을 생각하여 보던 일조차 역력히 내 인상에서 살아나던 것이다. 그리해서 이 원고를 쓰는 이 자리에서도 벌써 몇 십 년 동안의 학동과 학생으로서의 생활의 추억이 여간 또렷하게 되살아나는 것이 아니다.

그것이 지금 그립다기보다도 차라리 눈물겹다. 오호(嗚呼), 잃어버린 공상의 낙원은 영원히 되찾을 수 없는 것이다. 그러나 여기에 나로서 인생을 살아가는 태도를 두어 가지 적어놓고 이 붓을 던지려고 한다. 그는 지금 내가 항상 과학적이려고 하면서, 또 엄숙한 현실을 정관(正觀)키에 노력하면서도 언제나 그 순결하던 동심, 즉 소년심(少年心)을 확대하여 고수하고 싶은 염원이 하나이요, 또 하나는 거의 10년 이전까지도 말대로의 눈물겨운 편이던 그 감격성을 시방도 가진 채로 그러나 좀체 눈물을 자타(自他)에게 보이지 않는 세련된 의기와 기백으로써 이 사납고 거친 현실의 사회에서 어디까지든지 뻗대어 나아가고 싶은 나의 만강(滿腔)의 의욕이다.

사람은 세월이 지나갈수록 그 정책과 방법은 더욱 원숙과 노련을 요할망정 그 소년 학창에서 굳게 품었던 초일념(初一念)은 여간하여 변하여지지 않는 것인가 보다. 이로써 학생시대 회고의 이야기의 마감을 하는 것이다. [용언다사(冗言多謝)]

《민세안재홍선집》 제6·7권 해제를 대신해

박한용(민족문제연구소 연구실장)

1. 안재홍의 생애와 사상

생애

민세(民世) 안재홍(安在鴻, 1891~1965)은 일제 강점기에 전후 9차례나 투옥되었던, 국내 민족주의 계열의 대표적인 이론가이자 지도자의 한 사람이었다.* 1920년대 중·후반기 그는 일제와 '민족개량주의(이른바 민족주의 우파)'에 대항하여 '비타협적인 민족주의 계열(이른바 민족주의 좌파)'과 사회주의 계열의 공동전선체인 신간회를 결성하는 데 주도적인 구실을 하였다. 신간회 해소 이후에도 그는 여전히 민족단일전선의 결성을 주장하였으나, 그 성과를 거두지는 못했다. 일제의 전시(戰時) 파시즘 체제가 굳어지면서 활동이 크게 제약되자, 안재홍은 조선학 연구를 통해 민족 정체성을 확보하고, 이를 기반으로 자신의 민족주의론을 이론적으로나 실천적으로 심화하려고 했다.

해방 뒤 안재홍은 건국준비위원회 부위원장, 국민당 당수, 좌우합작위원, 남조선과도입법의원, 미군정 민정장관 등을 맡으면서 김규식 등과

---

* 민세 안재홍의 자세한 연보는 천관우가 쓴 《민세안재홍선집 4》의 연보와, 김인식의 박사학위논문(〈안재홍의 신민족주의 사상과 운동〉, 중앙대학교, 1997, 397~404쪽을 참조하기 바란다.

함께 중도 우파 진영의 지도자로 활동하였다. 그는 해방 공간에서 극좌와 극우를 배제한 중도 좌우파의 공동전선을 추구하였다. "모든 진보적이요 반항제국주의적인 지주와 자본가와 농민과 노동자가 한꺼번에 만민공생(萬民共生)"하는 새로운 사회의 지도이념을 '신민주주의'와 '신민족주의'라 불렀다.

그러나 이 또한 여의치 않자 '차선의 책(策)'으로 반공산주의 견해를 강력히 밝히면서 남한 단독정부 수립에 참여해 점차 우경의 길을 걸었다. 그러나 그가 단정에 참여한 것은 분단체제에 대한 승인이라기보다는 통일정부가 수립되기 어려운 현실에서 남한 안에서 중도 우파의 입지를 구축한다는 정치적 판단에 따른 것이기도 하였다. 그는 이승만 중심의 극우세력을 배제한 중도 우파를 결집해 남한 안의 민주 역량을 강화하고 이를 기반으로 남북통일의 기반을 마련하려고 했다.

그러나 이 또한 뜻대로 되지 못했다. 1950년 5월 30일 안재홍을 비롯해 조소앙 등 중도파나 '남북통일파' 상당수가 2대 국회의원 선거에서 당선되어 이들이 하나의 정치세력으로 활동을 시작하려는 즈음 한국전쟁이 일어난 것이다. 그리고 안재홍을 비롯한 남한 민족주의 세력의 핵심 역량이 납북되거나 또는 월북함으로써 이승만을 견제할 진보적 민족주의 세력은 남한 안에서 설 자리가 크게 좁아들었다.

납북된 안재홍은 조소앙, 오세창, 김규식 등과 함께 김일성 정권이 주도해 만든 재북평화통일촉진협의회의 한 사람으로 '통일운동'에 가담했다. 15년이라는 적지 않은 세월을 북에서 보낸 안재홍은 1965년 3월 1일 평양에서 영면했다.

사상

안재홍은 자신의 신민주주의와 신민족주의가 단군 이래 뿌리 깊게 이어온 공동체의 고유한 철학 원리이자 생활 방식인 '다사리주의'를 현대에 맞게 발전시킨 것이라고 했다. 안재홍의 민족주의론은 당시 민족해방운동의 양대 세력인 민족주의 계열과 공산주의 계열이 조선의 독립과 통일민족국가 수립을 위해 손을 잡기 위한 근거를 민족주의 시각에서 새롭게 제시하고, 자본주의와 공산주의의 대립을 지양한 대안체제를 마련하려는 데 초점이 맞춰졌다. 이는 실천적으로 일제 강점기에는 신간회 결성을 통한 좌우 통합으로, 해방 뒤에는 극좌와 극우를 배제한 중도 좌우파가 주도하는 통일민족국가 수립으로 나타났다.

안재홍은 민족과 계급의 갈등을 극복하는 통합의 원리를 추구함으로써 공산주의와 민족주의의 상호 접근을 꾀했으며, 나아가 자본주의와 공산주의를 넘어선 제3의 통합체제를 제시했다는 점에서 오늘날 남북통일 문제에서 그의 사상이 시사하는 의의가 적지 않다. 또 민족주의 안에 민주주의의 의의를 각인시키고 국제주의와 민족주의의 공존을 주장한 그의 개방적 태도는 민족주의의 배타성·국수성·복고성을 극복하려는 노력으로 평가받기도 한다.

그러나 현실적으로 그의 민족주의는 민족통합의 원리가 되지 못하고 오히려 좌우로부터 고립되는, 이른바 '중도파의 비운'을 겪어야 했다. 자신의 사상을 '물질적 힘'으로 바꾸지 못하였을 뿐만 아니라, 그 자신도 민족분열의 소용돌이에 휩쓸려갔다. 생의 전반부는 식민지에서, 생의 후반부는 해방과 대한민국 건국의 시기에 남쪽에서, 그리고 생의 마지막은 북한에서 맞이함으로써 '경쟁하는 근대'의 배타적 공간을 차례로 겪어야 했다. 한국 현대사의 비극을 똑바로 보고 그것을 극복하려고 투쟁했으나 자신이 그 비극의 희생자가 되고 만 것이다.

자본주의와 사회주의의 갈등을 해결하려던 안재홍의 노선은, 한국전쟁 당시 납북된 그의 비극적 체험과 맞물리면서, 냉전체제 아래 있던 우리 사회에서 잊혀져갔고, 심지어 불온시되기도 했다. 그러나 1980년대 이래 냉전의 벽이 조금씩 허물어지면서 단재 신채호 등과 함께 한국 민족주의의 커다란 줄기로 그의 위상이 재조명되고 통일운동 과정에서 그의 삶이 주목받기 시작했다.

2. 민세 안재홍에 대한 연구와 평가

망각에서 복원에 이르기까지

우리 근현대사에서 민세 안재홍의 저작활동과 실천은 정치·경제·문화·역사·교육 등 다방면에 걸쳐 있었으며, 그 끼친 영향 또한 결코 무시할 수 없다. 그러나 그는 의외로 늦게 학계의 주목을 받았다. 한국전쟁 이후 1980년대까지 극단적인 냉전 분위기 속에서 납북인사조차 자진 월북한 인사와 동일시되었고, 안재홍이 주장한 자본주의와 사회주의를 지양한 다사리주의 또한 다소 불온하게 여겨졌기 때문이다. 학계는 물론 유족들이 선뜻 안재홍의 저작을 모으고 간행하고 연구하는 일에 나서기 어려웠다.

안재홍의 자료를 모으고 간행하는 일은 유신체제 초엽인 1973년 무렵부터 비로소 시작되었다. 천관우 선생 등 몇몇 인사들과 유족이 모여 안재홍의 글을 모아 자료집을 간행하려는 뜻을 세웠다. 그리하여 1981년 처음으로 《민세안재홍선집》 제1권이, 1983년에는 제2권이 간행되면서 안재홍의 저작은 긴 망각에서 깨어나 이 시대 한국인들에게 돌아왔다.

이와 함께 1980년대 중반 민주화운동이 확산되고 냉전의 풍토가 점차 녹아들면서 자본주의와 사회주의에 대해 객관적으로 조망할 수 있는 분위기가 만들어지기 시작했다. 아울러 두 체제를 넘어서는 제3의 길에 대한 모색도 1990년대 이후 확산되었다. 이는 남북한의 교류가 활발해지고 평화통일에 대한 분위기가 높아지면서 통일된 민족국가의 사회체제에 대한 모색과 결합되어 갔다. 이런 분위기 속에서 안재홍의 사상과 활동이 학계의 주목을 받기 시작했고, 1980년대 중반 이후 안재홍 사상에 대한 연구는 양과 질에서 비약적으로 늘어났다.

안재홍 본인 또한 국가 차원에서 '복권' 아닌 '복권'이 이루어졌다. 1989년 삼일절 대한민국 정부는 안재홍에게 대한민국 건국훈장 대통령장을 수여하고, 1991년 11월 동작동 국립묘지 애국지사 묘역 안의 무후선열제단(無後先烈祭壇)에 위패를 봉안했다. 또 2000년 10월 유족, 학계, 연구자, 평택지역 시민단체 그리고 지역 유지들과 지방자치단체장 등이 합심해 '민세안재홍기념사업회'를 설립함으로써, 학술연구와 병행한 각종 기념사업 그리고 그의 정신을 실천할 수 있는 조직적 기반이 비로소 갖추어졌다. 이제 민세 안재홍에 대한 풍부한 연구논문과 단행본 형태의 종합연구서 그리고 박사학위논문과 평전 등이 나오면서 어느 정도 안재홍의 생애와 사상을 조망할 수 있는 수준에 이르렀다.

연구 성과 개괄

《민세안재홍선집》 제1권에서 제5권에 이르기까지는 그간의 연구 성과가 일천해 선집 속에 천관우 선생의 공력이 들어간 상세한 연보 외에는 관련 연구사나 안재홍에 대한 다양한 평가를 소개하기 어려웠다. 이제 《민세안재홍선집》 제6·7권을 간행하면서 해제에 그 사이 안재홍에 대한 학계의 연구 성과와 평가를 간략하게나마 정리하는 것이 도리라 여겨진다.

필자가 찾아본 바로는 민세 안재홍에 대한 자료 모음과 연구 논저는 대략 다음과 같다.

〔자료집〕

민세안재홍선집위원회 편, 1981, 《민세안재홍선집 1》, 지식산업사.

민세안재홍선집위원회 편, 1983, 《민세안재홍선집 2》, 지식산업사.

민세안재홍선집위원회 편, 1991, 《민세안재홍선집 3》, 지식산업사.
민세안재홍선집위원회 편, 1992, 《민세안재홍선집 4》, 지식산업사.
민세안재홍선집위원회 편, 1999, 《민세안재홍선집 5》, 지식산업사.
민세안재홍선집위원회 편, 2005, 《민세안재홍선집 6》, 지식산업사.
민세안재홍선집위원회 편, 2005, 《민세안재홍선집 7》, 지식산업사.
민세안재홍선집위원회 편, 2004, 《민세안재홍선집 8》, 지식산업사.

[관련 회고·인물평·논저]

유광렬, 1932, 〈안재홍론〉, 《동광》 7월호.
홍양명, 1935, 〈정론가로서의 웅(雄), 안재홍씨〉, 《삼천리》 3월호.
고심백, 1945, 〈각당 각파의 인물기〉, 《민심》 11월호.
박달환, 1946, 〈안재홍론〉, 《인민》 1·2월 합본호.
고영환, 1949, 〈안재홍론〉, 《금일의 정객들》.
최은희, 1965, 〈교우 반백세〉, 《여원》 8월호.
임홍빈, 1965, 〈안재홍론〉, 《정경연구》 9.
유광렬, 1967, 〈곧은 필봉, 빛나는 절개〉, 《기자협회보》 10월호.
김용섭, 1971, 〈우리나라 근대역사학의 발달〉, 《문학과 지성》 여름호.
이기백, 1972, 〈신민족주의 사관론〉, 《문학과 지성》 가을호.
이 인, 1974, 〈나의 교우반세기〉, 《신동아》 7월호.
이선근, 1974, 〈나의 민세관〉, 《주간조선》 8.
권오순, 1976, 〈안재홍〉, 《근대화의 선각자 9인》, 신구문화사.
김덕형, 1976, 〈민세 안재홍〉, 《한국의 명가》, 일지사(〈명가의 현장—
        안재홍편〉, 《주간조선》 8, 1974를 재게)
이정식, 1976, 〈구성 민세 안재홍의 자서전〉, 《신동아》 11월호.
천관우, 1978, 〈민세안재홍연보〉, 《창작과 비평》 겨울호.
김정배, 1979, 〈신민족주의사관〉, 《문학과 지성》 봄호.

이태호, 1979, 〈독립지사의 시대적 희생〉, 《역사의인물》 9, 일신각.

정윤재, 1981, 〈안재홍의 정치사상연구-그의 신민족주의론을 중심으로〉, 《사회과학과 정책연구》 3-3, 서울대 사회과학연구소(〈민세 안재홍의 신민주주의론 연구〉, 신용하 편, 《한국현대사회사상》, 지식산업사, 1984에 재수록).

이만열, 1981, 《한국근대역사학의 이해》, 문학과 지성사.

천관우, 1981, 〈해제(1)〉, 《민세안재홍선집 1》, 지식산업사.

유병용, 1982, 〈민세 안재홍의 인물과 사상-그의 민족독립사상을 중심으로〉, 《인문학연구》 16, 강원대학교.

송건호, 1983, 〈신민족주의자 민세 안재홍〉, 《마당》 4월호.

송건호, 1984, 〈안재홍〉, 《한국현대인물사론-민족운동의 사상과 지도노선》, 한길사.

강만길, 1985, 〈일제시기의 반식민사학론〉, 《한국사학사의 연구》, 을유문화사.

신용하, 1985, 〈안재홍과 신간회〉, 《근대한국과 한국인》, 한길사.

김재명, 1986, 〈안재홍, 민족자주 외치다〉(상·하), 《정경문화》 9·10월호, 경향신문사.

유경환, 1986, 〈민세 안재홍, 순도자의 신민족주의〉, 《월간조선》 10월호.

유병용, 1986, 〈안재홍의 정치사상에 관한 재검토〉, 《한국민족운동사연구 1》, 지식산업사.

강영철, 1987, 〈민세 안재홍〉, 한국사학회편, 《한국현대인물론 1》, 을유문화사.

한영우, 1987, 〈안재홍의 신민족주의와 사학〉, 《한국독립운동사연구》 제1집, 한국독립운동사연구소.

정호원, 1987, 〈민세 안재홍의 신민족주의 정치사상 연구〉, 연세대 석사논문.

정윤재, 1988, "A Medical Approach to Political Leadership—An Chae-Hong and A Healthy Korea", Ph. D., dissertation, University of Hawaii.

조옥영, 1988, 〈민세 안재홍의 역사인식〉, 이화여대 석사논문.

한국역사연구회, 1989, 〈한국사인식의 방법과 과제〉, 《한국사강의》, 한울.

안혜초, 1990, 〈할아버님 民世〉, 《월간통일》, 5월호.

서중석, 1991, 〈송진우와 안재홍〉, 《순국》 통권17호(7·8호).

서중석, 1991, 〈안재홍과 송진우〉, 역사문제연구소 편, 《한국현대사의 라이벌》, 역사비평사.

조동걸, 1991, 〈민족사학의 발전〉, 《한민족독립운동사》 9, 국사편찬위원회.

이지원, 1991, 〈신민족주의사관 무엇을 계승할 것인가〉, 《역사비평》 가을호.

이지원, 1991, 〈일제하 안재홍의 현실인식과 민족해방운동론〉, 《역사와 현실》 6, 한국역사연구회.

정윤재, 1991, 〈안재홍의 해방전후사 인식과 '조선정치철학'적 처방〉, 김영국 외, 《한국정치사상》, 박영사.

윤대식, 1992, 〈민세 안재홍의 정치사상과 정치노선에 관한 연구〉, 한국외국어대 석사논문.

정영훈, 1992, 〈안재홍의 신민족주의이론〉, 《정신문화연구》 15권 3호.

정윤재, 1992, 〈해방 직후 한국정치사상의 분석적 이해—안재홍·백남운 정치사상의 비교분석〉, 《한국정치학회보》 제26집 1호.

안혜초, 1993, 〈나의 할아버지 민세 안재홍〉, 《얼음장 밑에서도 강물은 흘러》, 한글학회.

이지원, 1993, 〈1930년대 민족주의계열의 고적보존운동〉, 《동방학지》

77·78·79 합집.

조동걸, 1994, 〈항일 운동기의 역사인식〉, 조동걸·한영우·박찬승 엮음, 《한국의 역사가와 역사학》(하), 창작과 비평사.

이지원, 1994, 〈안재홍〉, 조동걸·한영우·박찬승 엮음, 위의 책.

이지원, 1994, 〈1930년대 전반 민족주의 문화운동론의 성격〉, 《국사관논총》 51.

한영우, 1994, 《한국민족주의역사학》, 일조각.

김인식, 1994, 〈식민지시기 안재홍의 좌익민족주의운동론〉, 《백산학보》 43.

유병용, 1994, 〈신민족주의론 연구〉, 《강원사학》 10.

박찬승, 1995, 〈일제하 안재홍의 신간회 운동론〉, 한국사연구회 편, 《근대 국민국가와 민족문제》, 지식산업사.

유병용, 1995, 〈안재홍의 신민족주의 국가상〉, 《한국사시민강좌》 17, 일조각.

김기승, 1996, 〈식민사학과 반식민사학〉, 《한국역사입문 3》, 풀빛.

김경일, 1997, 〈좌절된 중용-일제하 지식형성에서의 보편주의와 특수주의〉, 한국사회사학회, 《사회와 역사》 제51집, 봄호.

김인식, 1997, 《안재홍의 신민족주의 사상과 운동》, 중앙대 박사논문.

오영섭, 1998, 〈해방 후 민세 안재홍의 민공협동운동 연구〉, 《태동고전연구》 제15집, 태동고전연구소.

김인식, 1998, 〈안재홍의 신국가건설의 이념-신민족주의의 이념 정향〉, 《한국민족운동사연구》 제20집, 국학자료원.

정윤재, 1999, 《다사리국가론-민세 안재홍의 사상과 행동》, 백산서당.

김인식, 2000, 〈신민족주의의 정치사상적 검토-안재홍을 중심으로〉, 《정신문화연구》 제23권.

박한용, 2000, 〈안재홍의 민족주의론-근대를 넘은 근대?〉, 《한국사학

　　　　보》 제9호, 고려사학회.
정윤재 외, 2002,《민족에서 세계로-민세 안재홍의 신민족주의론》,
　　　　봉명.
정윤재, 2002,《다사리공동체를 향하여-민세 안재홍 평전》, 한울.
김인식, 2005,《안재홍의 신국가건설운동》, 선인

　　민세 안재홍에 대한 연구는 1970년대까지 대체로 인물평이나 생애에 대한 개략적 소개와 재구성 그리고 역사학자의 측면이 조명되었다. 곧 그의 항일투쟁과 정치사상보다 박은식·신채호 등 선배 민족주의사학의 발전적 계승자로서 그의 신민족주의론이 손진태의 사학과 함께 주목받았다.

　　1980년대 이후에는 신간회운동의 중심인물, 즉 일제하 좌우 통일전선운동의 핵심으로서, 해방 뒤에는 중도 우파의 정치지도자로서 벌인 활동과 그의 국가건설론이 주목되었다. 특히 최근에는 안재홍의 다사리주의가 통일시대 민족국가 건설에서 하나의 대안이 될 수 없는가 하는 조심스런 모색도 진행되고 있다.

　　곧 역사학자(사학사적 접근) → 독립운동가(민족해방운동사적 접근) → 일제하 신간회운동의 지도자(통일전선운동사적 접근) → 해방정국의 중도 우파 지도자(정치사적 접근) → 자본주의와 사회주의의 대립을 지양하는 안재홍의 체제적 대안(정치사상사, 통일운동사적 접근) 등으로 관심이 이동하고 있다고 하겠다. 그리고 이러한 연구들은 '진보적 민족주의자'로서 안재홍의 위상을 자리매김하는 것이었으며, 해방 뒤 분단국가를 극복할 체제적 대안으로 그가 내세운 다사리공동체가 오늘 어떻게 재평가되어야 하는가 하는 문제로 초점이 모아지고 있다.

안재홍의 사상에 대한 평가

안재홍의 사상이 민족주의에 기반을 둔 것은 틀림없지만, 그가 제시한 사회체제가 복합적인 요소를 안고 있었기 때문인지 그에 대한 후대의 평가나 계승 또한 다양한 측면에서 이루어졌다.

어떤 이들은 안재홍 등을 고대적인 단군 숭배에 근대 민주주의의 가치를 불어넣음으로써 '단군민족주의'로 근대화시키고, 한국 민족주의에 보편성의 계기를 부여한 인물로 적극적으로 파악한다. 또한 혈연적 동일성을 매개로 좌우 연합전선에 기여하고 사회·국가 체제의 대안까지 제시했다는 점에서 진보성을 발견하기도 한다. 그러나 이들은 안재홍이 전통을 통해 근대를 완성하려다 전통 그 자체의 함정에 빠져버렸고, 그 결과 민족종교를 통해 사회의 통합성을 뒷받침하려 했다는 점이 갖는 한계에 대해서는 그다지 주의를 기울이고 있지 않다.

단군을 민족의 시조로 받드는 '재야 국수주의(단군민족주의)'의 경우, 안호상(安浩相)과 더불어 안재홍을 자신들의 사상적 원류 가운데 하나로 자리매김하려고 한다. 최근 남북관계의 진전에 따라 통일운동이 활발해지면서 안재홍에 대한 관심이 더 높아지는 듯하다. 그러나 이들은 안재홍이 그토록 고민한 민주주의 문제를 놓치고 있다. 안재홍의 회통론(會通論) 아래 깔려 있는 민주주의의 천착이 갖는 뜻을 제대로 계승하지 못하고 있으며, '위대한 상고(上古)'와 '단일 혈통'의 신앙이 다른 가치를 압도하고 있다.

최근 안재홍의 신민족주의를 한국 민족주의가 갖기 쉬운 국수주의성을 지양한 '국제화시대의 세계적 민족주의'의 역사적 선구로 평가하기도 한다. 그리고 안재홍이 주창한 '각 민족의 공존공영에 바탕을 둔 세계주의'가 이 시대에 하나의 대안 사상으로 제시되기도 한다.

한편 1970~1980년대에 등장한 '민중민족주의 계열'의 지식인들은 안재홍이 일제시기 비타협적 민족주의자로서 굳은 지조를 지켜왔고, 해방 뒤에는 좌우의 대립을 극복하고자 제3의 길을 제시함으로써 조화와 중용의 길을 열어놓았다고 높이 평가한다. 일제 식민지시기와 해방공간에서 민족주의와 공산주의가 대립을 극복하지 못함으로써 분단체제 성립에 한 요인을 제공했다는 반성과 함께, 평화통일의 길을 모색하는 처지에서 한국 민족주의가 갖는 가능성을 그에게서 찾아보고자 한 것이었다. 그러나 이들은 안재홍이 갖는 단군신앙이나 상고사 예찬과 같은 면에 대해서는 '복고성', '비과학성'을 들어 강한 거부감을 보였다.

3. 《민세안재홍선집》 제6·7권에 대해

간행 경위

《민세안재홍선집》(이하 《선집》)은 1973년 무렵부터 몇몇 뜻있는 인사들 사이에서 여론이 일어 민세 선생의 글을 수집 정리하면서 그 토대가 마련되었다. 그러나 작업이 생각보다 지체되어 1978년이 되어서야 안호상, 이은상, 방일영, 이인, 이선근, 천관우, 이희승, 김을한, 이문원, 이관구, 송지영, 임중빈, 유광렬, 안경모, 윤병석, 안혜초(민세의 손녀) 등으로 '안재홍선집간행위원회'가 구성되었다. 그 뒤《선집》 간행 작업은 유족 측인 안혜초, 역사학자인 고(故) 천관우 선생이 주도적으로 진행하였다. 1978년 〈민세안재홍연보〉(천관우)가 《창작과 비평》에 발표되어 세간의 관심을 끌었고, 1981년 마침내 《민세안재홍선집》 제1권이 김경희 사장의 후의와 결합해 지식산업사에서 간행되었다. 이어 1983년에 제2권이 나오고 뒤늦게 1991·1992년에 제3·4권이 간행되었다. 제5권의 출간은 꽤 늦어져 1999년 간행되었다.

《선집》이 한꺼번에 나오지 못하고 발간 간격조차 꽤 벌어진 데는 아마도 몇 가지 이유가 있었던 것 같다.

첫째는 자료수집 문제이다.《선집》에 수록된 글과 자료는 대부분 민세 자신이 생존했을 때 모아놓은 것들을 유족들이 보관한 것이었다. 그러나《선집》의 구성상 천관우 선생 등이 추가로 자료를 수집해 이를 보강해야만 했다. 그 과정에서 다소 시간이 걸렸을 수 있다.

두 번째는 자료의 출전을 일일이 밝히고 꼼꼼한 해제를 곁들인 천관우 선생의 애정 어린 노고 때문이다. 자료 가운데는 출전이 밝혀지지 않은 경우가 있어 원자료의 출처를 찾아야 했고, 주요한 글인 경우 글 말미에 천관우 선생이 따로 주기(註記)를 하였다.

세 번째는《선집》이라는 책의 특성상 자료의 취사선택도 쉽지 않았다는 점이다.《선집》제6·7권에 수록된 글 가운데 상당수는 이전의 선집에서 이러 저러한 이유로 빠진 것들로, 천관우 선생이 직접 선집에 싣지 않은 경위를 붉은 색연필로 적기도 한 교정본들이다. 자료를 넣고 빼는 과정이 단순하지 않았으며 일일이 정독하고 심사숙고하는 가운데 결정되었음을 알 수 있다.

네 번째로 천관우 선생의 사거로 편집과 해제를 맡을 이가 마땅하지 않았던 연유도 있다. 그동안《선집》간행에 가장 정력을 기울였고, 충실하게 해제를 해왔던 천관우 선생을 대신할 인물이 금방 나오기 어려웠던 것 같다.

마지막으로 재정난이다. 마땅히 국가가 지원해야 할 사업이었으나 그러지 못했다. 유족과 뜻있는 민간 인사들의 자발적 노력만으로 추진하다 보니 선집 5권을 간행하는 데에도 20년 가까이 흐른 셈이다.

이번에 출간되는《선집》제6·7권은 그에 견주면 사정이 나은 편이다. 제6·7권이 발간되는 과정은 먼저 유족 측의 제의가 있었다. 유족 측은 2003년 5월 안재홍 선생의 유품(대부분이 문서류)을 고려대학교박물관에 모두 기증함과 아울러 미처 발간하지 못한 자료들을 선집으로 속간하기를 희망하였다. 고려대학교박물관 최광식 관장은 이를 쾌히 응낙

하고, 지식산업사 김경희 사장이 보관하고 있던 원고와 자료들을 넘겨받은 뒤 대략 두 권의 선집으로 출간할 것을 약속하였다. 다행히 민세안재홍기념사업회와 유관 국가기관, 지방자치단체에서 이에 대한 간행 비용을 대기로 했으며, 지식산업사 또한 선집 제작에 참여하기로 해 과거보다는 안정적이고 탄탄한 기반 위에서 선집을 속간할 수 있게 되었다.

수록 자료에 대해

2003년 5월 고려대학교박물관이 민세 유족으로부터 기증받은 민세 안재홍의 자료는 되도록 모두 선집에 수록하는 것을 원칙으로 했다. 수록 자료는 다음 몇 가지 종류로 구분할 수 있다.

1) 일제 강점기부터 해방 뒤 한국전쟁 전까지 안재홍이 신문·잡지 등에 발표한 글(필사원고 포함).
2) 안재홍의 활동과 관련된 각종 보도기사류.
3) 해방 뒤 정치지도자로서 벌인 활동과 연관된 자료(선언서·연설문 등).
4) 초대 민정장관직을 수행하면서 각 단체·기관(주로 미군정) 또는 개인과 주고받은 각종 문서류(공문·보고서·회의록·편지).
5) 기타 : 독서 노트(마르크스주의에 관한 비판적 연구 노트) 등.

신문·잡지에 발표된 글의 경우 안재홍 자신이 수집 정리한 것과 천관우 선생이 추가로 수집한 활자본 자료 그리고 미출간된 교정지들이 대부분이다. 이들 원고 가운데 민세 자필의 교정 표기가 있는 것이 상당량이다. 교정지의 경우 제1~5권의 《선집》에 넣으려다 뺀 것들인데 천 선생의 자필 교정이 더해졌다. 원자료 일부에도 천 선생의 자필 교정이 더러 있어 원자료의 온전한 보관이란 측면에서는 다소 손상된 점이 있다. 그러나 안재홍 선생의 유고들을 편집하려던 한 역사학자의 정성이 남긴 흔적이라는 점에서 보는 이들에게 여러 감회를 일으킨다. 그것 또한 하나의 역사로서 음미할 가치가 있다. 하물며 이번에 간행되는 자료들은 한때 화재사건에 휩싸여 소실될 위험 속에서 온전히 살아남은 자료 아니던가!

본 《선집》 제6권은 해방 전 논설과 자료를, 제7권은 해방 후 논설과 자료를 싣고 있다. 몇몇 글들은 이미 간행된 선집의 글과 내용에서 비슷한 것도 있으나 같은 원고가 아닌 한 수록하기로 했다. 부분적인 내용의 차이가 있고 강조점이 달라지는 경우도 있지만, 장기적으로는 이 선집을 지속적으로 발간하면서 《민세안재홍전집》을 완성하려는 의도도 있기 때문이다.

《선집》 제6권, 즉 일제시기편은 주로 조선일보 논설과 《신조선》·《신동아》·《삼천리》·《신생》·《학등》·《농민》·《조선농민》·《동광》·《한글》·《신민》·《개벽》·《별건곤》·《현대평론》·《조광》 등 당대 유력 잡지에 실렸던 기명 논설이다. 여기에 일경(日警)이 압수한 민세의 조선일보 논설 몇 편도 추가하였다. 그동안 한글 원문을 구하지 못해 총독부의 일어 번역기사를 다시 한글로 중역한 글을 연구자들이 이용했는데, 이제 원문을 통해 민세 특유의 기백과 논지를 맛볼 수 있을 것이다.

《선집》 제6권은 앞의 책들에 견주어 상대적으로 국제정세에 대한 분석글의 비중이 큰 편이다. 안재홍은 일찍이 제2차 세계대전의 발발 가능성과 일본의 몰락을 예견하는 등 민족주의 진영 안에서는 국제적 안목이 높았다. 제6권에 수록된 자료를 통해서 만주와 몽고에서 러시아와 일본이 각축을 벌이는 극동정세, 필리핀 등 식민지의 동향, 공황을 전후한 서구 열강의 재군비와 각축 등에 대한 안재홍의 심원한 안목을 엿볼 수 있다. 그 외 조선학(朝鮮學)과 교육·노동자·농민 문제 등과 관련한 글도 수록하였다.

《선집》 제7권은 해방 뒤 자료들을 수록하였다. 천관우 선생이 《선집》

을 편집할 당시 어떤 사유였는지는 모르나 해방 뒤 자료는 많이 빠져 있었다. 이번에 기증받은 안재홍의 글들 또한 해방 이후가 상당수여서 해방정국 속에서의 안재홍의 정치적 행로와 입지를 더 풍부하게 보여줄 것이다.

특히 주목되는 자료는 해방 공간에서 작성된 각종 성명서·선언문·보고서·각서 등의 원본 자료들이다. 〈성명－본인 근간의 정치적 처지를 성명함〉(1945. 9. 12.), 1945년 9월 25일자로 된 국민당 〈합동선언〉, 같은 해의 독립촉성중앙청년회 결성 〈결의문〉, 〈국민당선언문〉(1945. 9. 25.), 한독당에 보내는 서한인 〈한국독립당 동지에게〉 등은 해방 직후의 정치적 격랑과 관련된 진귀한 자료 원본들이다. 안재홍이 자신의 활동과 관련해 남긴 이 자료들은 대한민국정부 수립 전의 긴박한 정치상황과 대한민국 건국과정을 보여주는 귀중한 자료라 할 수 있다. 더구나 이 시기는 미군정이 모든 권한을 행사했고, 정치적 혼란과 한국전쟁으로 말미암아 폐해로 수많은 자료들이 흩어져 없어진 점을 고려하면 결코 소홀히 할 수 없다고 하겠다.

흥미 있는 자료로는 안재홍의 〈독서노트〉가 있다. 1946년 6월 31일자로 된 이 독서 노트에는 마르크스ー특히 유물론ー에 대한 안재홍의 정리와 비판이 실려 있다. 안재홍이 공산주의에 대해 비판적 시각에서 연구했다는 점을 확인해주는 귀중한 육필 자료다.

한편 안재홍은 남조선과도입법의원(1946년)·민정장관(1947년)을 지내면서 미군정 당국과 '긴밀한 관계를 맺었으며' 영문으로 된 수많은 편지·공문을 주고받았다. 이 문서들은 대체로 미군정이 안재홍 등에게 미군정의 정책에 대한 이해와 협력을 구하는 내용과, 이에 대한 안재홍의 정치적 대응 등을 잘 보여준다.

특히 1948년 5·10 총선거를 앞뒤로 "남한의 단독 선거가 끝난 뒤에도 …… 새 정부가 민중의 필요와 요구를 채워주지 못한다면, 북의 남침

보다 무서운 재앙인 남한 안의 민중 봉기를 생각할 수” 있다는 미군정 당국의 공문은 대한민국 건국 직후의 혼란한 양상과 미국의 우려를 읽을 수 있다. 미군정은 “통일문제는 조속한 미래에 다가오리라 생각하는가? 민중의 가난과 정부의 무기력을 채워줄 방안은?” 등을 안재홍에게 물어 국내 정치지도자들(의 정치적 견해)에 대한 정보수집의 실상도 보여준다. 안타깝게도 이에 대한 안재홍의 답신은 남아 있지 않은 듯하다.

안재홍은 미군정뿐 아니라 유엔이나 외국 사절들과도 공식·비공식 서신을 주고받았다. 특히 1948년 2월 2일자 유엔한국임시위원단 분과위원회 제13차 회의록(대외비 자료로 분류된 것임)은 민정장관 안재홍과 의장 잭슨(호주)의 회담 내용을 기록한 원본 자료로 희귀한 것이다.

이러한 영문 자료들은 외교문서가 갖는 특성을 감안해 원문 그대로 영인, 날짜순으로 배열해 이미 《선집》 제8권으로 간행했다.

남은 과제

《선집》 제6·7권을 편집하면서 아쉬운 점이 한두 가지가 아니다. 먼저 각 글에 대한 주해를 자세히 달지 못했다는 점이다. 과거 천관우 선생은 원고를 정독하고 중요 글마다 주해를 달아 연구자에게 커다란 편의를 제공하였다. 이번에는 간행 일정에 쫓긴데다 개인 사정까지 겹쳐 꼭 필요한 경우에만 [편자 주]를 다는 수밖에 없었다. 이 점 죄송스럽게 생각한다.

다음으로 원칙적으로 유족 측이 제공한 자료는 모두 싣기로 방침을 정했으나 편집과정에서 어쩔 수 없이 몇 가지 이유로 일부 원고들을 뺄 수밖에 없었다. 글의 앞뒤가 잘려나가거나 연재물 가운데 일부만 있어 글의 완결성을 기하기 어려웠던 경우, 또는 글의 제목·출전·일자 등이 불분명한 경우, 마지막으로 원본의 보관 상태가 나빠 글자 판독이 어려운 경우가 여기에 해당한다. 이러한 글들은 《선집》의 성격상 일제시기와 해방 뒤 신문·잡지를 뒤져 완전하게 복원해 싣는 것이 당연하다. 그러나 일부는 원래 게재지를 찾아 복원했지만 몇몇 글은 끝내 그 출처를 찾지 못해 싣지 못했다. 특히 《한성일보》에 실렸던 글들 가운데는 원본 상태가 판독 불가능한 경우가 많아 어쩔 수 없이 뺀 경우도 있다. 불완전하게 싣는 것보다는 뒷날 완벽하게 복원하는 게 낫다고 생각해서였다. 그러나 날짜나 출전 그 자체가 그다지 필요하지 않은 경우이거나 자료의 중요성을 고려해 꼭 넣어야 할 글들은 연구자들의 필요를 감안해 다소 편집체제가 어그러지더라도 실었다. 이 점 양해를 구한다.

또 《선집》은 어디까지나 '선집'이지 '전집'이 아니라는 점에서 자료집으로서 불완전한 문제가 있다는 것도 지적해야 하겠다. 애초 《선집》은 안재홍 유족 측이 보관해 온 자료들을 추려서 연차적으로 정리 간행한 것이다. 《선집》 제6·7권 또한 유족 측이 마지막으로 보관해 온 자료들을 출간한 것이다. 그러나 필자가 편집과 해제 작업을 하고자 각종 근·현대 잡지와 안재홍 관련 논저들을 조사해보니 《선집》 제1~7권 가운데 들어 있지는 않으나 중요하다고 생각되는 민세의 글들이 적지 않았다. 이들 누락된 자료들만 모아도 따로 책을 만들 수 있을 분량이었다. 또 민세가 북으로 납북된 뒤 그곳에서도 저작을 남겼다고 한다. 그러나 이 자료들 또한 아직 손에 넣지 못했다. 따라서 그의 생애 마지막 15년, 곧 그의 생애 뒷부분의 활동이 좀더 소상히 밝혀지고 북에서 출간한 그의 저작을 검토해보아야 그의 생애 전체에 대한 온전한 평가를 내릴 수 있을 것이다.

결국 이번 《선집》에도 누락된 민세의 원고 그리고 북에서 출간한 저작 등을 모아 다시 정리하는 작업이 뒤이어 이루어지길 기대한다. 이로써 4반세기에 이르는 《민세안재홍선집》 작업은 《민세안재홍전집》으로 완성될 것이다.

　마지막으로 민세 유족, 평택시 등 지방자치단체, 문화공보부를 비롯한
정부 관계기관, 고려대학교박물관, 민세안재홍기념사업회, 지식산업사
김경희 사장님과 윤태욱 씨, 자료 입력 등 여러 작업에 참여해주신 동료
들, 그리고 무엇보다도《선집》제6·7권이 있게 한 선학들의 고투에 감
사드린다.